승자와 패자의 갈림길 (7)

제7대 총선이야기
(1967. 6. 8)

장 맹 수 편저

선 암 각

| 승자와 패자의 갈림길(7) |

제7대 총선이야기

(1967. 6. 8)

초판인쇄: 2024년 2월

편저자: 장맹수

발행처: 선암각

등록번호: 제25100-2010-000037호

주소: 서울특별시 노원구 마들로 31

전화번호: (02) 949 - 8153

값 20,000원

승자와 패자의 갈림길 (7)

제7대 총선이야기
(1967. 6. 8)

장 맹 수 편저

선 암 각

목 차

책을 펴내며

[제1부] 민정 이양 후 원내 안정세를 구축한 공화당

제1장 군인들이 정권을 탈취한 5·16 군부쿠데타　　10
1. 고려 말 무신 정권에 이은 800년 만의 군부정권　　11
2. 장도영을 축출하고 송요찬, 장면, 김동하를 구속　　18
3. 쿠데타냐 혁명이냐 논란에 빠진 5·16 거사　　24

제2장 격렬한 사상논쟁(思想論爭)에서 승리한 박정희　　31
1. 민정참여와 민정불참을 오락가락한 박정희　　32
2. 단일 후보 옹립에 실패하고 4분5열된 야권　　38
3. 영남에서 66만표 앞서 15만 표차로 승리한 박정희　　45

제3장 자유당 세력을 끌어들여 안정세를 구축한 공화당　　55
1. 제도(制度)와 구도(構圖)에서 승리가 보장된 공화당　　56
2. 지지율 33.5%이지만 63% 의석을 차지한 공화당　　62
3. 제6대 국회에 입성한 의원들의 면모(面貌)　　67

[제2부] 제3공화국 민주공화당 정권의 이모저모

제1장 제3공화국 출범과 중진국을 향한 몸부림　　76

1. 민정복귀와 영도력 부재, 항명파동의 공화당 77
2. 제2기 내각출범과 지속적인 군·검의 헛발질 89
3. 이승만, 장면 박사들도 세상을 등지고 85
4. 정권의 도덕성에 치명타를 안긴 삼성밀수 99
5. 최빈국을 맴돌고 있는 1960년대 한국의 실상 111

제2장 굴욕외교라며 전 국민이 반대한 한일국교정상화 133
1. 연일 계속되는 데모에 굴복하여 한일회담 중단 134
2. 민정당 윤보선 총재와 공화당 정구영 의장의 공방 141
3. 민주공화당 단독으로 한일협정 비준안(批准案)가결 149
4. 한일국교정상화의 여파로 치러진 5개지구 보궐선거 162

제3장 이합집산을 거듭하며 뒤뚱뒤뚱거린 야당 173
1. 야권 4개 정당이 뭉쳐 민중당(民衆黨)을 창당 174
2. 비준반대를 명분으로 민중당을 탈당한 윤보선 179
3. 민중당과 신한당이 통합하여 윤보선을 대통령후보로 184

제4장 용병(傭兵)비난속에 조국근대화를 위한 월남파병 192
1. 전쟁을 목전(目前)에 두고 정정 불안 속의 월남 193
2. 자유진영과 공산진영의 대결장으로 변모한 월남전 200
3. 공화당 단독국회에서 전투사단 파병동의안 의결 206

제5장 죽(竹)의 장막속의 중공과 미·소의 우주경쟁 212
1. 중공의 세계무대 등장과 연이은 핵실험 213
2. 홍위대의 난동과 소련과 헤게모니 쟁탈전 216
3. 꿈에 그린 달나라 여행과 미·소의 우주경쟁 225

[제3부] 제6대 대통령 선거와 제7대 국회의원 선거

제1장 윤보선 후보와의 재대결에서 승리한 박정희　230
1. 1967년 제6대 대통령 선거의 이모저모　231
2. 박정희 후보와 윤보선 후보의 유세(遊說)대결　238
3. 재대결에서 민주공화당 박정희 후보가 대승을　248

제2장 민주공화당이 압승을 거둔 제7대 총선　258
1. 민주공화당의 공천주자 선정(選定)과 반발　259
2. 신민당의 조직책 선정과 당내의 갈등(葛藤)　268
3. 지역구와 전국구 821명 후보들이 혈전을 전개　277
4. 민주공화당이 130석으로 개헌선(改憲線)돌파　286

제3장 개헌선 확보를 위해 불법선거로 얼룩진총선　292
1. 신민당사 압수수색과 사상유례없는 불법선거　293
2. 부정선거에 대한 규탄과 실속없는 투쟁전개　296
3. 신민당은 소득없이 120일 동안 등원(登院)거부　304

[제4부] 지역구별 불꽃 튀는 격전의 현장으로

제1장 여촌야도(與村野都)의 전형을 보여준 수도권　305
1. 도시는 신민당, 농촌은 민주공화당의 압도적 승리　306
2. 수도권 27개 지역구 불꽃 튀는 격전의 현장으로　310

제2장 민주공화당 광풍(狂風)이 휩쓸고 간 영남권　363
1. 민주공화당이 영남권 의석의 81.1%를 석권　364
2. 영남권 42개 지역구 불꽃 튀는 격전의 현장으로　367

제3장 부정과 불법으로 공화당이 압승한 비영남권　435

1. 민주공화당이 지역구 의석의 91.9%를 싹쓸이 436
2. 비영남권 62개 지역구 불꽃 튀는 격전의 현장으로 440

제4장 개헌(改憲)의 앞잡이 역할을 수행한 전국구　　539
1. 전국구를 공화당 27석, 신민당 17석으로 양분(兩分) 540
2. 정당별 전국구 당선자와 후보자 현황　　543

책을 펴내며

우리나라의 고질적인 지역감정과 지역갈등을 영원히 종식(終熄)시키기 위해서는 지방행정구역을 과감하게 재편(再編)해야 한다는 지론(持論)을 펼치기 위해 승자와 패자의 갈림길, 제18대 총선이야기를 발간한 것이 2010년 11월 11일이었다.

글 쓰는 재주가 남다르지 아니하고 문장력이 뛰어나지 아니함에도 불구하고 제13대(1988년)와 제14대(1992년)는 물론 제15대(1996년), 제16대(2000년), 제17대(2004년), 제19대(2012년), 제20대(2016년) 총선 이야기와 제헌의원 선거에서 제20대 국회의원 선거를 요약한 역대 국회의원 선거 이야기까지 총 18권을 엮어냈지만, 정치권이나 출판계에서 크게 주목을 받지 못했다.

그리하여 절필(絶筆)을 좌고우면(左顧右眄)했으나, 1960년대부터 60년이상 경상도 출신들이 집권하여 오면서 영남 패권주의를 조장하여 온 엄연한 사실을 적시(摘示)하고, 곡학아세(曲學阿世)한 정치인들이나 학자들의 그럴듯한 지역갈등 해소방안은 뜬구름 잡기에 불과하다는 것을 환기(喚起)시켜주기 위해 발간을 이어가기로 결단을 내렸다.

2020년 5월에는 승자와 패자의 갈림길 제9대(1973), 제10대(1978), 제11대(1981), 제12대(1985) 총선이야기 4권이 발간됨에 따라 이미 22권을 발간했다.

1만 2천여 페이지에 달하는 방대한 자료를 정리하고 1만 8천여 명에 달하는 인명(人名)을 수록하다보니 오자(誤字)가 듬성듬성하는 부끄러움으로 총선 이야기 오정(誤訂) 묶음까지 발간했지만, 우리의 뇌리에서 잊혀져 가는 역사적 사건과 선거에 관한 진면목(眞面目)을 나름대로 집대성했다는 자부심으로 위안을 삼고 싶었을 뿐이다.

이번에는 일본의 쇠사슬을 벗어나 건국의 뱃고동을 울린 제헌의원 선거(1948년), 너도나도 선량(選良)이 되겠다고 2,225명이 운집(雲集)한 제2대 총선(1950년), 전쟁의 폐허에서도 이승만 대통령의 종신집권을 위해 자유당이 총력을 경주한 제3대 총선(1954년), 이승만 정부의 실인심과 경찰력의 동원으로 여촌야도(與村野都) 전형을 보여준 제4대 총선(1958년), 장기집권에 의한 4월 혁명으로 정권교체를 갈망하는 유권자들의 기원을 담은 제5대 총선(1960년), 5·16 군부 쿠데타로 집권한 박정희 정부가 구(舊) 정치세력을 규합한 연합군을 편성하여 대승을 거둔 제6대 총선(1963년), 박정희 정권의 장기집권을 위한 헌법개정을 구상(構想)하고 온갖 부정한 방법을 동원하여 민주공화당이 압승을 거둔 제7대 총선(1967년), 3선개헌으로 실시한 대통령선거에서 승리한 박정희 정부에 대한 반감이 표출되어 신민당이 선전한 제8대 총선(1971년) 이야기 8권을 단권(單券)으로 편집하여 함께 출간하여 1945년 해방이후 75년간 우리나라의 정치의 진면목(眞面目)을 살펴보고자 했다.

영남 패권주의와 지역갈등 해소라는 목표의식이 내면에 녹아있는 제7대 총선이야기 제1부에서는 군인들이 정권탈취 후 우왕좌왕하다가 민정이양 이후 자유당 잔존세력을 끌어들여 원내 안정세력을 구축한 민주공화당의 집권 배경과 혁명세력내의 갈등을 조명했다.

제2부에서는 GNP 60달러에 허덕이는 최빈국을 탈피하기위해 굴욕외교라며 전 국민이 반대한 한일국교 정상화, 용병이라는 비난 속에서 조국 근대화를 위한 월남파병의 과정, 죽(竹)의 장막 속에 갇혀 있는 중공(中共)의 등장과 꿈에 그린 달나라 여행과 미·소(美·蘇) 양국의 우주경쟁을 다루었다.

제3부에서는 윤보선과의 재대결에서 승리한 박정희 후보의 승리의 요체(要諦)와 개헌선을 확보하기 위한 불법선거로 얼룩진 제7대 총선의 이모저모를 살펴보았다.

제4부에서는 불꽃 튀는 131개 지역구의 선거열기를 여촌야도의 전형을 보여준 수도권, 민주공화당 광풍(狂風)이 휩쓸고 간 영남권, 부정과 불법이 공공연하게 자행된 비영남권으로 구분

하여 선거에 뛰어든 후보들의 면모, 지역구별 판세점검, 승패의 갈림길과 득표상황을 정리했다.

 아무쪼록 영·호남의 지역갈등이라는 업보가 우리의 후손들에게 유산(遺産)으로 남겨지지 않도록 과감하고 전면적인 지방행정구역 재편(再編)의 계기가 마련되기를 기원하면서 지나간 우리나라 역사의 단면을 고찰하는 참고자료가 되기를 바랄 뿐이다.

2023년 9월
장맹수

[제1부] 민정이양후 원내안정세를 구축한 공화당

제1장 군인들이 정권을 탈취한 5·16 군부쿠데타
제2장 격렬한 사상논쟁(思想論爭)에서 승리한 박정희
제3장 자유당세력을 끌어들여 안정세를 구축한 공화당

제1장 군인들이 정권을 탈취한 5·16 군부쿠데타

1. 고려말 무신정권에 이은 800년만의 군부정권
2. 장도영을 축출하고 송요찬, 장면, 김동하를 구속
3. 쿠데타냐 혁명이냐 논란에 빠진 5·16 거사

1. 고려말 무신정권에 이은 800년만의 군부정권

(1) 정권탈취의 명분은 장면 무능정권의 타도

박정희 소장은 장교 250여 명과 사병 3,500명을 지휘하여 1961년 5월 16일 새벽 한강에 진입하여 총격전을 벌이고서 서울에 입성했다.

쿠데타군은 광화문안에 있는 중앙청과 KBS 등 목표지점을 점령하고 방송을 통해 쿠데타의 명분을 밝히고 혁명 공약을 선포했다.

6개항으로 된 혁명공약은 첫째, 반공을 국시(國是)의 제일의로 삼고 지금까지 형식적이고 구호에만 그친 반공태세를 재정비 강화한다.

둘째, 유엔헌장을 준수하고 국제협약을 충실히 이행할 것이며 미국을 위시한 자유 우방국가와의 유대를 더욱 공고(鞏固)히 한다.

셋째, 이 나라 사회의 모든 부패와 구악을 일소하고 퇴폐한 국민 도의와 민족정기를 바로잡기 위해 청신한 기풍(氣風)을 진작시킨다.

넷째, 절망과 기아(飢餓)선상에서 허덕이는 민생고를 시급히 해결하고 국가 자주경제 재건에 총력을 경주한다.

다섯째, 민족적 숙제인 국토통일을 위해 공산주의와 대결할 수 있는 실력배양에 전력(戰力)을 집중한다.

여섯째, 이와같은 우리의 과업이 성취되면 참신하고 양심적인 정치인들에게 언제든지 정권을 이양하고 우리들 본연의 임무에 복귀(復歸)할 준비를 갖춘다는 공약을 반복하여 미국의 무력진압 명령을 방지하고 반혁명군의 봉기를 분쇄했다.

이와같은 혁명공약을 모든 행사장에서 낭독하도록 하고, 국민학교 학생들에게까지 이를 암송(暗誦)토록 했으며, 전 국민들이 숙지할 수 있도록 했다.
 그러나 실제로 쿠데타가 처음 모의된 것은 4·19 혁명 직후인 1960년 9월 김종필 중령을 비롯한 장교 9명이 모임을 갖고 군부의 정풍(整風)운동을 벌이는 한편 쿠데타 결의를 하게 됐고, 그들의 영도자로 김종필의 처삼촌인 군수기지사령관 박정희 소장을 옹립하기로 했다.
 김종필 중령은 "대한민국의 젊은 영관급 장교들은 독재자 이승만 씨가 실각(失脚)하기 한 달 전부터 군사혁명을 계획했다"면서, 그들의 계획은 4·19 학생봉기 때문에 좌절됐다고 토로하여, 장면 정부의 무능이 혁명을 초래했다는 것은 군사정부의 한낱 명분임이 밝혀졌다.
 김종필 중령은 "이승만 씨는 반공구호만 내세울 뿐이지 이를 뒷받침하기 위한 계획이 없었고, 장면 씨는 무능한 이상가로 공산주의자들의 전복(顚覆) 위협 앞에 나라를 방치해 두었다"고 폄하하면서 쿠데타의 명분을 내세웠다.
 그리하여 800년전 고려시대 정중부와 이의방의 주도하에 봉기(蜂起)한 무신란으로 60년간 무신들이 집권한 전철에 따라 박정희와 김종필 주도의 군부 쿠데타의 성공으로 33년간 군인통치의 시대를 겪게 됐다.

(2) 쿠데타군 진압을 반대하고 대통령직을 유지한 윤보선

 쿠데타군은 군사혁명위원회의 포고령으로 전국에 비상계엄을 선포하고 장면 정권을 인수하였다고 밝혔다.
 쿠데타군은 군사혁명위원회 의장에는 육군참모총장 장도영을 옹립하고, 부의장에서는 쿠데타의 실질적 지도자인 박정희 소장을 선임했다.

군사혁명위원회는 포고령을 발동하여 옥내외 집회금지, 국외여행 불허, 언론·출판의 사전검열, 야간통행 금지시간 연장 등을 발표했다.

한국군의 작전지휘권을 장악하고 있는 매그루더 유엔군 사령관은 쿠데타 반대성명을 발표하면서 강제진압 의사를 시사했으나, 윤보선 대통령이 "올 것이 왔다"면서 군부쿠데타의 필연성을 인정하고 쿠데타군에 승복(承服)하고, 매그루더 사령관의 쿠데타 저지 요구를 거절함으로써 쿠데타의 성공을 가져왔다.

윤보선 대통령의 거절(拒絶)명분은 쿠데타군의 진압은 군부간의 충돌이 불가피하고, 그 틈을 이용하여 북한군이 남침할 가능성이 있기때문이었다고 해명했다.

장면 국무총리는 쿠데타 발발(勃發) 첩보를 듣고 정권의 안위보다 일신을 보존하기 위해 수녀원으로 피신하여 이한림 제1군 사령관에게 정권을 구원하라고 호소했으나, 이한림 사령관이 움직이지 않았고, 만약 그가 쿠데타군 진압에 나섰더라면 쿠데타군에 의해 사살되었을 거라는 것이 당시의 상황이었다.

수녀원에 피신해 있던 장면 국무총리는 3일 만에 장도영 육군참모총장과 함께 국무회의에 출석하여 내각 총사퇴와 군사혁명위원회에 정권 이양을 의결했으며, 윤보선 대통령은 이를 재가했다.

미국 국무성도 군사혁명 지도자가 반공(反共), 친미(親美)적 인물임을 지적하면서 쿠데타를 사실상 승인하여 쿠데타가 성공할 수 있었다.

전두환을 비롯한 육군사관생도들은 혁명을 지지하고 성원하기 위해 축하 시가(市街)행진을 벌였으며, 서울시청 앞에서 기념행사를 대대적으로 거행했다.

당시의 헌법에는 대통령 유고시에는 참의원 의장(백낙준),

민의원 의장(곽상훈), 국무총리(장면) 순으로 대통령권한을 대행하게 되었으나, 국회가 해산되고 내각이 총사퇴하여 대통령권한을 대행할 인물이 없어 어려운 상황에서, 윤보선 대통령이 군부의 요청을 받아들여 쿠데타가 국민들의 신임을 얻고 우방제국으로부터 승인을 얻는데 크게 기여(寄與)했으나, 윤 대통령은 자의 반 타의 반 대통령직을 수행하게 됐을 뿐이라고 해명했다.

(3) 혁명정부의 공포정치와 중앙정보부 활약

혁명정부는 국가재건비상조직법을 공포하고 중앙정보부와 혁명검찰부를 설치하여 공포정치(恐怖政治)를 실시했다.

혁명정부는 각 부처 장관은 물론 시·도지사, 경찰서장, 읍·면장까지 군인들로 임명했으며, 대위·중위들은 경찰서장에 임명되고, 상사·중사들은 읍·면장에 임명되어, 군인들의 세상이 되고 그들이 출세가도(出世街道)를 달릴 수 있도록 했다.

혁명정부는 매점(買占), 매석(賣惜)행위를 금지하고 물가를 일체 올리지 못하도록 명령했으며, 위반자는 반혁명분자로 엄중하게 처단했다.

깡패 소탕령을 내려 명동파 25명을 비롯하여 전국적으로 700여 명을 검거하여 민심을 휘어잡았으며, 야간통행 금지시간을 12시에서 9시로 앞당겨 저녁 9시에 일제히 모든 상점을 닫도록 명령했다.

군법회의는 춤바람난 주부들을 검거하여 재판정에 세우고, 축첩공무원 1,385명을 색출하여 해임(解任) 조치했다.

장경순 농림부장관은 긴급 구호양곡 3만 석을 방출하여 보릿고개를 넘기도록 조치하고, 연리 60%가 넘는 농어촌 고리채를 신고토록 하여 20%로 낮추어 3년 거치 3년 분할

상환토록 명령했다.
 또한 병역기피자를 자수토록 하여 28세이상 병역미필자를 주축으로 국토건설군을 창설하여 전원(電源)이나 탄원(炭源) 개발에 동원했고, 병역을 기피한 공무원 9,291명을 전원 해직시켰다.
 혁명정부는 사이비 기자들을 색출하여 군법회의에 회부함과 동시에 신문사, 잡지사, 통신사를 과감하게 통폐합했다.
 이에 윤보선 대통령도 군사정부의 모든 정책을 찬양하면서 "다른 정부가 10년 걸려 할 것을 10일 동안에 했다"면서, 제도보다는 인물이 중요하다고 역설했다.
 미국 매카나기 국무부 차관보도 혁명정부 시책을 찬양하며 특히 부패일소와 생활향상 등을 군사정부의 업적으로 나열하며, 군사정부의 정권을 반공,친미의 명분을 내세워 맹목적(盲目的)으로 지원했다.
 혁명정부는 군부통치를 구체화하기 위해 중앙정보부를 설치했으며, 중앙정보부는 국가안전보장에 관련된 국내외 정보사항 및 범죄수사와 군(軍)을 포함한 정부 각 부처의 정보와 수사활동을 감독하는 막강한 권한을 갖고 있었다.
 중앙정보부는 당초 쿠데타가 성공한 이후 군부(軍部)내의 반혁명 기도나 구정치인들의 저항을 효과적으로 분쇄하고 저지하기 위해 김종필 등 쿠데타군 핵심들이 비밀리에 조직했다.
 혁명정부는 국군첩보대 요원 3천 명을 중심으로 조직된 중앙정보부를 통해 정부 기관이나 군부에 그치지 않고 사회의 모든 분야에 대한 실질적인 통치력을 발휘하고 감시와 통제 활동으로 군인에 의한 군부통치를 구체화시켰다.
 김종필의 중앙정보부는 장도영 장군의 반혁명사건, 장면의 구민주당 반혁명사건, 김동하·박임항 장군들의 반혁명사건, 송요찬 내각수반 구속 등 권력 내부의 반대 세력 제거에 크게 기여했다.

　중앙정보부는 민주공화당 사전조직, 4대 의혹사건을 비롯하여 정치활동정화법 제정 등 정치의 막후조정, 정적(政敵) 제거에 관여하는 등 막강한 권력을 휘둘렀다.

　군사혁명위원회를 개칭한 국가재건최고회의는 언론·출판물에 대한 철저한 검열로 입맛에 맞는 기사만을 내보내고, 정권에 비판적인 기사를 남발했던 조선일보와 동아일보들도 앵무새처럼 군사정부의 홍보물을 포장하여 홍보하는데 급급했다.

　이들은 군사정부의 협조에 대해 훗날 진솔한 사과보다는 군사정부의 언론통제와 사전검열이라는 시대상황으로 얼버무리는데 광분(狂奔)했다.

(4) 군사정부에서 칼춤을 추어댄 혁명검찰부

　국가재건최고회의는 3·15 부정선거 관련자, 부정 축재자, 4·19 발포책임자 처벌 등을 위해 혁명검찰부를 조직하여 혁명검찰부장에 박창암 대령을 임명했다.

　혁명검찰은 5개월 동안 586명을 기소하여 73%의 공소(公訴)유지율을 자랑했고, 무죄는 36명에 불과한 혁혁한 성과를 올렸다.

　그러나 도피중인 장경근, 조인구, 김의준, 박기정 등 14명은 구속하지 못하여 영원한 미제사건으로 남겨뒀다.

　혁명재판부는 3·15 부정선거 원흉 28명을 기소하여 내무부장관 최인규, 치안국장 이강학, 국회부의장 한희석에게 사형을 언도하고 박용익, 임철호, 이존화, 이재학 등에게 징역형을 선고했다.

　또한 이근직, 신현확, 김일환 등 국무위원과 부정 선거자금 동원과 관련하여 김영찬, 김영휘, 배제인 등에게도 징역형을 선고했다.
 혁명재판부는 경무대앞 발포(發砲)사건과 관련하여 홍진기 내무부장관과 곽영주 청와대 경무관에게 사형을 언도하고, 유충열 서울 시경국장에게는 무기징역을 선고했다.
 부정축재 처리위원회는 부정축재자 34명에 대해 44억 6천만 환의 환수액을 결정하여 통보했고, 이병철 삼성 재벌총수를 비롯한 부정축재자들은 "국가재건에 필요하다면 전 재산을 국가에 헌납하겠다"고 선처를 호소했다.
 혁명검찰은 진보주의 운동을 용공적이며 국가안보를 위태롭게하는 활동으로 간주하고, 혁신운동을 주도했던 지도자들을 소급입법에 의해 중형을 선고하여 혁신세력을 초토화(焦土化)시켰다.
 혁명검찰부는 사회대중당 김달호 위원장, 혁신동맹 장건상 중앙위원장, 남북 학생회담을 기획하고 주도한 사회당 최백근 의안부장, 사회대중당의 기관지로 알려진 민족일보 조용수 사장 등을 비롯하여 민통학련 사건과 관련된 이수병과 유근일, 중앙통일사회당 사건과 관련된 서상일, 김성숙, 윤길중, 고정훈, 임갑수 등에게 중형을 선고했다.
 민족일보 사장 조용수는 박정희 최고회의 의장의 확인을 받아 최인규, 이정재, 임화수 등과 함께 형장의 이슬로 사라졌다.
 사형이 구형되거나 선고된 국회부의장 한희석, 내무부장관 홍진기 등은 감형되어 건재함을 과시했다.

2. 장도영을 축출하고 송요찬, 장면, 김동하를 구속

(1) 장도영 육군참모총장의 최고회의의장 추대와 축출

혁명주체 세력들은 쿠데타가 성공하자 장도영 육군참모총장을 얼굴마담으로 추대하여 국내외의 신임을 얻고자 했다.
그리하여 국민들에게 5·16 혁명 직후 최고의 실세로 떠오른 장도영 육군참모총장은 국가재건최고회의 의장, 내각수반, 국방부장관, 육군참모총장을 겸직하며 무소불위(無所不爲)의 권한을 휘두르고 있는 것으로 알려졌다.
그러나 실상은 김종필 중앙정보부장 등 실세들은 박정희 최고회의 부의장을 추종하고 있었으며, 최고회의 32명의 최고위원 가운데 장도영 총장의 직계는 송찬호, 문재준, 박치옥 등 몇 명에 불과했다.
장도영 의장은 미국 케네디 대통령과 회담 직후 5·16 쿠데타 이후 49일 만인 1961년 7월 5일 돌연 오늘날에는 강력한 정책수행이 수반되어야 하며, 국내외적으로 신망이 두터운 인물이 요망되어 사임한다는 국민들이 납득할 수 없는 명분을 내세우고 모든 공직에서 물러났다.
최고회의는 기다리고 있었다는 듯이 국가재건최고회의 의장에 박정희 부의장을 추대했고, 박정희 부의장은 송요찬 전 육군참모총장을 내각수반에 임명하고, 육군참모총장에는 김종오 중장을, 국방부 장관에는 신응균 차관 대행체제 이후 박병권 중장을 임명했다.
김종필 중앙정보부장은 장도영 중장 등 44명을 의식적인 파벌조성, 주체세력에 대한 암살제거 모의(謀議) 등의 혐의로 전격 구속했다고 발표했다.
박정희 의장은 장도영 반혁명사건 공판정에서 "장도영 중장과 거사 전에 여러 번 혁명을 상의했으나 장 중장은 꽁무니를 내빼고 혁명군 동원을 방해했다"고 증언했다.

혁명검찰부에서는 계획적 반혁명으로 정상참작의 여지가 없어 엄벌해야 한다면서 장도영, 김일환, 이회영, 송찬호 등에게 사형을 구형하고, 방자명, 박치옥, 문재준 등에게 무기징역을 구형했다.

상소심에서 혁명 이전의 것에 대한 모든 과오를 용서하고 장구한 군 복무를 통한 전공(戰功)을 참작하여 장도영, 이회영 등에게 무기징역을 선고했다.

박정희 최고회의 의장은 장도영에게 형정지(刑停止) 특전을 부여하여 미국에서 평온한 노후생활을 보내도록 보장하여 쿠데타의 성공을 위해 얼굴마담으로 장도영 육군참모총장을 끌어들여 최대한 이용하고서, 장도영 총장이 자파세력을 형성하여 정권장악을 시도하자 제거한 하나의 권력다툼이었음을 보여줬다.

(2) 김동하와 박임항 등을 반혁명사건으로 구속

중앙정보부는 육군 병력을 동원하여 박정희 최고회의 의장의 암살을 기도한 쿠데타 음모를 적발했다고 발표했다.

연이어 김형욱 중앙정보부장은 이규광 전 헌병감 등 20여 명을 구속하고서 박임항 건설부장관, 김동하 전 최고위원, 박창암 전 혁검부장 등의 관련 사실을 발표하고, 이들은 정부를 전복하고 박정희 최고회의 의장의 암살을 기도했으며, 구속설이 나돈 송요찬 전 내각수반과는 무관하다고 발표했다.

박병권 국방부장관은 쿠데타 음모 사건에 책임을 지고 사퇴했고, 김현철 내각수반도 사의를 표명했으며, 중앙정보부는 혁명주체인 김윤근, 최주종 육군소장 등을 추가로 구속했다.

 중앙정보부는 행정수반에 변영태, 육군참모총장에 박임항, 중앙정보부장에 박창암을 내정하고 박임항-이규광계와 김동하-박창암계가 각각 모의하다가 접선하는 과정에서 발각됐다고 발표했다.

 공판 법정의 피고석에서 조작이라는 고함이 터져 나왔고, 김동하 피고는 이 사건은 중앙정보부가 이규광에게 돈을 주어 정치적으로 조작한 것이라고 성토했다.

 김동하 피고는 민주공화당 사전 창당에 대해 "공화당을 미리 만들어놓고 그 울타리 속에 우리를 하나씩 집어넣으면 우리는 박수부대밖에 되지 못하잖소", "김종필 씨가 혼자서 공화당을 만든다면 다른 혁명주체는 허수아비들인가"라고 반발하며 최고위원직을 사퇴한 전력(前歷)을 가지고 있다.

 박임항은 공판정에서 김종필을 제거하는 거사로 알고, 이규광의 조직을 믿었다고 진술했다.

 군법회의에서는 박임항, 이규광, 정진 피고들에게는 혁명과업 방해죄 등을 적용하여 사형을 구형했다.

 김동하, 박임항의 반혁명사건은 박정희 최고회의 의장이 민정 이양을 번복하고 국민투표에 의거 군정을 연장하겠다고 선언하는 계기가 됐으나, 상소심에서 대부분 석방되고 사면되어 정계에 복귀하는 피고인들도 많았다.

 또 다른 반혁명사건의 이갑영 대령과 박상훈 대령이 혁명 성공에 의구심을 품고 이상국 사단장에게 밀고했고, 이상국 사단장은 부대의 출동을 방해하는 등 반혁명행위로 군법회의에 회부됐으며, 김동복 대령 등은 혁명정부의 인사에 불만을 품고 전차부대를 움직여 다시 쿠데타를 일으키려다 발각되어 처단되는 등 반혁명사건은 끊임없이 발생했다.

 혁명군 진압부대 출동을 모의한 김웅수 제6군단장과 정강 제8사단장도 군법회의에 회부됐고, 박정희와 김종필 등 요인을 암살하고 이범석을 추대하여 쿠데타를 일으키기로 모의한 족청계 반혁명사건도 의법(依法)조치 됐다.

(3) 혁명모의자금 1백만 환 제공 혐의로 구속된 장면

김종필 중앙정보부장은 전 서울시장 김상돈, 민주당 선전부장 김대중, 민주당 조직부장 조중서를 구속하면서 이들은 40여 차례 밀회하여 무력 쿠데타를 일으키는 동시에 범국민 봉기로 정부를 전복하고 과도정부를 수립하고서 민정 이양한다는 음모를 꾸며왔으며, 조사가 완료되면 진상을 밝히겠다고 발표했다.

군법회의는 김인직 예비역 대령이 전방의 5개 연대와 고사포 부대 포섭전략을 세우는 등 두 갈래의 구민주당 반혁명음모 사건과 관련하여 74명을 구속했다.

군법회의는 장면 전 국무총리를 반혁명 모의가 성공하는 경우 국무총리에 복귀한다는 조건으로 1백만 환의 자금을 제공한 혐의로 구속했다.

그러나 구속 중인 김대중 민주당 선전부장은 혐의없음이 밝혀져 김훈, 김종길 전 의원들과 함께 석방됐다.

군법회의는 장면 총리에게 1백만 환의 거사자금(擧事資金)을 받았다는 김재유 피고의 진술에 따라 장면 총리에게는 10년 징역형을 선고하고, 거사자금을 받아 정부 전복을 모의한 김재유 피고에게는 징역 6년을 선고했다.

장면 전 국무총리는 10년 징역형에 대한 항소를 제기하자, 국가재건최고회의는 형면제 처분을 내리고 석방했다.

김종오 계엄사령관은 민주당의 반혁명사건과 관련하여 안병도, 이용환, 조중서에게는 사형을, 황운규, 김용옥, 이성렬, 인순창, 김인직 피고에게는 무기징역을 확인했다.

또한 군법회의는 장면 총리 비서실장 선우종원, 한창우 경

향신문 사장 등을 혁명방해 예비혐의로 처벌하고, 반혁명 및 정부요인 제거 등을 목적으로 반국가단체를 조직한 신흥의열단과 한국독립당 요원들을 적발하기도 했다.

(4) 국민적 영웅 송요찬을 내각수반으로 활용하다가 구속

4·19 혁명 때 육군참모총장으로 계엄사령관을 맡아 국민적 영웅으로 칭송받았지만, 자신의 참모장이었던 박정희 최고회의 의장으로부터 임명장을 받은 송요찬 내각수반은 "장면 정권의 부패와 무능으로 민생은 도탄(塗炭)에 빠지고 사회 질서는 혼란한 조국의 위기를 맞이하여 애국적인 청년 장교들이 정의와 충정(衷情)을 위해 들고 일어선 것이 5·16 혁명이다"라고 혁명을 찬양하고, "현 정부는 집권에 대한 욕망이나 미련은 추호도 없다. 구악을 일소하고 민생의 안정을 도모하여 혁명 과업을 완수하면 양심적이고 참신한 민간인에게 정권을 넘기고 물러날 것이다"라고 쿠데타 주체세력의 권력 안정에 중추적인 역할을 했다.

그렇게 용비어천가를 읊어댄 송요찬 전 내각수반은 '박정희 의장에게 보내는 공개장'에서 "군인은 국방에만 전념해야 하고 부패도 미웁지만 독재는 더 밉다", "나라의 주인은 국민이며 나 아니면 안된다는 것은 위험한 사고다", "박정희 의장은 지금 물러서는 게 애국이다"라고 공격했다.

이에 이후락 최고회의 공보실장은 송요찬이 내각수반 시절 "박정희 의장이 대통령이 되어야 한다"고 찬양하고, "군정을 10년 연장하라"고 권고했다면서 과거의 언행을 공격했다.

이어 중앙정보부는 송요찬을 살인 및 살인 교사(敎唆)혐의로 전격적으로 구속했다.

1950년 수도사단장 시절 그의 부하인 조영구 중령을 총살케 했고, 1960년 육군참모총장 시절 경무대 어귀와 이기붕 국회의장 집 앞의 데모대에게 발포지시를 한 혐의라고 김형욱 중앙정보부장이 밝혔다.

송요찬은 구속 중 자유민주당 대통령 후보로 출마했으며, 재야 5당 대변인들은 "송요찬의 구속은 4·19 넋이 통곡할 일이며 경쟁자를 가둬놓고 공명선거라면 소가 웃을 일이며 석방 투쟁위원회를 구성하겠다"고 공동성명을 발표했다.

송요찬은 야권 단일후보 실현을 위해 자민당과 협의 없이 대통령 후보직을 사퇴했고, 중앙정보부는 송요찬을 즉시 석방했다.

자민당은 송요찬을 김도연, 소선규에 이어 전국구 3번에 배치하여 국회의원 당선을 보장했지만, 송요찬은 전국구 후보직을 사퇴하고 정계의 뒤안길로 사라졌다.

3. 쿠데타냐 혁명이냐 논란에 빠진 5·16 거사

(1) 쿠데타의 명분은 무능하고 부패한 장면 정권 타도

자유당 정권의 경찰을 활용한 독재정권하에서 꿈에도 생각할 수 없는 정권 인수를 4·19 혁명으로 부지불식간에 이뤄낸 민주당은 정권을 담당할 준비태세를 전혀 갖추지 못했다.

더구나 한국민주당을 거쳐 민주국민당을 이끌며 이승만 정권에 대항한 민주당 구파와 사사오입 개헌에 대한 반발 등으로 자유당을 뛰쳐나온 자유당 소속 의원들과 흥사단 조직원들이 주축을 이룬 민주당 신파의 대립은 이승만 정부와의 반독재투쟁을 넘어섰다.

제5대 총선 결과 민주당 구파와 민주당 신파는 각각 80여 석을 차지하여 정권을 독점할 수 없었다.

그러한 상황에서 민주당 구파는 자유당 의원들이 대부분 무소속으로 당선되어 민정구락부를 구성한 이들과 연합하여 단독정부를 구성코자 했다.

그리하여 그들은 신파측에서 옹립한 윤보선 대통령을 선출하고 국무총리에 김도연 의원을 지명하여 구파 단독정부를 수립코자 했으나, 민정구락부의 결속력 부족으로 2표 차로 불발되고, 윤보선 대통령이 신파의 장면을 2차로 지명하여 3표 차로 과반수를 넘겨 정권을 인수할 수 있었다.

윤보선 대통령을 주축으로 한 구파의 집요한 공격에도 불구하고 협상파 의원 20여 명을 끌어들여 신파는 233석의 과반수를 넘겨 원내 안정을 천신만고(千辛萬苦) 끝에 구축할 수 있었다.

그러나 세계에서 최빈국 수준인 60달러 국민소득이며 예산규모는 700억 환 수준이며, 미국의 원조에 의한 국가유지 등으로 자유당 독재정권이 무너지면 자유롭고 잘사는 국가가 될 것이라는 환상(幻想) 속의 국민들의 삶은 결코 나아질 수가 없었다.

그리하여 국민들의 기대에 부응하지 못한 정부에 대한 불만과 불평은 높아만 가고, 이를 민주당 구파는 교묘하게 신파 정권 공격의 빌미로 삼았다.

민주당의 구파 60여 명의 의원들이 신민당을 창당하여 민주당과 한판 승부를 벌인 지방선거에서 자유당의 조직을 되살린 무소속 후보들이 대거 진출하는 상황에서도, 민주당은 전남과 경남도지사 등을 넘겨주고 서울시장을 비롯한 많은 지역에서 신민당에게 승리하여 정권을 유지할 수 있는 기틀을 마련했다.

법정 보수를 주지 못해 교사들의 생활이 위협받고 있는 현실에서 교사들의 "배고파 못살겠다"는 구호와 함께 터진 데모는 학생들에게 파급되었고, 광부들을 필두로 한 산업 역군(役軍)인 근로자, 철도노조 등에까지 번져 전국이 데모 열풍에 휩싸이기도 했다.

특히 학생들의 학원 정상화와 설립자에 대한 저항이 전국 곳곳의 대학에서 봇물처럼 터져 나왔다.

민주당 정부에서 3·15 부정선거 원흉으로 지목되는 장경근 의원의 일본 도피로 조재천 법무부장관이 실각되고, 4·19 부상 학생동지회가 국회 본회의장을 점거하여 곽상훈 국회의장이 사임하는 소동도 벌어졌다.

보릿고개에 허덕이는 농촌의 빈곤으로 자살과 아사자가 속출하는 상황에서 목포에서 30여 명이 두 척의 어선으로 월북을 시도한 사건과 혁신계열이 주축이 되어 빵을 달라는 국민들에게 데모방지법이라는 악법을 주었다며 서울시청 앞에서 벌이는 횃불 데모는 3월 위기설, 4월 위기설을 조장했다.
 4·19 제1주기를 그런대로 넘긴 민주당이 과연 무능하고 부패한 정권이었냐는 것은 그 때의 시대 상황을 감안하여 평가해야 할 것이며, 군부 쿠데타 주체세력이 거사의 명분으로 삼기에는 무엇인가 부족하다는 생각이 들 뿐이다.

(2) 군부 쿠데타정권 2년 공과(功過)에 대한 평가

 국가재건최고회의는 혁명검찰부와 혁명재판부를 설치하여 3·15 부정선거, 고려대생 데모대 피습사건, 단체적 폭력행위인 깡패들의 소탕, 횃불 데모를 주도한 혁신계의 반국가행위, 공무원 부패와 부정 등을 척결(剔抉)하고자 했다.
 이와 함께 최고회의는 부정축재자 34명에게 72억 2천만환의 환수액을 통보하고, 부정 공무원이나 국회의원에 대한 처벌도 강행했다.
 혁명검찰부는 교원노조를 비롯하여 악법(惡法) 반대투쟁과 남북 학생회담 환영 촉진대회를 개최한 혁신계열 인사들과 부정 선거자금 조달 및 제공자에 대한 처벌도 병행했다.
 혁명정부는 428만 명을 취업시키고 외국자본 도입도 촉진하며 경제활동의 자유분위기를 조성하겠다는 긴급경제정책을 수립하여 발표했다. 또한 농어촌 고리채(高利債)신고를 독려하여 년리 60%가 넘는 고리채를 년리 20% 수준에서 당사자간 암묵적으로 처리하도록 했다.
 정부는 경제적 후진성을 극복하고 국민경제의 자립적 성장을 위한 제1차 경제개발 5개년계획을 수립하여 발표했다. 경제성장률은 연 7.1%로 하고 국민총생산을 40.8% 증가시키는 데 목표를 두었다.
 박정희 최고회의 의장은 울산에 정유, 제철, 비료공장과 발전소를 건설하여 부산과 대구의 실업자를 수용하는 공업지대로 육성하기 위한 기반을 조성했다.

장도영 내각의 주도로 7만여 명의 시민과 학생들이 참여하여 국가재건을 위한 범국민운동 촉진대회를 개최하고 재건국민운동을 전개했으며, 유진오와 유달영 등이 본부장을 맡아 활약했다.

재건국민운동이 새마을운동으로 발전하여 경제개발의 원동력이 됐다.

군사정권이 당초 혁명공약에서 내세웠던 부정부패 일소는 날이 갈수록 퇴색(頹色)해지고, 자신들이 더욱 부패하여 세간에서는 구악 뺨치는 신악(新惡)이 더 문제라는 여론이 비등했다.

군사정권은 민주공화당의 사전조직에 필요한 정치자금을 확보하기 위해 증권파동, 워커힐사건, 새나라 자동차, 빠징고 사건 등 세칭 4대 의혹사건을 일으켰다.

증권파동은 중앙정보부가 대한증권거래소를 직접 장악하여 주가조작을 통해 엄청난 부당이득을 챙긴 사건으로, 부당이득을 챙기고서 약속한 결재를 이행하지 않는 방법으로 주가를 폭락시켜 5,340명에 달하는 선의의 투자자들이 138억 6천만 환의 손해를 입어 자살소동을 빚는 등 큰 물의를 일으켰다.

워커힐 사건은 중앙정보부가 외화를 획득한다는 명분으로 60억 환을 들여 동양 최대의 관광단지를 건설하면서, 현역병과 육군의 장비를 투입하고 상당 액수를 중앙정보부가 횡령한 사건이다.

새나라 자동차 사건은 중앙정보부가 일본제 승용차를 불법으로 반입한 뒤 이를 2배이상으로 국내시장에 판매하여 거액의 폭리를 취한 사건이고, 빠징고 사건은 법적으로 금지된 도박기계인 빠징고 1백 대를 재일교포의 재산반입인 것처럼 세관원을 속여 국내에 수입하도록 허용하고, 서울 시내의 33곳에 빠징고 개설을 승인한 사건이다.

증권파동과 관련하여 이영근, 윤웅상, 서재식 등이, 워커힐사건과 관련하여 석정선, 임병주, 신두영 등이, 새나라 자동차 사건과 관련하여 석정선이, 빠징고 사건으로는 김태준이 검찰과 군법회의에 의해 송치되었을뿐 배후조종자는 불문(不問)에 부쳐졌다.

그리하여 군부정권 2년 동안 군인들이 정권을 잡고 국가재건의 가치를 내걸고 동분서주한 것처럼 비춰졌지만, 크게 결실을 맺은 것은 보이지 않고 오히려 4대 의혹사건에 빠져 구악(舊惡)일소보다 신악(新惡)을 만들어낸 것처럼 보였다.

(3) 5·16 거사와 군사정부에 대한 엄청난 시각차

고려대 김성식 교수는 4·19를 혁명이라 부르는 데는 지식인들 사이에 거의 이론이 없지만, 5·16을 혁명이라 부르게 된 것은 군정(軍政) 당국에서 혁명이라고 못을 박은 데서 시작됐으며, 혁명이 불가피했느냐와 군정 2년 동안의 결과로 보아 혁명이란 말을 다시 음미해 볼 필요가 있다고 평가했다.

그러나 유달영 재건국민운동 본부장은 4월 의거는 감정적으로 혁명이라 부르고 싶지만, 구질서를 넘어뜨린 바탕 위에 새 질서를 맡을 담당세력이 없었다는 점에서 의거라고 부르는 게 맞고, 5·16은 부패 일소라를 목표에서 출발했고 주체성이 뚜렷했다는 점에서 혁명의 본질적인 징표(徵標)를 지녔다고 상반된 주장을 펼쳤다.

천관우 동아일보 편집국장은 산업혁명과 같은 예에서 보면 혁명은 반드시 정치상의 문제만이 아니라 사회경제적인 기본적인 구조의 변혁을 말하는 경우도 많다는 의견을 개진했다.
 김성식 교수는 불란서 혁명이나 소비에트 혁명 등에서 공통된 요소는 부패에 대한 증오이지만, 5·16은 부패일소의 대상이 모호하게 출발되었고, 부패를 완전히 일소하지도 못했으며, 다른 변혁을 수반하지 못한 하나의 역사적 사건으로 혁명이라고 부르기는 어렵다고 평가했다.
 그러나 유달영 본부장은 5·16의 목표는 민주적 토대를 쌓아 올리자는 것이었으니까 5·16이 끝났느냐의 여부도 후세의 사가(史家)에 맡길 과제라고 주장했다.
 천관우 편집국장은 5·16 초기에 김종필 씨가 지도적 민주주의를 펼쳤고, 박정희 씨가 행정적 민주주의라는 용어를 사용하다가 경제개발 5개년계획에서는 지도적 자본주의라고 표현하기도 했으며, 대통령 선거전에서는 근대화의 추진이나 민족적 민주주의라는 용어를 사용한 것을 보면 아직 체계화 된 것 같지 않고 애매하고 모호하다고 평가했다.
 유달영 본부장은 군사혁명이 일어나지 않았다면 학생혁명이라도 일어났을 것을 예단(豫斷)하며, 민주당 정권이 4·19 이후에 국민의 기대를 받고 국회의 4분의 3을 넘는 의석을 얻고서도 파쟁만을 일삼는 인상을 주고 또 부패해 들어갔으니 혁명은 거의 필연적이라고 주장했다.
 그러나 김성식 교수는 서울대생 일부가 남북통일운동을 벌였을 때 나라가 어떻게 되나 우려도 없지 않았지만, 그것은 학생 일부의 운동일 뿐이고 대부분의 학생들은 안정과 질서를 바라고 있었으므로 학생들의 운동이 바로 국운을 위태롭게 하리라고 속단한 것은 잘못이며, 따라서 학생들의 운동과 이에 따른 사회혼란이 혁명의 원동력이 되기 위해서는 부족하다고 주장했다.
 그러나 유달영 본부장은 당시의 민주당 정권이 파쟁과 부패에서 오는 권위의 상실때문에 학생들의 통일운동뿐만 아니라 그 밖의 여러 혼란을 법으로 누를 능력을 잃고 있었다고 주장했다.

천관우 편집국장은 고려시대에는 무신이 문신에게 억압되어 그 분노가 폭발하여 무신정권이 세워졌다지만, 5·16의 경우는 군(軍)이 사회 전체의 균형으로 볼 때 너무나 비대화되어 폭발된 것이라고 단정했다.

유달영 본부장은 혁명공약에는 벅찬 의욕을 담은 프로그램이 많았는데 실패한 것은 시행착오로 돌린다면 새질서 확립과 민주적 토대 구축에 적지 않은 기여를 했다고 찬양했다.

그러나 김성식 교수는 권력만 있으면 무엇이든 할 수 있다는 사고방식이 크게 풍미(風靡)했고, 구악을 뺨치는 신악의 도량(跳梁)에 대해 한마디의 해명이 없는 것은 강자의 정의를 사회의 밑바닥까지 뿌리박게 할 소임을 남겼다고 비판했다.

따라서 5·16의 거사가 쿠데타냐, 혁명이냐의 논란은 후세의 사가들에게 맡겨져야 할 것으로 보인다.

제2장 격렬한 사상논쟁(思想論爭)에서 승리한 박정희

1. 민정참여와 민정불참을 오락가락한 박정희
2. 단일후보 옹립에 실패하고 4분5열(四分五裂)된 야권
3. 영남에서 66만표앞서 15만표차로 승리한 박정희

1. 민정참여와 민정불참을 오락가락한 박정희

(1) 혁명공약 제6항에 대한 시각에 따라 의견이 분분

　혁명공약의 여섯째 조항은 우리의 과업이 성취되면 참신하고 양심적인 정치인들에게 언제든지 정권을 이양하고 우리들의 본연의 임무에 복귀할 준비를 갖춘다의 반복적인 계몽으로, 일반국민들은 혁명의 과업이 완성되면 혁명주체들은 군인으로 복귀하고 정치와 절연(絶緣)할 것으로 여겼고, 또한 그렇게 기대했다.

　박정희 최고회의 의장은 1962년 5·16 한돌 기념사에서 국민 스스로 헌법을 개정하여 혁명 과업이 조속히 완수되면 민정 이양의 시기를 단축하겠다고 천명했다.

　그러나 1962년 광복절 기념사에서는 "비양심적이고 비국가적인 인사들에게 아무런 보장도 없이 정권을 선사(膳賜)하기 위해 국군장병들이 생명을 걸고 혁명을 하지않았다"고 밝혔다.

또한 박정희 의장은 "군정 2년이 아주 길다고 하는 사람이 있으나 이 나라에 다시는 부정과 부패의 재발이 없도록 하고 국가 백년대계에 확고부동한 토대를 닦기 위한 것이라면 몇 달 동안의 기간을 단축하거나 연장하는 것이 커다란 문제가 될 수 없다"면서, 군정 2년은 길지 않고 민정 이양을 서두른 자는 정권에 대한 야욕(野慾)만 있을 뿐이라고 비난하며, 참신하고 양심적인 정치인들의 잣대는 박정희 의장의 심중에 있음을 밝히고, 구정치인들을 정권 야욕에만 불타고 전념한 정객들이라고 비난했다.

　박정희 의장은 민정 이양 때는 "혁명정부의 과업을 이어받을 양심적인 인물이 기어이 나오도록 해야겠다"면서, "만약 차기 정권이 또 부패하거나 무능할 때는 재혁명을 하여서라도 바로 잡아야겠다"는 권력의지의 민낯을 드러내면서, 양심적인 인물이 없으면 내가 할 수 밖에 없다는 것을 은연중에 시사했다.

그리고 박정희 의장은 "좋든 싫든 얼마 동안 정치에 관여했는데 순수성을 지녀야 할 군에 다시 돌아가는 것은 맞지 않는 일이라고 생각하며, 정권 이양 후에 다시 군으로 돌아갈 생각이 없다"고 혁명공약 제6항을 정면으로 뒤집었다.

더구나 이후락 최고회의 공보실장은 "박정희 의장이 차기 대통령이 되는 것이 국민들의 절대적인 여론이라면 국민을 위하여 혁명을 일으킨 박 의장 자신도 이러한 여론을 무시하지 않을 것이다"라고, 박 의장의 대통령 출마를 집권에 대한 야욕이 아니라 국민을 위한 애국충정이라고 포장했다.

동아일보는 박정희 의장을 영단과 결행의 인간, 책임과 각오의 인간, 대중의 편에 서는 인간이라고 아첨(阿諂)을 떨며 극찬했다.

여기에 감읍하여 박정희 의장은 동아일보 이만섭 정치부 기자를 공화당 전국구 당선 안정권에 배치했다.

박정희 의장은 민정 이양의 시기와 방법을 발표하면서 민주공화당에서 공천하면 대통령에 출마하겠다고 공식적으로 밝혔다. 그리하여 민정참여를 기정사실화했다.

(2) 시국수습에 대한 선서식에서 민정(民政) 불참 선언

박정희 의장은 각 정당이 자신이 제안한 9개항을 수락한다면 민정에 참여하지 않겠다고 선언했다.

박정희 의장이 제안한 9개 항은 군의 정치적 중립 견지, 4·19와 5·16 혁명정신의 계승, 혁명주체는 개인의 의사에 따라 정치참여나 군에 복귀, 일체의 정치보복 금지, 공무원

들의 신분보장, 유능한 예비역 군인들의 기용, 모든 정당들은 정쟁 지양(政爭止揚), 새 헌법의 권위보장, 한일회담의 협조 등이다.

송요찬 내각수반은 민주공화당의 해체는 마땅하며, 모든 정당은 박정희 의장의 제안을 수락할 것을 촉구했다.

민정당과 민주당은 "전폭적으로 환영한다"며 수습방안을 수락했고, 윤보선 전 대통령은 "이 난국을 타개하기 위한 고충과 군인다운 결단"이라고 환영하며 찬사를 보냈다.

박병권 국방부장관은 민의에 의한 민간의 정부를 적극 지지하며, 군의 긍지를 견지해 국민에 보답토록 하라고 전 군에 긴급 지시했다.

그는 군인들이 정치에 관여할 때 가차(假差)없이 처단할 것이며, 전 장병의 적극적인 실천을 촉구했다.

박정희 의장의 대통령 출마를 기정사실로 받아들여 창당한 민주공화당은 모함 잃은 함재기같은 고민에 휩싸이게 됐다.

정당 대표, 정치 지도자, 각 군 참모총장이 참석하여 시국수습에 대한 역사적인 선서식을 1963년 2월 27일 서울 시민회관에서 성대하게 개최했다.

박정희 의장은 정치적 목표의 실패를 스스로 인정하고 일대 각성이 없으면 다시 위기가 초래될 수 있다고 경고하면서, 민정(民政) 불참을 공식적으로 천명(闡明)했다.

정치활동정화법 해당자를 전면 해금(解禁) 조치하고, 대통령과 국회의원 선거는 여론에 따라 연기하여 실시할 것도 약속했다.

그리하여 모든 국민은 군정이 마감되고 순수한 민정이 성취될 것을 기대하게 됐다.

(3) 선서식 보름만에 4년간 군정 연장(延長)을 선언

시국 수습에 대한 선서식에서 민정 불참을 선언한 17일만에 박정희 의장은 돌연 모든 정치활동을 중지하고, 군정(軍政)의 4년 연장에 대한 가부(可否)를 국민투표에 붙이겠다고 선언했다.

민정 이양을 백지화한 3·16 성명은 제2의 혁명이라는 반응이며, 선서식 이후에 정계에서는 자숙(自肅)하는 상황에서의 군정 연장선언은 혁명 공약과 2·27 선서 위배라는 평가를 받았다.

미국 국무성은 박정희 의장의 군정 연장 성명에 반대하여 대한(對韓) 경제원조 중지를 고려중인 것으로 알려졌으며, 유창순 경제기획원장관은 이와 관련하여 사의를 표명했다.

박정희 의장은 재야 지도자와의 면담에서 구정치인들이 선거에 참여하지 않고 신진 인물로 대체한다면 3·16 성명을 철회한다는 조건부 타협안을 제시했으나, 재야 지도자들은 이를 거절하고 3·16 성명 철회를 요구하는 국민운동을 전개하기로 했다.

재야 지도자들은 3·16 성명은 국민 앞에서 실시한 선서의 위배이고, '나 아니면 안된다'는 식의 사고는 위험한 발상이며, 때 묻고 안 묻고의 여부에 대해 일정한 선을 그을 수 없다는 입장인 반면, 박정희 의장은 정치적 혼란을 모른 체할 수 없으며, 나라가 망한 뒤에 애국자보다는 나라를 살리기 위한 역적(逆賊)의 길을 선택했다고 변명했다.

3군 지휘관 비상회의에서 3·16 성명의 절대 지지를 천명하고, 현역장교 10여 명은 최고회의 앞에서 계엄선포와 군정 연장을 연호하며 데모를 벌였다.

박정희 의장도 구정치인들을 통렬히 비난하며 3·16 성명에는 추호의 변동이 없다고 단언했고, 4월혁명 기념탑앞에서 서울대생 수천 명은 군정 연장 반대와 정치인들의 자숙 등을 결의했다.

2·27 선서식에 참석한 22명은 혼란이 있다면 군정(軍政) 당국이라며, 3·16 성명 철회를 위한 서명운동을 전국적으로 펼쳐나가도록 결의했고, 미국 국무성은 군정 연장이 정국안정을 위협(威脅)하므로 합리적인 민정 이양을 희망한다는 성명을 발표했다.

민주당 정권 시절 민주당 의원으로서 청조회 운동을 벌여온 박준규 5대의원은 군정이 섣불리 성급한 민정이양을 했다가 다시 군부가 나서지 않을 수 없었던 버마(미얀마)의 예를 들면서, 새로운 굳건한 엘리트층을 만들어 민정 이양을 해야한다고 군부정권의 주장에 적극 동조하다가 민주공화당에 앞장서서 입당했다.

(4) 미국의 압력에 의해 정당활동을 허용한 4·8 성명

박정희 의장은 4년간 군정연장 국민투표를 보류하고, 정당활동 재개를 허용하는 4·8 시국수습 성명을 발표했다.

재야 정치지도자들은 이번 4·8 성명은 3·16 성명의 변형에 불과하다며 의구심을 표시했고, 혁명주체들은 박정희 의장의 대통령 출마를 위한 포석이라고 환영했다.

김현철 내각수반도 박정희 의장의 대통령 출마는 현행법에 저촉되지 않는다면서 박 의장의 대통령 출마를 기정(旣定) 사실화했다.

재야지도자들이 군정 연장 반대를 위한 전국적인 서명 날인운동을 전개하자, 이후락 최고회의 공보실장은 재야지도자들의 서명운동은 심히 유감스러운 행동이라고 비난했다.

윤보선 전 대통령은 4년간 군정 연장을 철회한다면 오는 12월 민정 이양도 무방하다며 군부정권에 동조하고, 군정 연장이 불가피하다면 4년간 초당파 내각을 주장했다.

박정희 의장의 4·8 성명은 미국의 압력에 의해 군정 4년

연장방안을 취소했으며, 정당의 공천에 의한 대선 출마, 9개항의 제안을 수락하면 민정 불참, 4년간 군정 연장, 대선 기간을 늦춰 민정 참여 등 오락가락하며 국민을 혼란에 빠지게 한 전략적 냄새로 인해 정국의 혼란을 씨뿌린 착잡한 분위기가 지속됐다.

 혁명주체 세력은 박정희 의장의 대통령 출마를 환영하고 있으나, 재야에서는 박 의장의 대통령 출마를 결사적으로 반대했다.

 이후락 공보실장은 박정희 의장의 대통령 출마 반대운동은 지극히 비정상적인 정치활동이며, 박 의장의 출마 결심은 오직 박 의장 자신의 결정에 따를 것이라고 밝혔다.

 민주공화당과 자유민주당을 저울질하던 박정희 의장은 민주공화당의 공천을 받고 대통령에 출전했다.

2. 단일후보 옹립에 실패하고 4분5열(四分五裂)된 야권

(1) 정치활동정화법으로 입맛에 맞는 정치인 선발

국가재건 최고회의는 민주당 시절 제정한 공민권 제한법을 폐지하되 공민권 제한자, 5대 민의원과 참의원, 주요 정당 간부들을 대상으로 정치활동의 적부(適否)를 심사하여 정치활동을 허용하는 정치활동정화법을 의결했다.

최고회의는 정치활동 적격 심판 대상자로 4,067명을 공고하고, 대상자는 공고된 날로부터 15일 이내에 적격 심판을 청구할 수 있으며, 적격판정을 받지 못한 대상자는 1968년 8월 15일까지 일절(一切)의 정치활동을 하지 못하도록 했다.

이주일 정치정화위원장은 혁명 과업 수행에 현저한 공적이 있거나, 개전(改悛)의 정이 현저한 자 등 9개 항목의 적격 판정 기준을 발표했다.

1965년 8월 12일까지 재직할 수 있었던 윤보선 대통령은 정치활동정화법에 대한 반대를 표시하기 위해 취임 후 19개월 10일만인 1962년 3월 23일 사임했다.

최고회의는 정정법 해당자 4,067명 중 2,768명의 심판청구서가 제출되어 김성곤, 김종철, 박준규 전 의원 등 1,326명을 1차로 구제했다.

곧 이어 곽상훈, 김정열, 박순천, 윤치영 등 171명을 추가로 구제(救濟)하고, 국민들의 여론에 굴복하여 1963년 2월에도 허정, 백남훈 등 373명을 3차로 구제했다.

제6대 대통령 선거를 앞두고 2,322명을 구제 조치하여 장면, 한희석, 이철승, 양일동 등 269명만을 묶어뒀다.

제6대 총선을 마치고 192명을 추가 해금(解禁)조치 했으나 신도환, 이철승, 윤길중, 김정례, 고정훈 등 74명은 1968년까지 정치활동이 규제됐다.

(2) 민주당 신·구파가 민정당과 민주당으로 분열

박정희 의장을 주축으로 창당된 군인당에 맞설 민간인당 창당을 목표로 윤보선, 김병로, 이인, 전진한이 4자회담을 갖고 "민정의 기초를 확고히 하기 위해 범국민의 대동단결로 새 정당의 창설을 촉진하고 명실상부한 민정 이양을 위해서는 민간인들이 한데 뭉쳐 선거에서 이겨야 한다"는 공동성명을 발표했다.

범야(汎野) 단일야당 결성을 위한 각파 5인위원회(김재학, 우갑린, 이상규, 한몽연, 김종규)는 정권의 평화적 교체를 당의 기본노선으로 합의하고 대통령 후보와 정당 총재를 분리하기로 결정했다.

민주당계 대표는 윤보선, 김병로, 이인, 전진한, 박순천, 김법린 등 6인은 단일 야당 형성을 위한 교량적 역할만을 수행하고 대통령 후보로는 출마하지 않겠다는 것을 보장해야 한다고 주장하여, 단일정당 출발에 먹구름이 몰려왔다.

윤보선이라는 강력한 대통령 후보를 가지고 있다고 자부하며 무소속과 손을 잡아 단일 야당이라는 명분상 이점을 움켜쥐려는 민정계, 뭉쳐놓고 보자는 명분론의 무소속계, 윤보선 등의 대통령 불출마 주장을 굽히지 않은 민주계의 협상 불발로 단일 야당의 꿈은 좌절됐다.

단일 야당 출발을 위한 협상이 결렬되자, 정정법에서 가장 많이 구제(救濟) 받은 민주당 구파가 중심이 되어 창당을 서둘렀고, 이들은 359명의 창당발기인 대회를 개최하고 당명을 민정당(民政黨)으로 확정했다.

민주계가 불참한 가운데 민정당은 창당대회를 개최하고 대표에 김병로, 최고위원에 백남훈, 김도연, 이인, 전진한, 김법린을 선출하고 대통령 후보에 윤보선을 추대했다.

윤보선 대선후보는 재야의 단일후보 선출을 위한다는 명분을 내걸고 대통령 후보직을 사퇴하는 연극(演劇)도 연출했다.

군사혁명 이후 침묵을 지켜오던 민주당 신파 출신인 박순천, 홍익표 등 30여 명은 단일 야당 운동에서 이탈하여 행동 통일을 다짐하며 새로운 정당 출범을 모색했다.

이들은 창당대회를 개최하여 당명을 민주당(民主黨)으로 하고 총재에 박순천을 선출하고, 박정희 의장이 출마하면 야권의 단일후보를 적극 지원하기 위해 대통령 후보를 내지 않기로 결의했다.

민주당은 정국안정을 위해 허정이 주도한 신정당과 손을 잡아야 한다는 합류파와 민주당의 정도를 지켜야 한다는 고수파의 대결로 분열이 불가피했다.

최희송, 장덕창, 이춘기, 김용진, 조재천, 홍익표, 정일형 등이 민주당의 버팀목으로 활약했다.

(3) 허정의 신정당, 김재춘의 범국민정당인 자유민주당도 발족

허정 전 과도정부 수반이 신당 창당을 선언하자, 민주당은 기성(旣成) 조직을 사실상 백지화하고 허정 신당에 참여하기로 결정했다.

허정 신당은 민주당계, 자유당계, 무소속계가 참여하여 갈등과 반목으로 창당대회 구성 멤버의 인선이 계속 지연됐다.

오랜 진통끝에 신정당은 창당 준비대회를 개최하여 위원장에 허정, 부위원장에 민주당계의 이상철, 자유당계의 이갑

식을 선출했다.
　민주당계는 해금자 전원 발기위원회 참가를 주장하고, 자유당계는 신진 인사에게 과반수 발기위원을 배정해야 한다고 주장했다.
　또한 민주당계는 부정선거 등 지탄 대상자의 사퇴요구를 주장하였으나, 자유당계가 거부하자 집단이탈을 결정했다.
　허정 위원장은 "갈 사람은 가야지"하며 타협할 여지가 없다며 체념하여 이상(理想)에 집착한 허정의 꿈은 사실상 좌절됐다.
　박정희 최고회의 의장의 밀명(密命)을 받은 김재춘 중앙정보부장은 혁명주체를 비롯한 군인과 과거 정치세력이 단합하여 안정세력을 지향하는 범국민정당 창당을 주도하자, 민정당에 참여했던 소선규, 김산, 조영규 등 전직 의원 20여명이 참여키로 했다.
　이들은 전직의원등 57명을 규합하여 발기인 대회를 갖고 준비위원장에 소선규, 부위원장 김용우를 선출하고 지도위원에는 김준연, 이갑성, 조정환을 추대키로 했다.
　범국민정당은 박정희 의장 지지를 선언하자는 수습회의파와 창당 과업을 선행하자고 주장하는 소선규 위원장파간의 대립으로 난관에 봉착했다.
　범국민정당은 당명을 자유민주당으로 결정하고 김원태, 조영규, 엄민영, 김봉재 등을 집행부서 책임자로 선정했다.
　이후락 최고회의 공보실장은 박정희 의장의 자유민주당과 민주공화당의 합작을 기대하고 있다고 밝혔고, 박 의장은 민주공화당을 중심으로 친여세력의 합류를 지시했다.
　그러나 민주공화당과 자유민주당의 수뇌접촉이 성과가 없었으며, 민주공화당의 이원(二元)조직 문제등으로 결국 합작이 무산됐다.
　자유민주당은 창당대회를 갖고 대표에 김준연, 최고위원에 소선규, 송요찬, 김재춘, 김봉재를 선임하고 대통령 후보는 송요찬을 추대했다.

물에 술 탄 듯, 술에 물 탄 듯 여도 야도 아닌 방향없는 항로에 오른 자민당은 마치 국회의원 공천을 위해 집결된 모임체의 인상이 짙었다.

대통령 후보에 지명된 송요찬은 자유민주주의 소생을 위해 지명을 수락한다는 옥중성명을 발표했으나, 야권후보 단일화를 위한다는 명분을 내걸고 중도 사퇴했다.

이에 중앙정보부는 송요찬을 석방하여 예비역 군 장성 출신들의 민주공화당 입당을 기대했다.

(4) 야권 단일후보 꿈을 안고 국민의당 출범

민정당 김병로, 신정당 허정, 민우당 이범석 대표들은 3당 영수회담에서 무조건 통합키로 합의했으나, 민주당은 단일후보 추대에는 찬성하되 통합은 끝내 반대했다.

국민의당으로 당명을 확정한 3당 통합 과정에서 민정당은 선(先)조직 후(後)단일화를 주장한 반면, 신정당은 국민의당 명으로 선(先)합당 후(後)조직을 주장하고, 민우당은 3당이 동수(同數)비율의 지구당조직책 선정을 주장했다.

민정당은 기성 조직의 법통(法統)이용을 강력하게 주장한 반면, 신정당과 민우당은 백지상태에서의 조직을 주장하여 상호대립은 불가피했다.

3당은 막후교섭을 통해 대통령 후보는 무조건 단일후보를 선출하되, 의원 후보 공천은 파벌을 떠나 역량을 중심으로 합의했으나 뜬구름 잡기였을 뿐이었다.

국민의당 창당준비위원회에서는 김병로, 허정, 이범석을 대표위원으로 선임하고, 군정 종식과 악법 개정을 정당의 목표로 설정했다.

국민의당은 경합이 심한 25개 지역구는 보류하되 106개 지역구의 조직책을 민정계 47명, 신정계 32명, 민우계 17명, 기타중도계 10명으로 선정했다.

70개 지역구 조직책 확보를 목표로 설정한 민정계는 조직책 선정에 반발하면서, 신정계에서 25개 지역구 조직책을 양보해야 한다고 주장하여 분쟁을 키워왔다.

이범석 대표는 "대통령에 출마하지 않겠다"면서, 야권 단일후보의 빠른 지명을 촉구했고, 민정계는 민정당의 모든 당원은 국민의당원이 된다는 자동적 당원에 대한 준칙을 시행하지 않으면 불참을 고려하겠다고 선언했다.

우여곡절을 겪으며 겨우 개최된 국민의당 창당대회에서 김병로, 허정, 김도연, 이범석, 이인을 최고위원으로 선출하고 대통령 후보에 대해서는 사전 조정과 실력 대결로 맞서다가 창당대회가 중단됐다.

윤보선은 나라를 위해 개인과 민정당의 희생을 각오하겠다고 선언하자, 민정당은 대통령 후보로 김도연을 지명했다.

김도연과 허정을 저울질하던 재야 정계에서 대통령 후보를 허정으로 결정하자, 민정당은 간부회의에서 잽싸게 대통령 후보를 김도연에서 윤보선으로 교체했다.

민정계가 불참한 국민의당 대의원대회에서 허정을 대통령 후보로 지명하자, 민정계는 국민의당 대의원대회는 위헌(違憲)이라고 주장하고, 창당 등록정지 가처분신청을 중앙선거위원회에 제출했다.

민정계의 소송에도 불구하고 중앙선거위원회는 국민의당 창당의 합법성을 인정하여 허정 후보가 대통령 후보로 확정되자, 난장판을 주도한 민정계는 재빨리 민정당 재창당대회를 개최하여 윤보선을 민정당 대통령 후보로 지명했다.

그리하여 정통성을 갖춘 국민의당 허정, 대통령 야욕에 불타 국민의당을 뛰쳐나와 재창당으로 후보로 선출된 민정당 윤보선의 대립은 불가피했고, 이들의 대결은 대통령 선거에서의 필패를 향해 달려갔다.

3. 영남에서 66만표 앞서 15만표차로 승리한 박정희

(1) 제5대 대통령에 도전하는 7명 후보들의 프로필

 정당의 추천을 받아야 입후보할 수 있는 대통령 후보는 1번 신흥당 장이석, 2번 자유민주당 송요찬, 3번 민주공화당 박정희, 4번 추풍회 오재영, 5번 민정당 윤보선, 6번 국민의당 허정, 7번 정민회 변영태 등 7명의 후보들이 등록했다.
 평북 영변 출신인 장이석 후보는 직업도 가져본 적이 없는 무명의 정치인으로 도의 민주주의를 주장했고, 옥중출마한 송요찬 후보는 제1군 사령관 시절 박정희 후보를 참모장으로 활용했고 육군참모총장이 되자 박정희 후보를 군수기지사령관에 보임했지만, 5·16 쿠데타 이후 전세가 역전되어 박정희 최고회의 의장으로부터 내각수반에 임명됐다.
 충남 청양 출신인 송요찬 후보는 석두(石頭)라는 별명을 갖고 있지만, 6·25 동란 때는 수도사단장을 맡아 큰 공을 세웠다.
 3번 박정희 후보는 경북 선산군 구미면 출신으로 대구사범을 졸업하고 문경에서 보통학교 교편생활을 하다가 만주로 넘어가 만주 육군사관학교를 졸업하고 일본군 중위로 활약하다가 만주에서 해방을 맞았다.
 해방 이후에 다시 육군사관학교 3기로 졸업하여 육군 장교로 근무하다가 남로당원으로 밝혀져 형무소에 끌려갔다.
 정일권 장군등 만주군 출신들의 도움으로 방면되어 문관으로 근무하다가 6·25 동란 이후 복직되어 육군 소장까지 승진했으며, 5·16 쿠데타에 성공하여 장도영 육군참모총장을 몰아내고 정권을 장악했다.

박정희 의장은 어떤 일이 있더라도 국민을 굶기지 않겠다고 선언하고, 미국에서 소맥 20만 톤을 긴급하게 구매하여 전국 빈민층에게 배분하여 국민들로부터 신망을 얻었다.

경기도 안성 출신인 4번 오재영 후보는 보통학교 4학년 중퇴생이지만 3대 총선 때 무소속으로 출마하여 자유당 공천 후보를 꺾고 당선됐다가, 곧이어 자유당에 입당하여 자유당 공천으로 4대의원에 당선됐다.

무식한 영웅은 있어도 유식한 영웅은 없다는 오재영 후보는 "숨 막히는 이 겨레에 불어라 추풍아"를 구호로 내걸고 완주하여, 정민회 변영태 후보를 누르고 동메달을 차지했다.

5번 윤보선 후보는 선영(先塋)은 충남 아산에 있지만 서울의 명문가 출신으로 영국 애던바라대를 졸업하고 서울특별시장, 상공부장관, 대한적십자사 총재, 민주당 최고위원에 선임되었다가 4·19 혁명의 호기를 맞아 대통령에 당선되는 행운아였다.

"유혈과 내전을 방지하기위하여 국군통수권을 발동하지 않았다"는 그는 5·16 쿠데타를 합법화시켰다는 숱한 비난을 감내해야 했고, 대통령 후보가 되기 위해 사퇴했다가 번복했으며, 허정 후보의 야권 단일후보 뒷덜미를 낚아채어 후보 등록 직전에 민정당을 재창당하여 후보에 등록하는 우여곡절을 겪었다.

부산에서 제헌의원에 당선된 허정 후보는 교통부장관, 서울특별시장, 외무부장관, 국무총리 등 화려한 경력을 지녔다.

"추잡한 현실과 타협하기보다는 차라리 이상론을 존중하겠다"는 허정 후보는 민주당과의 통합 실패, 야당 통합의 무산(霧散)이라는 쓰디쓴 잔을 마셔야만 했다.

정치 현실에 타협할 줄 모르는 그의 성격은 과도정부 수반이라는 이미지를 가지고 포용력을 발휘하는 정치인이 되었더라면 하는 아쉬움을 남겼다.

정당을 도외시하고 정치인과 비양식인을 혐오하고 기피(忌避)하던 변영태 후보가 정민회를 창당하여 대통령에 출마한 것은 평소 신념의 변절이라고 할 수 있다.

군정의 종식과 구정치에의 환원도 막아야 한다는 명분을 내걸었으나, 결과적으로 야권 단일후보의 뒷덜미를 잡아챘고, 외무부장관과 국무총리를 겸직한 변영태 후보는 자유당 출신 재선의원 오재영 후보에게도 뒤진 득표력을 보인 것은 경력에 걸맞지 아니한 결과였다.

옥중출마한 송요찬 후보가 야권후보 단일화 명분을 내걸고 사퇴하여 석방됐고, 허정 후보도 대구 수성천변 유세에서 청중 숫자에서 윤보선 후보에게 뒤지자 미련없이 후보직을 사퇴했으나 윤보선 후보 지원 유세에는 나서지 아니했다.

그리하여 장이석, 박정희, 오재영, 윤보선, 변영태 후보만이 완주했다.

(2) 박정희 후보의 민주공화당 입당은 국가재건비상조치법 위반이라는 논란에 휩싸여

김대중 민주당 대변인은 "박정희 최고회의 의장은 8월 30일 강원도 철원에서 성대하게 육군 대장 전역식을 마치고 곧 바로 상경하여 민주공화당에 입당했고, 이튿날인 8월 31일 공화당 전당대회에서 대통령 후보에 지명되자 수락 연설까지 했다.
당시 국가재건비상조치법에서 국가재건최고회의 최고위원은 정당에 가입할 수 없다고 규정되어 있으므로 비상조치법과 정당법에 위배된다"고 지적하고, 중앙선거위원회에 유권해석을 요청했다.

이에 당황한 민주공화당은 박정희 의장의 민주공화당 입당은 8월 30일이 아니고 9월 4일이었다고 밝혔다.

중앙선거위원회는 "박정희 후보가 공화당에 입당한 것은 9월 4일이며 9월 3일에 최고위원이 정당에 가입할 수 있도록 국가재건비상조치법이 개정되어 국가재건비상조치법이나 정당법에 저촉되지 않는다"고 해석했다.

민주공화당은 민주공화당에 가입하지 않는 박정희 후보를 민주공화당 대통령 후보로 지명하고, 박정희 의장은 민주공화당원이 아니면서 대통령 후보 수락 연설을 했다는 해석이다.

자민당 조영규 선대위원은 "박정희 의장은 8월 30일 공화당적 06611 번호로 공화당에 입당했으므로, 국가재건비상조치법 위반으로 등록이 무효이고 당선되어도 무효다"라고 주장하며 법원에 등록처분의 취소를 청구했다.

그러나 서울고법 조규대 부장판사는 "박정희 후보의 등록 및 후보 효력정지 가처분 신청은 행정소송의 대상이 되지 않는다"면서, 기각 결정을 판결하여 박정희 후보의 정당성을 부여했다.

자주, 자립의 새날을 위해 선전하고 선투할 것을 약속한 박정희 후보는 공직을 가진 채 출마했으며, 군인 출신 각료도 경질하지 않고 선거전에 매진(邁進)할 수 있도록 했다.

최고회의 의장과 대통령 권한대행 직함을 가지고 출전한 박정희 후보에 대해 재야 정치지도자들은 실질적인 군정 연장 기도이며, 실정(失政)을 거듭한 박정희 후보의 출마가 부당하다며 반대운동을 전개하는데 연합전선을 형성하기로 했다.

재야 5당은 공명선거 투쟁위원회를 결성하고 박정희 의장의 공직 사퇴와 중립적인 선거 내각 수립을 주장하고 전국 유세를 결정했다.

또한 투쟁위원회는 박정희 의장은 8월 30일 공화당적 번호 06611호로 공화당에 입당했으므로 국가재건비상조치법 위반으로 등록처분의 취소를 청구했다.
 그러나 의미 없는 파문만 일으켰을 뿐 요지 부동의 법원의 판결과 민주공화당의 군정 연장 진군을 막아내지를 못했다.

(3) 박정희 후보의 공산당적 시비는 역풍으로 되돌아와

 민정당 윤보선 후보는 "여수-순천 반란 사건의 관련자가 정부에 있다는 사실을 상기하였다"라고 거론하자, 찬조 연사인 윤제술 의원은 여수 지원 유세에서 "여·순 사건을 만들어 낸 장본인들이 죽었느냐, 살았느냐? 살았다면 대한민국에서 무슨 일을 하고 있는가를 여러분은 아는가, 모르는가?"라고 박정희 후보의 사상 문제를 쟁점화했다.
 자민당 김준연 대표는 "박정희 의장은 공인된 공산주의자였다. 그는 여·순 사건을 일으키는데 협력했다. 그래서 그는 군법회의에서 사형선고를 받았다. 그러나 그는 전향(轉向)하여 반란군에 대한 정보를 제공하고 사형을 면제받았다. 그는 지금은 분명히 강력한 반공주의자다"라고 빨갱이를 혐오하는 국민의 정서를 자극했다.
 박정희 후보는 "여·순 반란 사건에 관련됐다는 야당의 주장은 허무맹랑(虛無孟浪)한 일이어서 해명할 필요조차 없으며 법이 가려낼 것"이라고 가볍게 응수했다.
 민주공화당은 여·순사건 진압작전을 지휘한 원용덕 장군을 내세워 "박정희 의장은 여·순사건에 관련이 없으며 오히려 토벌(討伐)작전 참모로서 전공(戰功)을 세웠다"는 주장을 펼치도록 멍석을 깔아줬다.
 김형욱 중앙정보부장은 간첩 황태성이 박정희 의장을 만났거나 민주공화당의 사전조직과 관련이 있다는 야당의 주장은 허무맹랑한 소리이고, 여·순사건 관련자가 정부내에 있다는 것도 터무니없는 소리라고 일축하고, 이러한 주장은 혁명정부와 국민 사이를 이간(離間)시키려는 북한의 고등전략에 휩쓸려 들어가는 결과를 가져온다고 경고했다.

자민당 조영규 선대위원은 "여·순 반란사건 때 박정희 후보는 소령으로 사형선고를 받았고, 국방경비대 시절에는 남로당원이었다는 것이 미국 군정(軍政)기록에 남아있다"고 송요찬 후보가 그의 변호사에게 말했다고 폭로했다.

민정당 선대본부는 "박정희 소령은 공산당원이었음을 백선엽 중령에게 자수하고 공산당원의 명단을 제공하여 공산당 숙군(肅軍)의 공로로 사형이 무기징역으로 감형되고 국방부장관의 형집행정지로 풀려나 장도영과 정일권 등 만주군 출신들의 도움으로 정보국 문관으로 고용되었다가 6·25 발발 직후 육군 소령으로 복직되었다"고 폭로했다.

민주공화당 선대본부는 "민정당의 자료제시는 조작(造作) 폭로전술로서 악랄(惡辣)한 인신공격"이라고 반격했다.

선거 막판에 민정당 선거연설원 김사만이 "대구와 부산에는 빨갱이가 많다"는 발언으로 부산과 대구 민심을 동요시켜 도리어 윤보선 후보는 역풍을 맞아 패인으로 다가왔다.

(4) 정책대결이 실종된 선거전에서 허정 후보 사퇴

정책대결보다는 사상논쟁이 선거전을 주도했으며 최고회의와 민주공화당은 박정희 후보의 승산이 흔들리지 않고 있다는 단정(斷定)아래, 야당 중진들을 구속하여 유권자들을 자극시키는 것보다는 침묵을 지키는 속셈에서 조용한 선거전략을 구사했다.

송요찬 후보의 구속이 선거 초반 쟁점화됐고 재야 5당 대변인은 송요찬 후보의 구속은 졸렬(拙劣)한 정치보복 행위로 경쟁자를 가둬놓고 공명선거라면 4·19 얼이 통곡할 일이며 불의를 계속하면 극한투쟁도 불사하겠다고 공동성명을 발표했다.

"대통령 후보를 사퇴하면 내 보내준다고 하지만 끝까지 법정투쟁을 벌이겠다"고 선언한 송요찬 후보는 야당 후보 단일화라는 명분을 내걸고 대통령 후보직을 사퇴했고, 마침내 석방되어 세간의 이목에서 사라졌다.

민정당 윤보선 후보의 5촌 작은아버지인 윤치영 민주공화당 의장은 "만약 썩은 정치인들이 정권을 붙잡는다면 몇 달 안에 또 혁명이 일어날 것이며, 혁명이 일어나지 않는다면 나라도 혁명을 일으키겠다"고 하자, 야권에서는 "이번 선거가 무의미하다는 것을 입증하는 중대 발언"임을 지적하고 해명을 요구했다.

"광주의 발언은 정치인으로서 지극히 당연한 말을 한 것뿐이며 말하고 나니 통쾌하다"는 윤치영 민주공화당 의장은 "별을 서너개 씩이나 달고 국가기밀을 외부에 누설시킨 송요찬이나 김재춘은 총살되어 마땅하다"고 거듭 강경(强硬) 발언을 쏟아냈다.

박정희 후보는 윤치영 민주공화당 의장을 소환하면서 "5·16 혁명이 최후의 혁명이어야 하며 이번 선거에 있어서는 공명선거를 치러 민정 이양을 기해야 한다"는 입장을 밝혔다.

윤보선 후보는 대구 수성천변에서 8만의 인파속에서 "이번 선거는 대통령 선거가 아닌 국운을 결정하는 선거"라고 포효(咆哮)했고, 허정 후보는 4만여 명이 운집한 수성천변에서 "그동안 군정 종식이라는 목표를 달성하기 위해 단일 야당을 선두에서 제창했다"고 주장했다.

그러나 수성천변 청중에서 뒤진 허정 후보는 "단일후보에 대한 국민의 여망이 절실함을 알았으나 정치적 협상으로는 이룩될 것 같지 않아서 내가 물러서는 길만이 단일후보를 성취한 길이었음을 알았다"면서, 이 기회에 야당 단일후보가 반드시 이루어지길 바란다고 호소했다.

야당 단일후보 옹립의 기운이 짙어지자 민주공화당은 추풍회의 오재영, 신흥당의 장이석 후보들이 사퇴하지 않도록 종용(慫慂)하기로 결정하고 이면(裡面)공작을 벌였다.

후보를 내지 않은 민주당은 윤보선 후보를 지원하기로 결의했으나, 군정의 종식을 구호로 내건 정민회 변영태 후보는 "나의 주의와 주장을 받아주는 이가 단일후보가 되면 몰라도"라는 도피로(逃避路)를 만들어놓고, 야당 단일후보를 외면하고 끝까지 완주하여 윤보선 후보 뒷덜미를 잡아당겼다.

(5) 경상도의 맹목적인 지지로 대통령에 당선된 박정희

야권후보들의 난립으로 승리를 낙관했던 민주공화당은 허정과 송요찬 후보들의 잇달은 사퇴로 야권 단일후보가 확정되자 충격, 초조, 불안에 휩싸였으며 고전이 예상되었다.

그러나 민주공화당은 야당에서 물고 늘어진 도발에 끝까지 조용한 선거 분위기를 살려 나간 작전이 방대적 조직과 풍부한 자금 등과 어울려 성공할 수 있었다.

투표 결과 박정희 후보가 470만 2,642표를 득표하여 454만 6,614표를 얻은 윤보선 후보를 15만 6,028표차로 꺾고 승리했다.

야권 후보단일화를 외면한 정민회 변영태 후보가 22만 4,443표를 득표하고, 자유당 출신인 추풍회 오재영 후보가 40만 8,664표를 득표하여 동메달을 차지했다.

민주공화당의 아슬아슬한 승리는 혁명정부가 2년 치정(治政)에서 저지른 많은 의혹과 함께 민주공화당 창당 자체에 대한 의혹과 그리고 혁명주체 세력간의 내분으로 혁명정부 자체에 대한 부정적인 여론의 결과물이었다.

서울은 현실적인 필요로 반박정희와 반(反)군정의 길을 재촉했고, 만년 여당의 금성탕지인 강원도가 감자바위 오명을 씻고 군인표들의 사상논쟁의 결과로 반박정희표로 돌아선데 힘입어 윤보선 후보가 승리했다.

부산과 대구를 중심으로 우리나라 혁신세력의 본거지이며 야당의 보루(堡壘)였던 경상도가 박정희 후보가 경상도 출신이라는 지역의식을 촉발시켜, 박정희 후보가 윤보선 후보에게 66만표 앞서 승리의 밑거름이 됐다.

밀가루 살포로 중농정책의 혜택을 입은 호남지역에서 지역감정의 의식을 잃어버린 채 박정희 후보가 윤보선 후보에게 35만여 표 앞섰으나, 윤보선 후보 선영이 있는 충청권에서는 윤보선 후보가 박정희 후보에게 13만여 표 앞서 대조를 이뤘다.

수도권과 강원도에서 윤보선 후보는 박정희 후보에게 77만여 표 앞섰으나, 경상도에서 66만여 표와 전라도에서 35만여 표 뒤져 승리의 월계관을 박정희 후보에게 헌납(獻納)할 수 밖에 없었다.

윤보선 후보는 "투표에서 이겼으나 개표에서 졌다"면서, "박정희 후보는 입후보 당시 최고회의 의장으로 피선거권이 없고, 정당 가입금지 규정에 위반되어 대통령 후보 등록은 무효이다. 공무원의 선거 동원, 선심 공여, 호별 방문, 밀가루 배급 등등 선거법 위반행위가 빈발했다"고 당선 무효 소송을 제기했으나 소 잃고 외양간 고치는 꼴이 됐다.

〈제5대 대통령 선거 지역별 득표 상황〉

()는 득표율

	계	공화당 박정희	민정당 윤보선	추풍회 오재영	정민회 변영태	신흥당 장이석
합계	10,081,200	4,702,642 (46.6)	4,546,614 (45.1)	408,664 (4.1)	224,443 (2.2)	198,837 (2.0)
서울	1,231,578	371,627	802,052	20,634	26,728	10,537
경기	1,163,849	384,766	661,984	54,770	34,775	27,554
강원	749,873	296,711	368,092	35,568	24,924	24,528
소계	3,145,300 (31.2)	1,053,104 (33.5)	1,832,128 (58.2)	110,972 (3.5)	86,427 (2.8)	62,619 (2.0)
충북	509,767	202,789	249,397	26,911	15,699	14,971
충남	993,102	405,077	490,663	47,364	26,639	23,359
소계	1,502,869 (14.9)	607,866 (40.4)	740,060 (49.2)	74,275 (4.9)	42,338 (2.8)	28,330 (2.6)
전북	826,473	408,556	343,171	37,906	18,617	18,223
전남	1,338,142	765,712	480,800	51,714	17,312	22,604
제주	116,503	81,422	26,009	3,859	2,207	3,006
소계	2,281,118 (22.6)	1,255,690 (55.0)	849,980 (37.3)	93,479 (4.1)	38,136 (1.7)	43,833 (1.9)
부산	503,601	242,779	239,083	11,214	7,106	3,419
경북	1,504,330	837,124	543,392	58,079	31,113	34,622
경남	1,144,032	706,079	341,971	60,645	19,323	16,014
소계	3,151,963 (31.3)	1,785,982 (56.7)	1,124,446 (35.7)	129,938 (4.1)	57,542 (1.8)	54,055 (1.7)

제3장 자유당 세력을 끌어들여 안정세를 구축한 공화당

1. 제도(制度)와 구도에서 승리가 보장된 공화당
2. 지지율 33.5%이지만 63% 의석을 차지한 공화당
3 제6대 국회에 입성하는 의원들의 면모(面貌)

1. 제도(制度)와 구도에서 승리가 보장된 공화당

(1) 지역구 통폐합과 전국구 제도로 승리 여건을 구비한 민주공화당

국가재건최고회의는 무소속의 입후보를 봉쇄하기 위해 정당 공천제도를 채택하고, 당적(黨籍)을 잃은 의원은 의원직을 상실케하는 정당법의 기초를 마련했다.
국회의원 선거법에서 지역구로 131석, 전국구는 44석으로 175석으로 하되, 전국의 득표수가 총 투표자의 5% 미만이거나 획득의석수가 3석 미만일 때는 전국구 의석 배정 대상에서 제외했다.
전국구의 배정에서 제1당의 득표수가 50% 미만일 때는 전국구의 1/2(22석)을 우선 배정하여 제1당에게, 제2당에게는 나머지의 2/3(14석)을 우선 배정하도록 제1당과 제2당에게 절대적으로 유리하도록 법을 제정했다.
민정당, 민주당, 자민당, 국민의당으로 분열된 야권의 연합공천은 탁상공론화될 가능성이 높고, 골육상쟁(骨肉相爭)으로 민주공화당에 어부지리를 안겨 줄 것으로 예상됐다.
국민의당이 공식 제의했던 야당 후보 단일화를 위한 상설기구 설치에 대해 민주당과 자민당 대표들이 전폭적인 지지를 표명했다.
그러나 윤보선 민정당 대표는 종반전에 가면 자연적 추세로 야당 단일후보가 가능하다고 낙관하며 인위적인 단일화에 반대하여 무산됐다.
민정당 정해영이 국민의당이 서류상으로만 창당했다며 '종이조각'이라고 비하하자, 국민의당은 민정당은 '왔다갔다 한 번의당(翻意黨)'이라고 반박했다.

군사정부가 민정 이양 이후 정국을 휘어잡기 위한 묘책으로 233개 지역구를 131개 지역구로 통폐합하여 5대의원들과 자유당 정권에서 깊게 뿌리내려 조직을 구비한 자유당 출신 전직 의원들이 출전하여 혈투를 전개하고, 무소속 출마가 허용되지 않아 각기 정당의 공천을 받고 출전하여 정당의 명예를 위한 한판 승부가 펼쳐지게 구도(構圖)됐다.

그리하여 방대한 조직, 풍부한 자금, 대통령에 충성하는 공무원들을 활용할 수 있는 민주공화당 후보가 어부지리(漁父之利)를 노릴 수 있는 최상의 선거 구도를 만들었다.

더구나 선거 사상 최초로 전국구 제도를 만들어 제1당이 12.5%인 22석을 조건 없이 우선적으로 차지하여 제도적으로나 선거 구도상으로 패배 할래야 패배할 수 없는 구도로 제6대 총선에 들어갔다.

(2) 김종필 중앙정보부장이 한 발 앞서 조직한 민주공화당

김종필 중앙정보부장은 가칭 재건당 준비위원회를 출범시키고 최고위원은 되도록 지역구 후보로 공천하고, 이념이 같은 구정치인을 대량으로 포섭하겠다고 선언했다.

재건당은 민주공화당으로 개명(改名)되고 안용대, 김병순 등 자유당계, 김재순, 박준규 등 민주당계, 김정열, 윤치영, 전예용, 서갑호, 정구영, 이갑성 등 저명(著名)인사들을 포섭했다.

78명이 참가한 민주공화당 발기인대회에서 김종필을 임시의장으로 선출했으나, 김동하와 유원식 등 혁명주체들은 김종필의 사전조직 등 독주에 거세게 반발했다.

김종필 중앙정보부장 주도에 대한 반기와 발기인 구성, 기구 등에 불만을 가진 최고위원들은 김종필의 당직 사퇴, 중앙정보부 직원들의 정당 참여 반대, 이원조직인 기구일원화

보장 등을 요구했다

 그러나 민주공화당 창당 준비대회에서 위원장에 김종필을, 부위원장에 정구영을, 사무총장에 김동환을 선임하고 5·16 혁명이념의 계승과 민족적 민주주의 구현을 표방하면서 창당 준비를 서둘렀다.

 "혁명이념을 이어나갈 정당을 만드는 자리에 혁명주체 세력인 최고위원들이 한 사람도 참여하지 않는다는 것을 부자연스럽다"는 혁명주체들의 볼멘소리로 박정희 의장의 권유로 김종필은 민주공화당 의장직을 사퇴하고 버마와 터키 등 제1차 외유길에 올랐다.

 김종필 민주공화당 의장이 외유길에 오른 다음날 민주공화당 창당대회를 갖고 총재에 정구영, 당의장에 김정열을 선출하고 대통령 후보 지명은 당분간 보류했다.

 민주공화당은 야당 단합을 교란시키려는 목적을 두고 김재춘 중앙정보부장이 주도한 범국민정당인 자유민주당 태동이 도리어 전화위복(轉禍爲福)되어 박정희 의장을 민주공화당 총재와 대통령 후보로 추대할 수 있었다.

 민주공화당은 야당의 태동(胎動)에 한발 앞서 131개 지역구 위원장을 발표하고, 60만 당원을 확보하여 대통령 선거와 국회의원 선거에 돌진했다.

 민주공화당 사무당료파에겐 뿌리깊은 반감을 품고 있는 5월동지회는 김종필 복귀에 대한 반작용으로 자민당과의 합류를 모색했다.

 그러나 김종필이 5월동지회에 가입하자, 5월동지회의 오치성, 강상욱, 조창대, 장동운 등이 민주공화당에 입당했고, 자민당의 협상파인 하태환, 엄민영 등 수 백명이 민주공화당에 대대적으로 합류하여 공화당의 몸집을 크게 불렸다.

(3) 혁명대상인 구정치인과 군인 출신을 지역구 후보로 66

명이나 공천한 민주공화당

　민주공화당 지역구 후보 131명 가운데 전직의원이 39명, 지방의원 출신이 7명이며, 지난 5대 총선에 출전하여 낙선한 20명이 포함되어 혁명대상인 구정치인이 66명을 차지하여 공천 후보의 50.4%를 점유했다.
　전직의원 39명의 소속은 자유당 출신이 과반이 넘는 23명이고, 민주당 출신이 5명, 신민당 출신이 6명이며 무소속 출신도 5명이다.
　민주당이나 신민당 출신은 민관식(동대문갑), 박준규(성동을), 김재순(철원-화천-양구), 홍춘식(천안-아산), 김성환(정읍), 홍광표(해남), 오상직(의성), 김준태(경산-청도), 김광준(울진-영양), 이양호(창원-진해) 후보들과 참의원 출신인 이원만(대구동), 백남억(김천-금릉) 후보 등 11명이다.
　자유당 출신으로는 조주영(서대문갑), 최규남(서대문을), 최하영(이천), 최용근(강릉-명주), 김진만(삼척), 정상희(충주-중원), 안동준(괴산), 박충식(공주), 김창동(청양-홍성), 윤병구(예산), 인태식(당진), 구흥남(화순-곡성), 이동녕(문경), 구태회(진주-진양), 최석림(충무-통영-고성), 신영주(창녕), 김성탁(울산-울주), 최치환(남해), 현오봉(남제주), 황호현(평창-횡성), 여운홍(종로) 후보 등 23명이며 최하영, 안동준, 최치환 후보들은 공민권 제한 처분을 받았고, 박충식, 김장섭, 최석림, 신영주, 김성탁 후보들은 부정선거로 지탄(指彈)의 대상이 됐다.
　무소속 출신으로는 전휴상(진안-무주-장수), 한상준(임실-순창), 정헌조(영광-함평), 송관수(대구중), 이효상(대구남) 후보들을 들 수 있고, 지방의원 출신으로는 이윤용(평택), 이우헌(여수-여천), 이교은(나주), 이상희(서산), 김중한(영덕-청송), 신중달(부산서), 양극필(부산 동래) 후보들을 들 수 있다.

지난 5대 총선에 김익준(용산), 이용남(영등포갑), 예춘호 (영도), 엄정주(영월-정선), 김종갑(서천-보령), 김용택(군산-옥구), 이병옥(부안), 조경한(순천-승주), 김선주(구례-광양), 신형식(고흥), 최서일(완도), 이남준(진도), 김봉환(선산-군위), 권오훈(안동), 이활(영천), 변종봉(합천-산청), 노재필(동래-양산), 김택수(김해), 임병수(제주-북제주) 후보들이 출전하여 모두 낙선한 전력을 갖고 있다.

혁명주체이거나 장교 출신들은 서상린(용인-안성), 이백일(여주-양평), 이병희(수원), 권오석(화성), 유승원(인천갑), 김용채(포천-연천-가평), 고진영(동대문을), 이상무(경주-월성), 조시형(부산중), 김용순(사천-하동-삼천포), 방성출(함안-의령), 민병권(거창-함양), 김종호(속초-양양-고성), 김종필(부여), 길재호(금산), 김종갑(서천-보령), 오원선(진천-음성), 신관우(청원), 이동진(영동), 최영두(완주), 장경순(김제), 김석중(광주갑), 정래정(광주을), 박승규(장성-담양), 김성철(이리-익산)후보 등 25명이 민주공화당 공천을 받고 출전했다.

민주공화당은 원내 안정세력 구축에 지나치게 초조한 나머지 그들 스스로의 표적이던 구악(舊惡)까지 받아들여 박정희 최고회의 의장이 입버릇처럼 되뇌이던 세대교체와 체질개선, 그리고 새 정치풍토 조성이라는 명제를 스스로 공염불로 돌려버렸으며, 혁명공약 제6항의 참신하고 양심적인 정치인들에게 정권을 이양하겠다는 공약의 이행은 후세의 역사가들이 평가할 몫으로 남겨뒀다.

(4) 12개 정당 847명이 등록하여 경쟁률은 6.5대 1

제6대 총선을 앞두고 12개 정당이 등록하여 131개 지역구에 847명의 의원 후보를 공천하여 6.5대 1의 경쟁률을 보였다.

민주공화당과 민정당이 131명으로 전 지역구에, 민주당이 120명, 자민당이 116명, 국민의당이 110명으로 5대 정당이 70%가 넘는 후보자를 공천했다.

군소정당인 보수당이 78명, 한독당 10명, 자유당 42명, 정민회 36명, 추풍회 33명, 신민회 29명, 신흥당 11명을 공천했으나 이들은 당선자를 배출하지는 못했다.

입후보자의 면모는 전직의원이 231명으로 27.3%를 차지하여 민주당 구파, 민주당 신파, 자유당 출신들이 재대결을 펼치게 됐다. 전직의원들은 민주당 57명, 민정당 51명, 국민의당 54명, 자민당 32명, 민주공화당 37명으로 5대 정당에 골고루 분포되어 있다.

자유당 출신 전직의원들은 62명으로 민주공화당에 23명, 민정당에 5명, 국민의당에 26명, 자민당에 8명으로 분산되어 있으나 민주당에는 1명도 없다.

민주당 출신 전직의원은 88명으로 민주공화당으로 5명이 전향하고, 56명은 민주당 공천으로 출전했으며 국민의당에 12명, 자민당에 7명이 의탁했다.

신민당 출신 전직의원은 50명으로 민주공화당에 6명이 흡수되고, 32명은 민정당에 잔류하여 민정당의 주류를 형성했다.

무소속 출신 전직의원은 40명으로 민주공화당에 14명, 민정당에 5명, 국민의당에 15명, 자민당에 6명으로 흩어졌다.

최고령 후보는 민주공화당의 여운홍 후보로 72세이고 최연소 후보는 자민당 정원찬 후보로 26세이다.

2. 지지율 33.5%에 63% 의석을 차지한 공화당

(1) 239명을 공천한 군소정당은 단 1석도 못 얻어

민주공화당이 원내 과반의석을 차지하기 힘들 것이라는 누구도 의심치 않던 선거전의 예상은 어이없이 뒤집혔고, 이에 따라 민주공화당이 원내 안정의석을 얻지 못했을 경우의 정쟁(政爭)국회 시대의 도래에 대한 걱정만은 가신 셈이다.

이번 선거 결과 민주공화당은 전체 175석의 63%인 110석을 차지했고, 민정당이 전국구 14석 할애의 혜택을 입어 23%인 41석을 차지하여 제2당으로 자리 잡았다.

민주당은 13석, 자민당은 9석, 지역구에서 1석이 모자라 전국구 배정에서 제외된 국민의당이 2석을 차지했다.

정당별 득표율은 민주공화당이 33.5%를, 민정당이 20.2%, 민주당이 13.6%를 득표하여 3당이 67.3%의 득표율을 올렸지만, 전체의석의 94%인 164석을 독차지했다.
민주공화당 공천으로 이번 총선에서 장교 출신이 30명이 넘게 당선되어 군정의 연장임을 나타내 주었고, 자유당 출신 20여 명이 당선되어 기지개를 펴게 됐으며, 이들의 18명은 민주공화당에, 2명은 야당에 포진(布陣)하게 됐다.

이번 국회에는 초선의원이 122명으로 70%에 근접하고 있고, 대학 졸업생이 85%를 넘겨 자유당 시절 의원들의 학력과 대조를 이뤘다.

초대에는 85석, 2대에는 126석을 차지하여 무소속 의원들이 의정을 좌지우지했던 무소속의 출마가 허용되지 않아 이번 총선에는 등정하지 못했으며, 더구나 많은 후보를 공천했던 7개의 군소정당 후보들은 단 1명의 의원도 배출하지 못했다.

이번 총선에서 사꾸라라는 세간의 풍설속에 보수당이 군소정당에서 제1당으로 자리매김 됐다. 보수당의 인적구성은 민정당과 부자(父子)지간 같다는 것이 세평이다.

 보수당의 대표인 김명윤은 민정당 전당대회 부의장 김광준의 동생이고, 선전위원장 서유석은 민정당 선거대책위원장 서범석의 동생이며 주요 간부인 고담룡, 김창수, 은종숙은 유진산 의원의 막료이다.

 이들은 평화적 정치쿠데타를 구호로 내걸고 출전했으나 당선자를 배출하지는 못했다.

(2) 민주공화당이 대승을 거두고 야권이 참패한 배경

 전진을 위한 안정세력 구축과 견제를 위한 야당 육성이란 두 명제에 대한 유권자의 선택이지만, 야권에서는 민주공화당의 조직과 돈의 힘 그리고 그것이 저질렀을 개연성이 짙은 선거 부정에 더 크게 연유(緣由)됐다고 단정하는 의견이 많았다.

 이승만 정권이래 어느 지역보다도 정치의식이 앞섰고 혁신 성향이 높은 대구와 부산에서 민주공화당이 압승한 사실은 영남 출신인 박정희 의장의 영남 정권에 대한 환호(歡呼) 즉 지역의식이거나 지역감정의 발로로 표현할 수밖에 없었다.

 서울에서는 2석을 제외한 14석을 야권후보들이 석권했지만, 부산에서는 서구에서 민정당 김영삼 후보만 당선됐을 뿐 민주공화당이 5석을 휩쓸었다.

 스스로 야당 단일화를 이룩하지 못하고 유권자들의 몰표에 의한 단일화에 기대했던 야당의 타성(惰性)과 당선욕은 야당 전체의 파국을 맞이하게 됐다.

 야당의 참담한 패배는 야당 단일화의 과제를 남겼고, 스스로 주체하기 힘들만큼 비대해진 민주공화당은 새로운 분파

작용의 싹을 키웠다.
 케네디 미국 대통령의 암살과 박정희 최고회의 의장의 미국 조문(弔問)도 안정 희구세력의 결집에 호재로 작용했다.
 민주공화당은 30%의 고정된 조직표를 동원했고, 선거 막판에 물쓰듯 돈을 뿌린 상황에서 지명도(知名度)가 높은 야당 후보들의 난립은 민주공화당 후보들에게 어부지리를 안겨줬다.
 윤보선 후보를 열렬하게 지지했던 경기도와 오랜만에 감자바위의 별명을 벗어났던 강원도가 민주공화당의 텃밭으로 돌아섰다.
 그래도 충청도와 전라도에서 야당 후보들이 가뭄에 콩 나듯 여기저기서 당선자를 배출했지만, 야당 도시라는 자부심을 갖고 있었던 대구를 비롯한 경북에서는 강원도 속현이었고 공천 파동에 휘말린 울진을 민정당 진기배 후보에게 넘겼을 뿐 19개 의석을 민주공화당이 휩쓸어 버렸다.
 80%를 오르내리던 투표율이 71%로 떨어진 것은 야당에게는 절대적으로 불리했으며, 야당 성향으로 기울기가 일쑤인 부동표(浮動票)의 기권은 아슬아슬한 표차로 승패가 엇갈린 김천, 청주, 수원, 인천 등 중소도시의 야당 후보들에게 아쉬움으로 다가왔다.
 경상도에서는 기왕 봐주는 김에 끝까지 봐주는 게 경상도 의리라는 자부심이 민주공화당의 압승을 가져왔고, 윤보선 후보 지지표의 결집이 민정당 후보들이 이삭줍기에 성공할 수 있었다.
 당선 가망이 없는데도 끝내 사퇴를 안 한 것은 정당 지도자들이 전국적인 정당 득표율을 올리려 했기 때문이다.
 후보자들의 희생정신보다 전국구 후보로 나선 정당의 중진들의 당선을 위한 만류가 크게 작용했기 때문이다.
 국민의당 허정 후보의 종로 출마 사절과 이범석 후보의 대

전 입후보 사퇴는 국민의당이 5석 이상을 확보할 수 있는 절호(絶好)의 기회를 스스로 놓친 결과였다.

(3) 국민들에게는 너무나 생소한 사상(史上)초유의 전국구

우리나라 선거 역사상 최초로 도입된 전국구 제도는 지역구에서 3명 이상이 당선되거나 전국에서의 득표율이 5% 이상 정당에 배분하게 되어 있다.
제1당이 50% 미만일 때는 1/2인 22석을 배정하고, 제2당에게는 22석의 3분의 2인 14석을 배정하는 제1당과 제2당에게 너무나 유리한 제도이다.
민주공화당은 전국구에 신청한 200여 명에 대한 능력 평가와 논공행상 그리고 경합되는 지역구 사정을 고려하여 선정하여 박정희 총재의 재가를 얻어 추천했다.
민주공화당은 윤치영(3선의원), 김병순(2선의원), 박현숙(4대의원) 후보 등 3명의 전직 의원들과 민주공화당 창당에 기여한 정구영, 김성진, 이종극, 민병기 후보 등을 상위권에 배치했다.
그리고 김동환, 신윤창, 오치성, 강상욱, 조창대, 이종근, 오학진, 김우경, 조남철, 차지철 등 군인 출신 10명을 전진(前陣)배치했다.
민주공화당 선전부장 서인석, 동아일보 정치부 기자 이만섭, 경제기획원장관 김유택, 서울대 교수 한태연, 조선대 총장 최정기 후보들이 행운의 열차에 탑승했으며, 윤치영과 김유택 후보들이 곧 바로 하차하여 박규상과 김호칠 부산 동아대 교수들이 함께 탑승할 수 있었다.
민정당은 논공 행상에 의해 순서가 결정됐으며, 인물 위주보다는 민정당의 전략에 따라 후보를 선정하여 추천했다.
1번에는 윤보선 대표를 배치하고 자유당 출신이지만 자금

동원 능력이 있는 정해영 후보를 선거사무장으로 발탁하여 2번에 배치했다.

 당초 3번에 배치된 백남훈 최고위원을 금산에서 최고위원 길재호 후보와의 경쟁에서 자신감을 잃은 유진산 간사장으로 교체했다.

 선거자금 조달을 위해 큰 몫을 한 고흥문과 정운근 후보들을 상위권에 배치하고, 정치헌금을 낸 무명의 박삼준, 함덕용, 방일홍, 이중재 후보 등을 안정권에 배치했다.

 자유당 출신인 김익기 4선의원, 민주당 출신으로 5대의원인 유홍과 유진 의원들과 군인 출신 배려차원에서 예비역 육군 중장들인 강문봉과 김형일 후보들을 상위권에 배치하여 오랫동안 독재정권에 대한 투쟁을 전개해온 투사들을 하위권에 배치했다.

 민주당은 박순천 대표가 지역구 출마로 선회함에 따라 경북 출신인 조재천과 최희송 전 의원들을 우선 배치하고, 선거자금 조달을 위해 김성용, 유창열, 장치훈 후보들을 당선 안정권에 배정하다보니 이춘기, 계광순, 성원경, 이태용, 설창수, 윤정구, 박충모, 정재완, 김택천, 신광균 등 전직 의원들이 당선권 밖으로 밀려났다.

 자민당은 전 내각수반 송요찬, 전 중앙정보부장 김재춘 후보들을 간판스타로 내세울 예정이었으나, 송요찬 후보는 사퇴하고 김재춘 후보는 해외에 체류하여 총선에 임박하여 민정당에서 전향한 김도연 대표와 김도연에게 대표 자리를 양위한 소선규 전 대표를 1, 2번에 배치했다.

 군인 출신 배려차원에서 손창규 전 최고위원을 3번에 배치하다보니 김재위, 이원홍, 서상덕, 김두진, 김상호 전 의원들은 당선권에서 멀어졌다.

 종로 출마를 끝내 고사한 허정과 대전에 입후보했다가 사퇴한 이범석의 승강이로 막판까지 순위경쟁을 벌인 국민의당은 안호상 최고위원, 이재형 전 상공부장관 등 22명을 추천했으나 당선자를 배출하지 못했다.

3. 제6대 국회에 입성한 의원들의 면모(面貌)

(1) 대선과 총선의 승리를 딛고 제3공화국 출범

1963년 10월 15일 대통령 선거와 11월 26일 국회의원 선거에서 승리한 민주공화당은 1963년 12월 17일 제3공화국을 출범시켰다.

국무총리 인선을 둘러싸고 백두진, 이용희, 정일권, 양유찬등이 거론됐으나 대한적십자사 총재인 최두선이 발탁됐고, 부총리 겸 경제기획원장관에는 전예용, 장기영 등이 물망에 올랐으나 김유택 전국구 의원에게 낙착됐다.

내무에는 자민당 출신 전작의원인 엄민영, 법무에는 민복기, 농림에는 쟈유당 의원출신인 원용석, 건설에는 정낙은 등이 기용됐다.

보수성이 짙은 새 내각은 민심수습과 경제난 타개라는 첫 시련을 극복하고, 군정 뒷치닥꺼리에 수명(受命)을 걸어야 할 것으로 보인다.

민주공화당 당의장에 김종필이 기용됨으로써 당지도체제를 일임했지만, 당내 파벌간의 경쟁은 걷잡을 수 없을 것으로 보였다.

최고위원들 가운데 이주일, 이원엽, 박태준, 홍종철, 옥창호 등은 예편하여 공공기관의 장 등으로 영전되고 강기천, 김희덕, 박원석, 박두선, 박현식, 박기석 등은 군 복귀로 결정됐다.

민주공화당내에는 구자유당계, 구민주당계, 청조회계가 있는가하면 ,혁명주체계와 사무당료계가 있고, 또한 김종필 라인과 반김라인이 종단(縱斷)하고 있다.

국회의장 정구영, 원내총무 민관식, 사무총장 윤천주가 내정된 것으로 알려지자 국회의장을 갈망한 윤치영의 반발이

거세자, 박정희 총재는 경북대학장 출신으로 이효상 전 참의원 의원을 국회의장에, 혁명주체로서 농림부장관과 민주공화당 사무총장을 역임한 장경순을 국회부의장에 내정하고 원내총무에는 김종필 민주공화당 의장과 가까운 민간인으로 5·16 혁명에 가담한 김용태를 발탁했다.

야당 몫으로 할애한 국회부의장에 민정당은 나용균 의원을 추천했고, 분과위원장은 법사(백남억), 외무(김동환), 내무(길재호), 재경(김유택), 국방(김종갑), 농림(권오훈), 문공(최영두), 상공(정태성), 보사(정헌조), 교체(박승규), 건설(김택수), 운영(김용순) 등 12명을 민주공화당이 독점했다.

민주당, 자민당, 국민의당은 원내교섭단체를 단일화시키기로 합의하여 삼민회(三民會)를 발족시켰으나 야당통합에는 이르지 못했다.

(2) 지역구 의원: 131명

민주공화당: 88명

○서울(2명) : 민관식(3선의원), 박준규(5대의원)

○부산(6명) : 조시형(최고위원), 예춘호(동아대 강사), 이종순(동아대 학장), 김임식(중학교장), 최두고(학원 이사장), 양극필(부산시의원)

○경기(7명) : 유승원(인천시장), 이병희(중정 서울지부장), 이백일(육군준장), 서상린(육군준장), 권오석(육군준장), 이돈해(고교교장), 옥조남(경희대 교수)

○강원(7명) : 신옥철(강원일보 사장), 이승춘(홍천군수), 엄

정주(경찰서장), 김재순(5대의원), 김종호(육군중장), 황호현(4대의원), 김진만(2선의원)

○충북(6명) : 정태성(고교교사) 신관우(육사교수), 육인수(고교교사), 안동준(2선의원), 이동진(육군소령), 김종무(제천읍장)

○충남(8명) : 김용태(중앙정보부장 고문), 양순직(서울신문사장), 김종필(중앙정보부장), 김종갑(육군중장), 이상희(충남도의원), 인태식(2선의원), 이영진(충남도지사), 길재호(최고위원)

○전북(7명) : 김성철(익산군 춘포면장), 최영두(육군준장), 전휴상(5대의원), 한상준(5대의원), 유광현(교육감), 이병옥(육군중령), 장경순(농림부장관)

○전남(12명) : 정래정(광주시장), 이우헌(전남도의원), 조경한(임정위원), 박승규(육군준장), 김선주(전북대 강사), 신형식(연구소 강사), 길전식(중앙정보부 국장), 최서일(해무청장), 배길도(조선대 과장), 박종태(정당인), 정헌조(2대의원), 이남준(회사장)

○경북(19명) : 송관수(참의원), 이원만(참의원), 이효상(참의원), 김종환(대구시장), 김장섭(4대의원), 백남억(참의원), 이상무(중앙정보부 지부장), 김성곤(4대의원), 김봉환(변호사), 오상직(5대의원), 권오훈(농협 이사), 김중한(경북도의원), 이활(입법의원), 김준태(2선의원), 송한철(대학강사), 김정근(4대의원), 이동녕(4대의원), 정진동(교통부차관), 김창근(공화당 기획차장)

○경남(12명) : 구태회(4대의원), 최석림(2선의원), 김주인(농업은행 상무), 김용순(최고위원), 방성출(육군준장), 신영주(4대의원), 변종봉(주일대표부 소장), 이재만(최고회의 자문위원), 노재필(육군준장), 김택수(경남 체육회장), 최치환(5대의원), 민병권(육군준장)

○제주(2명) : 임병수(대학교수), 현오봉(4대의원)

민정당: 27명

○서울(7명) : 전진한(4선의원), 이영준(3선의원), 조윤형(5대의원), 서범석(3선의원), 김재광(서울시의원), 윤제술(3선의원), 박한상(변호사)
○부산(1명) : 김영삼(2선의원)
○경기(5명) : 김은하(인천시의원), 강승구(2선의원), 신하균(2선의원), 유치송(국회의장 비서), 황인원(5대의원)

○충북(1명) : 이충환(3선의원)
○충남(3명) : 진형하(2선의원), 박찬(정당인), 이상돈(2선의원)

○전북(4명) : 유청(2선의원), 고형곤(전북대 총장), 나용균(3선의원), 김상흠(5대의원)
○전남(3명) : 정성태(3선의원), 양회수(정당인), 이정래(2선의원)

○경북(1명) : 진기배(불교청년단장)
○경남(2명) : 강선규(마산시의원), 최수룡(부산세관장)

민주당: 8명

○서울(4명) : 정일형(4선의원), 유성권(2선의원), 박순천(3선의원), 한통숙(참의원)
○경기(1명) : 홍익표(4선의원)
○강원(1명) : 박영록(강원도지사)

○전남(1명) : 김대중(5대의원)
○경남(1명) : 최영근(5대의원)

자유민주당: 6명

○서울(1명) : 서민호(2선의원)
○강원(1명) : 김삼(강원도의원)
○충북(1명) : 이희승(유솜통역관)
○전남(3명) : 김준연(4선의원), 민영남(3대의원), 정명섭(2선의원)

국민의당: 2명

○충남(2명) : 이상철(2선의원), 한건수(정당인)

(3) 전국구의원: 44명

민주공화당: 22명

①정구영(대한변협회장) ②윤치영(3선의원) ③김성진(보사부장관) ④이종극(변호사) ⑤민병기(내무부장관) ⑥김동환(주미공사) ⑦신윤창(당사무차장) ⑧오치성(최고위원) ⑨박현숙(4대의원) ⑩강상욱(최고위원) ⑪조창대(치안국 정보과장) ⑫이종근(육군대졸) ⑬오학진(육군대졸) ⑭김우경(육군중령) ⑮김병순(2선의원) ⑯서인석(공화당 선전부장) ⑰이만섭(동아일보 기자) ⑱김유택(경제기획원장) ⑲조남철(해병준장) ⑳한태연(서울대교수) ㉑최정기(조선대 총장) ㉒차지철(육군중령)

※②번 윤치영의 서울시장 취임과 ⑱김유택의 부총리 겸 경제기획원장관 발탁으로 ㉓번 박규상(동아대교수), ㉔번 김호칠(동아대교수)들이 승계하여 당선자결정

민정당: 14명

①윤보선(3선의원) ②정해영(2선의원) ③유진산(3선의원) ④고흥문(회사장) ⑤김익기(4선의원) ⑥강문봉(육군중장) ⑦김형일(육군중장) ⑧정운근(참의원 사무총장) ⑨박삼준(금통위원) ⑩함덕용(상공부차관) ⑪방일홍(기자) ⑫유홍(2선의원) ⑬유진(5대의원) ⑭이중재(회사장)

민주당: 5명

①조재천(3선의원) ②김성용(제네바공사) ③유창열(회사장) ④장치훈(회사장) ⑤최희송(2선의원)

자유민주당: 3명

①김도연(4선의원) ②소선규(3선의원) ③손창규(최고위원)

[제2부] 제3공화국 민주공화당 정권의 이모저모

제1장 제3공화국 출범과 중진국을 향한 몸부림
제2장 굴욕외교라며 전 국민이 반대한 한일국교 정상화
제3장 이합집산을 거듭하며 뒤뚱뒤뚱거린 야당
제4장 용병(傭兵)비난속에 조국근대화를 위한 월남파병
제5장 죽(竹)의 장막속의 중공과 미·소의 우주경쟁

제1장 제3공화국 출범과 중진국을 향한 몸부림

1. 민정복귀와 영도력 부재, 항명파동의 공화당
2. 제2기 내각출범과 지속적인 군부·검찰의 헛발질
3. 이승만, 장면 박사들도 세상을 등지고
4. 정권의 도덕성에 치명타를 안긴 삼성밀수
5. 최빈국을 맴돌고있는 1960년대 한국의 모습

1. 민정복귀와 영도력부재, 항명파동의 공화당

(1) 2년 7개월만에 민정복귀로 제3공화국 출범

국가재건최고회의는 제3공화국의 출범에 맞춰 정부의 기구개편안을 확정했다.

내각사무처를 총무처로 바꾸고 경제기획원장을 경제기획원장관으로 바꾸어 외무, 내무, 법무, 국방, 문교, 교통, 체신, 보사, 건설, 농림 등 12개 부처가 국무위원 각료를 갖게 됐다.

박정희 최고회의 의장은 김종필 민주공화당 의장을 만나 장기간 조각문제를 협의했으며, 최두선 국무총리가 수락하지 않을 경우에는 이용희, 정일권, 백두진, 윤치영의 이름이 거론됐다.

민주공화당은 국회의장에 이효상, 국회부의장에 장경순, 원내총무에 김용태를 박정희 최고회의 의장의 재가를 받아 내정했다고 발표했다.

국회의장은 정구영, 윤치영 내정설을 후퇴시키고 제4후보인 이효상을 낙점했으며, 원내부총무에는 최치환, 예춘호를 선임하여 영남출신들의 독무대가 됐다.

상임위원장은 법사(백남억), 외무(김동환), 내무(길재호), 재경(김유택), 국방(김종갑), 문공(최영두), 농림(권오훈), 상공(정태성), 보사(정헌조), 교체(박승규), 건설(김택수), 운영(김용순)위원장을 내정했다가, 김유택 위원장의 장관 발탁으로 재경위원장은 김성곤 의원이 맡게 됐다.

민주공화당은 경제기획원장관 전예용(전 부흥부장관), 재무 이정환(한은총재), 상공 신현학(전 부흥부장관), 농림 박동묘(박정희 의장 고문), 외무 정일권(전 주미대사), 내무

엄민영(박정희 의장 고문), 문교 고광만(전 문교부차관), 국방 김성은(유임)을 추천한 것으로 알려졌다.

그러나 혁명주체들의 반발등으로 장기영 한국일보 사장이 부총리로 거론됐으며 새 각도에서의 인선이 추진되었다.

부총리 겸 경제기획원장관에 김유택(전국구 의원)이 발탁됐으며 재무에는 박동규, 상공에는 이병호, 농림에는 원용석(충남 당진) 등으로 교체됐다.

법무에는 민복기, 건설에는 정낙은, 보사에는 박주병, 교통에는 김윤기, 체신에는 홍헌표, 공보에는 박동성, 총무처에는 이석제, 무임소장관에는 김홍식과 김용식이 임명됐다.

원내의 요직 안배와 조각에서 소외된 윤치영을 서울시장에 배려했다.

새 내각은 민심수습과 경제난 타개라는 시련을 극복하고 군정(軍政) 치다꺼리에 수명을 걸어야 할 것으로 보여진다.

새 헌법이 발표된 1963년 12월 17일 박정희 대통령이 대통령에 취임하여 드디어 제3공화국이 탄생되어 합법적인 민주국가가 역사적인 제1보를 내디디게 되었다.

1961년 5월 16일 이래 2년 7개월 동안 계속되어온 군부통치는 완전히 종지부가 찍었으며, 새 헌법에 따른 민주정치의 상궤(常軌)로 복귀되었다.

(2) 민주공화당은 박정희-김종필 체제가 구축되고

대통령 선거 직후인 10월 23일 김종필 전 중앙정보부장의 6개월 외유 후 귀국은 환영과 반발이라는 엇갈린 반응을 불러일으켰다.

사실상 실력자로서 정가에 많은 영향력을 끼칠 김종필 전 민주공화당 의장의 귀국에 대해 야권에서는 "우선 4대 의혹 사건 및 공화당 사전조직 관계를 다시 끄집어 내지 않을 수 없다"고 반발했다.
 그는 이번 11월 국회의원 선거에는 불참할 뜻을 시사했으나, 고향인 충남 부여에 출마하여 높은 득표율로 당선됐다.
 민주공화당은 "공화당 지도층 개편은 박정희-김종필 라인으로 굳어질 것은 틀림없으나, 당내 반발을 유발시키지 않기 위해 반김종필 라인도 얼마간 우대할 것"이라고 밝혔다.
 박정희 민주공화당 총재는 윤치영 공화당의장을 비롯한 당무위원 전원의 사표를 수리하고, 김종필을 공화당의장에 임명하여 박정희-김종필 단일체제를 구축했다.
 국회 개원과 함께 사무조직과 대의조직 사이에 의견대립을 보여오던 민주공화당은 현역의원들이 지구당 사무국장의 임면권을 강력하게 요구하여 갈등 국면에 들어갔다.
 반김종필 라인은 비대한 사무조직 체계에 반발하면서 재선의원들 중심으로 가칭 삼삼동지회를 결성하여 서클을 형성하여 불온한 분위기를 조성했다.
 김용태 원내총무의 경질을 주장하면서 분과위원장을 사직한 김성곤 의원으로 말미암아 당내 분규가 새로운 국면으로 달리게 됐다.
 김종필 당의장의 사퇴를 요구한 장경순 국회부의장의 발언에 대해 박정희 총재는 김종필 당의장을 바꿀 생각이 없다면서 사람을 갈아치운다고 당내 분규가 해결되는 것이 아니라면서 자기의 맡은 바 임무에 충실하도록 주문했다.
 주류계가 장경순 의원을 규탄한 가운데 비주류에서는 김종필 당의장의 퇴진이 묵살되면, 제2의 항명파동을 벌이겠다고 으름장을 놓았다.
 그러나 중도파는 김종필·장경순 공동퇴진을 시도한 가운데 박정희 대통령의 지시와 김종필-장경순의 단독회담으로 휴전상태에 들어갔다.
 박정희 대통령은 이효상 국회의장, 김종필 공화당의장, 장경순 국회부의장의 청와대 4자회담에서 민주공화당의 수습에 대해 박 대통령에 일임함으로써 내분은 미봉(彌縫)됐다.

민주공화당 원내 파벌 계보는 당료파인 주류계는 김종필, 김용태, 길재호, 김종갑, 조시형, 서상린, 양순직, 이병희, 차지철, 방성출, 이백일, 권오석, 박현숙, 이만섭, 이상희, 최두고, 이동진, 엄정주, 김종무, 김동환, 예춘호, 정태성, 신윤창, 김택수, 오학진, 서인석, 박규상, 김창근, 송한철, 신관우 등을 들 수 있고, 비주류로 반김라인은 장경순, 김용순, 오치성, 김우경, 민병권, 최정기, 김병순, 신영주, 김성철, 유광현, 정헌조, 강상욱, 조창대, 조남철 등 소수이다.

이효상, 백남억, 민관식, 최치환, 박준규, 김준태, 김재순, 오상직, 전휴상 등 구민주계열등은 중도이고 김성곤, 현오봉, 구태회, 김장섭, 이원만, 안동준, 김주인, 최석림, 이동녕, 권오훈, 송관수 등은 구자유당계로 분류되고 있다.

(3) 지구당사무국이 폐쇄되고 김종필 공화당의장 사표수리

민주공화당은 김유택 경제기획원장관과 원용석 농림부장관 해임건의안 표결에서 적어도 24명의 소속의원이 찬표(贊票)를 던져 반란을 일으켰다.

김종필라인 주축의 지도체제에 대한 반감은 3·24 데모를 계기로 두드러지게 드러나기 시작했으며, 민주공화당의 이원제 조직에 대한 반발이 겹쳐 더욱 노골화됐다.

김용태 원내총무와 최치환과 예춘호 부총무는 국무위원 해임건의 표결에 소속의원들의 행동통일 균열에 대한 책임을 지고 사표를 제출하여 수리되고, 김종갑 의원 등이 원내총무 물망에 올랐다.

원내(院內)우위로의 정당 개편을 제시한 박정희 대통령의 구상에 대해 사무당료파가 반발하여 "원내 간부들은 지난 선거의 공로를 무시하고 구자유당 시대를 되풀이하는 부정과 횡포를 위해 정치적 작란(作亂)을 하고있다"면서 총사퇴결의 등으로 내홍(內訌)을 겪게 됐다.

민주공화당은 주류계의 김종갑, 사무국 출신인 김동환, 구정치인인 백두진을 배격하고 원내총무에 김성진(전국구) 의원을 내정하고, 사무총장에 예춘호(부산 영도) 의원을 임명했다. 원내 부총무에는 현오봉, 김준태, 김우경, 구태회를 임명했다.

박정희 대통령은 일본에서 마지막 한일회담의 고위급정치협상을 벌여온 김종필 공화당의장을 소환했고, 김종필 공화당의장은 더 이상 한일교섭에 나서지 않겠다고 선언했다.

박정희 대통령은 시국수습책의 하나로 김종필 공화당의장의 사퇴를 종용(慫慂)한 것으로 알려졌다.

연일 계속된 한일협정 반대데모로 인한 서울에 비상계엄을 선포한 6월 5일 드디어 박정희 대통령은 김종필 공화당의장의 사표를 수리하고 민주공화당의 체질개선에 나섰다.

지구당 사무국이 폐쇄되어 원내중심 1원제가 확립되고, 김종필 공화당의장의 사표가 수리되자, 주류계의 총무단 회의에서는 장경순 국회부의장의 사퇴를 권고하고, 만약 불응하면 제명을 추진하겠다고 경고했다.

(4) 의장단 선출 항망파동에도 박정희-김종필 라인 재구축

박정희 대통령은 정일권 국무총리가 한일협정의 국회비준을 계기로 대통령에게 행정쇄신의 기회를 주기 위해 제출한 전 국무위원 일괄사퇴서를 즉시 반려했다.

민주공화당은 정일권 내각의 일괄사표를 반려한 데 반발하여 정구영 당의장은 "신중히 검토해 달라"고 반려된 사표를

받지 않았다. 그리하여 전예용 당의장 서리체제가 출범했다.

학생데모에 대한 강경책 등 중요정책이 민주공화당과 협의 없이 행정부 독단으로 결정된 사실에 대해 민주공화당의 정부에 대한 불만이 점고(漸高)됐다.

한일협정 비준후 개각과 당개편을 요구했던 민주공화당의 희망이 묵살된 데서 더욱 노골화됐다.

민주공화당의 강력한 개각 요구에도 불구하고 박정희 대통령은 개각을 일체 고려하고 있지 않다고 발표하여 개각 문제를 가지고 서로 이견(異見)을 노정(露呈)했다.

국회 간부진 개선과 당료직 개편을 앞두고 민주공화당내 강경파와 온건파의 각축전이 전개됐다.

길재호, 김택수, 강상욱, 양순직 등은 사무총장 길재호, 원내총무 김택수를, 국회의장단의 유임을 기대하고 있으나 김용태, 예춘호, 정태성, 민관식 등은 예춘호 사무총장과 김동환 원내총무의 유임과 국회의장단을 정구영, 민관식을 추천했다.

박정희 대통령은 현재의 국회의장단을 유임시키고 길재호 사무총장을 기용하는 시안에 주류강경파는 극심하게 반발하고 있으며 표의 반란이 예상됐다.

내정백지화 공작을 전개하며 의원총회를 거부하며 김종필의 당의장 복귀에도 결정적 영향을 미쳤다.

인선에 반발하고 있는 김용태, 예춘호, 신형식, 신관우 의원 등 40여 명은 의원총회를 보이콧했다.

의장단 선출 1차 투표에서 정구영 69표, 이효상 55표로 과반수를 얻지 못한 심각한 내분을 노정했다.

2차 투표에서 의장은 이효상 88표, 정구영 60표로 부의장은 장경순 97표, 민관식 54표로 겨우 이효상, 장경순 후보가 당선됐다.

야당에 할애한 부의장 선거에서도 1차에선 나용균 65표, 이상철 50표였으나 2차에서 이상철 76표, 나용균 72표로 과반에 미달하여 3차 투표에서 이상철 86표, 나용균 66표로 겨우 이상철 후보가 당선됐다.

 이로써 박정희 민주공화당 총재의 영도력에 암영(暗影)을 끼쳤으며 전례없는 사태로 타격을 입었다.

 이번 파동의 근본요인은 김종필-김용태 라인이 김종필-길재호 라인으로 옮기는 과정에서의 진통으로 보였다.

 박정희 총재가 지명한 12개 상임위원장은 야권의 후보 포기로 김봉환(법사), 변종봉(외무), 조시형(내무), 민병권(국방), 양순직(재경), 이돈해(문공), 김주인(농림), 김재순(상공), 김성철(보사), 정래정(교체), 서상린(건설), 현오봉(운영) 의원들이 당내 반발속에서 어렵지 않게 선출됐다.

 민주공화당은 박정희 총재의 내락을 얻어 의장단 선출에서 항명한 김용태, 민관식 의원은 6개월 정권(停權)조치, 김종갑, 신형식 의원에게는 경고처분을 함으로써 인사파동을 일단락했다.

 1965년 제3차 전당대회에서 박정희 총재를 재추대하고 김종필 당의장이 복귀하여 박정희-김종필라인을 재구축했고, 중앙위의장 김성진, 정책위의장 백남억, 사무총장 길재호 체제를 출범시켰다.

(5) 박정희 대통령의 회유와 설득으로 민주공화당은 잠정휴전 상태로

 민주공화당 주류계는 김종필 공화당의장 사퇴를 주장한 장경순 국회부의장의 공개 사과와 제명을 주장하여 파란을 일으켰다.

 민주공화당은 당의장에 정구영, 정책위의장 백남억, 사무

총장 예춘호, 원내총무 현오봉 체제를 갖췄다.
 주도권 쟁탈전에 얽힌 강경파의 이효상 국회의장의 사퇴 주장과 이에 맞선 온건파의 강경파에 대한 징계 주장으로 박정희 총재의 만류에도 불구하고 백남억, 민관식, 김진만, 조시형, 민병권 등 당무위원과 현오봉 원내총무 등이 사의를 고집하여 민주공화당 기능이 마비상태에 돌입했다.
 주류계는 김종필의 부재중 비주류계 준동(蠢動)을 최대한으로 막는 한편, 김종필의 롤백을 위한 토대구축에 고차적 전략을 수행하고 있으며 김용태, 예춘호, 김택수, 양순직 등이 주축이 되고 있다.
 권오석, 차지철 의원들이 김진만, 구태회 의원들을 손찌검하여 벌어진 폭행사건은 혁명주체들의 구정치인에 대한 기피 현상의 발로였다는 것이 중론이다.
 박정희 대통령의 영도력은 창당 초기의 친김과 반김의 혁명주체세력의 분열에서 비롯하여 두 번에 걸친 김종필의 외유가 있기까지 정가의 끊임없는 포폄(褒貶)의 대상이 되어 왔다.
 6·3 사태의 책임을 무책임한 언론의 방종(放縱)과 금도(襟度)를 넘는 학생의 현실참여에 있으며 무슨 일이 있더라도 이것만은 규제해야 한다는 박정희 대통령의 직선적인 시국관은 빈번한 번의(翻意)의 원인으로도 지적되어왔다.
 정구영 당의장의 사퇴고집과 반김계의 서명작업으로 인한 분란이 일어나자 박정희 총재에게 수습조치를 건의했다.
 이에 박정희 총재는 민주공화당 간부직을 모두 유임시켰다. 이리하여 비주류에서 원내 주도권을 장악했다.
 비주류의 서클양성화와 중간보스제 채택, 사무국폐지 등의 민주공화당 운영개혁 건의 서명운동을 봉쇄하기 위한 서명운동을 추진하여 주류계의 맞불작전이 전개됐다.
 전당대회 개최 여부로 김용태, 예춘호, 민병권 등 주류계와 백남억, 현오봉, 민관식, 김진만 등 비주류계가 다시 맞대결을 펼쳤다.

　전당대회를 앞두고 정일권 국무총리, 양찬우 내무, 안경모 교통, 홍종철 공보, 이석제 총무처장관들이 민주공화당에 입당했다. 이리하여 김홍식 체신, 윤천주 문교, 오원석 보사, 전예용 건설, 원용석 무임소장관 등은 민주공화당적을 보유하여 10명의 각료가 민주공화당원이 됐다.

　민주공화당은 전당대회에서 정구영 당의장을 승인하고 단결, 생산, 전진을 구호로 설정했다.

　민주공화당은 원내총무 민병권, 사무총장 예춘호, 정책위의장 백남억을 낙점하여 주류계가 독점했다.

　민주공화당의 신형식, 권오석, 민관식, 조창대, 최영두, 길전식, 오학진, 인태식 의원 등 33명은 금융특혜에 대한 책임을 물어 장기영 경제기획원 장관의 해임건의안을 국회에 제출했다.

　해임건의안 제출은 공화당과 정부와의 결속 해이와 보조불일치 사태를 가져왔고 민병권 원내총무는 사의를 표명했다.

　의원들은 장기영 부총리의 자진사퇴를 종용했으나 박정희 대통령의 만류와 설득으로 해임건의안은 흐지부지 됐다.

　민주공화당 정권 3년이 지난 오늘날에는 민주공화당은 박정희 대통령을 받치고 있는 유일한 기둥으로서의 발돋움을 멈추고, 몇 개의 기둥중 하나가 돼버린 것이다.

　당무회의에서 결정을 정부는 그대로 집행하는 그런 집권당의 꿈은 정책면에서도 인사면에서도 자금면에서도 깨끗이 무산(霧散)돼 버렸다.

(6) 5·16 혁명의 유산(遺産)과 혁명주체들의 현주소

　5·16 혁명의 유산은 첫 번째로 번의(翻意)를 꼽을 수 있

다. 군 본연의 임무에 복귀하겠다는 혁명공약의 번의가 피날레를 장식했지만 번의의 연속으로 국민을 아연케 한 민정참여와 민정불참의 엇갈린 '2·27 선서', '3·16 성명', '4·8 조치'야말로 번의라는 용어는 5·16 혁명이 산모(産母)라고 할 수 있다.

윤보선 대통령도 "대통령직을 사임하기로 결심했다"는 그는 결심을 열 달이나 끌었는가 하면 대통령 입후보 포기선언을 냈다가 다시 지명 수락하는 신판 번의를 일으켰다.

권력투쟁의 부산물로 회자된 자의반 타의반의 외유는 비밀정치에 막혔던 비판의 화살을 피하기위해 1963년 2월에 김종필의 기약없는 외유, 오정근의 외유를 불가피하게 했고, 4대의혹이란 군정의 부정을 들춰내던 김재춘도 혁명동지간의 비극을 막기위해 눈물을 흘리며 외유길에 올랐다.

김종필의 외유에 10만 불의 외화를 낭비케 했다는 비난이 있을 정도로 유배치고는 호화로운 유배였다. 민정에 불참한 이원엽, 옥창호, 박태준 등 일부 최고위원들의 외유는 위로여행으로 비유되었다.

사꾸라는 벚꽃의 일본말만은 아니었다. 옛날 보부상(褓負商)시절에 첩자라는 이름의 이 사꾸라는 5·16 이후 정치막후에서 전권(全權)을 휘두르던 중앙정보부의 정보정치의 소산이었다.

단일정당의 파동을 전후에서 신정당에서 민정당으로 그리고 국민의당으로 그리고는 다시 민정당으로 안착하여 금뱃지를 단 사꾸라들이 만개(滿開)하기도 했다.

민주공화당의 사전조직으로 내세웠던 점조직도 사꾸라 만개에 큰 몫을 했고, 사상논쟁이 치열했을 무렵 국제판 사꾸라 바람이 불어닥치기도 했다.

혁명군들은 퇴폐한 국민도의와 민족정기를 바로잡기 위해 기풍을 진작시키겠다는 혁명군의 인간개조, 사회정화를 단행하겠다며 의욕을 과시하기도 했고, 2천여 명의 정치인들을 정치활동정화법으로 짓눌렀다.

구악의 일소는커녕 신악의 조성을 가중시켜 군정(軍政)은 혁명 1년이 못 되어 증권파동, 워커힐, 새나라 자동차, 빠찡코 등 4대 의혹사건을 만들어냈다.

5·16이 남긴 유산인 번의(翻意)는 정치가들의 완용물(玩用物)이 됐고, 사꾸라는 정보정치의 소산이며, 외유는 권력싸움의 부산물이며, 신악은 구악일소의 청산기풍의 헛 구호로, 체질개선은 원상으로 되돌아 갔을 뿐이다.

"기아선상에서 헤매는 민생고를 해결한다"던 공약을 실천하기위해 민정에 참여하거나 "본연의 임무에 돌아간다"는 공약을 실천하기 위해 군정으로 복귀한 5·16 혁명주체들의 현주소를 살펴보면 장도영 최고회의 의장은 도미(渡美)유학 중이지만 길재호, 오치성, 김용순, 손창규, 장경순, 강상욱 최고위원들은 국회의원이 되었으며 이석제 감사원장, 김형욱 중앙정보부장, 유양수 주필리핀대사, 김윤근 호남비료사장, 송찬호 한국기계공업협회 감사, 홍종철 대통령경호실장, 윤태일 대한주택공사 총재, 김신 주중국대사, 이성호 대한석유공사 사장, 문재준 대한석유공사 고문, 박치옥 대한석유공사 이사, 정세웅 공무원교육원장, 박기석 합동건설본부장에 임명됐다.

군대에 복귀한 최고위원들은 강기천 합참 정보국장, 김희덕 국방부차관보, 박원석 공군 참모차장, 박두석 국방부 인사국장, 장지수 함대사령관, 채명신 주월사령관, 김종오 합참의장, 김성은 국방부장관, 김진위 수도경비사령관, 유병현 육군대 부총장, 박영석 육군 방첩부대장, 박현식 육본 교육처장, 민기식 육군참모총장 등이다.

다만 김동하, 옥창호, 김재춘, 이원엽, 박임항, 유원식, 박원빈, 김제민, 오정근, 박태준 최고위원들은 복역중이거나 유학중 아니면 무직 상태이다.

무임소장관 원용석, 주서독대사 최덕신, 주유엔대사 김용식, 공군사령관 한신, 합참본부장 박경원, 한은총재 김세련, 공화당 상임위원 양병일, 감사원 사무차장 장영순, 법무부장관 민복기, 5·16장학재단 이사장 고원종, 국방대학원 교수 문희석, 고려대 교수 김상협, 경희대교수 박일경, 고려대 부총장 이종우, 제6군단장 정래혁, 상공부장관 박충훈, 함대사령관 김광옥, 제6관구사령관 박춘식, 교통부장관 김윤기, 육군 통신감 배덕진, 육본 참모부장 심홍선, 관광공사 총재 오재경, 경희대 교수 이원우, 중앙대 교수 임성희, 서울대 교수 신태환, 대한통운 사장 조성근, 원호처장 김병삼, 국방부 재정국장 황인성, 군수학교 부교장 박석주, 국회의원 민병권, 보사부장관 오원선, 연세대 교수 김영선, 철도청장 박형근 등이 내각에 있었으며 지방장관 출신으로는 부산시장 김현옥, 강원지사 박경원, 내무부장관 양찬우 등이 있다.

 그러나 김유택, 김현철, 유창순, 송요찬, 백선진, 천병규, 황종률, 박병권, 김훈, 정희섭, 김장훈, 윤영모, 이지찬, 손영을, 신만재 등은 무직이며 김홍일 전 외무부장관은 한독당 당수로 추대됐다.

2. 제2기 내각출범과 지속적인 군부·검찰의 헛발질

(1) 제3공화국 출범 6개월 만에 제2기 돌격 내각 발족

제3공화국의 수립 후 4개월만에 민주공화당 내부에서 개각설이 떠돌고 있는 것은 박정희 정권의 팀웍이 제대로 짜이지 못했다는 문제점을 내포하고 있다.

데모사태에 대한 내각의 무능이나 정책집행의 소극성 등으로 방탄(防彈)내각이 흔들리고 있는 것은 사실이다.

잔인하고도 위험한 4월을 맞게 된 박정희 정권은 국민들의 불신조성과 원성의 재연(再燃)을 자인하지 않으면 안 될 지경에 이르렀다.

끊이지 아니한 학생데모와 의욕적으로 추진하고자 했던 한일회담의 실질적 중단은 희망의 좌절에서 오는 역학적 반작용으로 세차게 다가왔다.

군정이 남겨놓은 명예롭지 못한 유산(遺産)때문에 민주공화당이 불신대상이 될 수밖에 없다는 주장은 무슨 조치가 있어야 한다는 주장과 일맥상통하고 있다.

혈로(血路)타개의 필요성은 어느 때보다 강조되고 있지만 대수술을 강행할 만큼 체력이 충분치 못하다는 것이 현재의 민주공화당이고 박정희 정권이다. 민주공화당에 의하여 세워진 행정부이면서 민주공화당의 뜻대로 되지 않은 정부는 민주공화당의 정부가 아니라는 불평도 많다.

박정희 대통령은 초대내각이 출범한지 6개월만에 제2차 내각을 임명 발표했다.

국무총리에는 외무부장관 정일권, 부총리 겸 경제기획원장관에는 장기영, 내무에는 경남도지사인 양찬우, 문교에는 공화당 사무총장 출신인 윤천주, 농림에는 경제기획원부원장인 차균희, 상공에는 예비역 공군소장인 박충훈, 보사에는 예비역 해군준장인 오원선, 공보에는 유엔대사인 이수영, 건설에는 전예용 부흥부장관을 전임했다.

이번 내각은 일명 돌격(突擊)내각으로 한일회담의 조기 타결, 식량 확보, 물가안정을 당면목표로 내세웠다.

(2) 육군대령들의 병력동원을 기도한 반정부음모사건

육군 보도부는 반정부행동을 모의한 영관급 장교를 포함한 7명을 적발 구속했다고 발표했다.

이들은 부대의 병력을 동원하여 박정희 대통령이 도미중 결행코자 하였으나 병력동원이 불가능하여 거사를 무기 연기중 범행이 탄로나서 검거된 것이며, 이들은 진급 심사에서 진급이 누락되었거나 현재 보직에 대한 불평불만과 출세의 의욕에 의한 과대망상에서 반정부행동을 모의하다가 적발됐다고 부연(敷衍)했다.

검거된 사람은 육군본부 제도연구실장 이인수 대령, 전 최고회의 공보실장 원충연 대령, 육군본부 관리참모부 임중광 대령, 2군단 포병사령관 박인도 대령, 원충연 대령 동생인 원갑연 대령, 농협 직원인 김선기 예비역 중령 등이다.

원충연 대령이 동원 대상으로 지목된 사단장 장경석 준장도 구속되고, 전두열 예비역 대령도 수배했다가 검거했다.

양동석 중령도 주모자로 추가 구속하여 구속된 장교들이 20명이 넘어섰다.

반정부 음모사건을 수사중인 중앙정보부는 "원충연 대령과 가깝게 지내면서 반정부음모사건에 관련됐다"는 혐의로 민중당 김형일 의원을 구속했다.

"원충연 대령과 세 번 만나 군부대 동원과 거사계획을 모의했다"는 혐의에 대해, 김형일 의원은 전혀 아는 바 없다고 부인했고, 민중당은 석방결의안을 제출했다.

육군 방첩부대는 원충연 대령이 주택을 저당 잡혀 거사자금으로 활용하여 탱크부대를 동원하여 쿠데타를 기도한 반정부 음모사건의 전모를 발표했다. 현역 장교 13명을 구속하고 4명을 불구속 송치했다.

육군본부 검찰부는 원충연 대령 등 9명을 구속기소하고 장경석 준장 등 7명을 기소유예했다.

육군본부 군법회의는 원충연, 박인도 대령에게 사형, 이인수, 김문환 대령에게 무기징역을 구형했다.

육군본부 군법회의는 원충연, 박인도 대령에게 사형을, 이인수 대령은 무기, 김문한 대령은 징역 15년을 선고하되 원갑연, 홍성철 피고들에게는 무죄를 선고했다.

고등군법회의에서도 원충연, 박인도 피고에게 사형을, 이인수 대령에게 15년 징역을 선고했으나 문원석 대령에게는 무죄를 선고했다.

그러나 중형을 선고받은 대부분의 피고인들은 박정희 대통령의 특별사면으로 사형을 면하고 석방되거나 복권됐다.

(3) 육군 공수단(攻守團)소속 군인들의 법원과 무장장교들의 동아일보 난입

완전 무장한 육군 공수단 소속 군인 13명이 법원에 난입한 후 숙직 판사 자택으로 몰려가 데모 관련 학생들의 영장 발부를 협박한 사건이 발생했다.

무장군인들의 협박사건은 민족적 민주주의 장례식후 데모로 연행된 학생들에 대한 구속영장 신청이 대부분 기각된 뒤 일어난 반발이었다.

이에 각계 인사들은 "그러한 행위는 민주주의 근본을 파괴하는 법치국가에선 있을 수 없는 일"이라고 논평했다.

더구나 영장 신청서를 든 경찰관을 앞장세워 영장 발급 담당 판사를 쫓아다녔다니 무법천지의 나라같은 꼴이 됐다고 혹평했다.

박순천 민주당 총재는 "군인들이 법원에 침입한 것은 있을 수 없는 사태이다. 유감스럽다고 말하기에도 어처구니없다. 하도 기가막혀 할 말이 없으며 이 나라 장래가 암담(暗澹)할 뿐이다"라고 개탄했다.

정일권 국무총리가 정부를 대신하여 사과하고, 박정희 대통령은 사실이면 의법 처단(處斷)하겠다고 밝혔다.

민기식 육군참모총장은 수도경비사 공수특전단 소속 황길수 대위 등 8명을 긴급 구속했다고 밝혔다.

이들은 서울대앞에서 일어난 대학생 데모가 5·16 혁명을 부정하는 데모인 것으로 알고 분개하여 학생들의 지나친 행동을 묵인할 수 없다고 결심하고 난동 학생들의 엄중 처단을 바랬으나, 구속영장이 기각된 것을 알고 양헌 담당 판사에게 호소하러간 것 뿐이라고 해명했다.

민주공화당 의총에서는 학생데모를 폭동으로 규정하면서 공수단원들의 사법부 압박사건에 대해 "학생들의 난동을 보고 국가의 앞날을 걱정한 양심적 군인들의 이해는 충정(衷情)이 가나 민주주의 국가에서 사법부의 존엄성을 모독한 만큼 엄중처벌해야 한다"는 양비론을 결의했다.

제1공수여단 소속 무장장교 8명이 동아일보 편집국에 침입하여 숙직(宿直)기자에게 폭언을 한 사실을 동아일보는 계엄사령부에 알리고 진상조사와 엄중처벌을 의뢰했다.

민기식 계엄사령관은 최문영 대령 등 8명이 음주(飮酒)하고 동아일보에 들어가 최길수 대위 사건에 대해 신문사가 그렇게 인신공격을 할 수 있느냐, 온 김에 본 때를 보이고 가자는 등 폭언한 사실을 확인하고, 범행 전모가 규명되는 대로 군법회의에 회부하여 엄단하며, 동아일보사와 전 국민에 대해 충심으로 사과한다고 밝혔다.
 군법회의는 최문영 대령에 징역 10년, 황길수 대위에 징역 5년 등 14명 전원에게 유기징역을 구형했다. .
 군법회의는 최 대령에 징역 5년, 황 대위에 징역 3년을 선고하고 동아일보 침입 장교중 6명에게는 무죄를 선고했다.
 특전사 군인들의 법원 난입과 동아일보 습격은 여론을 악화시켜 박정희 정부를 더욱 더 곤경에 빠뜨렸을 뿐이다.

(4) 담당 검사들이 기소장 서명을 거부한 인민혁명당사건

 김형욱 중앙정보부장은 북괴의 지령을 받고 국가변란을 음모한 인민혁명당 47명을 구속했다고 발표했다.
 이들은 데모 주도 학생들을 포섭하여 현 정권이 타도될 때까지 학생데모를 계속 조종함으로서 남북 평화통일을 성취할 것을 목표로 암약했으며 도예종, 정도영, 김경희, 박중기 등 구속된 자들은 혁신계, 언론인, 교수, 학생, 회사원 등 다양했다.
 서울지검 이용훈 부장검사, 최대현, 김병리, 장원찬 검사들은 중앙정보부에서 송치받은 인민혁명당 사건 관련자 47명을 18일간 철야(徹夜)수사를 벌였으나 "중앙정보부에서 송치한 혐의 내용을 인정할 수 없다"면서, 이들은 기소유예 또는 불기소 처분을 하려고 했으나, 검찰 고위층은 주임 검사들의 의견을 무시하고 숙직(宿直)검사인 정명래 검사로 하여금 기소케 했다.
 수사 검사들은 "관련자들이 북괴의 지령을 받고 그러한 불온 단체를 조직했다는 혐의는 하나도 없다"면서, "양심상 도저히 기소할 수 없으며 공소를 유지할 자신이 없다"고 기소장 서명거부 경위를 밝혔다.
 국회 본회의에서 삼민회 김삼 의원은 "이번 인혁당사건은 과거 굴욕외교 반대 데모를 벌인 학생들을 때려잡고 또 앞으로 있을지도 모를 학생데모를 막기위해 조작(造作)한 정치적 쇼가 아닌가"라고 추궁하자, 민복기 법무부장관은 공소 지속을 지시한 검찰청 상부의 기소 유지 지시는 하등 법률상 위배되지 않는다고 답변했다.

그러나 권오병 법무부차관의 항명이라는 호통에 이용훈 부장검사를 포함한 3명의 검사가 사표를 제출하여 파문을 일으켰다.

인혁당사건 선고공판에서 서울지법 김창규 부장판사는 "북괴에 동조한 사실을 인정할 수 없다"면서, 도예종, 양춘우 피고인에게는 각각 2년 징역형을, 나머지 11명의 피고인에게는 무죄를 선고했다.

인혁당사건 담당 검사 4명이 전원 사표를 제출했고, 상명하복(上命下服)을 어긴 검사들은 의법 조치하겠다고 민복기 법무부장관이 밝혔다.

3. 이승만, 장면 박사 등도 세상을 등지고

(1) 하와이에서 망명 중인 이승만 초대 대통령 서거

조국의 독립과 통일에 온 생애를 바쳐온 이승만 초대 대통령이 향년 90세로 망명지인 하와이에서 서거했다. 국무회의는 국민장으로 동작동 국립묘지에 안치하도록 의결했다.

이승만 전 대통령은 독립촉성중앙협의회를 결성하고 남한단독정부의 수립을 결심하고 신탁을 지지하는 공산주의자들과 단독정부 수립을 반대하는 김구 등 임시 정부파를 누르고 5·10 총선거를 거쳐 초대 대통령에 당선되어 1948년 대한민국 정부의 수립을 선포했다.

한민당의 지지로 국회에서 대통령에 당선된 그는 초대 내각에서 한민당을 경원(敬遠)하여 한민당과 그 후예들과의 숙명적인 대결이 불가피했다.

한민당과 사이가 벌어진 그는 대통령으로 재선될 수 없다는 것이 명백해지자 자유당을 급조하는 한편, 대통령직선제를 골자로 하는 헌법개정안을 국회에 제출하고 개헌에 반대하는 의원들을 납치, 감금하여 발췌개헌안을 통과시켰으며, 개정된 헌법에 따라 실시된 국민들의 직접선거로 제2대 대통령에 당선됐다.

반공포로 석방과 평화선 선언이라는 공적을 쌓은 그는 청구권과 어업보호에서 강경책을 고수하여 한일국교 정상화를 막아낸 것은 국익에 도움이 되었는지를 양면(兩面)으로 평가되기도 했다.

자유당의 영구집권의 기반을 굳히기 위한 초대 대통령에 한해서 중임제한을 철폐하는 개헌안의 표결 결과 재적의원 203명중 가(可)표가 135표로 3분의 2에서 1표가 모자라 최순주 국회부의장이 부결을 선포했으나, 하루 뒤 사사오입(四捨五入)하면 통과된 것이라는 새로운 셈법으로 가결을 선포하여 가결시켰다.

중임제한에 대한 치외법권으로 출마한 그는 우의(牛意), 마의(馬意)까지 동원했다는 야당의 비난 속에서 신익희 후보의 급서로 진보당 조봉암 후보를 꺾고 제3대 대통령에 당선됐다.

부정선거의 갖가지 묘책이 총동원 된 조직적이고도 노골화된 3·15부정선거에서 민주당 조병옥 후보의 병사로 압도적 다수표로 이기붕 부통령 후보와 함께 당선됐으나, 부정선거를 규탄하는 참된 민의의 압력에 굴복하여 대통령을 사직하고 하와이로 망명했다.

이효상 국회의장은 "평생을 국가와 민족을 위해 헌신한 우리나라가 난 위대한 애국자인 이승만 박사의 서거에 대해 충심으로 애도(哀悼)한다"고, 박순천 민중당 대표는 "한 때 독재한 것이 한으로 남아 유감이지만 그분이 반공, 항일투사요 애국자였다는것을 높이 평가해야 할 것이다"라고, 윤보선 전 대통령은 "그의 애국정신은 높이 평가할 만하며 특히 한일문제가 크게 논란이 되는 현재의 시점에서 그의 과거에 더욱 경의를 표하게 하는 것은 감개무량하다"고, 이재학 전 국회부의장은 "마치 부모를 잃은 것같은 심정이다. 그 분은 평생을 나라를 위해 바친 위대한 애국자의 한 사람이다"라고, 허정 전 과도정부 수반은 "그분이 애국운동자요, 독립투사이며 건국의 공로자이고 대통령을 지냈으므로 소원이었던 국립묘지에 안장토록 해야 할 것이다"라고, 송요찬 4·19 당시 계엄사령관은 "이승만 박사가 비록 정치적 과오는 있었다고 하나 그분이 애국자요 뛰어난 반공 지도자였음은 아무도 부인 못 한다. 특히 대일 정책면에서 존경한다"고 조사(弔辭)했다.

정부는 장례위원장에 이효상 국회의장, 집행위원장 이석제 총무처장관, 장의위원 1천여 명을 위촉했다.

이승만 박사의 유해가 공항에서 봉영식을 거쳐 이화장에 안치되자, 구자유당계에서는 국민장이 아닌 국장을 주장하고, 4월동지회에서는 국민장을 반대하는 성명서를 발표했다. 정부는 유족의 뜻에 따라 국민장을 취소하고 가족장으로 치른다고 발표했다.

이화장을 떠난 영구는 태극기와 초상화, 만장, 화환을 앞세우고 네 귀에 90명씩의 남녀가 호위하여 종로5가, 세종로를 거쳐 서대문 정동교회에서 고별예배를 마치고 서울시청앞 광장에서 일반시민들과 고별식을 거쳐 동작동 국립묘지에 안장됐다.

박정희 대통령은 조사에서 "이승만 박사는 민족과 국가의 방향을 제시해 준 민주 한국독립사의 선구자"라고 찬양하고 "뭉치면 살고 흩어지면 죽는다는 이 박사의 말은 오늘도 오히려 이 나라 국민들에게 들려줄 수 있는 잠언(箴言)"이라고 극찬했다.

(2) 제2공화국 국무총리 장면 박사도 떠나가고

정부는 5·16 기념일을 기해 장면 전 국무총리를 정치활동정화법에 의한 정치활동 금지조치를 해제했다.

정부는 "건국 후 유엔총회 수석대표, 초대 주미대사, 부통령, 국무총리 등을 역임하면서 한국의 민주주의 확립과 국가발전에 크게 공헌했으며 5·16 이후에는 은인자중하여 혁명과업 수행에 음양으로 이바지한 공헌이 크다"고 해제이유를 밝혔다.

그러나 위와 같은 정치적 이유보다 신병과 관련한 동정(同情)내지 선심이 작용한 것으로 알려졌다.

정정법에서 해제된 20일만에 장면 전 국무총리는 간염으로 별세였다. 장례는 천주교의 의식에 따라 가족장으로 치러지게 됐으며 각계에서 애도의 물결이 넘실거렸다.

장면 전 국무총리는 수원농고와 YMCA 영어학교를 졸업하고 미국 맨하탄 대학에서 수학(修學)하고 동성상고 교장으로 15년 봉직했다.

해방 이후 민주의원 의원, 과도 입법의원을 거쳐 제헌의원에 당선됐고, UN총회 수석대표를 거쳐 초대 주미대사로 활약했으며 1951년에는 제2대 국무총리에 취임했다.

1955년 민주당 최고위원으로 활약하다 1956년 제4대 부통령에 당선됐고. 1959년 민주당 대표최고위원에 선출됐으나 1960년 부통령 선거에서는 낙선됐다.

제2공화국에서 국무총리에 선출되어 9개월 집권했으나 5·16 혁명으로 사임했고, 반혁명사건에 연루되어 옥고를 치루기도 했다.

그는 정치적으로는 민주주의의 속죄양(贖罪羊)이었고, 인간적으로는 지나치리만큼 온유했다.

그는 "국민의 자유와 권리를 최대한 보장했다"고 자부한 나머지 혼란과 무질서와 자유가 공존하는 민주당 정권의 국무총리직을 맡았다.

민주주의 완전한 개화에만 힘을 기울이다 제대로의 정치를 시작하기도 전에 수난을 당했다고 평가받고 있는 그는 "유혈을 각오하면 쿠데타를 좌절시킬 수 있었으나 피를 흘리면서까지 정권을 유지할 생각은 없었다"고 회고했다.

정부는 뒤늦게 가족장을 국민장으로 변경하고 국민장 장의위원장에 이효상 국회의장을, 허정, 김도연, 임영신, 이석제를 부위원장으로 선임했다.

4. 정권의 도덕성에 치명타를 안긴 삼성밀수

(1) 사카린 원료의 시중 유출로 드러난 삼성밀수

삼성재벌 소유인 한국비료(대표 이병철)가 사카린 원료 58톤을 비료공장 건설자재로 가장하여 일본에서 밀수입하여 시판(市販)하려다 부산 세관에 적발되어 2천만 원의 벌과금을 물었다는 사실이 뒤늦게 드러났다.

민중당 이중재 의원은 "한국비료가 공장건설을 위해 면세로 도입된 시멘트를 시중에 횡류(橫流)되어 2천 4백만 원의 추징금을 징수당한 밀수도 있었다"고 폭로했다.

신한당 정성태 사무총장도 "권력과 결탁한 특혜로 이룩된 재벌들의 밀수는 묵과될 수 없으며 중벌로 철저히 다스려야 한다"고 말했다.

또한 한국비료가 합성수지 폴리에틸린 1만 부대를 시운전용으로 수입하여 통관도 안 된 채 시중에 유출한 사실도 알려졌다.

이번 밀수사건이 표면화된 것은 합성수지를 훔쳐낸 도둑이 체포되고 현물까지 압수됐으나, 한국비료는 현물을 찾아가고 부산 세관은 비밀로 통고처분만 하고 그 사실을 감춰왔다.

부산 세관은 가중법을 사문화시키고 고발않고 통고처분으로 벌과금을 받았고, 그러한 사실을 보고받은 검찰은 흐지부지한 사실까지 알려져 여론이 들끓어 올랐다.

신직수 검찰총장은 "삼성재벌 사카린 밀수사건의 관세 포탈액이 5백만 원에 미달되어 통고처분으로 그친 점은 특정범죄 가중처벌법 적용을 잘못한 것 같다"고 밝혔다.

그러나 일사부재리 원칙에 의거하여 유감이지만 별 방도가 없다고 발뺌했다.

재무부는 밀수사건의 주모자는 한국비료 상무 이일섭이며 부산 세관은 시가 3천만 원의 사카린 원료를 단돈 5백만 원으로 감정(鑑定)하고, 2백 30만 원의 벌과금을 부과했다고 발표하여 신직수 검찰총장의 해명과 상치(相馳)됐다.

"삼성재벌 밀수의 사건처리가 권력과의 결탁으로 이뤄졌다"고 단정한 민중당 이중재 대변인은 "재무부장관은 6월 초에 알았으나 금시초문이라고, 한국비료 상무가 주범인데도 한국비료가 관련이 없다고 밀수에 대해 비호(庇護)했고, 검찰총장은 밀수 사건을 보고를 했다는데도 보고 받은 바 없다"고 한 점을 미루어 "정부가 밀수의 발본색원책을 강구치 않고 삼성을 비호하고 있음은 이번 밀수가 권력과 결탁된 것이라는 반증"이라고 주장했다.

밀수품이 일본차관으로 건설 중인 한국비료 자재속에 끼여 한국비료 명의로 이뤄졌고, 삼성재벌이라는 간판으로 특정범죄 가중처벌법이 아닌 관세법을 적용하여 얼버무린 당국의 처사에 의혹이 있는 것은 사실이다.

50원짜리 설탕 1근이 250원으로 올랐던 삼분(설탕,시멘트,밀가루)폭리 당시 고시가격을 내세워 1원 30전 이득밖에 없었다고 시치미를 떼던 김정렴 재무부장관을 향해 야당의원들은 "금융특혜, 조세특혜, 외국차관 지급보증특혜에다 이젠 밀수특혜까지 베풀고 있으니 재벌은 특혜 포화인가"라고 공격했다.

이번 밀수사건에 당국이 사건처리를 극비(極祕)속에 파묻은 채 서둘렀다는 인상과 함께 현행법상의 돌파구를 찾아 얼버무린 것이 아닌가하는 의혹이 짙었다.

김정렴 재무부장관이나 세무 당국이 삼성 밀수사건을 단순한 개인의 소행으로 비호하는 인상도 짙었다.

또한 통고처분만으로 사건을 일단락 지으려던 것은 김정렴 재무부장관, 신직수 검찰총장, 세무 당국이 미리 짜고한 것 아닌가 하는 의혹도 있었다.

서주연 대검 검사는 "밀수사건이 적발됐다는 사실을 당시 세관으로부터 들었다"고 밝히고 있어 의혹이 사실일 가능성이 높아졌다.

정부가 궁색하게 일사부재리 원칙을 내세워 이번 사건을 끝내 얼버무린다면 정부가 정치적으로 삼성재벌을 비호(庇護)하고 있다는 인상을 국민들에 더욱 짙게 할 것이다.

김정렴 재무부장관은 이 사건은 한국비료와 관계가 없으며 한국비료의 직원이 저지른 일이라고 비호했고, 한국비료 건설자재를 서류심사만으로 통관시켜주는 특혜를 한국비료가 활용했을 뿐이라고 명동근 재무부 세관국장은 변명했다.

중소기업중앙회장은 "천인공노할 일이다. 우리나라 경제계의 상도의는 땅에 떨어졌다. 경제계를 리드해야할 삼성재벌이 밀수의 선두에 선다면 우리 중소기업자들은 지표를 어디에 둬야 할 것인가"라고 개탄했다.

(2) 대검의 특별수사반의 수사결과에 대대적으로 반발

박정희 대통령은 "경제발전과 무역진흥을 위해 정부가 적극적으로 뒷받침해주고 있음에도 불구하고 재벌 밀수사건이 일어나다니 한심스러운 일"이라고 개탄하고, 신직수 검찰총장에게 삼성 밀수사건을 대검이 직접 전면 수사하라고 지시했다.

박정희 대통령은 삼성 밀수에 대해 국민의 이름으로 지탄돼야할 반국가적 행위라고 개탄하고 밀수, 탈세, 도박, 마약, 폭력 사범을 5대 사회악으로 규정하고 사건의 대소나 범법자의 고하를 막론하고 엄중히 다스리겠다고 경고했다.

대검은 한비(韓肥)밀수사건 특별수사반을 편성하여 반장에 김병화 대검차장, 반원에 이택규 검사를 임명했다.

대검 특별수사반은 사카린 원료 밀수에 한국비료가 직접 관련된 확증을 포착하고 법인체인 한국비료를 양벌규정을 적용하여 입건했다.

삼성은 한국비료 건설자재라는 명목으로 텔레타이프, 냉동기, 세탁기, TV세트 등 수입금지품을 대량으로 밀수하여 시중에 유출시킨 혐의도 사실로 드러났다.

특별수사반은 김정렴 재무부장관, 정소영 재무부 세정차관보, 명동근 재무부 세관국장을 소환했다.

김정렴 재무부장관은 "밀수사건 처리에 있어 세관이 법을 잘못 적용한데 대해 본인은 국민에게 죄송하게 생각한다"고 정식으로 사과했다.

통고처분에 압력을 준 일이 없다고 정소영 세정차관보가 부인하여 결국 불문에 붙여졌다.

대검 수사반은 밀수입된 사카린 원료를 구매하여 보관한 금북화학 사장 노상두, 한국비료 부산출장소장 김수한 등 4명을 장물(贓物) 취득혐의로 구속했다.

한국비료와 자재도입계약을 맺고있는 일본의 삼정물산은 "사카린 원료는 한국비료의 요청에 의해 비료공장 건설자재라는 명목으로 정식 수출된 것이며, 그 대금은 차관(借款) 자금에 의해 결제된 것"이라고 확인했다.

따라서 이번 사건은 한국비료 이일섭 상무에 의해 저질러진 것이 아니고 삼성재벌이 합법적인 시설재 도입을 가장하여 밀수한 것임이 드러났다.

대검 특별수사반은 금북화학과 한국비료가 서울 삼성빌딩에서 사카린 원료 35톤을 1,680만 원에 매매하기로 계약을 체결했다고 밝혔다.

특별수사반은 사카린 원료 밀수에 이병철 사장의 차남인 이창희의 관련 혐의가 굳어짐에 따라 금명 구속할 방침이라고 밝혔다.

　사카린 원료 밀수의 주범인 이일섭의 자백과 한국비료 직원들의 심문을 통해 경리 장부 허위 조작을 이창희의 지휘로 이뤄진 것으로 특별수사반은 단정했다.

　특별수사반은 이병철 회장을 소환하여 밀수를 사전에 모의했는지, 사후보고를 듣고 묵인했는지, 세관에 적발됐을 때 그 처리 방법을 지시했는지 등을 집중 심문했다.

　이에 이병철 회장은 벌과금 통고처분을 받고선 사카린 밀수사실을 알았다고 진술했다.

　야당에서는 삼성밀수는 일본의 삼정(三井)물산과 공모했으며 제일모직 원모의 50% 이상을 밀수했으며, 이병철 회장은 일본에 거액의 재산을 도피시켜 제당공장과 빌딩을 보유하고 있다고 주장했다.

　민주공화당에서도 이병철 회장의 구속만이 사건규명의 관건이라고 강경 자세를 보였다.

　장기영 경제기획원장관이 "한국비료사장 이병철 회장이 차관자금을 유용했고 도입된 자본재를 목적외로 사용했다"는 혐의로 외자법 규정에 따라 고발했고, 특별수사반은 특별조치법에 따라 자동 입건했다.

　삼성밀수사건에 대해 이창희, 이일섭만 구속하고 이병철 회장을 무혐의로 불기소한 검찰의 수사결과에 대해, 김영삼 민중당 원내총무는 "검찰의 수사결과는 일종의 혁명이며 우리는 의사당에서 공화당과 함께 국사를 논의할 수 없다"고 선언하고 의원 40명과 함께 퇴장했다.

　이병린 변호사협회장은 "박정희 대통령의 강경한 지시에 의한 재수사가 고작 이것이냐", "검찰의 직무유기다"라며 반발했고, 국민의 의혹만을 높였다며 민주공화당 확대간부회의에서는 이병철 회장의 구속을 강력하게 주장했다.

　"이병철의 무혐의는 모순당착(矛盾撞着)", "국민을 기만한 각본수사"라는 여론이 들끓자, 검찰에서는 "증거를 확보하지 못했다"라고 일관했다.

민중당은 효창운동장에서 밀수규탄대회에서 "재벌 감싸지 말라", "정부와 삼성이 결탁했다", "정부 고위책임자를 엄단하라"고 절규했다.

건국대와 연세대 학생들도 "법질서 파괴말라"며 성토대회를 개최했다.

(3) 김두한 의원의 오물(汚物)투척(投擲)사건은 국치의 표본

서민호 의원의 의원직 사퇴로 실시된 서울 용산 보궐선거에서 한독당 공천을 받고 민중당 공천을 받은 6대 총선에서 민정당 공천으로 석패한 민정기 후보를 꺾고 당선된 김두한 의원이 국회 본회의장에서 삼성밀수에 대한 국정의 난맥상을 질타하는 모습을 보여주기 위해, 정일권 국무총리 등 국무위원들에게 오물을 투척하여 일대 파문을 일으켰다.

정일권 국무총리와 전 국무위원은 "국정을 논의하는 국회의사당에서 폭언과 폭행을 당하고서 행정부의 권위와 위신을 위해 국정을 보좌할 수 없으므로 용퇴할 것을 결의한다"는 담화를 발표하고 전원 사표를 제출했다.

박정희 대통령은 "김두한 의원 사건은 국가 위신과 민주국민의 명예를 위해 지극히 유감스러운 일"이라고 개탄하고, "이 불상사는 신성해야 할 국회의사당을 모독한 행위일 뿐아니라 헌정질서를 근본적으로 짓밟고 행정부에 대한 모욕적(侮辱的)행위라고 단정치 않을수 없다"는 공한을 국회의장에게 송부했다.

이에 민주공화당은 김두한 의원의 제명등 징계방법을 검토했고, 아울러 민주공화당 의원총회는 이병철 회장을 비롯한 한국비료 밀수관계자를 구속해야 한다는데 의견을 모았다.

세계 의회사상 그 유례를 들어보지 못한 김두한 의원의 오물투척사건은 한마디로 국회와 행정부의 권위와 더 나아가 나라의 위신을 땅에 떨어지게 했다.

야당에서는 "삼성밀수에 도의적책임을 지고 총사퇴해야 할 내각이 국회 오물 사건만을 이유로 사퇴했다는 것은 납득할 수 없다"는 입장이다.

삼성밀수로 유발된 빗발치듯한 국민의 정부에 대한 비난의 화살을 오물사건으로 정부 격분, 내각 사표라는 것으로 슬쩍 회피해보자는 것은 말이 안 된다는 것이다.

김두한 의원은 사퇴에 앞선 신상발언에서 "국민과 국회와 행정부 여러분에게 진심으로 사과한다"고 전제하면서, "건전한 국회를 위해 스스로 물러난다"며 마지막 발언을 했다.

국회 본회의는 김두한 의원의 사퇴원을 재석 115명 중 가(可) 111표, 부(否) 18표, 기권 22표, 무효 4표로 가결시켰다.

검찰은 의원직 사퇴서가 의결되자 김두한 의원을 국회의장(議場)모욕 및 공무집행방해혐의로 구속했다.

박정희 대통령은 국무의원들의 일괄사표를 반려하고, 민복기 법무부장관, 김정렴 재무부장관을 삼성밀수사건의 도의적인 책임을 물어 해임발령했다. 법무부에는 권오병 문교부장관을, 재무부에는 김학열 경제기획원차관을 기용했다.

(4) 국회의 삼성밀수특별위원회 활동도 용두사미

한국비료의 이일섭 상무가 자수한 것이 아니라 세관 당국에 의해 적발되어 발뺌을 할수 없게되자 뒤늦게 자수했다는 새로운 사실이 밝혀졌다.
이것은 부산 세관에서 이일섭이 초범이며 자수란 정상을 참착해서 통고처분했다는 발표와 정면으로 배치된 것이다.

부산 세관이 통고한 벌과금은 이병철 회장의 돈이라고 이일섭이 진술하여 이병철 회장의 재소환은 불가피하게 됐다.
 박순천 민중당 대표는 한국비료와 판본방적을 국유화하고 밀수성격에 비추어 책임자를 구속하라고 주장했다.
 국회에서는 정부는 조무래기엔 기관총 세례, 재벌엔 무력하다고 비난하고 뭐가 모자라 밀수하는거냐며 삼성을 규탄했다.
 국회에 삼성 밀수사건 진상조사 특별위원회가 발족하여 김진만 의원을 위원장으로 선정하고 민중당 김대중, 박한상, 최영근, 유청 의원들이 참여했다.
 울산세관에서 한국비료 아파트에 출장 확인한바 변기(便器) 등이 모두 일제로 출처를 추궁하고 있으며, 삼성빌딩의 변기도 모두 일제로 한국비료 자재용으로 밀수한 물품이 아닌가 정밀조사에 들어갔다.
 한국비료 성상영 대표는 "사카린 원료는 공장건설 자재로 합법적으로 들여온 것이다"라고 주장하여, 지금까지의 검찰수사를 뒤엎었다.
 이에 장기영 경제기획원장관은 사카린 원료 도입은 밀수임이 명백하다고 재확인했고, 야당 의원들은 "국민을 우롱하는 태도"라고 비난했다.
 특별조사위원회 민중당 조사위원들은 사카린 합법수입 주장은 정부와 공모한 것이며 삼성 밀수사건을 전면 재수사하라고 주장했다.
 이창희, 이일섭 등은 국회 조사특위에서 "사카린 원료는 정당한 절차를 밟아 합법적으로 도입됐다", "한비건설의 내자조달을 위해 밀수했다"고 표변(豹變)하자, 검찰에서는 가소(可笑)로운 변명일 뿐이라며 위증으로 입건도 불사하겠다는 입장이다.
 결국 국회 조사특위는 한국비료의 오만한 반격을 받고 상처투성이로 자폭(自爆)하며 메아리 없는 끝장을 맞이했다.
 수박 겉 핥은 격이었다. 준공을 앞둔 한국비료의 헌납문제는 주식 51% 헌납이 15%로 변했으나 다스릴 법도 없고 그것마저 보장도 의문시 되었다.
 한국비료의 적반하장(賊反荷杖)은 대국민사과와 한국비료의 헌납을 백지화하고 위법에서 쏙 빠질 저의가 있다고 비난이 쇄도했다.
 검찰은 태도 표변(豹變)의 진의를 캐기위해 성상영 대표를 소환했다.
 일본의 삼정물산과 동양도기에서 "변기 다수 보냈다"고 확인하여 한비의 제3밀수를 확인한 국회 특별조사위에서는 밀수 혐의가 있다는 결론을 내고 검찰에 철저한 재수사요구를 결의했다.
 삼성은 사카린 원료 밀수에서부터 도어체크, 도어핸들 등 건물 자재 밀수, 변기 밀수, 전화기, 표백제 등 제4밀수사건이 터져나왔다.
일본의 관리는 한국비료에 변기 수천 기를 확인하고 전화기도 1만 6천 대를 보냈다고 확인했다.
 더구나 장기영 경제기획원장관은 전화기 등 2억 5천만 원의 수입은 한국비료에 허가한 일이 없다면서 제4의 밀수로 지목됐다.
 그러나 검찰은 한국비료의 제3의 밀수에 대해 지엽적인 증언만 청취하고 또 다시 눈가림 수사에 머물렀다.
성상영 대표가 사카린 수입은 합법이지만 유출만이 위법이라는 계속된 주장에, 신직수 검찰총장은 사카린은 한국비료에 불필요한 물품으로 밀수라고 증언했다.
 국회 특별조사위는 검찰과 세관의 미온적 태도, 삼성밀수조사가 지지부진하고 권력과의 결탁도 밝혀내지 못했다.
 수사기관의 협조가 이뤄지지 않아 제3, 제4의 밀수는 어물

어물 넘겨지고 정치권과의 결탁 등 의혹은 그대로 남겨졌다.
 국회는 출석거부죄를 적용하여 삼성 이병철, 판본 서갑호 회장들을 고발했다.
 한비 밀수사건의 공판정에서 검찰에서는 계획적인 밀수증거는 뚜렷하다며 특혜 그늘에서 밀수는 처벌이 마땅하다고 주장한 반면, 삼성에서는 신문들이 여론을 주도하여 밀수로 몰아갔으며 이병철 회장은 영농혁명의 지도자라고 변호했다.
 방대한 규모와 품목의 밀수를 하고도 유출만이 불법이라는 한국비료의 주장으로 국민을 우롱했다. 더구나 한국비료는 가짜영수증을 꾸며 국내서 구입했다고 발뺌에 급급했다.
 검찰에서는 확증을 잡지 못했다. 증거 포착이 불가능하다면서 납득 못 할 해명만 하고 있지만, 일본 의회에서 일본 상사들의 증인이 결정적인 증거임에도 귀를 기울이지 않았다.

(5) 한국비료 주식 51%를 헌납받아 국영기업체에 편입

이병철 삼성회장은 군사혁명 직후 "소생의 재산이 국가재건에 필요하다면 조국에 협조하겠다"며 사재(私財)를 모두 국가에 헌납하겠다는 각서를 제출했던 삼성에서 밀수를 했다는 것은 양심을 저버린 것이라는 비난을 받게됐다.
 "본인의 오늘날의 재산은 불굴의 인내 및 경영합리화를 위한 부단한 연구와 풍우(風雨)를 피하지 않고 천신만고(千辛萬苦)를 겪어야했던 일관된 노력의 결정"이며 "기업의 사회적 존립의의가 있다는 확고한 신념에 고무되어 왔다"는 의지를 자랑하며 삼성문화재단을 설립한 이병철 회장이 밀수를 했다.

금년도 미국의 대한무상원조 규모와 맞먹는 6천 1백 87만 불의 정부와 시중은행의 지불보증을 받은 삼성재벌이 공장도 완공되기전에 밀수를 했다.

과거의 자본축적이 밀수와 탈세와 금융특혜와 정치결탁에 의한 것이었기에 이 몹쓸 습성을 못 버리고 밀수를 하는 이 마당에 이 땅의 기업의 윤리, 책임, 공익성이란 거창한 명제는 산산조각이 났다.

삼성 이병철 회장은 한국비료를 국가에 바치는 동시에 대표인 중앙매스콤 및 학교법인을 비롯한 모든 사업경영에서 손을 떼겠다고 발표했다.

이병철 회장은 모든 주식도 청산하겠다면서 은퇴 후 앞으로 농원 경영을 하겠다고 희망했다.

박정희 대통령은 한국비료를 이병철 회장이 국가에 바치더라도 건설을 끝낸 다음에 바치도록 할 것이며, 정부 인수여부에 관계없이 계속 건설작업을 추진하도록 지시했다.

장기영 경제기획원장관은 한국비료로부터 공장을 헌납하겠다는 제의가 없었으며, 이병철 회장이 공장을 완공후 헌납하겠다면 받아들일 용의가 있다고 밝혔다.

민주공화당 강경파는 이후락 대통령 비서실장과 장기영 경제부총리의 경질을 주장하고 있으나, 온건파는 법무부장관와 재무부장관의 경질로 충분하다며 갈등을 빚었다.

한국비료 헌납에 대해 이번에도 5·16 직후와 같이 말 뿐이며 행동이 안 보인다는 지적이 있는 가운데, 이병철 회장은 구속과 헌납을 흥정하는 듯한 자세를 보이며 검찰에선 "헌납을 하겠다"에서 "헌납할 심경으로"라고 후퇴했다.

한국비료 준공식에서 이병철 회장은 "한국비료를 국가에 헌납하겠다는 결심엔 변함이 없으며 그 실천방안을 검토중에 있다"고 원칙만을 되풀이했다.

장기영 경제기획원장관은 삼성재벌의 이병철 회장에게 한

국비료의 지체없는 국가헌납 이행을 촉구하는 서한을 발송했다.
 이병철 회장은 한비 주식 10만 주 가운데 5만 1천 주를 헌납하겠다고 답신했으나 정부에서 이를 단호히 거절했다.
 길재호 민주공화당 사무총장은 한국비료는 준공후 전 주식을 국가에 바쳐야하며 삼성이 51%를 헌납하겠다고 제의한 것은 부당하다고 주장했다.
 삼성의 한국비료 51% 헌납은 국민을 우롱하는 처사이며 재지배할 엉큼한 저의라고 언론에서 비판했다.
 이의 여파로 장기영 경제부총리가 경질되고 박충훈 상공부장관을 기용하고, 상공부장관에는 김정렴 재무부장관을 전임했다.
 여론의 뭇매와 반발에도 삼성은 한비의 51% 주식을 국가에 헌납했고, 국가는 한비를 국영기업체에 편입시켰다.

5. 최빈국을 맴돌고 있는 1960년대 한국의 실상

(1) 1963년 : 군정을 매듭짓고 민정인 제3공화국 출범

○ 10/17 제3공화국 대통령에 박정희 후보 당선. 470만 2천여 표 득표하여 윤보선 후보와 15만 표차, 추풍령을 분수령으로 대결한 셈.
○ 10/24 여주서 나룻배 침몰로 소풍가던 안양 흥안국민학교 어린이들 49명 익사
○ 11/14 민정당 윤보선 대표는 사광욱 중앙선거관리위원장을 상대로 박정희 후보 당선무효 소송을 제기
○ 11/23 케네디 미국 대통령이 달라스에서 무개차를 노린 세 방의 총성으로 피격되어 서거, 범인은 24세의 오스왈드, 존슨 부통령이 대통령에 취임.
○ 11/24 박정희 최고회의의장 케네디 대통령 장례식 참석차 방미, 케네디 대통령 암살범 오스왈드 형무소로 호송 도중 피살
○ 11/26 제6대 국회의원 선거, 민주공화당이 33.5% 지지율로 110석을 차지하여 안정적인 의석 확보, 야권 4개 정당은 65석을 차지
○ 12/14 정정법 해당자 192명 추가 해금. 장면과 김상돈 등 74명 제외
○ 12/17 제3공화국 탄생, 박정희 대통령 취임, 최두선 국무총리, 김유택 부총리, 제6대 국회 국회의장 이효상, 국회부의장 장경순과 나용균
○ 12/24 민주공화당, 국회 12개 상임위원장을 독점, 야당에선 후보 안 내고 백지투표

(2) 1964년 : 뇌염 환자 2,244명 발생, 548명 사망

○ 1/13 정부는 쌀, 보리, 밀가루, 소금, 연탄, 면사, 고무신, 비누, 등유 등 생필품 9개 품목을 지정하고 현재의 가격선을 유지하는 물가안정 대책을 수립
○ 1/13 강원도 금화에서 버스에 불이 나 15명이 소사(燒死)하고 32명은 중화상
○ 1/14 1백 만석의 양곡이 부족하여 양곡 도입을 위한 외화 배정이 불가피
○ 1/21 AID 처장은 미국의 대한경제원조를 경제자립 가능성이 보여 지원 원조에서 개발 원조로 변경하겠다고 발표
○ 1/24 재일교포의 재산반입에 야당의원들은 정치자금과의 관련을 지적하며 철저하게 규명할 기세
○ 1/25 서독의 주루탄광에 우리 광부 800여 명이 취업하여 월급 150불중 50불 이상 저축키로
○ 1/28 불란서, 미국 등 맹방(盟邦)의 항의에도 불구하고 영국은 3개월내에 대사를 교환키로 하고 중공을 정식 승인
○ 1/31 유통되는 사채(社債)금리가 월(月) 4%에서 6%로 올라 금융역조 현상으로 유통질서에 큰 영향
○ 2/4 미국부대 주변에서 하루 50원을 벌고자 깡통주의 만삭(滿朔)의 아주머니가 미군의 총질로 철조망곁에서 피살
○ 2/7 철조망 넘었다고 미군이 M-14소총을 난사, 두 소년을 사살(射殺)
○ 2/11 밀가루, 설탕, 시멘트 등 3분(三粉)폭리자금이 정치자금으로 흘러 들어갔다고 야권에서 추궁
○ 2/24 1964년도 미국의 대한(對韓)원조액은 7천 5백만 달러로 정부-유솜 간 확인

○ 3/3 강원도 도계 탄광에서 갱도(坑道)가 붕괴되어 광부 6명 매몰
○ 3/6 경기도 안양교외에서 산적된 탄약이 연쇄 폭발하여 3명 사망, 90명 중경상
○ 3/10 경북 후포에서 어선 2척 전복되어 어부 8명 익사
○ 3/17 강풍에 앰프선과 전선이 붙어 스피커에 고압전류가 흘러 2명 죽고 5명 중상
○ 3/20 화려한 차림의 외국 유람풍인 이민(移民)은 재검토 필요. 종래 가족 단위를 교두보(橋頭堡) 형태로 변경
○ 3/20 서해에서 북괴 경비정이 두 어선의 어부 26명을 납북. 반미선동을 책동한 김익수, 최옥헌 등 간첩을 체포
○ 3/23 1963년 년차보고서에서 물가상승율 30%로 인플레 누진(累進)되어 경제 성장 5.9%도 무색, 대외수지도 역조
○ 3/26 김준연 의원 "대일청구액 1억 불 미리 받았다"고 폭로, 그러나 사실무근으로 구속, 기소
○ 3/27 지붕이 날아가는 폭풍으로 어부 10명이 익사, 부선과 소맥도 수장(水葬)
○ 4/3 어른 없는 집에서 3남매가 연탄가스에 중독사, 굶주린 형제 변사체로 발견
○ 4/6 불투명한 정책으로 수출 1억 불 달성 어렵다고 업계에서 주장
○ 4/8 일본에서 유안비료 35만 톤 도입키로 원용석 농림부장관과 일본 복전 통산상간 합의
○ 4/17 연평도 근해에서 짙은 안개로 어선이 암초(暗礁)에 부딪쳐 11명이 익사
○ 4/20 수입 훨씬 줄고 자금난 겹쳐 생산위축으로 1년간 곡물가격 70% 앙등
○ 4/24 퇴학위협, 학원사찰, 언론규탄 중지하고 박정희 대통령은 국민에게 사과하라고 윤보선 성명

○ 5/4 기준환율을 130대 1에서 255대 1로 인상하여 물가에 즉각 영향을 끼쳐 수입품은 오르고 품귀, 경제 전반에 큰 격동

○ 5/13 김윤기 교통부장관은 버스요금 5원을 유지하겠다고 성명, 운휴(運休)한 버스업체는 면허취소 경고

○ 5/16 정치범 91명을 특사, 김달호, 박임항, 조중서, 송지영 등 감형

○ 5/19 경기도 연천에서 폭약 만지다 터져 5명 참사(慘死)하고 2명 중상

○ 5/23 박정희 대통령은 정국 불안은 무궤도한 정치인의 언동, 무책임한 언론의 선동, 학생의 불법적인 데모 때문으로 관용없이 다스릴 터라고 경고

○ 6/4 서울 망우리 건널목에서 열차와 버스가 충돌하여 1명 사망, 59명 부상

○ 6/5 농약과 농기구 제조공장을 건설코자 서독에서 2억 3천만 불 차관 도입

○ 6/16 브라질 이민 벌써 1년, 토담집 세워 양계, 부산 피난시절 난민생활을 연상

○ 6/24 연희동과 남가좌동에서 전차에 치여 4명이 압사(軋死)

○ 6/24 등잔에 석유 붓다 모기장에 인화. 일가족 4명 소사(燒死)

○ 6/30 보리 수확 810만 석 예상. 파종면적 확대로 평년보다 100만 석 증수(增收)

○ 7/1 하루 17시간 노동, 여차장들 혹사(酷使)시킨 버스업주 200여 명 입건

○ 7/11 서독 광부 1천 명 증원조건으로 재정차관 4천 6백만 달러 증액 요청

○ 7/17 위장(僞裝)사업하면서 암약한 남파 무전간첩 일당

114

11명 검거, 송신기 등 압수

○ 7/27 들로 산으로 바다로 몰려나온 피서객 1백만 명, 각지에서 익사 11명, 깡패 소탕 작전을 벌여 폭력배 등 483명 검거

○ 7/27 군산에서 전선이 접선하여 모기장에 인화, 4남매가 소사

○ 7/31 수입인지 1천만 원어치 위조하여 집과 차량 6대 구입. 석판인쇄기 등 압수

○ 8/3 경북 청송 대릿재에서 고장 버스가 굴러 떨어져 18명이 즉사하고 21명이 중상

○ 8/3 언론윤리법안이 야당의 사전 묵계(默契)에 의한 방관으로 통과, 야권에서는 강력한 폐기운동 전개를 선언, 광란의 쇼 각본 그대로 야권은 반대하는 척 변심

○ 8/4 부식용 조개 생식하다가 육군 부대원 99명 집단 식중독

○ 8/4 전북 어청도 부근에서 태풍으로 선원 9명이 실종

○ 8/10 폭포같은 폭우로 사망이나 실종 55명, 이재민 2만여 명, 피해가옥 4,745채

○ 8/10 경남 남해에서 격전끝에 무장 간첩선을 나포(拿捕), 5명 사살하고 2명을 생포

○ 8/13 곳곳에서 산사태, 잠자던 일가족 등 14명 압사(壓死), 야영장병 6명도 익사(溺死)

○ 8/14 약물 중독으로 죽은 소내장 먹고 41명이 식중독, 형제 절명

○ 8/17 뇌염 환자가 329명 발생하여 71명 사망, 시내버스 여차장 합숙소에 장티푸스 발생

○ 8/20 폭력 휩쓴 호남선 야간열차, 여객전무 등 중상, 조직 깡패 떼지어 마구 행패

○ 8/25 전기, 석탄값 인상에 날개 돋친 연탄값, 부유층서

수 천개씩 매점, 서민들은 품귀로 못 사고
○ 8/26 뇌염환자가 1천명에 육박, 사망도 173명에 다달아
○ 8/27 전남 보성 예당저수지에서 하학길 다섯 소녀 새우 잡다가 익사, 생활고로 5명이 집단자살
○ 8/28 서울 소공동 뒷골목 생활상담소 간판걸고 인신매매, 시골 처녀를 유인하여 창녀, 접대부, 식모로 커미션받고 팔아넘겨
○ 9/2 학계, 종교계 등 총망라하여 자유언론수호대회 개최, 박정희 대통령은 언론법 강력히 시행을 천명, 언론계에서는 철폐할때까지 투쟁을 선언
○ 9/4 뇌염 환자 2,244명 발생, 모두 446명 사망
○ 9/7 새해 예산안 858억 원 국회에 상정, 금년보다 160억 원 증액
○ 9/8 박정희 대통령은 철폐를 전제로 언론법 시행을 보류, 윤리위 소집도 않기로
○ 9/8 대책없는 방역, 2,244명 뇌염 발병하여 548명 사망, 1958년도에는 6,897명이 발병하여 2,177명이 사망
○ 9/9 8월 현재 수입총액은 2억 310만 불로 국제수지 7천만 불 적자
○ 9/13 22년만의 집중폭우로 물에 잠긴 암흑의 서울. 사망과 실종 437명, 가옥 침수나 유실 7천여 동(棟), 재산피해 1억 4천여 만원
○ 9/16 평양, 신의주에 49일 동안 억류된 어부 226명을 경비정이 호위하여 인천항에 귀환
○ 9/19 평화선 침범 일본어선 철저 나포키로, 일본 순시선이 나포 방해, 경비정 건조에 국민 성금 쇄도
○ 9/21 양주에 무장간첩 3명 국군 사병에 총질, 국군 4명이 중상, 군경 수사망을 압축
○ 9/23 한국광부 해마다 2천 명씩 서독에 파견키로 우리

대사관과 탄광회사 합의
○ 9/28 강원도 양양에서 무장간첩 5명이 남하하여 국군 수색대가 저지하기 위해 루트를 봉쇄
○ 10/10 제18회 동경올림픽 개막, 일본천황 개회선언, 90개국에서 8천여 명 참가, 우리 선수단 49번째 입장
○ 10/14 전남 거문도 해상에서 풍랑으로 어선 침몰, 장꾼 23명 실종, 19명은 익사한 듯
○ 10/15 신금단 부녀 단장(斷腸)의 이별, 14년만의 부정(父情)을 일경(日警)에서 막아, 준비없는 통일 무드는 위험
○ 10/16 소련 후루시초프 돌연 실각, 후임 수상에 코쉬킨, 공산당 제1서기 브레즈네프, 새 정권은 성급하고 오만하며 레닌주의에 위배된다며 후루시초프를 규탄
○ 10/22 동경올림픽에서 권투에서 정신조, 레슬링에서 장창선이 은메달, 유도에서 김의태의 동메달을 제외하고 전 종목에서 하위권을 맴돌아. 뒤떨어진 기본기, 투지, 체력, 훈련도 미흡
○ 10/30 한강폭파한 최창식 대령에게 14년만에 사형에서 무죄 확정
○ 11/4 미국 제36대 대통령에 민주당 존슨이 공화당 골드워터를 누르고 당선, 선거인단 457표 확보
○ 11/6 수재민 월동구조대상 서울에만 740가구, 미흡한 정부의 보조
○ 11/9 비료값 두배로 뛰어 적자 영농에 의욕잃은 농촌, 망설이는 보리 파종, 곡물가 보장없어 한숨만
○ 11/20 일본에서 귀항중인 수출선이 침몰하여 선원 9명 익사
○ 11/25 충남 서산 앞바다에서 무면허 나룻배가 전복되어 장꾼들 24명 익사, 작업중 흙이 무너져 장병 7명 압사

○ 12/2 새해 예산 총규모 848억원 확정, 정부 원안에서 9억 7천만원 삭감, 낙동강과 여수에서 나룻배가 전복되어 모두 6명 익사
○ 12/6 박정희 대통령 방독 등정, 독일 라인강의 기적 시찰, 서독기술단 초청, 4천만 불 차관 협정
○ 12/7 전남 여수 앞바다에서 거센 풍랑으로 기관 어선이 침몰하여 승객 12명이 실종
○ 12/9 박정희 대통령 1천 명의 서독 광부대표 만나고 에르하르트 수상과 회담, 한국의 경제자립 위해 지원금 아끼지 않겠다고 약속
○ 12/11 조총련계 재일동포 1,449명 재일거류민단으로 전향(轉向)
○ 12/14 기우는 해에 실의에 찬 군상들 집단자살 속출, 실직된 청년들과 아들 입학금 마련 못한 부모 등
○ 12/17 윤보선 대표는 올해는 사상 최악의 해이며 계엄선포 등 악정을 일삼고 서독 방문은 인기정책이라고 비판
○ 12/28 겨울철의 살인 복병 연탄가스 마시고 전남 나주에서 일가족 6명 절명
○ 12/30 무역수지 역조(逆調) 1억 6천만 불, 경제시책 큰 구멍 날 듯

(3) 1965년 : 올해 수출목표액 돌파, 1억 7천만 불 달성

○ 1/1 잉여농산물 도입, 4천 5백만 불로 한미간에 서명하여 확정
○ 1/9 박정희 대통령, 한일회담 금년안에 가부간 매듭, 월남파병은 옳다고 생각한다고 밝혀
○ 1/14 존슨-좌승 회담에서 정경분리 원칙 내세우며 중공과 통상증대 꿈꾸는 일본의 입장 묵인, 적극적인 대월남 증

원을 일본에 기대
○ 1/15 서해안에서 13년전 고기잡다 피납된 네 어부 중공에서 탈출, 홍콩영사관에서 귀국 알선
○ 1/18 영화배우 최무룡집에서 사장족 도박 적발, 판돈 23만 원 압수
○ 1/20 차균희 농림부장관 노부모 20년만에 고향에, 중공 떠나 어제 홍콩 도착. "대약진 때에는 많은 사람들 굶어 죽었소"라고 눈물만
○ 1/29 쇠고랑 찬 김지미, 이민자, 석금선등, 상습도박혐의로 판돈 10만 원 걸고 도리짓고땅하다가 검거
○ 2/5 충남 서산에서 고장버스가 전복하여 조수(潮水)에 빠져 8명 참사, 24명 중경상
○ 2/6 삼성문화재단 설립, 총재산 45억원의 개인 몫 3억원 출연, 재단 설립은 재벌의 인간적 고민의 탈출구로 세금 포탈등으로 경제계의 악순환
○ 2/10 마(魔)의 건널목 서울 영등포 남부역, 두 행인 구해내고 열차에 치여 간수 순직, 똑같은 사고 벌써 세 번째
○ 2/10 춘천댐 수력발전소 준공, 5만 7천KW 발전, 우리 기술진 솜씨 자랑
○ 2/11 국공유지 불하를 둘러싼 불법 부정의 내막, 장관, 중앙정보부, 최고위원도 끼어 공모, 압력과 금품수수로 뒤범벅, 모두 원상 환원 기대
○ 2/12 삼척 도계 탄광에서 갱도 무너져 4명의 광부 매장
○ 2/24 서울시내 고교입시 문제 누설, 제판공(製版工)이 절취하여 수험생에 20만 원에 팔아
○ 3/5 강원도 삼척에서 어선 3척 침몰, 어부 6명 익사
○ 3/6 경지정리작업 등에 24만 명 취업케 소맥분 11만 톤 방출, 미국과 합의
○ 3/11 절량(絶糧)농가가 많은 호남지방 끼니는 쑥과 고구

마, 국민학교 학생 74%가 점심을 굶어

○ 3/12 수도 서울 인구는 342만 385명, 영등포구 55만명 최고, 주택은 변두리로 쏠려, 증가율은 감퇴

○ 3/15 현역군인 17명 칼빈총 가진 채 순경 때려 실신시켜, 카츄샤 49명 몰려 다니며 파출소 기물파괴

○ 3/16 춘궁의 농촌, 고비는 보리고개, 개간 품삯인 밀가루만이 양식

○ 3/19 경남 남해에서 어선 진수놀이하다 전복하여 소년 등 10명이 익사

○ 3/20 공무원 처우개선, 매월 쌀 두가마 값 보장하는 1966년도 예산 편성지침 마련

○ 3/21 단일변동환율제 실시, 외화사용은 증서 첨부, 변동환율제 받침 위해 IMF에 930만 불 승인요청, 자동승인품목 확대, 첫날 1불 275원 공고

○ 4/5 전남 여천서 조기재취선 전복하여 남녀 13명 실종

○ 4/14 잃어버린 평화선, 주객이 뒤집혀 생선값도 한국선 뛰고 일본선 폭락, 일본어선 독무대로 선어(鮮魚)수출도 암담

○ 4/21 중앙정보부는 강릉에서 지하당 조직을 꾀하던 남파간첩 강성대 일당 6명을 검거하고 통신기 및 암호문서 등을 압수

○ 5/5 대일청구권 자금으로 원양어선 110척 도입방안에 조선업계 반발하여 반대운동

○ 5/10 부쩍늘어난 부도수표, 올해 4월에만 4억 원으로 올들어 최고, 자금경색을 반영

○ 5/12 중공에 납치된 어부 13명, 6년만에 홍콩영사관 주선으로 귀국

○ 5/14 서독이 이스라엘과 수교하자 아랍권 10개국서 보복조치로 연쇄 단교

○ 5/18 박정희 대통령과 존슨 대통령 한미행정협정 체결 합의, 사단규모 전투부대 파월용의 표명, AID장기차관 1억 5천만 불 확보,
○ 6/1 분노하는 해태(海苔) 어민 120만 명, 한일 간 250만 속 수출합의 하고 500만속이라고 발표, 일본에서 쿼터 개설 않고 정부는 무성의
○ 6/7 삼척 도계 거마 탄광에서 막장에서 물통이 터져 19명이 매몰
○ 6/9 아르헨티나에 첫 이민단 22가구 출발, 풍토와 날씨는 한국과 비슷한 비옥한 고원지대로 농업이민으로
○ 6/14 한강에서 수영하다 어린이 등 9명 익사
○ 6/22 야당과 학생 맹렬한 반대속에 한일협정 정식 조인, 양국 대표 30여 개문서 서명
○ 6/28 울산에서 게 먹고 3백여 명 식중독, 11명 죽고 1백여명 위독
○ 6/30 의정부에서 성능을 알지 못한 폭탄을 가지고 놀던 어린이 5명이 폭발물이 터져 폭사
○ 7/1 경찰의 곤봉과 최루탄 난무, 시민의 눈 꺼려 연행후 슬쩍 난타, 피흘리면 자극한다고 옆구리치기로 상처없이 골병, 목사(牧師)들도 비준 반대 성토대회
○ 7/7 중앙정보부는 귀순(歸順)을 가장한 간첩 두 명을 검거, 무기등도 대량 압수
○ 7/11 강원도 평창에서 고려대 캠핑대 조난, 계곡 건너다 급류에 말려 10명 사망, 3명 중태
○ 7/16 억수 곳곳에 내려 한강범람, 한강 인도교 통행금지, 수해로 사망 91명, 이재민(罹災民) 17만여 명
○ 7/19 경기도 송추에 4인조 간첩단, 미행하던 형사대와 접전, 두 명의 경관이 피살, 2명 생포하고 2명 도주, 우물 안 펌프 점검하다가 종류 모른 가스로 6명이 연쇄 질식사

○ 7/23 낙동강 수위 불어 물난리 사망 10명, 이재민 2만여 명, 미국에 수해복구를 위해 소맥 3만 8천 톤 긴급구호 요청

○ 7/29 빗나간 해외여행, 초청 가장(假裝)으로 매월 1천여명 신청, 귀국 땐 사치품 가득, 달라 암시장 성행, 특권 부유층의 횡포

○ 8/6 강원도 원성군에 무장간첩 4명 출현 2명 사살, 1명 자살, 1명 도주, 무기등 다량 노획

○ 8/14 한일협정 비준안 통과, 조인 54일 만에 찬반토론하는 둥 마는 둥, 정일권 내각 총사퇴, 민중당 탈당은 격론 끝에 미결로

○ 8/15 횡액의 광복절, 인천에서 12명이 익사, 서울에선 일가족 3명이 연탄가스 중독사

○ 8/20 임진강에 간첩선 출몰, 해병과 30분간 교전, 1명 사살

○ 8/27 뚝섬 앞 강 건너다 급류에 쓸려 어린이 5명 연쇄하여 익사

○ 8/30 충북 괴산에서 버스가 35m 벼랑에 추락하여 15명이 참사하고 12명이 부상

○ 9/6 전국적으로 뇌염이 창궐하여 385명이 발생하여 102명이 사망

○ 9/7 추곡가를 80kg 한가마 3천원으로 작년 수준으로 동결시켜 농촌경제파탄 위협, 농민 희생시켜 물가안정 기도

○ 9/20 뇌염환자 781명이고 사망자는 246명이며 368명은 치료중

○ 9/23 미결의 장, 인도와 파키스탄 분규, 캐쉬미르 불씨 그대로, 중공이 유엔총회 앞서 노린 원교근공의 복선이 휴전으로

○ 9/28 데모선동했다고 정치교수라는 정치발령으로 캠퍼

스를 떠난 교수들 : 양주동, 이헌구, 정범용, 김성준, 양호민, 김경돈, 김성식, 이항령, 황신덕, 김기선, 서석순, 이극찬
○ 9/29 경북 안동에 살인 간첩이 출몰하여 부녀살해하고 모자를 납치후 살해, 추격중인 경관에 수류탄 투척하여 3명 중경상, 간첩 1명 사살, 2명은 태백산 타고 도주, 서울에서 거물 간첩 6명을 체포
○ 10/5 전국체전이 열리는 광주(光州)에서 밀려든 인파에 운동장 정문이 쓰러져 15명이 압사, 100여 명이 중경상, 정문 날림공사를 추궁
○ 10/17 파주 광탄 장터에서 105밀리 포탄 분해하다 폭발물이 터져 사망 14명, 중경상 23명, 폭음과 초연, 파편 속 아비규환의 생지옥
○ 10/21 국군 방첩대는 언론인도 사찰했다고 김성은 국방부장관이 테러 조사위원회에서 증언
○ 10/25 강원도 양구에 무장 괴한이 4~5명 출몰하여 육군 중령 가족 몰살 기도하여 3명 참살
○ 10/30 경기도 강화앞 해상에서 북괴정이 습격하여 어부 20여 명을 납북, 어선 1척은 침몰하고 2척은 귀환
○ 11/1 무장괴한 2명이 서울 자유센터에 잠입하여 수위를 쏘고 도주, 전과 4범 용의자 검거, 도주한 1명은 퇴계로에서 추격한 순경에 총질
○ 11/3 김포에서 로케트탄 주워만지다 터져 7명 죽고 5명 중경상
○ 11/15 자유당 시절 치안국장 조인구 자수, 절간에서 은신 5년, "그 때의 책임느껴 떳떳이 심판 받겠다"고
○ 11/19 파라과이에서 50명 집단이민 초청, 땅, 주택, 농기구 등을 무상 공급 조건으로
○ 11/20 내년도 잉여농산물 원조 5천만 불, 원면 29만 포,

소맥 20만 톤으로 한미간 합의

○ 11/21 납북어부 109명 판문점을 거쳐 귀환, 느닷없이 송환 통보, 세뇌 공작으로 시작된 판에 박힌 일과였으며 밤에는 억지구경

○ 12/3 한국 광부들이 대량으로 일하고 있는 서독 광산의 병원에 우리나라 여성 5천 명 잡역부로 파견

○ 12/4 내년도 1,219억 원 예산 규모 확정, 국방비는 385억 원으로 31.6% 점유, 국회의원 세비는 13만 5천원으로 인상 할때 야당은 꿀먹은 벙어리

○ 12/7 진주와 삼천포의 연장 18.5km 진삼선(晉三線)개통

○ 12/15 분방(奔放)한 엄마에게 3남매가 자살로 항거하고, 주벽(酒癖)이 심한 남편에게 4명이 연탄가스 자살로 죽음의 항의

○ 12/17 철도 화물요금 18억 원을 횡령, 관련자 전국에 7백여 명, 공무원 범죄수사반 밝혀

○ 12/18 한일국교 수립, 비준서 교환으로 협정발효, 영원한 평화위해 두 외무부장관 축배

○ 12/21 유엔정치위원회에서 찬성 50표, 반대와 기권 20표로 한국만 초청 가결, 11개국은 남북 동시초청 주장

○ 12/21 방 틈에 스며든 흉기인 연탄가스 하룻밤 사이 27명이 중독되어 10명 절명

○ 12/21 공동수역에 일본어선 판쳐, 3백여 척이 남획, 우리 감시선 1척 안 보이고, 수산당국은 어로 상황에 함구

○ 12/24 혁신계 인사 56명 특사, 이동화, 고정훈 등 37명 석방, 권대복, 윤길중, 하태환, 김달호, 유근일 등은 감형

○12/29 올해 수출목표액 1억 7천만 불을 달성하고 14만 불 초과

(4) 1966년 : 총인구 2,919만 명, 인구증가율 년 2.7%

○ 1/1 묵호, 삼척항에서 오징어잡이 어선 등이 침몰하여 네 곳에서 어부 43명이 익사하는 사고가 연이어 발생
○ 1/7 철도 화물운임 횡령사건으로 54명을 구속, 역장급 5명을 포함하여 11개역 역무원 69명을 파면
○ 1/14 서산 앞바다에서 굴따고 돌아오다 격랑에 휩쓸려 전마선이 전복되어 10대 소녀와 부녀자 25명이 익사, 11명은 구사일생으로 귀환
○ 1/17 서울 시내에서 하룻밤사이에 연탄가스에 8명이 중독하여 7명이 절명, 고양이도 숨져
○ 1/19 서울 중구 남산동에서 연탄 아궁이에서 인화되어 판자촌에 화재가 발생하여 465동 가옥이 전소하고 26명이 소사하거나 실종, 영하 12도로 소방호스도 얼고 좁은 통로로 소화에 어려움 가중
○ 1/24 서해 격열비열도 근해에서 무장한 중공 어선이 우리 어선 1척과 선원 14명을 납치, 엉성한 우리나라의 경호도 도마 위에
○ 1/27 동해에서 북괴 함정이 우리 어선단을 습격하여 5척 중 2척 남북(拉北), 선장 1명 피살, 선원 셋 부상
○ 1/27 경제기획원 5개년계획 중간평가, 4년동안 GNP 년 평균성장율 7.6%, 총투자율 13.9%, 저축율은 4.8% 뿐
○ 1/31 남태평양에서 조업하던 참치잡이 어선이 조난을 당하여 선원 24명이 실종
○ 2/4 충남 예산에서 생활고에 시달린 30대 주부가 세 아들을 연못에 던져 죽이고 자신도 연못에 빠져 자살
○ 2/7 박정희 대통령 동남아 순방 등정, 대만, 태국, 말레지아 방문, 월남도 들려 국군 위문할 듯
○ 2/23 박정희 대통령과 미국 험프리 부통령 회담, 대월 수출품목 200종으로 확대, 파월장병 봉급 25% 인상, 1개

연대와 1개 사단 추가 파월 합의

○ 3/2 하룻밤에 운전 부주의로 윤화(輪禍) 24건 발생, 궂은 날씨로 연탄가스 중독으로 5명 숨져
○ 3/21 1개 연대와 1개 사단 월남 증파동의안 국회 통과, 찬성 95표에 반대 27표로
○ 3/24 소련 공산당대회에 중공은 불참 선언, 중공 신화사에서는 적대시 하고서 초청한다고 비난 보도
○ 3/26 일본은 자국 어선의 나포에 보복, 청구권 조기 사용 교섭 거부와 어선 88척 도입 협의 연기
○ 3/28 용화교 교주 서백일 피살, 범인은 교주의 수좌로 엉터리 교리로 신도들을 농락(籠絡)하여 더 큰 희생을 막으려고 살해했다고 자수
○ 3/31 선명(鮮明)의 기치들고 신한당 출범, 파벌조정 없이 윤보선 단일체제로 대여공세, 민중당 견제 작전 펼 듯
○ 4/12 나라 빚 11억 9천 만불, 문제는 무모한 건설업체에 지급보증한 결과, 5개년계획에도 안 맞아
○ 4/13 서해에서 일본어선과 충돌한 우리어선 영광호 침몰, 어부 5명 사망하고 4명은 구조
○ 4/26 공산권에의 개방으로 전환기에선 한국 외교, 미국의 이성적인 승공을 권유한 것의 속셈은 중공 고립과 개방정책, 뒤에 올 사태에 대한 대비 필요
○ 4/29 연휴맞아 일본인의 한국방문 붐 조성, 경성중과 경성제대 동창회원 등 무더기로, 관광객들은 전세기까지 동원

○ 5/2 주월한국군 투표권 주자니 번거롭고 묵살하자니 기본권 박탈, 현행법 보완 필요성은 절실하나 결국 미실현
○ 5/2 탈영병이 가난을 비난하여 카빈총으로 어머니 등 3

명을 사살하고 자살
○ 5/8 제13회 아시아영화제에서 박노식과 최은희가 남녀주연상 독차지, '비무장지대'는 비영화 작품상 수상
○ 5/13 술 취한 병사가 카빈총을 난사하여 4명을 살해하고 3명에게 부상, 애인 교제꺼린 성씨 문중에 앙심을 품고 마을 뒤지며 광란
○ 5/18 경남 진양에 3명의 무장 간첩이 출몰하여 1명 사살, 경관 1명 순직, 전북 옥구에서는 간첩 33명을 검거
○ 5/25 결핵환자 124만 명으로 83%인 103만 명은 속수무책, 남자 이환율 높고 청소년보다 노장층이 많아
○ 6/1 공산권 학술회의 참석을 공산권에서 모두 거부, 정부에서는 입국 거부에 비난만 퍼부을 뿐
○ 6/3 바람난 아내의 가출에 격분하여 남편이 3남매 죽이고 자살
○ 6/6 정부는 남북교류 일제 불용, 서리맞은 혁신이념, 민중당과 신한당은 민권탄압이라고 비난
○ 6/9 생산비 안되는 곡물가, 농가 40%가 5단보 땅에 메어, 막걸리 한 되는 40원이나 쌀 한 되 32원, 보리가 대풍을 맞았으나 적정가격 유지가 공염불되어 농가부채 격증하여 대풍의 실낙원으로
○ 6/14 아시아 각료회의 서울에서 개최, 박정희 대통령 공동사회 개발과 번 위해 협력 증진 제창, 정례적인 개최에 합의
○ 6/18 경찰에서 박한상 의원 테러범을 조작, 범인으로 몰린 임선화 검찰에서 고백, 종로서 형사 5명 구속, 엄민영 내무부장관 사의 표명
○ 6/26 한국의 철권 김기수가 이탈리아 벤베누티에 판정 승하여 세계 타이틀 쟁취, 권투사상 첫 금자탑,
○ 7/4 불란서 1백Km톤급으로 남태평양 환초에서 핵실험

단행, 잦은 핵실험으로 발묶인 참치잡이 어선 161척으로 한국 원양어업 파국 위기

○ 7/7 제2차 5개년계획 작성, 경제성장률 년 7%, 국민소득은 134불, 외환수입 7억 2천만 불

○ 7/8 미국 러스크 국무장관 방한, 14년 교섭의 결실인 한미행정협정 조인, 쓰라린 과거의 청산으로 겨우 미국의 치외법권 삭제일 뿐

○ 7/15 일본의 북괴 기술자 입국 허용에 정부는 엄중한 항의와 경고, 일본대사 불러 재고(再考)를 촉구

○ 7/16 중부지방 폭우로 서울에서 하천부지에 무허가 판자집의 난립 결과로 사망과 실종 20명, 이재민 4천 명,

○ 7/20 프랑스는 남태평양 타히티 상공에서 100킬로톤급인 폭탄을 공중투하 방식으로 제2차 핵실험

○ 7/24 집중호우로 축대 무너져 압사등으로 전국적으로 67명 사망, 한강이 위험수위를 돌파하여 인근 주민 긴급대피, 강원도 홍천에서 산사태로 17명 압사, 국토 절단 40개소, 피해액 21억 원

○ 7/30 북괴기술자 입국을 둘러싼 개운찮은 단락, 일본의 두 개의 한국 외교에 서글픈 판정패, 미봉책으로 재연(再燃)가능성 상존

○ 8/3 강원도 주문진에 간첩이 출현하여 상륙직전 1명 사살, 2명 도주. 경기도 포천에서 무장간첩 1명 사살하고 1명 생포

○ 8/5 수영이 금지된 한강에서 수영하다 하룻동안 10명 익사

○ 8/17 인력수출의 붐, 잡역부 3천 명 서독으로, 태권도 유단자 100명 월남으로, 브라질과 파라과이 등으로 이민

○ 8/22 뇌염이 전국적으로 만연, 413명의 환자 발생, 50명 사망, 하룻새 새로운 환자 63명 발생

○ 8/25 조총련의 몸부림, 북송 희망자 줄고 경제인 이탈 늘어 교포 영주권 신청 방해 유세 벌이고, 수송계획으로 강제 북송을 시도
○ 8/26 경기도 여주서 나룻배가 장날의 귀로 낡은 배 정원 초과로 전복하여 12명 익사, 17명은 구조,
○8/29 뇌염환자는 1,258명이 발생하여 277명이 사망했으며, 살인 모기 5천마리 가운데 90%가 뇌염균을 보유
○ 9/2 태풍 베타호의 영향으로 오징어잡이 어선 7척이 침몰되어 21명이 익사하거나 실종
○ 9/5 서울에 무장 간첩 3명 출현, 양주서 2명 사망, 검문 순경 쏘고 1명은 잠적
○ 9/7 육군방첩대는 암약한 간첩 16명을 일망타진,
○ 9/26 삼성밀수에 대한 책임을 물어 민복기 법무, 김정렴 재무를 해임하고 권오병, 김학열을 기용
○ 10/4 전 농가의 부채는 493억 4,400만 원으로 가구당 평균 2만 560원, 악성 빛이 66%로 고리채에 시달려
○ 10/12 동해안에서 교전 끝에 북괴간첩선 1척을 침몰시키고 승무원을 전원 익사(溺死)시켰으며 우리측 피해는 경미
○ 10/15 세계 최고(最古)목판인쇄 석가탑 사리함속에서 발견, 신라사대 다라니경문도
○ 10/21 박정희 대통령 마닐라 회담 등정, 퀴논 도착 장병들 위문, 월남의 키 수상과 마닐라 회담 사전협의
○ 10/31 존슨 대통령 역사적 방한, 연도에 2백 만명 환영 인파, 주한군 불감축, 국군현대화, 2차 5개년계획지원 약속
○ 11/3 비무장지대 남쪽에서 북괴군이 기습 도전하여 한미군 7명이 피살, 유엔 측은 북괴 만행을 규탄
○ 11/4 화순탄광에서 냇물이 흘러들어 광부 12명이 매장
○ 11/8 우리나라 총인구 2,919만 4,379명으로 년평균 인구증가율은 2.7%

○ 11/16 남녀 32명 일본에 밀항기도, 발동선 타고가다 완도에서 잡혀

○ 11/23 경북 월성 안강에서 정비불량에 정원초과한 버스가 핸들고장으로 다리밑으로 굴러 14명이 참사, 41명 부상

○ 11/30 강원도 거진 앞바다에서 네 척의 북괴 함정이 기습하여 우리 어선 1척 납북, 1척은 필사적으로 탈출 성공

○ 12/8 1967년도 예산 확정, 총규모 1,643억 원 정부안 4,500만 원 삭감, 국방비는 480억 원으로 29%

○ 12/9 제5회 아시아경기대회가 18개국이 참가하여 방콕에서 개최, 우리나라는 금 12, 은 18, 동 21 총 51개 메달로 일본에 이어 태국을 누르고 종합 2위

○ 12/9 경북 울진에서 핸들 고장으로 초만원 버스가 14m 낭떠러지로 굴러 22명이 죽고 50명이 부상

○ 12/12 강원도 삼척 강령재에서 버스가 추락하여 20명 죽고 33명 중상, 현장은 아비규환

○ 12/14 한국 우선 초청 가결 찬성 63표, 반대 24표, 기권 21표로, 남북동시 초청안은 부결, 유엔 기능 존중하면 북괴 초청용의 표명

○ 12/17 한일국교 1년, 일본인 입국 15,631명, 관광 입국 10배, 상용입국 5배 늘어, 데모 주동 교수들 대부분 복직되고 데모 주동 학생들은 복교하거나 군복무

○ 12/29 상이군경회원 50명이 동아일보 편집국 습격하여 기물 파괴하고 기자에 폭행, 42명을 구속

(5) 1967년 : 영구집권을 위한 제7대 총선에서 개헌선확보

○ 1/4 자립도약의 몸부림, 이농향도(離農向都)현상 뚜렷, 이주인구 태반이 서비스업, 생산적 공업화없인 근대화 난망

○ 1/10 내란으로 번진 중공의 문화혁명, 상잔(相殘)하는 7

억의 모택동과 모택동의 권위에 맞선 유소기, 열쇠 쥔 해방군은 침묵 속에 관망
○ 1/15 경남 가덕도 근해에서 여객선과 해군 호위함이 충돌하여 여객선이 침몰하여 1백여 명 익사, 사고경위 은폐
○ 1/20 북괴의 어선 납북기도 막으려다 해군 56함정이 북괴의 포격으로 침몰, 실종·사망 39명, 중상 14명
○ 2/7 민중당과 신한당이 통합하여 신민당 출범, 4자회담에서 대통령 후보 윤보선, 신민당수 유진오로 결정
○ 2/8 소련과 중공 사실상 단교상태, 양국대사관 봉쇄, 중공서 단교를 강요했다고 소련에서 보도
○ 2/17 경기도 연천에서 한미합동사격 탄착지에서 탄피주이 8명이 숨었던 호(壕)에서 나오다 직격탄 맞아 폭사
○ 2/24 우리나라 총인구는 2,920만 7천명으로 인구증가율은 년평균 2.7% 서울이 380만 5,261명이고 부산이 142만 9,726명
○ 3/2 뤼프케 서독 대통령 방한, 전통적 유대의 공고화, 한국 풍광에 매혹되고 분단의 비극에 머리 숙여, 재정차관에는 난색
○ 3/9 절양(絶糧)농가 33만 8천으로 13%, 5단보 미만이 19%, 대여곡도 상환능력에 따라 지급
○ 3/23 북괴 중앙통신 부사장 이수근이 경비병 사격과 초소 차단기를 돌파하여 미군 벤 준장 차에 뛰어들어 판문점에서 극적 탈출, 사상적 회의 느껴 귀순했다고 발표
○ 4/3 경기도 포천에서 민주공화당 유세듣고 가던 트럭이 추락하여 5명 죽고 45명 부상
○ 4/8 공군 수송기가 식당 등 주택가에 추락하여 폭발, 사망 56명, 중상 20명, 판자집 10여 동 전소
○ 4/13 비무장지대에 북괴군 소대병력이 침범하자 박격포 쏘아 격퇴, 3명 사살, 국군 1명 전사, 민심 교란 작전인 듯

○ 4/17 충남 서산 앞바다서 Z기 16대 출동으로 무장 간첩선 1척 격침, 6명 생포

○ 4/27 적자 영농으로 이농(離農)인구 해마다 20만 명

○ 5/3 제6대 대통령선거에서 박정희 후보가 117만 표 앞서 승리, 부산과 경남북인 영남권에서 압승

○ 5/8 반공법, 대통령선거법 위반 혐의로 서민호, 장준하, 오재영 구속하고 박기출, 조종호 등은 수배령

○ 5/17 육군방첩대는 해안 일대에 간첩망을 조직하여 6년 동안 암약한 의사, 교수 등 18명을 검거

○ 5/18 인플레 누적이 암초되어 우려되는 올 수출목표 3억 5천만 불

○ 5/29 북괴가 납북을 기도하다 우리 어선에 총격하는 등 노골적 도전, 15명 사망·실종되고 5명 중상

○ 6/6 이스라엘과 아랍 6개 국가가 전면전 돌입, 공중에서 아랍기 374대, 이스라엘기 161대 격추 주장, 스에즈 운하 봉쇄

○ 6/7 춘천에서 지뢰 교육중 지뢰가 폭발하여 8명 폭사, 19명 중경상

○ 6/8 제7대 국회의원 선거, 신민당은 사상최악의 부정선거라고 규탄, 무법·폭력에 짓밟힌 공명선거, 공화당 107석(신민당 27석)으로 장기 집권을 위한 개헌선 돌파

제2장 굴욕외교라며 전 국민이 반대한 한일국교 정상화

1. 연일 계속되는 데모에 굴복하여 한일회담 중단
2. 민정당 윤보선 총재와 민주공화당 정구영 당의장의 공방
3. 민주공화당 단독으로 한일협정비준안 가결
4. 한일 국교 정상화의 여파로 치러진 5개지구 보궐선거

1. 연일 계속된 데모에 굴복하여 한일회담 중단

(1) 한일 국교정상화의 역사와 문제점

한일 국교정상화를 위한 교섭은 미일간의 샌프란시스코 강화조약이 맺어진 1951년 10월부터 시작됐다.

교섭 의제는 기본관계의 수립, 대일 재산청구권, 어업문제, 재일한국인의 법적지위와 처우에 관한 문제였다.

연합군사령부 옵서버가 참석한 가운데 양유찬 수석대표가 이끈 대표단은 일본의 지연작전으로 결렬되어 동경에서 14일만에 돌아왔다.

1953년 김용식 대표가 이끈 제2차 회담도 일본의 요청으로 무기 휴회되어 무산됐고, 제3차 회담에서 일본측 대표는 해방 전 일본인 재산을 청구하면서 "36년간의 일본의 한국 통치는 한국 국민에게 유익했다"는 망언(妄言)으로 분노를 불러왔다.

임병직과 허정 대표가 참석한 1958년 4월에 개최된 제4차 회담에서 일본의 대한(對韓)청구권은 없다는 견해를 밝혔으나 재일교포의 강제송환으로 결렬됐다.

유진오 대표가 이끈 1960년 10월에 개최된 제5차 회담은 모든 문제가 구체적으로 토의됐으나 5·16 혁명으로 중단됐다.

배의환 대표가 이끈 1961년 10월 제6차 회담에서 많은 진전을 가져왔으나 실무급에서는 해결의 빛이 보이지 않아 정치회담을 열어 해결하고자 합의했다.

청구권 문제는 김종필-대평간의 합의로 해결됐으나 어업문제에 대해서는 진전을 보지 못했다.

이승만 대통령이 한국에 남겨놓은 유일한 재산인 평화선은

1952년 1월 발표된 인접해안에 대한 주권에 관한 대통령선언으로 발효된 것이다. 일본은 한국의 선언을 무시하고 평화선을 침범하여 1953년 22만 톤의 고기를 잡아갔다.

우리의 어업조약의 기본은 우리나라 연안에 전관수역(專管水域)을 설정하고 한국과 일본의 공동규제수역을 설치하여 한국 어민의 어업기술의 향상과 어선을 일본으로부터 협력을 받겠다는 구상이다.

다시 부연하면 일본 사람이 고기잡는 것을 어느 정도 인정해 주는 대신 좀 덜 잡게 그리고 한국 어민이 고기를 잡을 수 있는 기술과 배를 일본으로부터 얻어오자는데 주력을 기울였다.

김종필-대평 메모에서 밝혀진 청구권은 일본이 한국에 무상 3억 불, 정부차관 2억 불, 민간차관 1억 불을 제공하되 무상은 10년간 연불로, 유상은 7년 거치(据置) 20년간 상환하기로 되어 있다.

청구권이란 36년간 일본제국이 한국민의 피땀을 빨아먹은 보상 또는 배상으로 일본이 한국에 지불하는 것이다.

4년간 점령한 댓가로 필리핀에 8억 불을 보상했던 일본은 3억 불은 독립축하금이지 보상이 아니라고 주장했다.

정부는 현재의 경제적 난국을 타개하고 자립경제 확립을 위한 외화(外貨)가 필요하다지만 우리의 정치적, 경제적 상황을 직시해야 하며, 남북한이 민주적으로 통일된 후 한일 양국의 호혜적 국교 정상관계에서 다루어져야 한다고 변영태 전 외무부장관은 반대 목소리를 드높였다.

(2) 2년만에 재개된 한일회담을 각계에서 일제히 반대

박정희 대통령과 일본 대야(大野) 자민당 부총재는 1964년 초에 고위급 정치회담을 개최하여 어업협상 문제를 논의하기로 합의했다.

일본은 전관수역 12해리, 어업협력 3천만 불을 제의하고 있으며 한국은 전관수역 40해리, 어업협력 1억 7천 7백만 불을 요구하여 왔다.

야권에서는 한일협상에서 지나친 양보에 반발하여 국회 인준을 거부할 기세이며, 원외에서는 협상반대 국민운동을 전개하기로 했다.

미국 러스크 국무장관은 박정희 대통령과의 면담에서 한일 국교 정상화의 조속한 체결을 기대했다.

어민들은 공동어로에 대한 규제는 감시가 불가능하고 어족자원의 고갈을 초래한다며 평화선 양보를 반대하는 대회를 개최했다.

한일협상이 3월에 타결될 것이라는 진전에 야권에서는 회담 중지를 요구하고 전국적인 유세를 펼쳤다.

야권은 대일 저자세 외교를 규탄하며 반대투쟁위원회를 결성하고 비준을 끝까지 저지하기로 결의했다.

민정당은 대일청구액으로 재산청구권 15억 불, 피해배상액 12억 불을 제시하고 평화선은 고수하며 전관수역을 40해리로 설정할 것을 대안으로 설정했다. 그러나 일본에서는 결코 응해줄 수 없는 조건이었다.

민정당 주도로 2백여 각계 대표가 참여하여 대일굴욕(屈辱)외교 분쇄를 위해 구국선언을 하고서 회담의 즉각적인 중지와 일본의 역사적 과오에 대한 반성을 촉구했다.

1964년 3월 6차 한일회담이 중단된지 2년 만에 7차회담이 개막됐다.

박정희 대통령은 우리의 주장이 관철되면 야권에서 반대해도 한일회담을 타결시키겠다고 선언하고, 야권의 반대 유세는 혼란만을 조성한다고 경고했다.

윤보선 민정당 대표는 목포와 부산에서 현재의 한일교섭은

식민화를 초래한다며 반대유세를 펼쳤다. 윤보선 대표는 만일 민의를 무시하는 한일회담이 타결되어 비준된다면 의원직 사퇴결의를 표명했다.

해안선의 기선(基線)획정에 결론을 보지 못하여 농수산부장관 회담은 사실상 결렬됐으며, 최두선 국무총리는 국민에게 손해되는 일을 않겠다면서 대일청구권은 배상 아닌 채권청산이라고 밝혔다.

민주공화당은 한일국교정상화는 현재의 국제정세에서 불가피하다는 입장인 반면, 야권에서는 나라를 팔아먹으려는 짓이라며 유세전을 펼쳤다.

서울대, 고려대, 연세대생 5천여 명은 한일회담의 굴욕적인 타결을 반대하는 데모를 벌였으며, 40여 명이 중경상을 입고 150명이 연행됐다. 학생데모는 전국으로 확대됐으며 정부와 학생대표 회담도 결렬됐다.

민정당과 삼민회는 대일 굴욕외교 반대 원내 투쟁위원회를 구성했다.

학생데모가 부산, 대구, 광주, 대전으로 번져 연 사흘째 계속되어 정국 긴장이 고조됐으나, 박정희 대통령은 학생데모는 외교에 도움이 안된다며 기정 방침대로 강행하되, 결말이 나는 대로 전모(全貌)를 공개하겠다고 밝혔다.

여론은 곤봉·미봉책은 무지(강봉제), 학생의 뜻 반영하라(김기석), 오랜기간 연구한 뒤 회담(김양기), 새로운 회담 갖도록(서범석), 회담대표 전원 즉시 소환(이명환), 회담 즉각 중단해야(이문호), 측면외교가 못마땅(최인욱) 등 부정적인 여론이 지배적이었다.

데모가 13개 도시 30여 학교가 참여하여 나흘째 계속되자, 박정희 대통령은 측면외교를 펼치고 있는 김종필을 소환하고, 공식 외교 노선에서 회담을 추진하는 기본방침을 수정했다.

정부는 학생들에게 광범위한 설득공작을 펼치되, 합의사항은 변경하지 않기로 했으며, 냉각기를 두고 교섭방법을 바꾸되 한일회담은 그대로 추진하기로 했다.
　초당적 대일외교를 모색하고 경제위기의 타개에 협조하기 위한 여야 영수회담을 개최하기로 합의했다.
　일본의 성의 없는 관망 태도로 한일회담은 답보(踏步)상태에 들어갔으며 정부는 대표단을 수석 김용식, 차석 최규하로 개편했다.

(3) 박정희 정권 하야의 외침이 높아지자 계엄령 선포

　1964년 5월 전국 32개 대학 대표들이 난국타개 학생 총궐기대회를 개최했다.
　4천여 명의 부산 동아대생들도 성토 및 궐기대회를 열고 경찰관의 학원 난입, 무장군인의 사법부 침입, 한일굴욕외교 반대, 구속학생 석방, 민족적 민주주의 등을 규탄했다.
　이에 박정희 대통령은 예기치 않은 사태가 일어날지 모른다며 학생과 정치인들의 자숙을 요청했다.
　수습책을 궁리 중인 정부, 여당 수뇌들은 학생들의 움직임을 주시하며 계엄령 선포에는 반대하는 입장을 밝혔다.
　서울대 교수들도 긴급총회를 열고 군인은 본연의 자세로 복귀하고 학생들은 학업에 전념하되, 정부는 모든 책임을 학생들에게 전가(轉嫁)하지 말라고 성토했다.
　야권에서는 학생 린치사건과 군인들의 법원 침입사건은 국헌을 문란케 한 소(小)쿠데타라고 규정하고 조사위원회 구성안을 상정했다.
　서울대와 고려대생 3천여 명은 국회의사당 앞에서 연좌데모를 벌여 비가 주룩주룩 내린 가운데 최루탄에 투석으로 맞섰다. 학생들은 박정희 대통령 하야와 공포정치 중지를 요구했다.
 비에 젖어 쓰러져도 투지가 꺾이지 아니한 학생들은 "간다 간다 교도소로 투쟁하러 간다"고 외치며, 500여 명의 학생들이 자진하여 경찰에 연행됐다.
 6월 3일에는 대학생 1만 5천여 명이 "무단(武斷) 박정희 정권 물러나라"로 외치며 서울 시내를 누벼 무정부상태를 야기했다.
 박정희 대통령은 반성할 점은 시인하나 불가피한 단안이라며 서울에 6월 3일 하오 8시에 비상계엄을 선포했다.
 계엄사령관에 민기식 수도경비사령관을 임명하고, 통행금지를 12시에서 9시로 앞당기고 각급학교는 무기한 휴교 조치했다.
 모든 언론은 사전에 검열하고 집회·시위도 금지됐다. 국무회의에서는 지방의 대학생들이 난동을 벌이면 계엄을 확대하겠다고 결정했다.
 계엄선포로 각 대학의 문은 굳게 닫혔으며 요소마다 무장 군인들이 배치되어 거리는 무거운 침묵 속에 빠져들었다.
 계엄령 치하에서 김종필 민주공화당 의장의 사표가 수리되고, 공수단 장교 8명이 동아일보에 침입한 사건도 발생했다.
 비상계엄하에서 개최한 임시국회에서 민정당과 삼민회 의원들은 군인과 학생들은 본연의 자세로 복귀하고 계엄령 해제, 정쟁 휴전을 골자로 하는 시국수습 방안을 발표했다.
 서울 시내 고등학교도 계엄발령 15일만에 개교했지만, 야당이 제출한 계엄 해제요구안은 민주공화당의 반대로 폐기됐다.
 박정희 대통령은 사회혼란은 언론에도 책임이 있으며 사회질서 회복, 정국안정의 보장이 있어야 계엄을 해제할 수 있다고 밝혔다.

계엄 해제와 언론규제 등에 대한 여야협상이 재개되어, 신문윤리위원회를 강화하되 언론을 자율규제하고 계엄해제안은 공동 제출하기로 합의했다.
 국회에서 해엄건의안이 가결되어, 7월 29일 자정을 기해 계엄은 해제되고 정치권에서는 6·3 궐기대회를 주도한 '6·3 동지회'가 결성되어 정치권의 주역들을 배출했다.

2. 민정당 윤보선 총재와 공화당 정구영 의장의 공방

(1) 윤보선 민정당 총재의 한일회담 반대논리

박정희 정권은 청구권 대신 약간의 독립축하금에 눈이 어두워 우리의 모든 권리를 양보하고 우리의 생명선인 평화선까지 내어주고 타결을 서두르고 있다.

박 정권의 실정과 부패를 메우기 위해 추진하고 있는 한일 국교 정상화는 일본의 일방적인 이익을 보장해주고 우리의 지나간 굴욕의 역사를 되풀이할 위험성이 있는 것이며, 독립불능의 완전한 노예(奴隸)상태로 되돌아가는 계기가 되기 때문에 한일회담은 즉각적으로 중단해야 한다.

윤보선 민정당 총재는 국가의 형편과 국민의 사정은 어느 때보다 어려워지고 있는데 박정희 정권은 이에 대해서 개선할 의도도 없이 비참한 현실을 그대로 외면한 채, 부패에 극하고 기만을 일삼으면서 불순한 욕망을 충족시키기 위한 모든 수단을 계속적으로 자행(恣行)하고 있다면서, 현 상태하에선 국교(國交)자체를 반대한다고 기고했다.

이 기고문에서 윤보선 총재는 목적의식을 위한 강행과 독주가 비록 국민의 신념과 국가적 이익에 위배되는 매국(賣國)행위로서 한일회담을 시간표에 의해 졸속히 타결지으려고 한다고 규탄했다.

불행하게도 작년 6·3 사태 당시의 한일회담의 매국적인 요소는 조금도 달라진 것이 없을뿐더러 오히려 더 한층 박정희 정권이 통달한 국민 기만(欺滿)과 일본의 오만 불손의 방언(放言)에 우리는 분노와 굴욕을 금치 못할 뿐이다.

이번의 기본조약을 과거의 을사보호조약과 다른 점이 없으며, 과거 굴욕의 역사를 합리화시키고 두 개의 한국을 인정케하였다는 것은 박정희 정권의 국민을 기만한 가공할 매국행위였다.

기본조약에 우리 영토를 명시함으로써 독도가 우리의 것임을 일본에게 인식시켰어야 하는데 그것을 명시하지 않았으며, 청구권과 평화선 문제도 대단히 애매몽롱(曖昧朦朧)한 태도로 임하여 일본의 침략의 구멍을 터 주었다.

일본의 외상이 "한국의 주권은 38선 이남에 한한다", "평화선의 철폐는 한국 정부의 양해사항이다"라고 노골적으로 그들의 흑막을 입증시켜주고 있다.

소비성은 높고 생산성이 낙후된 우리나라가 일본의 경제를 무조건 도입한다는 것은 자립경제에 도움이 되지 못하고, 박정희 정권과 타락한 경제인들이 일본의 재침(再侵)을 공공연히 터주는 길이 된다.

미국의 대한 경제부담을 전적으로 일본에게 책임을 지우는 것은 우리의 군사력을 일본의 임의대로 할 수 있게 하는 가공스러운 결과를 가져오게 할 것이다.

경제적으로 미국에 의존하는 우리나라가 일본에만 의존하게 되어 일본에 의한 대일경제 예속화(隸屬化)가 될 위험성이 있다.

불리한 상태에서 불리한 조건으로 평화선까지 양보해가면서 타결을 서두르는 것은 박정희 정권이 국민을 위한 정권이라기보다도 목적의식에 의한 일본침략의 앞잡이 정권이라고 볼 수밖에 없는 것이다.

더구나 박정희 정권은 한일간의 무역의 균형화는 쟁취할 생각도 없고, 오직 우리 어민의 생명선을 팔아먹은 흥정에만 열중하고 있을 뿐이다.

우리는 이에 대하여 분노를 느끼는 바이며 국권 수호를 위해 전 국민이 총궐기할 것을 호소한다.

1910년대 우리의 선(先)세대들은 매국자들의 행위를 저지하지 못했으나, 1960년대의 우리 세대는 박정희 정권의 매국(賣國)행위를 어떠한 방법으로든지 분쇄하여 굴욕의 역사를 되풀이 시키지 않아야겠다며 국민 선동에 앞장섰다.

일본은 우리나라 경제자립에 도움이 될 가능성보다도 경제침략의 새로운 적이 될 가능성이 많다는 것은 1880년대의 개방정책에 대한 위정척사(衛正斥邪)의 논리를 원용하고 있다.

더구나 일본에 대한 경제부담을 떠넘기려는 미국의 대한(對韓)정책이 근본적으로 전환되어야 한다는 것을 역설한 것은 바람이지 결코 현실적이지 못한 이상일 뿐이다.

결론적으로 한국의 정치적, 경제적 질서가 확립되고 미국의 대한국 직접 지원정책이 원상으로 확정된 뒤에 한일국교 정상화가 이뤄져야 한다는 것은 반대를 위한 반대의 명분일 뿐 그것은 교섭과 협상에는 상대방이 있다는 것을 간과(看過)한 일방적인 주장일 뿐이다.

(2) 정구영 공화당 의장의 한일회담 찬성 논리

윤보선 총재는 을사보호조약과 한일기본조약이 굴욕을 합리화하고 두 개의 한국을 인정하고 독도문제를 취급하지 않았기때문에 차이가 전혀 없다고 단정했다.

그러나 한일기본조약은 을사보호조약 굴욕의 무효와 청산에서 시작했으며, 두 개의 한국론을 봉쇄했고 독도문제의 해결을 서두르는 일본의 욕심을 봉쇄했다.

윤보선 총재는 청구권 대신에 독립축하금에 눈이 어두워 한일협정 타결을 서두르고 있다는 운운은 망발(妄發)이다.

독립축하금이란 용어는 교섭과정에서 거론된 바도 없으며 일본의 하급관리의 무책임한 방언(放言)을 곧이 듣고 국론의 지표로 삼으려는 것은 민족의 비극이다.

러일전쟁에서 승리하고 맺은 포츠마스조약의 소촌(小村) 일본 대표는 일본이 러시아로부터 얻은 것이 너무 적다하여 매국노, 반역자로 몰리어 숨어서 몰래 귀국하여 괘관와병(掛冠臥病)의 몸이 되었으나, 3년 후에는 일본은 러시아와 더 전쟁할 형편이 못되었고 그러한 정세 위에서 그 정도의 조약을 체결하고 온 것은 크나큰 성공이라며 그를 후작(侯爵)으로 그 공로를 치하한 사례를 들어 윤보선 총재가 국민을 오도하는 사실을 공격했다.

또한 윤보선 총재는 우리가 일본에 매달리려 한다고 비난을 퍼붓고 있지만, 한국민 이외에 따로 매달릴 곳이 있다고 생각하는 사고와 태도야말로 한국민에게 굴욕과 퇴폐를 강요한 이소사대(以小事大)의 사고이며 태도이다.

한국이 민족적 주체성을 확보하고 자립경제를 이룩하여 일등 국가가 되는 길은 남에게 매달려 살려는 그러한 사고를 일소하는데서 부터 시작된다고 국가발전론을 전개했다.

마지막으로 윤보선 총재는 현재의 국제정세에서 한일국교 정상화가 일본의 일방적인 이익만 보장하고 지나간 굴욕의 역사를 되풀이할 가능성이 있다고 지적하고 있으나, 중공의 제국주의적 팽창, 년간 1억 2천만 불 밖에 안 된 경제현실, 세계 제1의 인구폭발 증가, 걸핏하면 가두(街頭)로 진출하는 야당과 학생들이 날뛰고 있는 현실과 여건이 어째서 일본의 일방적인 이익만 보장하고 굴욕을 되풀이하는지 상관관계를 설명하지 않고 있다.

미국의 경제원조는 해마다 줄어들고 경제의 성장은 지지부진한 상황에서 증산, 수출, 건설을 구호로 내걸고 서독에까지 손을 뻗쳐 부국의 길을 걷는 것만이 우리가 추구해야 할 길이며 미국의 압박을 이겨내고 독자적인 부국강병의 길은 요원한 것도 사실이다.

당리당략(黨利黨略)을 위해서는 3천만의 생령(生靈)이야

어찌되는 오불관언(吾不關焉)하는 야당의 비방은 도시 이 나라를 어쩌자는 것이지 심사를 모르겠다.

윤보선 총재는 미국의 대한(對韓) 경제적부담을 일본에 전가(轉嫁)하는 것밖에 아닌 한일국교를 반대한다는 것이며, 미국을 보다 확고하게 한국에 붙들어 매자는 것이지만, 한일국교 정상화가 오히려 한미 유대(紐帶)를 더욱 공고히 할 것이다.

미국 자체가 대한 경제원조의 미구(未久)엔 종식을 예고하고 있고, 국제정세가 그것을 강요하고 있기 때문이다.

따라서 윤보선 총재의 소론은 우리의 앞날에 아무런 꿈이나 비젼을 갖지 못한 퇴영(退嬰)과 패배의식에 사로잡힌 보잘 것 없는 감정론, 당리와 당략을 앞세운 억설(臆說)일 뿐이다.

정일형 의원이 정구영 민주공화당 의장에 대한 반론에 대해 개탄하는 반박문을 게재했다.

그는 합헌 정부를 뒤엎은 박정희 정권이 장기적 집권연장의 포석으로 한일회담을 무리하게 강행하고 있으며, 경제적 파탄을 응급책으로 국가백년대계가 어찌되었던 일본에서 몇 억 불 얻어쓸 수 있는 한일회담에 매달리고 있다고 주장했다.

그는 한일협상은 두 개의 한국론의 봉쇄가 아니라 묵인한 것이 분명하며, 독도문제를 논급하지 않은 것은 후환을 남긴 것이라고 주장했다.

그는 반공은 한국과 대만, 미국이 담당할 것이며 일본은 체면을 가리지 않는 장사꾼으로서 촉수가 더 재빠를 것으로 속단하고 있으나, 그것은 전제가 잘못된 비난을 위한 비난일 뿐이었다.

그는 황금어장을 몇 억불 연부로 팔고 피묻은 역사 매장하려는가라고 절규하고 있으나, 우국충정의 기개는 높이 살

수 있지만 외무부장관 출신으로서의 현실감각은 뒤떨어져 보였다.

(3) 한일어업회담이 원양어업 강국의 밑거름으로

1964년 3월에 개최한 제6차 한일회담이 연이은 학생들의 데모와 야권의 끈질긴 반대로 성과없이 끝나고 7개월이 지난 10월에 공화당은 2천 만불 차관의 도입을 공개하고 다시 한일협상 타결을 서둘렀다.

야권에서는 시이나 일본 외상의 2천 만불 차관 발언의 진상규명을 요구하면서 김종필-대평 메모의 무효화를 주장했으나, 정일권 국무총리는 "김-대평 메모는 외교관례와 국제 신의로 보아 그 효력이 계속되고 있으므로 이를 변경할 생각이 없다"고 답변했다.

제7차 한일회담이 동경에서 김동조 수석대표의 참석하에 1965년 1월 18일 재개됐다.

김동조 대표는 한일양국간의 현안을 정의와 형평의 원칙에 따라 해결하여 불행의 을사(乙巳)년을 영광된 을사(乙巳)년으로 바꾸어야 할것이라고 천명했다.

일본의 고삼(膏杉) 수석대표는 기자와의 대담에서 "일본이 20년만 더 한국을 가지고 있었으면 좋았을 것을 전쟁으로 좌절되었다"고 발언하여 물의를 일으켰다.

김동조 대표의 실언에 대한 엄중 항의에 고삼 대표는 "전혀 그런 말을 한 적이 없다"고 강력하게 부인했다.

드디어 1965년 2월 한일외상회담에서 기본조약을 가조인하고, 야권에서는 서울시청앞 광장에서 굴욕외교 반대 성토대회를 개최했다.

윤보선 민정당 총재는 평화선을 양보하고 국민을 속여 암거래(暗去來)를 하고 있다고 한일협상을 비난했다.

굴욕외교 반대 투쟁위원회도 3·1절을 맞아 박정희 정권의 저자세 외교는 선열들을 모독하는 행위라고 선동했다.

동아일보를 비롯한 언론에서도 14년간 지켜온 평화선, 현해탄의 보고(寶庫)를 일본에게 내어주고 말았다는 비분강개의 개탄과 정부가 음모를 꾸미고 있다는 선동(煽動)으로 일관했다.

평화선안에서 일본은 매년 25만톤 우리의 고기를 잡아가고 있으나 우리는 이를 감시할 선박이 없어 방치하고 있어 한일 양국이 평화선내를 규제수역으로 설정하여 매년 15만톤이내로 규제하고, 우리의 어업 발전을 위해 1억 불을 제공하기로 한 것이 한일어업협상의 기본이다.

정일권 국무총리와 사토오 일본수상은 한일의 조속한 관계 정상화가 극동아세아 정세에 영향을 미친다는 사실에 공감하여 조기타결을 재확인했다.

그러나 민정당과 민주당은 조급한 타결을 반대하며 타결에 앞서 흑막(黑幕)을 공개하라고 주장했다.

윤보선 민정당 총재는 김-대평 메모 등을 백지화하지 않는 한 여하한 한일회담을 저지하겠다고 타결을 서두르는 정부에 경고했다.

그러나 민주공화당은 과거보다 현재가 중요하며 막후교섭도 무익하지 않다는 입장을 밝혀 야권과 각을 세웠다.

그러나 30년이 지난 1995년 한일어업회담의 참여자로서 고찰하여 보면 한일어업회담은 결코 굴욕적이고 실패한 회담은 아니었다.

당시 우리나라 어선은 지극히 빈약했고 어로 기술도 낙후되어 연안에서 고기잡이는 할 수 있었으나 근해나 먼 바다에서 고기잡이는 거의 불가능 한 것도 사실이었다.

한일어업회담으로 일본으로부터 어로기술을 습득하고 일본의 폐기 직전의 노후(老朽)어선을 헐값으로 사들여 우리나라의 근해는 물론 베링해 등 북태평양, 사모아 등 남태평양, 모르코 등 대서양에 진출하여 어업 강국으로 발돋움할 수 있었다.

 1965년 우리나라는 전관수역을 40마일을 주장했지만, 우리나라 어선이 일본 근해에 출정할 수 없다는 것을 인식한 일본의 강력한 주장으로 12마일을 주장하여 관철된 것이 사실이었다.

 그러나 30년이 지난 1995년에 우리나라 어선이 일본의 12마일 이내의 전관수역에 접근하여 싹쓸이 어업을 계속하여 일본 어민들로부터의 항의로 한일어업협정이 폐기되는 계기가 되어 상전벽해가 실감됐다.

 만약 당시에 한일어업협정을 체결하지 않았더라면 결코 우리나라가 5대양을 누비는 원양어업의 획기적인 발전을 기대할 수 없었다고 단언한다.

 당시 우리나라 언론과 야당에서는 평화선을 양보하여 일본에게 바다를 송두리채 빼앗겼다는 논조를 결코 벗어나지 않았다.

 그러나 우리나라 경비함의 건조로 일본의 공동규제수역내의 어획량을 철저하게 감시할 수 있었으며, 1995년에는 일본의 공동규제수역내의 어획량은 5만 톤 내외로 격감됐고, 독도의 영유권은 아직도 우리나라가 일본의 부질없는 항의에도 불구하고 확고하게 소유하고 있다.

3. 민주공화당 단독으로 한일협정 비준안 가결

(1) 가조인(假調印)이 임박한 상황에서 정국은 더욱 긴장

 이토오 일본 수상은 이케다 내각이 북한의 청구권이 따로 있음을 긍정했었는데 이토오 내각도 같은 생각이라고 밝혔다.
 적성(赤城)농무상은 평화선의 철폐는 한국과의 모든 교섭의 전제이며 그 철폐가 이뤄지지 않는다면 다른 일체의 것이 백지로 돌아간다는 발언에 대해, 김수한 투쟁위원회 대변인은 이토오 수상의 발언의 취소나 정정되지 않는 한 한일회담은 즉각 중지는 물론 기본조약의 폐기를 정부가 선언해야 할 것이라며, 주권을 무시한 망언이라고 규탄했다.
 언론에서는 공동규제수역에서 작업하는 일본어선은 한국측에서 단속하지 못한 기국(旗國)주의를 채택하여 이미 사라진 평화선이라고 비판했고, 야권에서는 한일협상을 전면적으로 반대하고 성토대회를 대대적으로 개최했다.
 원용석 전 농림부장관은 한일협상은 필연적인 귀결로서 저의가 있고 밀약이라는 비난은 근거가 전혀 없고 결코 조급증도 저자세도 아니라고 항변했다.
 신범식 청와대 대변인도 세계속의 한국의 토대위에서 한일협상이 이루어졌으며, 비굴하거나 비공개도 없다면서 야당에게 반대를 위한 반대를 버리라고 충고했다.
 공동규제수역에서 일본어선의 연간 어획량을 15만 톤으로 제한하고 어업협력자금을 9천만 불을 주요 골자로 하는 10차 회담에서 한일어업협상이 3월 24일 체결됐고, 언론과 야권에서는 빼앗기는 황금어장을 내걸어 어민들의 분노를 자아내게 했다.

홍종철 정부 대변인은 어느 정권이 현재의 협상안이상 성과를 거두겠느냐면서 대안없는 반대는 말도록 야권에 경고하고, 시비는 훗날 역사가 심판할 것이라고 옹호했으나, 반대 목소리에 잠겨 국민들을 설득하는데는 역부족이었다.

야권에서는 굴욕적인 협상 반대라는 명분을 내걸고 전국적인 유세를 통한 막바지 투쟁을 전개했고, 윤보선 민정당 총재는 한일조약 비준안이 나오면 민정당 의원은 총사퇴하겠다고 공언했다.

어민들은 특수 어로금지 구역에서 우리나라 어선은 제한하면서 일본어선은 합법화시켜 주었다며 어장이 없어졌다는 표제(標題)아래 지나친 양보에 어민들이 반발하고 있다고 언론에서는 선동하고, 반대특위에서는 전국 각지에서 박정희 정권의 대일교섭을 신랄히 규탄하는 성토대회가 불을 뿜었다.

청구권, 어업, 재일교포 법적지위에 대한 가조인이 임박한 상황에서 언론은 연일 잃어버린 평화선, 고기는 일본인들이 다 잡아가고 우리 어민들은 뭍으로 가자와 협상도 체결되지 아니했는데도 터놓은 평화선 넘어 일본어선이 판쳐 어획고가 격감했다는 선동에 전남대생 800여 명이 경찰의 최루탄에 맞선 투석으로 20여 명이 부상을 당했다.

4월에도 굴욕협상 저지투쟁위원회의 전국유세는 절정에 도달했고, 선동하는 유세(遊說)연사를 구속하여 야당에게 큰 충격을 주었다고 민심의 동요가 출렁거렸다.

(2) 우여곡절을 겪고 나서 한일협정 정식조인

1965년 4월 청구권, 어업, 재일교포 지위등에 대한 합의요강이 가조인되어 14년간 지속되어온 한일교섭이 일단락됐다.

야권에서는 즉각적인 무효를 주장하고, 건국 이후 최대의 원내외 투쟁을 전개하겠다고 천명했다.

동아일보에서도 또 하나의 을사조약으로 개운찮은 뒷맛을 남겼고, 지나친 양보와 흐릿한 합의로 졸속에 일본측에서 어리둥절하며 기고만장(氣高萬丈)하고 있다고 선정적(煽情的)으로 보도했다.

뒤이어 지나친 양보에 큰 충격을 주고 있으며 평화선이 없어져 어업이 위기를 맞게 되었고, 청구권은 김-대평 메모를 벗어나지 아니했으며, 재일교포 처우에도 모호한 합의였다고 연일 공격의 화살을 퍼부었다.

야권에서는 원내외 극한투쟁을 선언하고 주요 도시에서 궐기대회를 개최하며, 이동원 외무부장관과 차균희 농림부장관의 해임건의안을 제출했다.

윤보선 민정당 총재는 가조인 백지화를 주장하고 평화선을 침범하는 일본어선의 즉각 나포를 촉구하며, 데모하는 학생들을 위해 학원자유를 유린하지 말라고 절규했다.

동아일보는 일본과의 경쟁은 불가능하다고 시인하며 4만여 척이 무동력어선으로 먼 바다의 어로작업은 부진한 것을 인정하면서, 일본의 협력으로 어업근대화가 이뤄지면 그때는 고기가 멸종되어 근대화가 필요없다는 해괴한 논리를 전개하며, "바다여 말해다오 우리들의 이 억울한 분노를"이라는 선동(煽動) 문구를 일삼으면서, 잃어버린 평화선 명제하에 10여 회에 걸쳐 연재했다.

박정희 대통령은 한일협정은 5월중 조인하되 야당과의 흥정은 필요없다고 단언하고, 데모중 연행된 학생들은 법대로 처리하겠으며, 청구권은 투명하게 사용하겠다고 천명했다.

민주공화당은 서울운동장에서 한일정상화 찬성강연회를, 반대특위는 교동 국민학교에서 반대 성토대회를 개최했다.

이러한 와중에 동국대생 김중배군이 시위 도중 경관에 맞고 짓밟혀 사망하는 사건이 발생하여 민주공화당과 민정당은 대책 숙의에 들어갔다.

청와대에서 치안대책회의를 개최하고 데모 저지에 강경책을 펼치자, 서울시내 대부분 대학들은 자진하여 휴교했다.

정부는 저지 투쟁위를 불법단체로 규정하여 투쟁위의 행동은 의법 조치하겠다고 선포하자, 저지 투쟁위는 결사(結社) 자유를 무시한 처사이며 비상사태의 조장이라고 반발했다.

민정당은 한일협정 비준안 동의가 가결되면 의원직 총사퇴를 결의하고 개별서명을 받기로 했으며, 민주당도 공동보조를 취하기로 했다.

아울러 야권에서 한일회담에 대한 무제한 질문을 전개하며 정일권 국무총리의 퇴진을 요구했다.

윤보선 민정당 총재는 양찬우 내무부장관과 차균희 농림부장관에 대한 해임건의안을 다시 제출하고, 박정희 대통령에 대한 탄핵을 발의하겠다고 기자회견에서 밝혔다.

이에 박정희 대통령은 언론은 무책임하고 지식인은 옹졸하다고 격렬하게 비난하고, 학생데모는 결코 애국이 아니라고 못을 박았다.

윤보선 민정당 총재는 한일협정에 대해 "국민총의를 물어야 한다"면서, 한일협정 비준은 새 국회에서 비준할 수 있도록 국회해산과 총선실시를 제안했다.

이에 이효상 국회의장은 국회해산 제의는 시기가 부적절하며, 한일회담 비준후 총선거를 실시하자고 소신을 천명했다.

일본에서 청구권이란 소멸된 것으로 무상 3억불도 경협으로 처분의 발언권을 주장하여 한국에서 즉각 불만을 표시하여 최종단계에서 난관에 봉착됐다.

박순천 민중당 대표는 한일회담 타결엔 중대 사태를 각오해야 하며, 국회비준은 기필코 저지하겠다고 기자회견에서 밝혔다.
　서울대가 돌연 방학에 들어가고 야당과 학생들의 맹렬한 반대속에 한일협정이 이동원 외무부장관과 추명(推命) 일본 외상간에 30여 개 문서에 서명함으로써 1965년 6월 22일 정식 조인됐다.
　민중당 의원들은 한일 제협정 무효를 선언하고, 비준 결사 저지 등을 결의하고 24시간 단식농성에 들어갔다.
　언론에서도 을사 보호조약이 연상되며 일본의 자본이 벌써 한국에 발판을 마련 중이라며 피해망상에 젖어있다고 비판했다.

(3) 전 국민들의 반대에도 불구하고 비준동의안 기습발의

　박정희 대통령은 구원(仇怨)을 억누르고 다시 악수하는 한일국교는 좋은 결과를 가져온다며 국민들의 협조를 호소했다.
　정부와 민주공화당 연석회의에서는 한일협정 비준동의안을 7월 임시국회에서 통과시키기로 합의했고, 민중당은 본회의 보고를 보이콧하는 전략을 수립했다.
　이에 민주공화당에서는 민중당의 극한투쟁에 대비하여 경호권 발동을 만지작거렸다.
　언론에서는 협력이라는 미명아래 한국의 저렴한 노동력을 일본의 경제 확대발전에 이용되고 있다고 한일협정에 대한 비난 수위를 높였다.
　민중당은 국회해산안이 부결되면 상임위원회 심의를 지연시키고, 본회의에 상정되면 전원 퇴장하고, 비준되면 의원직을 사퇴한다는 3단계 원내 투쟁방안을 수립했다.
　하나님만 믿고 정치와 초연해야 할 목사들도 나라를 위한 연합기도회를 갖고 "권력으로 탄압 말라"면서, 비준반대 성토대회를 개최했다.

민중당은 오직 비준 저지뿐이라며 민주공화당이 제의한 협상론에 냉담하고, 새 국회에서 동의 여부를 결정해야 한다면서 비준 전 총선을 주장했다.

동아일보는 12회에 걸쳐 "현해탄에 물결 높다"는 제하의 한일협정에 대한 비판 기사를 연일 게재하여 국민들의 분노를 드높이는데 광분(狂奔)했다.

재경(在京)대학교수단은 "치욕적협정 결연 거부하라"면서, 비준을 강행하면 불행을 초래할 것이라는 성명서를 발표했다.

퇴역장성 11명도 "일본측 제안에 그대로 추종했다"면서, 협정반대 성명서를 발표했다.

민주공화당이 단상에 바리케이드를 치고 비준동의안을 기습적으로 발의하자, 여야간의 집단난투로 국회는 수라장으로 돌변했다. 민중당은 날치기 발의라며 무효투쟁을 선언하고 의장단 불신임안을 제기했다.

또한 민중당은 비준 저지 못하면 의원직을 사퇴한다는 서명(署名)을 받기 시작했다.

(4) 한일협정 비준안은 통과되고 민중당은 분열

민중당의 비준 저지에 배수의 진으로 의원직사퇴서의 서명을 받아 박순천 대표가 보관 중이며, 적당한 시기에 국회에 제출할 계획이다.

동아일보는 한일협정 비준을 둘러싼 주권의 광장을 마련하여 국민투표를 실시하라, 경제침략의 상사제휴, 스며드는 일본무드, 지성의 절규를 들으라, 정치적 휴교 취소하라, 제2의 이완용이 안 되길, 순국(殉國)부인 학살자 환영 등 반대의견을 주민들의 의견인 양 일방적으로 게재하여 각계

각층의 국민들 모두 비준을 반대한 것처럼 여론을 호도(糊塗)하는 데 앞장섰다.

민중당 내에서 윤보선을 중심으로 한 일부세력이 전당대회 소집과 민중당 해체결의서 및 탈당계 등에 서명을 받고있어 박순천 대표를 중심으로 당 주류계와 유혈(流血) 집단 난투극을 벌였다.

민중당 강경파는 탈당 서명을 받으면서 비준 반대 범국민 운동을 전개하고 총선거 실시를 주장했다.

김도연, 김준연, 서민호, 정일형, 윤제술, 이정래 의원 등 100명은 비준 저지를 위해 민중당 해체와 의원직 사퇴를 주장하며 상임위에서 실력대결 기세를 보였다.

민중당 강경파는 정당 해산운동을 계속 추진하며 전당대회 소집을 요구하여 온건파와 줄기차게 대립했다.

민중당 김대중 의원은 "대공(對共)사찰에 만전 전념해야 할 중앙정보부가 그 본연의 임무를 망각하고 정치사찰을 강행하고 있다"면서, 민중당의 강·온파의 투쟁을 야당 전열(戰列)교란을 자행한 중앙정보부 탓으로 돌렸다.

정부에서 비준안 제안설명을 하자, 민중당은 협정분리 심의를 주장하고 전문가를 불러 공청회를 열자며 최대한 지연작전을 펼쳤다.

민중당 대표 선출에서 고배를 마신 윤보선 전 민정당 총재가 돌연 민중당을 탈당하여 의원직이 소멸됐고, 민중당 강경파는 의원들이 탈당계를 제출하지 않으면 징계하자는 결의안을 발의하여 민중당 탈당 결의로 정국이 새 국면에 접어들었다.

민중당 중앙상임위원회는 의원 전원이 8월 8일까지 탈당계를 지구당에 제출해야 하며 불응하면 제명하겠다고 결의했다.

민중당 주류는 상임위원회 결의 무효화를 시도하고 강경파는 전당대회를 개최하여 정당 해체를 추진하여 대치한 상황에서, 중도파에서는 사퇴서를 국회에 일괄 제출을 주장하여 세 갈래로 나뉘어 혼선을 빚었다.

강경파는 온건파의 타협안을 거부하고 기한부 탈당을 고집했다. 민중당 의원총회에서는 탈당에 앞서 원내 저지 투쟁에 주력하고, 원내에서 막지 못하면 의원직을 총사퇴하고 탈당하기로 의견을 모으고, 58명의 민중당 의원들이 사퇴서를 박순천 대표에게 제출했다.

한일협정 내용에 일본에서는 관할권을 휴전선 이남으로 한정하고 평화선은 완전 소멸되었다고 주장한 반면, 한국에서는 관할권이 한반도 전역이며 평화선은 존속한 것으로 상반되게 해석하고 있다.

김도연, 서민호, 정일형, 정해영 의원들도 탈당통고서를 지역구에 제출하여 자동적으로 의원직을 상실했다.

굴욕협정 반대 투쟁위원회와 조국수호 협의회가 연석회의를 개최하고 불원간 서울에서 비상 국민대회를 열도록 합의했다.

8월 11일 국회 한일협상비준 특위에서 야당과 충돌을 빚은 가운데, 민관식 위원장이 대체토론을 생략한 채 날치기 통과를 강행했다.

민중당 소속 14명의 의원이 탈당계를 제출하고 61명의 의원이 의원직 사퇴서를 국회의장에 제출하여 의정 사상 최초의 일당(一黨)국회가 됐다.

민중당은 정당 해산을 관철하겠다는 강경파와 민중당을 고수하겠다는 온건파가 대립하여 결국 분당(分黨)의 수순을 밟게 됐다.

민주공화당 단독 국회에서 심의를 강행하여 찬반토론을 하는 둥 마는 둥 형식적인 절차를 밟아 8월 14일 조인 54일 만에 한일협정 비준안이 통과됐다.

매국(賣國)문서 무효를 주장하는 민중당은 탈당범위 확대를 주장하는 강경파와 탈당 거부 성명을 발표할 것을 주장하는 온건파가 격론을 벌였으나 결론을 도출하지 못했다.

(5) 야당과 국민들의 반대를 딛고 1965년 12월 18일 한일 국교 정상화

 단독비준은 위헌이고 무효이며 반민족적 죄악이라며 재야세력의 총궐기를 선언했다.
 민중당은 사퇴서 제출로 파동을 매듭짓자는 온건파와 탈당을 거부한 의원들을 숙당(肅黨)하자는 강경파의 대립이 더욱 격화되어, 이효상 국회의장의 국회 협상 제의에 냉담한 반응을 보였다.
 정부는 한일협정 무효화 투쟁은 치안 교란행위로 단정하고 의법 조치하겠다는 입장을 밝혔다.
 원외 무효화투쟁은 격렬화되고 대야 협상도 전망이 밝지않은 상황에서, 민중당의 당내분열은 혼미(昏迷)를 거듭하여 정국의 공백 상태가 장기화될 전망이다.
 정부는 주모자와 난동자를 전원 구속하는 등 불법데모를 엄단하고 데모를 강행하는 대학은 휴교, 구속범위 확대, 비상조치 등 강경책을 모색했다.
 박정희 대통령은 범법학교는 폐쇄조치하고 데모를 못 막은 교직자는 인책하겠다는 강경 조치방안을 발표했다.
이에 야당은 무책임한 발언이라고, 투쟁위에서는 이성 잃은 독설이라고 비난했다.
 학생데모가 연일 계속되어 서울 일원에 위수령(衛戍令)을 발동하여 6개 사단이 진주하여 선포 없는 계엄 상태가 지속되어 정국은 극한사태로 줄달음쳤다.
 무장군인들이 데모대를 따라 연세대와 고려대에 난입하여

데모 학생들을 연행했고, 학교부근에서 일반인들까지 연행했다.
 윤보선과 박순천은 "총선으로 심판묻자"는 난국수습안을 제시했고, 민중당은 위수령의 즉각 철회와 주둔 군인들의 철수를 요구했다.
 유기천 법학대 학장만을 제외하고 서울대 단과대학장과 대학원장은 비상사태에 책임을 지고 총사퇴했고. 정부는 신태환 서울대 총장의 사표를 수리하고 유기천 학장을 총장으로 임명했다.
 정부는 윤천주 문교부장관을 권오병 법무부차관으로 돌연 교체했고, 홍종철 공보부장관은 모든 수사기관을 총동원하여 데모 주동학생, 배후조종자의 일제 검거에 착수하라고 지시했고, 대검찰청에서도 92명의 명단을 작성하여 모두 체포하라고 특별지시했다.
 서울지검 최대현 부장검사는 박정희 대통령 담화에 대한 논평에서 "박정희 정권의 일본 자본과의 의혹에 찬 결탁 사실 등을 안다면 어떻게 국민과 학생들이 좌시할 수 있는가"라고 발언한 김대중 민중당 대변인을 입건 수사했다.
 '국군장병에 보내는 호소문'으로 김홍일, 박병권, 김재춘, 박원빈 등 예비역 장성들도 명예훼손혐의로 전격 구속됐다.
 굴욕외교 반대투쟁위원회는 "비준 묵인을 전제로 하는 어떠한 내용의 여야 협상도 배격한다"는 무드가 조성되기 시작한 여야협상에 브레이크를 걸고 나섰다.
 데모 주동학생과 선동교수들을 자율적으로 처벌하지 않는다는 명분을 내걸고 고려대와 연세대에 데모 요인이 제거될 때까지라는 조건을 달아 무기 휴업령을 한국 대학사상 최초로 발동했다.
 김대중 민중당 대변인은 "박정희 정권의 이러한 소행은 흡사 권력에 취한 독재자의 만행이며 복수심에 사로잡힌 폭군의 광태(狂態)다"라고 규탄했다.
 문교부는 서울대 황산덕 교수와 김기선 전 학생처장을 공무원의 성실·복종의무 위반혐의로 파면 조치하고 양호민(법대), 황성모(문리대) 교수들도 징계하겠다고 밝혔다.
 민중당은 의원직 사퇴를 기어이 관철하겠다는 강경파, 즉각 원내로 복귀해야 한다는 온건파, 당분간 사태를 관망하자는 중도파로 갈려 혼전을 전개했다.
 온건파는 10월 중 복귀 원칙을, 강경파는 즉각 징계를 요구하여 대립이 절정에 도달하여 선언 없는 분당 상태가 지속됐다.
 정부는 고려대의 김성식, 김경돈 교수와 연세대의 서석순 교수를 징계하면 휴업령을 철회하겠다는 방침을 밝혔다.
 휴업령 발동후 16일만에 휴업령이 해제되어 고려대와 연세대가 정상수업에 들어갔다.
 1965년 8월 14일 민주공화당 단독 국회에서 조인 54일만에 비준안이 통과되자 조국수호 국민대회가 주도하는 비상국민대회에서 "매국적인 한일협정을 무효화 하라"고 주장했다.
 변영태, 함석헌, 백기완 등이 연사로 나온 이 대회에서는 한일협정을 반대하는 사람은 애국자이고, 찬성하는 사람은 매국노라는 짙은 인상을 남겼다.
 이토오 일본수상은 관할권은 남한에 국한되고 평화선은 사실상 소멸됐으며 독도문제는 앞으로 해결하겠다고 공식적인 태도를 표명했다.
 민중당 의원 33명이 출석하여 한일협정 비준안 통과로 의원직 사퇴서를 제출한 60일 만에 독재를 막기 위한다는 명분을 내걸고 복귀했다.
 여야는 구속학생 석방, 해임교수 복직에 대한 단일건의안을 채택하고 권오병 문교부장관 해임건의안 발의는 보류했다.

굴욕외교 반대투쟁위원회에서는 비준안특위와 본회의 가결은 위헌으로 비준무효 소송을 제기했다.

곳곳에서 한일국교 정상화 저지 데모속에서 일본도 자민당의 전격 표결강행으로 특위에서 비준안이 통과되자, 민사당은 의사진행에 반발했고 사회당은 즉각 무효를 주장했다.

드디어 11월 12일 한일협정 비준동의안이 자민당 단독으로 일본 중의원을 통과했고 사회당은 즉각 무효를 주장했다. 한 달 뒤인 12월에는 일본 참의원도 통과하여 모든 장애물을 넘어섰다.

1965년 12월 18일 한일양국은 협정비준서를 교환하여 정상적인 국교관계에 들어섰다.

비준서 교환으로 협정이 발효되자 서울에는 일본대사관 간판이, 동경에는 한국대사관 간판이 나붙었다.

이동원 외무부장관과 시이나 외상은 비준서 교환에 관한 의정서에 서명했으며, 비준서 교환식에 참석했던 정일권 국무총리를 비롯한 각료 전원은 축배를 높이 들었다.

서명 직후 이동원 외무부장관은 "이제 두 나라는 호혜평등의 원칙에 입각한 공동의 이익과 번영을 위해 최선을 다하여야 할 것"이라고 인사했다.

시이나 일본 외상도 "제조약을 성의를 다하여 실천함으로써 두 나라 국민의 우호적 협력관계의 증진을 위하여 노력할 결의"라고 말했다.

최빈국 수준에서 허덕이고 있는 우리나라를 굴욕적인 외국자본이라도 끌어들여 발전시키고 미국의 대한(對韓)원조 삭감이라는 무기를 동원하여 한일국교 정상화를 촉구하는 상황에서, 몇 푼이라도 주겠다는 일본의 고자세에 굴복하여 맺은 한일협정이 과연 1882년의 강화도 수호조약이나 을사늑약과 같은 매국이었는지, 결사적인 반대를 선동하고 의원직을 내던진 윤보선을 비롯한 야당의 강경파가 우국지사(憂國之士)로서 항일운동가였는지는 후세의 역사가 평가해 주어야 할 것이다.

4. 한일국교정상화의 여파로 치러진 5개지구 보궐선거

(1) 전국구 의원들의 의원직 사퇴로 인한 의석 승계

민주공화당 2번 윤치영 후보의 서울시장, 18번 김유택 의원의 경제기획원장관의 취임으로 의원후보직을 사퇴하여 부산 동아대 교수인 23번 박규상, 역시 동아대 교수인 24번 김호칠 후보들이 당선인 재결정으로 의원직을 차지했다.

한일협정 비준동의안 반대의 명분을 내걸고 윤보선(민정당 1번), 정해영(민정당 2번), 김도연(자민당 1번) 의원들의 의원직 사퇴로, 3대와 4대의원을 지낸 임차주(민정당 15번), 출판사 사장인 이우태(민정당 16번), 4대의원을 지낸 김재위(자민당 5번) 후보들이 의원직을 승계했다.

조재천 의원의 의원직 상실로 4대와 5대의원을 지낸 계광순(민주당 8번), 김성용 의원의 의원직 상실로 4대와 5대의원을 지낸 한근조(민주당 10번) 후보들이 의원직을 승계했다.

제7대 총선을 앞두고 공천 탈락등으로 유진, 임차주, 한근조, 김재위 의원들의 의원직 상실로 회사장인 박중한(민정당 17번), 노동운동을 펼친 우갑린(민정당 18번), 3대, 4대, 5대 의원을 지낸 이태용(민주당 11번), 제헌의원을 지낸 이원홍(자민당 6번) 후보들이 적게는 10여일에 불과한 짧은 기간 동안 의원 생활을 할 수 있었다.

(2) 강경파 의원들의 의원직 사퇴로 실시된 보궐선거

한일회담 비준동의안 처리를 둘러싸고 강력한 반대입장을 표명하기 위해 의원직을 사퇴한 정일형(중구), 김재광(서대문갑), 윤제술(서대문을), 서민호(용산), 정성태(광주갑) 의원들의 지역구에서 보궐선거가 실시됐다.

 전국구의 윤보선, 정해영, 김도연 의원들의 의원직 사퇴로 한일협정과 관련하여 의원직을 사퇴한 의원들은 8명이었다.

 한일협정비준 저지수단의 하나로 민중당 강경파 의원 5명의 의원직 사퇴에 따라 실시된 이번 보궐선거에는 민주공화당이 공천 후보를 내세우지 않아 민중당 온건파와 군소정당 간에 이슈없이 야당끼리의 의석 쟁탈전이 전개됐다.

 민주공화당은 후보를 공천하지 않았으나 민중당 후보에 대한 득표 견제가 예상되고 있으며, 이번 선거에 공천후보를 낸 정당은 민중당, 자유당, 추풍회, 한독당, 보수당, 정민회, 신민회 등 7개 정당이다.

 이번 보궐선거는 민중당이 제1당의 위치에서 다른 군소정당의 집중공격을 한 몸으로 받으며 싸워야 하는 특이한 양상을 띠게 됐다.

 민주공화당의 불참으로 이번 보선(補選)의 쟁점과 성격 또는 의의를 근본적으로 흐려놓거나 감쇄시켰다. 말하자면 보선을 있게 한 원인에 대한 비판의 길이 막혀버린 셈이다.

 민주공화당은 공천여부를 놓고 논의를 거듭한 끝에 야당의원의 뒷자리를 뺏을 수 없다는식의 정치도의를 내세웠지만, 실상은 5개 선거구가 모두 야당성향이 강한 곳들이어서 승산이 없었기 때문에 포기한 것이라는 해석이 정설이다.

 이번 보선은 민중당에 대한 신임도를 측정할 수 있으며, 한걸음 더 나아가 민주공화당과 강경 야당에 대한 평가를 간접적으로 저울질할 수 있을 것이다.

 민주공화당과 민중당 강경파가 여러가지 방법으로 민중당 후보를 낙선시키기 위한 작전을 전개하리라는 전망도 있다.

 또한 자유당 중진들의 입후보가 관심을 집중시키고 있으며, 이들이 재기를 노리는 것은 한일문제와 야당의 내분 등으로 국민들의 정치 불신풍조가 고조돼 있다는데서 자유당 세력에 대한 테스트 케이스가 되고 있다.

탈당 의원들의 출마 권유가 있었으나 탈당 원들은 "보선 출마의 명분이 전혀 없으며 계속 총선실시를 주장하되 끝내 관철 안되면 차기 총선에 한일협정 폐기를 총선공약으로 걸고 국민앞에 나서야 한다"며 보선 포기를 해명했다.

공천을 포기한 강경파 의원들은 "전우의 시체를 짓밟고 금싸라기 같다는 국회의원 자리에만 눈이 어두운 것은 정치인 이전의 사태"라고 비난했다.

민중당은 보선을 포기하여 군소정당이 독무대를 이뤄 어부지리를 얻는 것을 방관할 수도 없는 고민이 선거로 내몰렸다.

이번 보선에는 모두 32명이 입후보하여 평균 6.5대 1의 경쟁율을 보였다.

자유당 후보들은 "뭐니뭐니 해도 자유당 때가 배불리 먹고 잘 살았다", "지난 일은 잘못됐으니 하나의 튼튼한 야당을 키워달라"고 호소했고, 한독당 김두한 후보는 "5백만 분의 1의 양심도 없는 잠꼬대 같은 소리 말라. 4·19의 영령이 지하에서 통곡한다"고 반박했다.

역대 총선의 투표율은 제헌 95.5%, 2대 86.3%, 3대 91.0%, 4대 90.6%, 5대 84.3%, 6대 72.1%이었지만, 전례 없는 저조한 투표율이 예상되는 가운데 26.1% 사상 최저치의 투표율을 보였다.

자유당의 임흥순(서대문갑), 조경규(서대문을), 유철(중구) 후보들이 차점으로 낙선하는 강세를 보였다.

민중당 강경파는 광주 갑구에서 정민회 유수현 후보를 밀어 당선시키는 데 성공했을 뿐이다.

(3) 서울 중구 : 정일형 의원의 의원직 사퇴로 실시된 보궐

선거에서 민중당 신인우 후보가 당선되어 의원직을 승계

지난 6대 총선에는 외무부장관을 지낸 4선의원인 민주당 정일형 후보가 그동안 쌓아놓은 방대한 조직과 지명도 그리고 북한 실향민표를 결집시켜 대한변호사회장으로 활약한 민정당 신태악 후보를 3,971표 차로 꺾고 당선됐다.
　지구당 사무국장 출신인 민주공화당 박인각, 국방부장관을 지낸 국민의당 손원일 후보들도 출전하여 선전했다.
　공군 준장 출신인 자유당 노중신, 의사 출신인 정민회 이몽필, 언론인 출신인 신민회 김경석 후보들은 1천 표미만의 득표에 머물렀다.
　정일형 의원의 의원직 사퇴로 실시된 이번 보궐선거에는 강원도 정선에서 5대의원에 당선됐으나 6대 총선에서는 민정당으로 출전하여 5천여 표 득표에 머문 신인우 후보가 민중당 공천을 받고 출전했다.
　육군 법무관을 지낸 추풍회 김원갑, 고려대 강사 출신인 한독당 박상원, 경찰전문학교 교수와 경찰서장을 지낸 자유당 유철, 민정당 당무위원을 지낸 보수당 신효순, 서울시의원을 지낸 정민회 우봉운, 한국금융운영단 이사장인 신민회 성보경 후보들이 출전했다.
　선거가 중반전에 접어들면서 제1야당인 민중당 공천후보임을 내세운 신인우, 20대의 젊은 패기를 앞세운 능변가인 한독당 박상원, 신문사 사장으로 교수와 경찰서장의 관록을 자랑한 자유당 유철 후보가 치열한 3파전을 전개했다.
　박순천 대표의 지원 유세에 힘입은 민중당 신인우 후보가 관록의 자유당 유철, 패기의 한독당 박상원 후보들을 가까스로 제압하고 재선의원이 됐다.
　서울시의원 시절의 조직을 되살린 정민회 우봉운 후보는 선전했으나 관록을 자랑한 추풍회 김원갑, 보수당 신효순,

신민회 성보경 후보들의 득표력은 보잘 것 없었다.

□ 득표상황

후보자	정당	연령	주요경력	득표(%)
신인우	민중당	51	5대의원(정선)	6,465(27.3)
유 철	자유당	55	경찰전문대 교수	5,077(21.5)
박상원	한국독립당	28	고려대 강사	4,695(19.9)
우봉운	정민회	46	서울시의원	3,055(12.9)
김원갑	추풍회	41	육군 법무관	1,840(7.8)
신효순	보수당	42	민정당 당무위원	1,666(7.0)
성보경	신민회	40	반공청년단 고문	841(3.6)

(4) 서울 서대문 갑구 : 무명인 30대 민중당 김상현 후보가 재선의원으로 서울시장을 지낸 자유당 임흥순 후보를 꺾고 국회에 입성

지난 6대 총선에서는 서울시의원을 지낸 민정당 김재광 후보가 토박이 출신임을 내세워 전북 김제에서 2대와 3대 의원을 지내고 참의원에도 당선된 국민의당 송방용, 경남 남해에서 2대의원에 당선되고 체신부장관을 지낸 민주공화당 조주영 후보들을 가볍게 제치고 의정 단상에 올랐다.
서울시의원을 지낸 자민당 강을순, 마귀오 한국대표인 민주당 김동호 후보들도 출전하여 선전했다.
김재광 의원이 윤보선 의원과의 인연을 내세운 의원직 사퇴로 실시된 보궐선거에는 김대중 의원과 인연이 깊은 30대 무명인 김상현 후보가 민중당 공천을 받고 출전하여 3대와 4대의원과 시울시장으로 활약한 70대의 자유당 임흥순 후보와 자웅을 겨루게 됐다.
충북 음성에서 5대의원 보궐선거 때 당선된 추풍회 정인소, 만주에서 항일독립운동을 펼친 한독당 김상순, 제주시

에서 4대와 5대의원으로 당선된 보수당 고담룡, 언론인 출신인 정민회 김형근, 회사장인 신민회 김진태 후보들도 출전했다.

30대의 패기를 앞세우고 제1야당 공천 후보임을 내세운 민중당 김상현 후보가 70대의 노익장을 과시하며 관록과 지명도를 앞세워 추격전을 전개한 자유당 임흥순 후보를 2,299 표차로 누르고 국회 입성에 성공했다.

사쿠라라고 야당으로부터 비난을 받았던 보수당 고담룡 후보는 선거운동을 아예 내팽겨쳤고 목사, 대학원장 출신인 추풍회 정인소 후보도 관록과 지명도에 걸맞는 득표력을 보여주지 못했다.

□ 득표상황

후보자	정당	연령	주요경력	득표(%)
김상현	민중당	30	정당인	11,402(37.2)
임흥순	자유당	70	2선의원, 서울시장	9,103(29.7)
정인소	추풍회	52	5대의원(음성)	4,095(13.4)
김형근	정민회	44	국회일보 논설위원	2,919(9.5)
김상순	한국독립당	48	하얼빈조선인학교장	1,953(6.4)
고담룡	보수당	50	2선의원(제주)	719(2.3)
김진태	신민회	53	언론인	438(1.4)

(5) 서울 서대문 을구 : 제1야당 후보임을 내세우고 호남표를 결집시킨 민중당 홍영기 후보가 국회부의장 관록을 내세우며 영남표를 결집시킨 자유당 조경규 후보를 꺾고 재선에 성공

지난 6대 총선에서는 전북 김제에서 3대, 4대, 5대의원에 당선됐으나 민주공화당 장경순 후보와의 대결을 피해 상경한 민정당 윤제술 후보가 서울대 총장과 문교부장관을 지낸

4대의원인 민주공화당 최규남, 4대 총선에선 최규남 후보에게 패배했으나 5대 총선 때 설욕에 성공한 자민당 김산 후보를 꺾고 4선의원이 됐다.

국민의당 임춘재, 민주당 유지언, 보수당 한창열 후보들도 후발주자 3파전을 전개했다.

윤보선 의원과의 의리를 내세워 의원직을 사퇴한 윤제술 의원의 의원직 승계를 위한 보궐선거에는 전북 순창에서 초대 대법원장인 김병로 후보를 꺾었으나, 지난 6대 총선에는 민주당으로 출전하여 3위로 낙선한 홍영기 후보가 민중당 공천을 받고 재선 고지를 선점했다.

중앙당 청년부장인 추풍회 구자석, 3선의원으로 국회부의장을 지낸 자유당 조경규, 강릉에서 5대의원에 당선된 보수당 김명윤, 논산에서 4대의원에 당선된 신민회 김공평 후보들이 출전하여 고향 출향민들의 표결집에 나섰다.

제1야당 후보임을 내세우며 호남 출향민들의 표를 결집시킨 민중당 홍영기 후보가 대구와 함안에서 국회의원에 당선된 저력과 지명도를 내세우며 영남 출향민들을 결집시킨 자유당 조경규 후보를 1,766 표차로 꺾고 재선의원이 됐다.

보수당 대표로 지난 총선에는 전국구 후보로 출전했던 김명윤 후보는 중도에 사퇴했으나, 충청 출향민의 결집에 나선 신민회 김공평 후보의 득표력은 보잘 것 없었다.

□ 득표상황

후보자	정당	연령	주요경력	득표(%)
홍영기	민중당	47	5대의원(순창)	13,156(43.0)
조경규	자유당	61	3선의원,부의장	11,390(37.2)
구자석	추풍회	25	추풍회 대변인	4,737(15.5)
김공평	신민회	50	4대의원(논산)	1,296(4.2)
김명윤	보수당	41	5대의원(강릉)	사퇴

(6) 서울 용산 : 민중당 민정기, 자유당 남송학 후보들을 꺾고 당선된 김두한 후보는 국회의사당 오물(汚物) 투척사건으로 의원직을 사퇴

지난 6대 총선에선 전남 고흥에서 2대와 5대의원에 당선되고 국회부의장을 지낸 자민당 서민호 후보가 용산의 토박이로 4대와 5대의원으로 내무부차관을 지낸 민주당 김원만 후보를 꺾고 3선의원에 등극했다.
중앙상무위원 출신인 민정당 민정기 후보와 대학교수 출신인 민주공화당 김익준 후보들도 선전했다.
서민호 의원의 의원직 사퇴로 실시된 보궐선거에는 서울시의회 의장을 지낸 추풍회 하용선, 지난 6대 총선에 출전하여 12,556표를 득표했던 민중당 민정기, 김좌진 장군의 아들로 3대의원을 지낸 한독당 김두한, 3대와 4대의원으로 자유당 최고위원으로 활약한 자유당 남송학, 예비역 육군중위인 보수당 이홍열, 서울 중앙중 교사였던 정민회 김현국, 전남 나주에서 전남도의원과 3대의원을 지낸 신민회 최영철 후보들이 출전하여 군웅할거시대를 연상했다.
종로 거리를 주름잡던 깡패 출신으로 지난 5대 총선에는 김좌진 장군의 고향인 홍성에 출전하여 차점으로 낙선한 한독당 김두한 후보가 제1야당 후보로 지난 6대 총선에서 낙선한 동정표를 끌어모은 민중당 민정기, "뭐니뭐니해도 자유당 때가 배불리 먹고 잘 살았다"는 홍보에 매달린 자유당 남송학 후보들을 가까스로 물리치고 재선의원이 됐다.
민중당 민정기 후보가 아쉽게 의원 뱃지를 놓친 것은 민중당 중앙상무위원 출신으로 민중당 공천에서 낙천되자, 추풍회 공천을 받고 출전한 하용선 후보가 4천여 표를 잠식한 것이 당선자 김두한 후보에게 270표 밀린 결정적 요인이었

다.
 김두한 의원은 국회 본회의장에서 삼성 밀수사건을 미온적으로 처리한 정일권 국무총리와 국무위원들에게 똥물을 퍼부어 민주공화당의 국회의원 제명 공세에 시달리자 의원직을 사퇴하여 의사당에서 쫓겨났다.
 김두한 의원의 의원직 사퇴로 재보궐선거가 예상됐으나 실익이 없다는 명분을 내세운 민주공화당의 주장으로 유야무야 됐다.

□ 득표상황

후보자	정당	연령	주요경력	득표(%)
김두한	한국독립당	47	3대의원(종로)	12,049(28.4)
민정기	민중당	42	지구당부위원장	11,779(27.8)
남송학	자유당	62	2선의원(용산)	10,976(25.9)
하용선	추풍회	42	서울시의회 의장	4,289(10.1)
최영철	신민회	58	3대의원(나주)	1,596(3.8)
김현국	정민회	52	중앙고 교사	848(2.0)
이홍열	보수당	37	육군중위	846(2.0)

(7) 광주 갑구 : 한일협정비준동의안에 소극적 반대에 머문 반민중당 정서와 영암 출향민들의 전폭적인 지지로 국회 입성에 성공한 유수현

 지난 6대 총선에선 3대, 4대, 5대의원을 지낸 민정당 정성태 후보가 육군대학출신으로 순천시장을 지낸 민주공화당 김석중 후보를 더블스코어로 꺾고 4선의원에 등극했다.
 전남도의원을 지낸 자유당 정병현 후보는 중도에 사퇴했으나 전남도의원 출신인 자민당 양권승, 의사 출신인 민주당 김동호 후보들은 완주했다.
 정성태 의원의 의원직 사퇴로 실시된 보궐선거에는 서울건

설 사장인 추풍회 김승희, 참의원을 지낸 민중당 양회영, 대한적십자사 전남사무국장인 한독당 장현식, 회사원인 자유당 송태호, 전남도 과장을 지낸 정민회 유수현, 전남도의원을 지낸 신민회 김상천 후보들이 출전했다.

선거가 중반전에 접어들면서 정성태 후보를 지지했던 유권자들이 한일협정 비준동의안에 소극적 반대를 한 민중당의 지지를 철회하는 분위기로 선회하면서 민중당 양회영, 한독당 장현식, 정민회 유수현 후보의 3파전으로 흘러갔다.

전남도 공무원 시절의 인연과 영암군수를 지낸 경력과 영암 출향민들의 전폭적인 지지를 받은 유수현 후보가 반민중당 정서를 업고 제1야당 후보임을 내세운 양회영 후보를 5,654표차로 누르고 국회에 입성했다.

30대 패기를 앞세운 한독당 장현식 후보의 선전이 돋보였다.

□ 득표상황

후보자	정당	연령	주요경력	득표(%)
유수현	정민회	50	전남도 과장	12,325(40.9)
장현식	한독당	35	적십자지국장	8,212(27.2)
양회영	민중당	54	참의원(전남)	6,671(22.1)
김상천	신민회	37	전남도의원	1,423(4.7)
송태호	자유당	47	회사원	762(2.5)
김승희	추풍회	38	건설회사장	749(2.5)

(8) 전북 부안: 대법원의 일부 선거무효판결로 실시된 재선거에서 압승을 거두고 의원직을 이어간 민주공화당 이병옥

지난 6대 총선에선 육군본부 예산편성과장 출신인 공화당 이병옥 후보가 15,306표를 득표하여 4대와 5대 총선에 출전하여 아쉽게 차점으로 낙선하고 이번 총선에도 15,275표

를 득표한 민정당 김용대 후보를 31표차로 꺾고 당선됐다.

그러나 대법원의 일부 무효판결로 31표차가 역전되어 의원직을 잃을 위기에 처한 이병옥 후보와 3전4기의 기회를 갖게 된 김용대 후보가 재선거가 이뤄진 왕릉도에서 결전을 벌였다.

민주당, 자민당, 국민의당, 민정당의 합당으로 6,184표를 득표한 김완규 후보는 등록 무효되고, 김용대 후보는 민정당에서 민중당으로 변경 등록됐다.

위도면 왕릉도 일부 재선거에서 민주공화당 이병옥 후보가 132표 중 119표를 얻어 3표를 얻은 민중당 김용대 후보를 53표차로 꺾고 의원직을 되찾았다.

민중당은 공개투표를 현재 보류중인 구호양곡과 바터하려는 행위라고 비난했다.

선거구민의 절반 이상이 노(盧)씨라는 사실을 착안한 민주공화당은 동래-양산의 노재필 의원을 차출하여 노(盧)씨 조상에 대한 제사를 거창하게 모시고 장경순, 최영두, 전휴상, 김성철 의원들의 지원 방문으로 승세를 굳혀갔다.

재선거 결과 민중당 김용대 후보는 15,276표가 15,275표로 1표가 줄어들었고, 민주공화당 이병옥 후보는 15,306표가 15,333표로 27표가 늘어나 18표 차로 승리하여 의원직을 이어가게 됐다.

제3장 이합집산을 거듭하며 뒤뚱뒤뚱거린 야당

1. 야권 4개 정당이 뭉쳐 민중당을 창당
2. 비준반대를 명분으로 민중당을 탈당한 윤보선
3. 민중당과 신한당이 통합하여 윤보선을 대통령 후보로

1. 야권 4개 정당이 뭉쳐 민중당을 창당

(1) 국민의당과 합당한 민주당은 박순천을 대표로

 민주당, 자민당, 국민의당은 원내교섭단체를 단일화시키기로 합의하여 제6대 국회는 민주공화당, 민정당, 삼민회로 정립(鼎立)하게 됐다.
 1965년 3월에는 3당 통합교섭 추진위원회를 구성하여 통합 방법등을 공식적으로 논의하기 시작했다.
 3당은 7월말까지 통합하고 8월에 전당대회를 개최하되 대표에는 박순천 민주당 대표를 추대하기로 결정했다.
 강경파 서민호 대 온건파 소선규 의원의 대결이 치열해지고 있는 자민당은 언론윤리위원회법 통과에 협조했다는 명분으로 민영남 의원을 제명했다.
 민정당 출신이 대부분인 자민당은 민주당과 통합을 끝내 반대하여 1964년 9월 드디어 민주당과 국민의당이 합당했다. 원내 의석은 17석이 되어 제3당으로 발돋움했다.
 1964년 12월 전당대회에서 대표최고위원 박순천, 최고위원 허정, 홍익표, 정일형, 조재천을 지도위원으로 선출했다.

(2) 자민당과 합당하며 온건파를 숙당(肅黨)한 민정당

 민정당은 윤보선 대표의 결정에 부당성을 지적한 나용균 국회부의장을 당명 불복으로 2년간 정권(停權) 결정으로 내분이 표면화됐다.
 언론윤리위원회법 통과를 둘러싼 묵계설로 양성화된 유진산계와 정해영계의 싸움은 상호 제거 공작에 이르기까지 번

져갔다.

"진산은 일단 선거에 의해 수립된 정부면 그대로 인정하여 가능한 협조를 함으로써 평화적 정권교체의 기틀을 마련해야 한다"는 평소의 주장에 대해 민주공화당 협상파들과 내통했다는 정해영 의원은 "이제 윤보선의 강경론을 따를 것이냐? 진산의 사쿠라적 온건론을 따른 것이냐? 민정당은 하나를 선택해서 한 쪽을 제거해야 한다"고 주장했다.

자유당 출신인 정해영 의원은 윤보선 대표를 업고 유진산의 제거를 앞장서 갈등을 증폭시켜 중도파의 조정도 수포로 돌아갔다.

윤보선은 "설혹 당이 깨지는 한이 있더라도 묵계설을 가려내야겠다", "조사위의 결의와 당규에 비추어 처리할 테니 당을 떠나주면 좋겠다"고 강경론을 굽히지 않아 유진산과의 단독회담이 소득 없이 결렬됐다.

민정당 감찰위원회에서 난투극이 벌어졌고, 유진산의 제명을 서면으로 결의했다.

윤보선 대표는 유진산의 제명이 당무위원회에서 추인됐다고 밝혔고, 50여 명의 청년당원은 윤보선 자택에 난입하여 수라장을 만들었다.

윤보선 대표는 유진산 의원의 제명을 곧 국회에 통고할 예정이며, 자민당과의 합당을 고려하고 있다고 밝혔다.

유진산과 소선규 의원들의 배제를 전제로 민정당과 자민당의 합당 작업이 표면화됐으나, 안 돼도 좋고 되면 더욱 좋고식의 민정당의 미온적 태도로 쉽게 이뤄지지는 못했다.

윤보선 대표 명의로 유진산 의원 제명을 국회에 통고했고, 유진산 의원의 반격은 물밑으로 내려앉으며 장기화될 전망이다.

민정당 중앙위원회는 유진산 제명을 둘러싸고 양파가 승리 없는 승리를 위해 대치했다.

민정당 중앙위원회는 찬성 189표 대 반대 171표로 유진산 의원 제명을 가결했고, 유진산 의원은 결의에 따르겠다고 승복하여 민정당의 내분이 조용히 수습됐다.

드디어 윤보선 민정당 대표와 김도연 자민당 대표는 통합을 위한 8인 위원회 구성에 합의했다.

1964년 11월 민정당 전당대회에서 자민당의 흡수통합을 결의하고, 유진산 의원의 복당 요구로 매끄럽게 진행되지는 못했다.

윤보선 대표는 반성의 기색이 없어 어쩔 수 없이 정비와 청소가 불가피하다며 당헌에 따라 유진산계의 숙당을 선언했고, 진산계는 전당대회 소집을 요구했다.

윤보선 대표는 유진산계인 이민우, 신인우, 김제윤, 채원식, 손권배, 김유근, 최경식 등 13명을 제명하고 권중돈, 박찬희, 장영모, 송석린, 김덕원 등을 2년간 정권조치를 하는 등 대규모 숙당을 단행했다.

(3) 윤보선을 꺾고 박순천이 승리한 민중당 전당대회

1965년 벽두(劈頭)부터 민정, 민주 양당의 통합공작이 "통합만이 야당의 살길"이라며 비공식적으로 이뤄졌다.

양당의 돈 주머니인 정해영, 고흥문, 이재형, 김세영 등이 통합에 적극적이어서 촉진제가 되었다.

그러나 통합은 시국관 등의 깊은 차이로 동떨어져 있는 이른바 강경, 온건 양파간의 이념상 해빙이란 난제가 놓여있다.

"야당 통합에 실패한다면 그것은 야당 스스로가 공화당의 장기집권을 가능하도록 야당의 역량을 포기한 것밖에 안 된다"는 절실한 통합의 구호에는 야당 누구나 공명(共鳴)하지만, 통합에는 서로의 견해가 달랐다.

중단되었던 민정당 전당대회가 3개월만에 속개되어 윤보선 대표를 총재로 선출하고 김도연, 윤제술, 전진한을 부총재로 선출했다.

또한 민정당은 재야정당과의 통합의 건을 채택하여 통합 수임기구의 구성을 중앙상임위원회에 일임했다.

윤보선 총재는 "지난날의 잘 잘못을 일체 따지지 말고 한데 뭉쳐 야당 통합의 기틀을 마련해야 한다"고 야당통합을 강조했다.

민정당과 민주당은 한일협정 비준전에 원내 단일교섭단체 구성에 합의하고 조기 통합의 기운이 감돌았다. 그리하여 민정, 민주 구락부가 출범했다.

선통합, 후조정 원칙을 세운 야당통합 12인 소위원회는 통합신당 명칭을 통일민주당과 국민대중당으로 압축했다가 민중당으로 결정하고 대표는 윤보선, 박순천으로 하되 집단지도체제로 할 것을 합의했다.

조직의 비율은 민정 60% 대 민주 40%로 결정했다.

드디어 1965년 5월 3일 민중당 창당을 선언하고 한일회담 저지를 결의하고 재야세력의 참여를 호소했다.

민중당은 구자유당계, 대학 교수, 재야 혁명주체세력, 혁신계 등 각계각층을 망라(網羅)하여 입당 교섭을 벌였다.

민중당은 131개 지구당 가운데 우선 자동케이스인 지역구 국회의원 42개 지역구를 포함하여 58개 지역구 조직책을 확정했다.

민중당은 정강과 정책에서 독재와 독선을 배격하고 군·경의 정치적 엄정 중립, 선거관리내각 구성을 주장했다.

자유민주세력의 결집체, 반민주세력과의 투쟁, 중산층의 보호 확대 등을 선언한 민중당 전당대회에서 김도연, 허정의 경쟁 포기로 민주당 박순천 대표가 513표를 얻어 460표 득표에 머문 민정당 윤보선 총재를 꺾고 새로운 야당 기수가 됐다.

민중당은 허정, 서민호를 최고위원으로 선출하고 윤보선을 고문으로 추대했다.

민중당은 중앙위의장에 이재형, 부의장에 임문석과 송을상을, 지도위원에 윤제술, 조재천, 정일형, 권중돈, 홍익표, 전진한, 서범석, 이상철, 장덕창, 이정래를 선출하여 박순천 대표 중심의 지도체계를 확립했다.

조한백, 김응주, 손창규, 이충환, 유옥우, 김산, 유홍, 신각휴, 정명섭, 정해영, 김재광, 김재호, 이호, 김준연 등은 각개 침투, 각개 격파한 선거전에서 낙선했다.

이로써 민주당 지도층 15명의 분포는 박순천 등 주류계는 박순천, 허정, 조재천, 홍익표, 이상철, 장덕창, 이재형 등 7명, 유진산계는 전진한, 서범석, 권중돈, 김의택 등 4명, 윤보선계는 서민호, 윤제술, 이정래, 정일형 등 4명으로 윤보선계의 완패(完敗)로 실의와 허탈로 치열한 당내반발이 예상됐다.

혼선을 빚던 중앙위원 선출에서 타협에 성공하여 민주계 35명, 민정계 35명, 유진산계 20명, 자민계 10명으로 낙착됐다.

민중당은 250명의 선출직 상임위원회의 구성비율은 민주계 96명, 진산계 48명, 윤보선계 82명, 자민계 24명으로 결정되어 박순천 대표가 주류가 되고 윤보선 고문계는 비주류로 추락했다.

2. 비준 반대를 명분으로 민중당을 탈당한 윤보선

(1) 강경, 온건파의 대립으로 사실상 분당 상태인 민중당

 민중당 전당대회에서 대표최고위원 경선에서 패배한 윤보선은 45일 만에 민중당 해체만이 한일회담의 비준을 저지할 수 있다면서 탈당계를 박순천 대표에게 제출했다.
 이어 윤보선계 민중당원들은 임시전당대회 소집을 요구하며 민중당의 해체를 계속 추진했다.
 민중당 윤보선 고문은 지구당에 탈당계를 제출하여 의원직을 상실했다. 아울러 민중당 중앙상임위원회는 탈당계를 지구당에 제출하지 않으면 제명해야한다고 결의했다.
 그러나 원내 온건파는 즉각 반발하여 행동 통일은 어려울 전망이다.
 민중당 의총에서 온건파는 상임위원회 결의안 무효화를 시도하고, 강경파는 전당대회를 개최하여 민중당 해체를 주장한 반면, 중도파는 사퇴서를 국회에 일괄 제출하자는 혼선을 빚고 있는 상황에서 김도연, 서민호, 정일형, 정해영 의원들이 탈당하여 의원직을 상실했다.
 민중당 소속의원 61명은 의원직 사퇴서를 국회의장에 일괄 제출하여 의정 사상 최초의 일당 국회시대가 출범했다.
 민중당은 민중당 해당(解黨) 관철을 추진하며 전당대회 개최를 추진하는 강경파와 민중당 고수를 주장하는 온건파가 대치하여 사실상 분당사태를 빚게 됐다.
 온건파는 사퇴서 제출로 파동에 매듭을 짓고자 했으나, 강경파는 탈당을 거부한 의원들의 숙당을 주장했다.
 허정 최고위원은 "의회정치의 회복을 위해 상당한 냉각기를 거쳐 민중당 의원들은 원내에 복귀해야 할 것"이라고 밝힌 데 대해, 대일 굴욕외교 반대투위원회에서는 허정 최고위원의 제명을 만장일치로 의결했다.

사퇴서를 제출한 의원들은 사퇴의 계속 관철, 즉각적인 원내 복귀, 사태 추이의 계속적인 관망 등으로 나뉘어져 있었다.

민주공화당의 단독 국회에서 야당 의원들이 제출한 53명의 사퇴서를 사퇴서 제출 33일 만에 일괄 반려했다.

이에 온건파는 10월중에 복귀 원칙을 세웠고, 강경파는 즉각 징계를 요구하여 양파의 대립은 절정을 이뤘다.

온건파 의원들의 복귀원칙에 강경파들은 크게 반발하여 단식농성 투쟁을 전개했다.

민중당의 당내수습을 위해 수습위원을 지명하여 수습방안을 모색했으나 양파 강경론자들의 반발로 당내 수습은 교착(交錯)상태에 빠졌다.

민중당 합동회의에서 "의원직 사퇴는 잘못된 지도노선"이라고 원내 복귀를 결의하자, 강경파는 즉각 반발하여 분당에 직면했다.

민중당원들의 집단탈당으로 내분이 새로운 양상을 띠게 됐으며 원외 민주계는 신당을 모색하고 강경파는 상임위원회를 단독으로 소집하여 10월 중 분당을 선언하겠다고 밝혔다.

의원직 사퇴 후 60일만에 민중당 의원 33명이 원내에 복귀하여 일당 국회를 모면하게 됐다.

박순천 대표는 독재를 막기위해 복귀했으며 비준안 저지투쟁중 자체 분열을 사과했다.

원내 복귀한 의원은 박순천, 전진한, 조윤형, 서범석, 한통숙, 박한상, 김영삼, 유성권, 이영준, 신하균, 홍익표, 유치송, 박영록, 이희승, 박찬, 이상철, 이상돈, 유청, 나용균, 김대중, 김준연, 유진산, 고흥문, 김형일, 정운근, 박삼준, 방일홍, 이중재, 유창열, 최수룡 등이다.

(2) 민중당 강경파들이 탈당하여 신한당을 창당

민중당 강경파들이 주동이 되어 한일협정 반대세력을 총규합하여 10월 발기선언을 목표로 신당운동이 표면화되었다.

신당은 예비역 장성과 구자유당계를 포섭하여 지도급에 새로운 얼굴을 추대할 계획이다.

민중당 정화동지회, 민주당 구락부등도 신당참여를 선언하여 신당운동이 활기를 띠었으며 민족당(民族黨)으로 하자는 당명 논의까지 있었다.

신당 운동은 민중당 강경파와 민주구락부가 날카롭게 맞서 창당도 되기 전에 양분될지도 모른다는 위기에 부딪혔다.

민주구락부 대변인은 "민중당 강경파가 기성정치인만으로 신당을 구성하려는 것은 그들이 민중당에서 주도권을 갖지 못했기 때문에 이탈한 것을 입증하는 것"이라고 비난했다.

1965년내 발기를 다짐했던 신당 운동은 신인측과 기성 정객간의 심각한 의견대립으로 양분 직전(直前)상태에 빠지게 됐고, 윤보선 중심의 민중당 강경파는 김홍일, 김재춘 등을 포함한 신인들과의 조직 비율 때문에 두 개의 신당 운동이 전개될 가능성까지 점쳐졌다.

민중당 강경파는 "신인측이 구정치인에 대한 정치정화법적인 우월을 주장하고 있다"면서, "정보정치에 의한 창당작업의 파괴공작을 무작정 방관할 수 없다"고 주장하며, 독자적인 창당발기 후에 한일협정 반대세력의 참여 교섭을 전개하겠다는 전략을 수립했다.

연말을 앞두고 민중당 강경파, 민주구락부, 구자유당계, 조국수호 협의회가 모임을 갖고 조속한 시일안에 단일신당을 발족시킨다는 원칙에 합의했다.

신당은 가까스로 발기인 선정기준에 합의하여 양분 위기는 모면했다. 그러나 민중당 강경파 중심의 신당 발기위원 선정에 불만을 가진 이재형 등 민주구락부 및 김재춘, 부완혁, 태륜기, 이갑식, 이춘기, 윤명운 등은 별도의 신당 창당작업에 나서기로 했다. 그러나 민주구락부가 무조건 신당 참여를 결정함으로써 단일화 단계에 접어들었다.

정치 부재와 야당 부재의 현실아래 민족의 얼을 되찾아 다가오는 국제적 시련에 대처하고 진정한 민주사회를 이룩하기 위해 선명(鮮明)야당의 기치를 내걸고, 신한당 발기인대회를 대통령 선거를 70여일 앞둔 2월 15일 개최했다.

장택상, 권오돈, 김성숙, 이춘기, 전성천, 조헌식 등 임시 집행부는 수석대표에 윤보선, 대표에 김도연과 정일형을 선출했다.

윤보선은 기자회견에서 "대통령 후보 단일화 운운으로 야당끼리 싸우는 것은 역효과를 내기 쉬우며 대통령 후보의 적격 여부는 유권자들이 판단할 것"이라며, "단일후보를 제창한 민중당이 꼭 후보자를 내겠다고 전제한 것은 이해할 수 없는 일"이라고 덧붙였다.

3월 30일 신한당 창당대회를 개최하여 총재와 대통령 후보에 윤보선을 선출했고, 장택상, 김도연, 정일형을 고문 격인 부총재에 선임했다.

이로써 민중당과 신한당의 대치는 집권을 흐려지게 하고 있으며 용퇴가 없는 한 전열이 양분되는 것은 불가피했다.

그리하여 야당 대통령 후보 단일후보는 공리공론일 가능성이 높아졌고, 윤보선 총재는 "월남파병은 청부행위"라는 발언으로 정부에서 반공법 위반 여부를 검토하게 했다.

신한당은 윤보선당으로 윤보선을 보고 당을 하는 사람들의 결집체로서 윤보선의 가부장제적인 권위가 절대적이었다.

민주계의 정일형, 이재형, 임문석, 이춘기, 김원만과 자유계의 이갑식, 정운갑, 김철안, 전성천, 최용근, 혁신계의 김성숙, 권오돈, 조헌식, 이명하 등이 들러리격으로 옹위했다.

신한당 윤보선 대통령 후보는 야당 사이의 이질성이 해소되고 단일무드가 조성되면 대통령 후보를 사퇴할 용의가 있다고 1963년도 사퇴 수법을 재사용했다.

(3) 윤보선의 강경노선에 대한 민중당의 반박

민중당 김대중 대변인은 "윤보선 씨가 '민중당은 준여당으로 전락했다' 운운하는 망언을 하고 있으나, 도대체 윤보선 씨가 그 같은 말을 할 자격이 있는가 반문하고 싶다"는 비난 성명을 냈다.

김대중 대변인은 "5·16 군사 쿠데타가 일어나자 '올 것이 왔다'는 말로 솔선하여 지원하고 이 나라의 민주주의와 헌정을 학살하는 데 최대의 협력을 한 자가 누구며 대통령 선거 때는 상대 후보를 빨갱이로 몰고 한일회담과 월남파병을 극한으로 반대하는 졸렬무쌍한 전략을 감행했고, 박정희 씨의 대통령 당선과 그의 정치적 위치를 강화시켜 준 것이 바로 윤보선 씨가 아니고 누구인가"라고 직격탄을 날렸다.

또한 김대중 대변인은 "선명 야당이란 헌정 도괴나 감정적 극한 도발에만 열중하는 자세를 말하는 것이 아니며 윤보선 씨는 입으로 선명 야당을 운운하면서 대야 투쟁에만 정력을 기울이지 말고 대여 투쟁에도 관심을 갖기를 권고한다"고 덧붙였다.

이에 신한당은 일고(一顧)의 논평가치가 없다고 폄하하고 묵묵부답으로 대응했다.

3. 민중당과 신한당이 통합하여 윤보선을 대통령 후보로

(1) 대선후보를 배출하지 못하고 우왕좌왕한 민중당

　전당대회를 앞두고 이범석, 장준하, 박병권, 김재춘 등은 민중당 합류 조건으로 박순천 대표의 사퇴를 주장했다.
　재야세력과의 합류와 문호개방을 위한 성의 표시로 박순천 대표를 비롯한 최고위원들이 전원 사퇴를 결의했다.
　박병권, 임철호, 장준하, 김재춘, 홍창섭 등은 "건전 단일 야당 실현으로 군정의 재연장을 봉쇄하고 정권의 평화적 교체를 이룩하기 위해 민중당에 합류한다"고 선언했다.
　대의원 1,294명이 참석한 제2차 전당대회에서 당수직을 놓고 박순천, 허정으로 양분되어 갈피를 잡지 못하다가 대의원들의 경선에서 허정 후보가 326표 득표로 참패하여 운영회의 의장 박순천, 부의장 유진산으로 가닥을 잡았다.
　전당대회의 인선에 불만을 가진 재야인사들은 합류를 철회했다.
　민정계의 유진산, 고흥문, 김의택, 권중돈, 민주계의 홍익표, 김세영, 태완선, 이병하 등이 허정을 당수로 밀었지만 민정계의 서범석, 김영삼, 이중재, 민주계의 이상철, 김판술, 김대중, 최영근 등이 지지한 박순천 대표에게 패배했다.
　월남을 방문한 박순천 대표는 "민중당은 월남파병을 당초 반대했으나 파병이 이루어진 지금에는 그 목적달성을 위해 최선을 다하겠다"는 발언이 당론(黨論)위배라는 파문을 일으켰다.

민중당내 친신한당 서클인 명정회 소속의원 9명은 민중당 원내교섭단체를 탈퇴하고 새 교섭단체구성을 이효상 국회의장에게 통고했다.

이들은 고형곤, 이정래, 진형하, 유홍, 김성용, 유진, 계광순, 함덕용, 손창규 등이다.

민중당은 전당대회에서 당외인사를 대통령 후보로 지명한다는 원칙에서 백낙준, 유진오, 이범석 등과 물밑접촉을 벌여왔다.

백낙준은 "민중들이 나를 징용해서 나가라면 나갈 수밖에 없다"고 수락의사를 밝혔다. 그러나 백낙준은 "인물보다는 원칙에 의한 정치를 해야하며 이를 위해선 전 야당의 단일 후보가 이뤄져야 할 것"이라는 소신을 굽히지 않아 후보 교섭이 결렬됐다.

그리하여 민중당 운영회의에서는 박순천, 유진산, 서범석, 홍익표, 김영삼 등 대통령 후보 교섭 전권위원과 이상철, 고흥문, 이중재 의원들의 의견을 들어 고려대 총장을 지낸 유진오를 대통령 후보로 결정했다.

유진오 후보는 민중당 입당 기자회견에서 "야당은 여당에 갈 표를 끌어오도록 노력해야지 야당끼리 서로 헐뜯고 표를 분산시키는 일은 하지말아야 할 것"이라고 일갈(一喝)하며, 야당 후보 단일화 또는 연합전선 형성에 노력하겠다고 밝혔다.

민중당은 대의원 1,048명이 참석한 대통령 후보 지명 공천대회에서 872표의 다수표를 얻은 유진오를 대통령 후보로 지명했다. 유진오 후보는 인도적인 남북교류를 공약하고 더 이상의 월남 증파를 반대했다.

민중당은 결의문에서 "민중당의 깃발아래 기필코 정권교체를 쟁취할 것이며 앞으로 노력을 경주하여 야당세력 단일화를 성취하겠다"고 밝혔다.

민중당은 대통령후보 단일화의 첩경(捷徑)은 야당통합이라고 결의하고 서범석, 고흥문, 김의택, 김판술, 김영삼, 이병하 등 6인을 야당통합 추진위원으로 선정했다.

(2) 활발한 통합논의는 신한당의 거부로 물거품이 되고

신한당은 "민중당의 야당통합 제의는 재야에서 추진중인 야당 대통령 후보 단일화를 견제하고 저해하려는 위장된 술수가 담긴 전략"이라고 규정하고 냉담한 반응을 보였다.

민중당 이중재 대변인은 "신한당이 하등의 정책과 원칙 없이 야당을 헐뜯고 통합을 반대하여 박정희 정권의 집권 연장과 야당 분열을 조장하는 과오는 역사의 심판을 받아야 할 것"이라고 비난했다.

민중당 운영회의는 윤보선 총재에게 "명년에 정권교체를 기필 이룩하기 위해서는 재야세력의 기간(基幹)인 민중, 신한 양당이 통합해야하며 민중당은 통합에 어떤 희생도 치를 각오"라는 공한을 보냈다.

그러나 신한당은 "하등의 구체적 방안없이 시기적으로 실현불가능한 통합만을 거듭 제의함은 국민 기만(欺瞞)의 정략"이라고 거부했다.

김수한 신한당 대변인은 "민중당이 원내 복귀의 사과와 지도층의 인책 및 준여당적 자세 등의 전환이 이뤄지지 않는 한 공식대표의 면담 등은 사실상 불가능할 것"이라고 말했다.

그러나 야당 대통령 단일후보 추진준비위가 마련한 서명에 찬동한 사람은 민중당 55명, 신한당 46명, 재야인사 41명 등 142명이었다.

여기에는 김준연, 전진한, 태완선, 허정, 김도연, 이춘기, 장택상, 정일형, 정해영, 박기출, 백낙준, 이범석, 이인, 임철호 등이 동참했다.

추진위원회의 정해영과 유옥우 의원등은 "추진위안을 어느 한 당에서 거부할 경우 단일화안을 수락하는 정당에 추진위가 대폭 가담할 방침"이라고 양당을 압박했다.

민중당 이중재 대변인은 "진정한 야당 단합을 위해 필요하다면 사과까지 할 용의가 있으나 인책의 주장은 어불성설"이라고 비난했다.

송원영, 이상신, 박용만 등 20여 명의 민중당 원외 지구당 위원장들은 신한당과의 통합을 위한 서명운동에 나섰고, 원내에서도 홍익표, 최영근, 이상돈, 신하균 의원들이 동참했다.

신한당의 정일형, 임문석, 퇴역장성인 김홍일, 김재춘, 조국수호협의회 조윤제, 구자유계의 임철호 등도 범야 단일협의기구 구성을 서둘렀으나, 신한당 윤보선 총재는 "공화당 집권의 연장을 위한 들러리 노릇이나 하고 제1야당이 될 것이나 꾀하는 불순세력과는 손을 잡을 수 없으며 단일화 교섭을 위한 범야협의기구는 오히려 혼란만을 초래할 우려가 있다"고 반대 입장을 밝혔다.

신한당의 윤보선, 윤제술, 이재형 등 주류는 "민중당의 원내 복귀 사과와 지도층 인책이 선행(先行)되지 않는 여하한 전제조건도 받아들일 수 없다"는 이유로 타협안을 전면 거부했다.

(3) 상호비난 속에 평행선을 달린 합당과 단일후보

민중당은 "재야정당은 단일후보와 통합을 비관하고 자포자기할 것이 아니라 1967년을 평화적 정권교체의 해로 삼기 위해 당략와 공명심을 버리고 단결 해야할 것"이라는 성명을 발표하고, 전당대회에서 민중당 대통령 후보 지명을 보류하되 단일화 협상을 펼치겠다고 밝혔다.

신한당은 "매국적인 한일협정의 국회 비준을 방조(傍助)한 정당 및 인사와는 단일후보를 논의하지 않는다"면서, 민중당과의 단일후보 협상을 거부했다.

윤보선 신한당 대통령 후보는 "원내에 복귀하여 한일협정 비준을 저지하지 못한 민중당의 현 지도층이 총사퇴해서 체질 개선을 한다면 대통령 단일후보 문제를 논의할 용의가 있다"고 조건을 제시했다.

박순천 민중당 대표는 윤보선 신한당 총재를 5·16 쿠데타 참여자라고 전제하고, 5·16에 관계한 사람은 야당 단일후보에서 제외돼야 한다고 반격했다.

윤보선 총재는 "정권을 잡지않고 있다는 이유만으로 같은 야당일 수 없으며 일부 단일화운동이 공화당의 막후(幕後) 조정에 의한 것"이라고 민중당에 일격을 가했고, 재야의 이인과 백남훈 등도 "윤보선은 단일화 운동을 저해하고 분열을 일삼는다"고 비난했다.

민중당은 "윤보선의 재출마는 결과적으로 공화당 집권연장만 시켜줄 뿐"이라고 공격하고, 신한당은 "민중당이 대통령 선거에는 관심이 없고 국회의원 몇 자리만 노리는 공화당 하청부정당"이라고 단정(斷定)을 서슴치 않았다.

야당 일각에서 끈덕지게 논의되던 야당 대통령 단일후보에 대해 신한당은 "한일회담의 국회비준을 방조한 세력과는 단일후보를 논의하지 않는다"고 공식적으로 결의했다.

이에 민중당은 "신한당만의 정치적 입장을 합리화하기 위해 국민의 여망을 짓밟은 처사"라고 전례없이 신랄(辛辣)한 비난을 퍼부었다.

날이 갈수록 위축되고 있는 야당세력은 한일협정 비준 때의 통봉(痛棒)에 이어 이제 선거를 앞둔 이합집산으로 다시금 야당 부재를 실감하게 하고 있었다.

재야 세력을 총규합하더라도 1967년 선거를 앞두고 조직 확대에 혈안을 두어 비대해진 민주공화당과 겨룰만한가가 의문인데 지금의 야당의 꼴이 뭣인가 하는 말이 소곤대고 있었다.
 민중당은 조국수호협의회 중심의 예비역 장성 및 자유당계 등 재야세력을 넓게 포섭하여 신한당의 윤보선 후보를 후퇴시키고 제3의 인물을 추대한다는 구상을 비쳐왔다.
 그러나 신한당은 1963년 선거에서 박정희 후보에게 15만 표차로 육박한 윤보선 후보의 기득(旣得)사실을 인정하고, 한일회담에 대한 신한당의 강경노선을 수긍할 것을 선행조건으로 내세웠다.
 그러나 윤보선 후보의 후퇴나 야당의 동질화, 민중당의 지도노선 시정 등이 현실성이 거의없는 까닭에 단일후보 문제는 민중, 신한 양당의 대화의 길도 터보기 전에 암초에 부닥치고 만 것이다.
 국민의당 파동, 통합야당인 민중당의 분당 등 야당이 걸어온 발자취 속에서 야당 단일화작업이 오히려 야당세력에 균열을 가져왔다는 신한당 주장이나 "윤보선 후보만을 고집, 협의과정에서 참여조차 거부하는 독선적인 태도"에 대한 민중당의 비난 등은 오히려 재야세력간에 단일후보 실패의 책임 전가를 위한 설전(舌戰)으로 보는 것이 어울렸다.
 이미 단일후보에 찬성할 뜻을 밝힌 서민호의 민사당 및 조국수호협의회, 구자유당계와 이범석의 족청계 등 모든 재야세력의 향배가 단일후보를 위한 분위기 조성의 소인으로 작용할 가능성이 짙어졌다.
 그러나 대통령 선거뒤에 치를 국회의원 선거를 둘러싼 상호간의 이해가 조정되지 않는 한 단일후보 실현에 어떤 극적인 계기가 마련되리라고 보는 이는 드물었다.
 야당후보 단일화를 제창했던 민중당은 6월 전당대회에서

대통령 후보 지명을 10월경으로 미룬 뒤 재야세력에 단일 대통령후보 협의를 제의할 때 재야세력의 반응이 뚜렷해지기까지 단일화 논의는 쉽게 점치기 힘들다는 것이 사실이다.

윤보선 후보의 후퇴나 민중당 지도노선의 시정 등 실현불가능한 조건의 제시에 앞서 신한당의 "한일회담을 합법화시켜준 준여당"이란 대민중당 비난이나 "5·16 혁명을 합법화시켜줬다"는 민중당의 대윤보선 비난을 피하기 위한 야당간의 이성적인 대화가 선행돼야 할 문제다.

(4) 4자회담에서 전격 합의한 합당과 대선후보

윤보선 신한당 총재는 야당 대통령후보 단일화추진위원회의 해산을 위한 전체회의에 보낸 서신에서, 야당 대통령후보 단일화를 위해 유진오, 백낙준, 이범석, 윤보선의 4자회담을 열어 완결짓자고 제의했다.

야당 통합의 외부 작용을 배제하고 선거에 시간을 맞추기 위해 가장 간편한 통합방법을 택하자고 제의한 것이다.

유진오 후보는 신한당의 민중당 흡수통합 제의에 민중당과 신한당의 대등한 입장에서 신설통합을 제의했다.

양당 합당에 합의한 유진오, 윤보선 후보는 4자회담을 열기로 합의했고, 4자회담에서 "정파의 이동과 득실을 초월하여 야당 단일화 성취에 최선을 다하고자 하니 재야정치인들의 흠연(欽然)한 참여를 바란다"는 성명을 발표하고 민중당, 신한당, 재야 각각 3인 대표를 뽑아 9인위원회를 구성키로 했다.

민중당은 서범석, 김의택, 김판술을, 신한당은 조한백, 정해영, 신태악을, 재야는 미정한 상태에서 자유당 임흥순 선전위원장은 자유당도 야당통합에 가담할 용의가 있다고 말했다.

 후보와 당수의 안배에 대해 유진오 후보에 윤보선 당수로 윤곽이 잡혀진 것으로 보도되었으나, 신한당 주류는 윤보선의 대통령 후보 추대를 위해 물밑작전을 전개했다.

 통합신당은 국민당으로 당명을 등록코자 했으나 같은 이름이 등록되어 신민당으로 고쳐 등록했다.

 4자회담에서 민중당과 신한당은 신설 합당 방식으로 통합할 것을 합의하고 통합신당은 대통령 후보는 윤보선, 당수는 유진오로 안배하기로 전격적으로 합의했다.

 정권 교체할 수임(受任)정당을 표방하여 신민당이 발족했으며, 4자회담에 참여했던 백낙준, 이범석은 신민당 불참을 표명했다.

 신민당 운영위원은 민중당에서 유진오, 유진산, 홍익표, 서범석, 장덕창, 이충환, 고흥문, 김영삼, 김대중, 이상돈, 유청, 권중돈, 김의택, 강승구, 이병하, 장준하, 정상구, 송을상, 장영모, 이민우, 김판술, 주도윤, 최영근, 박영록, 채문식을, 신한당에서 윤보선, 김도연, 정일형, 윤제술, 정해영, 정성태, 이재형, 유옥우, 유창열, 조한백, 신태악, 정운갑, 김성숙, 조헌식, 윤택중, 윤명운, 임문석, 민장식, 우갑린, 김선우, 조종호, 진형하, 이정래, 김성용, 김재광을, 재야에서 소선규, 임철호, 유수현이 지명됐다.

 박기출, 장기영, 신중목, 유창순, 부완혁, 김형돈, 이봉래, 김기철, 백기완, 서태원, 김중태, 박명환, 조홍래, 최열 등은 재야 몫으로 참여했으나 이인은 불참을 선언했다.

제4장 용병 비난속에 조국근대화를 위한 월남파병

1. 전쟁을 목전(目前)에 두고도 정정불안 속의 월남
2. 자유진영과 공산진영의 대결장으로 변모한 월남전
3. 공화당 단독국회에서 전투사단 파병동의안 통과

1. 전쟁을 목전(目前)에 두고 정정불안 속의 월남

(1) 연속적인 쿠데타로 안정을 찾지 못한 월남

1963년 11월 2일 월남에서 해병대와 7사단이 주동한 군부 쿠데타가 발생하여 대통령 관저 경비군이 투항하여 수도 사이곤을 사실상 장악했다.

두옹 반 민등 장군 4명과 영관급 장교 10명으로 구성된 군사위원회는 방송을 통해 반공 투쟁 완수를 위해 질서유지를 국민에게 호소하는 한편 각료들에게는 육군본부에 거처의 연락을 명령했다.

쿠데타군은 정부군과 시가전을 벌였으며 공동청년본부를 점령하여 구속중인 불교도, 교수, 학생들은 모두 석방했다.

쿠데타군은 방송을 통해 고딘 디 엠 대통령에게 항복하면 신분보장을 하겠다고 최후통첩했다.

무조건 항복한 이후 교회로 피신했다가 다시 잡히자 승용차안에서 자결(自決)함으로써 친미적이고 기독교 신자인 고딘 디 엠 대통령의 월남의 독재정권은 완전히 붕괴됐다.

전권을 장악한 국민혁명위원회 의장인 두옹 반 민 소장은 헌법의 효력을 정지하고 국회를 해산했으며, 대통령제를 폐지하고 종교자유 보장 등 6개항에 달하는 정책을 선포했다.

고딘 디 엠 대통령을 지지한 신문사등이 방화로 소실되고 백기가 달린 대통령 관저는 폐허가 되었으며, 사이곤의 시가지는 환희의 도가니로 일대 혼란이 빚어졌다.

미국은 고딘 디 엠 대통령의 피살설에 대한 충격으로 새 정권의 승인을 머뭇거리는 동안, 혁명위원회는 구엔 곡 토전 부통령을 수상으로 하는 임시정부를 수립했다.

혁명위원회 두옹 반 민 장군은 지난 9년 동안 고딘 디 엠 대통령의 부패한 친족정권을 축출했지만, 정치적 야심은 갖고있지 않다고 선언했다.

혁명정부는 정국을 안정시키는 데 성공했으며, 사이곤 거리는 집집마다 국기를 달고 경축 일색에 휩싸였다.

그러나 혁명대업을 위해 뭉쳤던 군의 고위 간부들간의 헤게모니 쟁탈전이 있을 가능성은 배제되지 않았다.

또한 지식인과 학생들은 구엔 곡 토 수상이 고딘 디 엠 대통령과 티켓으로 부통령을 재직한 경력에 불만이 고조되고 있으며, 정권은 구정치인이 아니라 민족주의자인 동시에 혁명가여야한다는 입장을 밝혔다.

그리하여 월남은 4·19 혁명때의 우리나라와 흡사한 혼란을 겪고있다고 주월남 한국대사관에서 알려왔다.

1964년 1월 반란부대가 사이곤 시를 점령하고 3개월 동안 월남을 동치해 오던 혁명위원회를 무너뜨리고 무혈혁명에 성공했다.

제1군단장인 구엔 칸 소장이 영도한 반란부대는 혁명위원회의 친불란서 세력을 축출하고 친미적인 색채를 보였다.

월남 수상 구엔 칸 소장은 전국적인 비상사태령을 선포하고 데모를 금지하고 신문을 검열하여 반공태세를 강화했다. 중장으로 진급한 구엔 칸 장군은 군사혁명위원회를 해체하고 장성위원회의 의장과 국가원수가 되어 사실상의 독재자로 등장했다.

구엔 칸 장군은 반불란서, 반중립화, 친미의 구호를 내세우고 있지만, 베트콩의 공격이 활발해지고 제3의 쿠데타도 우려되는 불안한 정정은 지속됐다.

한편 월맹과 대치하고 있는 우리나라의 38도선과 같은 북위 17도선의 군사적 불안으로 비상경계태세에 들어갔다.

월남 학생들은 구엔 칸 대통령 관저앞에서 민정수립 등을 요구하는 반정부 시위를 1만 명이상이 모여 벌였다.

3백여 명의 학생들이 방송국에 난입하여 구엔 칸 대통령의 퇴진을 요구하고, 불교도들도 궐기하여 월남의 정정(政情)은 극도로 험악해졌다.
 2만여 명의 학생들이 대통령 관저에 몰려 헌법개정과 신문검열 완화를 요구하는 시위를 벌였고, 일부 학생들은 공보선과 미군들의 숙사를 습격하는등 폭도화됐다.
 이에 구엔 칸 대통령은 정국수습안을 제시하고 사임했다.
 실력자인 구엔 칸 대통령도 단기간에 막을 내려 힘의 악순환이 되풀이되고 있으며, 반독재 데모에 베트콩의 침공까지 곁들인 월남은 갈팡질팡한 행로를 벗어날 수 없었다.
 군사혁명위원회는 대통령을 선출하지 못한 상황에서 종교폭동이 악화되어 흉기를 든 폭도들이 곳곳에서 살상을 저지르고 있으나, 군·경도 속수무책인 무정부상태가 당분간 지속됐다.
 군사혁명위원회는 민, 칸, 키엠 장군의 3두(參頭)지도체제를 수립하는데 가까스로 합의했다.

(2) 미국의 전폭적인 지지에도 불안한 월남정권

 불교도, 카톨릭 신도, 학생 대표도 참여하는 통일위원회가 수립된 가운데 세 장군간에 권력암투는 지속됐다.
 불교도들의 지지로 칸 소장이 수상에 복귀한 열흘만에 파트 장군의 주도하에 쿠데타가 발생했으나 하루만에 정부군에 항복하여 진압됐다.
 미국은 칸 수상의 정권을 전폭 지지한다고 천명했다.
 1964년 12월에도 소장 장성 9명이 주동하여 친위쿠데타를 일으켜 군사위원회와 국가최고위원회를 해체하고 반혁명분자 18명을 구속하고 고위장성을 대량 검거했다.
 미국은 민정 복귀를 요구하며 쿠데타군 장성단과 타협중이며 월남정부의 혼미(昏迷)는 지속됐다.
 월남에 또 친위쿠데타가 발생하여 후옹 수상 정부에 대한 지지를 철회하고, 쿠엔 칸 장군에게 정치위기를 해결할 과업을 위탁했다.
 친위쿠데타는 불교 지도자와 사전 타협하여 일으켰으며, 오안을 수상서리로 지명했다.
 1965년 2월에도 월남에서 군부정권 2년 동안 여덟 번 째 군부쿠테다가 발생하여 구엔 칸 장군이 실각되고 트란티 엔 키엠 장군이 실세로 부상했다.
 그러나 정부군이 하루 만에 방송국을 탈환하고 군부 쿠데타군이 항복했다고 발표했다.
 혜성처럼 등장한 티 준장이 반란군을 진압하고 칸 총사령관을 해임 후 추방하고 새로운 강자로 등장했으며, 쿠데타의 반복과 정정불안은 겉잡을 수 없도록 치달렸다.
 군부의 헤게모니 쟁탈전은 오랫동안 지속되다가 티우 대통령, 키 수상이 군부를 장악하면서 정권의 안정세로 접어들었다.

(3) 격렬해진 반정데모와 다낭과 후에에서의 내전

통킹만 사건으로 전화(戰禍)가 불을 품은 1964년 8월 전국 각 도시에서 5천여 명의 불교도의 반정 데모로 경찰과 충돌을 빚었으며, 주월남 한국대사관도 한 때 업무를 중단했다.
 월남에서 승려 셋과 소녀 1명이 분신(焚身)자살하여 반미와 반정부 항쟁이 격화되어 사이곤이 철시상태로 혼미를 거듭하여 정정불안 상태가 지속됐다.
 1966년 4월 키 월남 수상은 불교 지도자들과의 회합에서 9월에 민정이양을 합의했다.
 그러나 불교도들의 태도가 돌변하여 반미 데모가 폭동화하여 월남사태가 다시 험악해졌다.
1966년 11월에도 반정데모가 격렬해져 후옹 정부는 사이공에 계엄령을 선포하여 진화에 전전긍긍했고, 1966년말까지도 불교도의 반미폭동은 지속됐다.
 월남 불교도들이 반정부 투쟁을 선언한 가운데 카톨릭계에선 반정부데모 분쇄를 촉구하는 가운데 미국이 키 수상의 신임을 철회한 것으로 알려졌다.
더구나 남북이 대치된 다낭에서 장교들이 반정부 데모대에 가담하여 1군단이 반기를 들어 내전이 불가피하게 됐다.
 키 월남 수상은 다낭시가 공산주의자들의 수중에 들어갔으며, 다낭시의 탈환을 위해 월남 정부는 베트콩 소탕작전을 개시할 방침이라고 선언했다.
 그러나 민 다낭시장은 다낭시는 공산주의 수중에 들어가지 않았으며, "키 정권은 국민의 이익이 되는 일은 하나도 한 것이 없으며 그들의 사리사욕만을 채웠다"며 키 정권에 반기를 들었다.
 키 월남 수상은 다낭에 공정대를 투입하여 협상이냐 무력대결이냐의 기로에 놓여있으며, 반정부군은 노변(路邊)에 기관총을 포진시켜 대결을 증폭시켰다.
 한편 키 월남 정부는 다낭의 토벌작전을 성공하여 사이곤, 후에, 나트랑 등에 계엄을 선포하고 휴교령을 내렸다.
 정부군의 다낭 기습 공격으로 반정 데모를 벌인 불교도 5천 명이 투항하여 내전은 가까스로 평정됐으나 불교도의 항쟁은 지속됐다.
정부군의 진군(進軍) 중지로 다낭의 유혈사태는 모면했으나, 후에에서 1개 사단이 반란을 일으켜 또 다시 전운(戰雲)이 감돌았다.
사태가 미봉으로 수습된 한 달후에 다낭의 1군단이 반격태세를 갖춰 정부군과 시가전을 벌였으며, 수도 사이곤에서는 반미데모가 격렬해져 폭도화되고, 승려 셋이 분신자살하여 반미와 반정부 항쟁이 격화됐다.
 불교도를 중심으로 반미 데모의 격증으로 결전없이 혼미만 거듭하는 월남사태에 대해 미국의 고민은 깊어만 갔다.
 월남 정부군이 불교도 본부를 점령하고 다낭을 기습하여 장악하자, 다낭의 1군단은 반격의 태세를 갖추고 후에의 주둔군도 대항 포진으로 월남은 내전의 위기로 치달렸다.
 월남 정부군이 후에와 다낭에 진군하여 양군이 격전을 전개하여 정부군의 탱크 진입과 반정부군의 기지를 폭격하고, 반정부군은 미군 공군기지를 공격했으나 반정부군이 후퇴하여 월남의 내전(內戰)은 반정부군의 굴복으로 마감됐다.
다낭의 내전 9일 만에 반정부군 불교도가 사원을 나와 투항하여 무장해제 됐다.
 그러나 사이곤에선 반미데모가 격증하고 폭동화하여 경찰대가 기관총을 난사하는 불상사가 일어났다.
 티우 월남 원수는 새로 조직한 전국 정치회의에서 민선 50%, 관선 50%로 즉각 총선을 실시하여 민정이양을 하겠다고 선언했다.
 불교와 카톨릭 지도자들은 키 수상의 현 정권에 대항하는 통일전선을 펼치기로 합의했다.
 월남의 키 수상은 중립정부가 서면 대항하겠으며 군사정권으로 1년 간 더 집권할 계획을 선포했다.
 키 수상의 군정 연장 발언으로 불교도와 학생의 데모가 격렬해졌으며, 불교도가 키 수상의 사퇴를 계속 요구하고 있는 가운데 월남은 파국의 위기를 향해 치달렸다.
 월남 정부는 8월 중순에 총선을 실시하여 민정을 이양하겠다고 선언하고 불교도는 키 정권을 잠정(暫定)정부로 인정하기로 합의를 이뤄내 위기를 가까스로 모면했다.
 키 정부는 불교도와 타협하여 민간인 10명을 참여시켜 6

월까지 군민위원회를 발족시키기로 했다.

불교연합회는 총선을 거부하고 반공과 비폭력 투쟁을 계속하겠다고 선언했고, 후에의 트리랑 승려는 반정부 단식투쟁을 시작했다.

후에에서 불교도들의 정부에 대한 항쟁이 계속되고 있으며 정부군과 교전을 벌였다.

민중당은 월남의 데모 격화와 내전 상태로 인한 위기를 감안하여 한국군 증파의 보류를 요청했다.

이에 정부에서는 월남 정세를 예의 주시하면서 증파 문제를 신중하게 검토하기로 했다.

2. 자유진영과 공산진영의 대결장으로 변모한 월남전

(1) 매독스호의 피격으로 통킹만이 세계의 주목을

 미국 구축함 메독스호가 월맹 앞바다에서 피격을 받아 선체 일부가 피해를 입었고, 정체모를 세 어뢰정은 반격을 받고 도주했다.
 미국 국무장관은 어뢰정은 월맹의 것이라고 단정하고 백악관 긴급회의가 개최됐다.
 미국은 1964년 8월 5일 메독스호가 두 번째 피격을 당하자 월맹기지를 폭격하고, 월맹의 어뢰정을 격침시키는 통킹만 사건이 발생하여 미국과 월맹이 교전(交戰)상태에 들어갔다.
 미국은 중공과 월맹 및 라오스에 뻗는 침투루트에 있는 공산군 보급기지에 대한 공격계획을 서둘렀다.
 미국은 제한적이라고 못을 박았지만 엄청난 도박이며 중공과의 대결 가능성도 짙어졌다.
 유엔 안보리에서 미소의 대결이 벌어졌고, 세계의 이목이 통킹만에 집중됐다. 존슨 미국 대통령은 전쟁 확대는 바라지 않으며 반격 승인을 의회에 요청했다.
 우단트 유엔 사무총장은 미국 존슨 대통령에게 평화안을 제의하여 통킹만의 전운(戰雲)은 걷혀가는 것처럼 보였다.
 1964년 9월 월맹의 어뢰정이 도전하고 미국 군함도 응사하여 통킹만에 또다시 긴장감이 감돌았다.
 11월에는 베트콩이 주월(駐越)미군기지를 포격하여 B-57 폭격기 27대가 파손되는 손실을 입었다.
 월남의 수도 사이곤에서는 대규모 반정부 유혈폭등이 발생하여 비상사태에 들어갔으며, 월남의 긴장상태는 절정에 다다랐다.

1965년 2월 베트콩의 기습공격으로 미군 40명이 피살되고 정부군 500여 명이 전멸되자, 미군은 국가안보리의 승인을 얻고서 베트콩 전역에 기습전을 전개하면서, 함재가 49대가 대거 출동하여 월맹기지를 폭격하고 유도탄 대대도 배치했다.

미국은 자유수호의 굳은 결의를 다지는 한편, 소련은 적극적인 조치를 취하겠다고 포문을 열어 월남전을 싸고 미·소 양국이 긴박한 대결상태가 펼쳐졌다.

(2) 확전(擴戰)과 협상을 오락가락한 월남전

1965년 3월 베트콩의 공격으로 사이곤 미국 대사관이 폭파되고 존슨 부대사 등 40여 명이 사망하거나 중상을 입었고, 월맹의 미사일 공격으로 미국 팬텀기가 추락하자 미국 전투기 46대가 출격하여 하노이 부근의 미사일 기지와 기지 보급창을 강타했으며, 이 전투에서 미국 전투기 3대도 추락했다.

존슨 미국 대통령은 동남아에 10억 불 원조를 제의하면서 무조건 협상할 용의가 있음을 천명했다.

아울러 존슨 대통령은 평화의 날이 올 때까지 확전을 방지하겠다고 약속하여 미국의 월남정책이 전환됐다.

그러나 베트콩의 기세가 격렬해지자, 1965년 7월 미군은 월맹기지의 폭격을 재개했다.

46대의 미군기들이 하노이를 폭격하는 중에 월맹기와 공중전을 펼쳐 3기가 추락했다고 소련 타스통신이 밝혔다.

월맹의 침투를 분쇄하기 위해 미국 해군과 공군기 40대가 출격하여 하노이와 하이퐁을 폭격하여 월맹 저유(貯油)시설 60%를 파괴했다.

미국의 B-52기가 월맹군 진지를 강타하고 월남의 비무장지대에도 연이어 폭격을 감행했다. 미군기는 미그 17기와 공중전을 펼치기도 했으며 어뢰정 3척도 격침시켰다.
주월 공산군이 소련제 신무기를 휴대한 28만 명으로 증강되고, 지상에서 월맹 정규군과의 대혈전을 전개하여 미 공군기 10대와 헬리콥터 9대가 폭격으로 추락하여 월남전은 새로운 양상으로 가열되었다.
불란서 드골 대통령은 현재로선 월남의 군사적 해결은 불가능하며, 시기가 오면 화평을 주선하겠다고 호지명에게 서한을 보냈다.
미국 맥나마라 국방장관은 드골 대통령이 제의한 월남 중립안을 수락하며 베트콩의 총선 참여도 무방하다고 선언했다.
공산군의 철수조건을 제시하지 않고 월맹은 북폭 중지와 미군 증강 중지 등 협상의 조건을 제시했다.
존슨 미국 대통령은 호혜(互惠)반응을 보이면 북폭을 중지하고 월맹 지도자와 만날 용의가 있다고 밝혔다.
구정(舊正) 휴전기간에 월맹이 비무장지대에 수백대의 트럭과 9백여 척의 선박을 동원하여 대대적인 보급작전을 전개했다고 발표했다.
미국은 지상전투는 재개했으나 호양반응을 보이려는 권고에 따라 북폭 재개는 잠정적으로 보류했다. 그러나 중지할 대안이 없다며 보류 35시간 만에 북폭을 재개했다.
존슨 미국 대통령은 월남전에 더 많은 비용과 손실에 직면해 있으나 월남전 종전을 약속할 수 없다고 연두교서에서 밝혔다.
미군은 4만 5천 명의 병력과 제트기, 헬리콥터 450대를 투입하여 베트콩 본거지를 포위하여 월남전 이후 최대의 작전을 전개했다. 미군은 북폭 확대를 단행하여 월맹의 최대

철강공장도 맹타했다.

우탄트 유엔 사무총장은 먼저 전면적인 휴전을 하고 미국과 월맹이 직접 회담하는 새 협상안을 공표했으나, 월맹에서는 즉시 거부 의사를 표명했다.

미군기는 월맹의 공업심장부인 하이퐁을 맹폭하여 두 개의 화력발전소를 폭파했다.

미군과 월남군은 해병대 5천여 명과 함께 육해공군 입체작전으로 비무장지대에 진격하여 월남전 확전으로 새 국면에 접어들었고, 벤하이 강을 건너 격전을 벌였다.

신정 휴전 후 미군기는 월맹 미사일 기지를 맹폭하고 월맹군과 공중전을 전개하여 미그21기 7대를 격추시켰다고 미군은 발표했다.

주불란서 월맹 대표는 북폭을 무기한 중지하면 협상할 용의가 있으며 베트콩의 인정을 강력하게 주장했다.

소련제 미그기가 출현하여 미군기 2대가 추락하여 월남전의 양상이 미소의 무기 성능대결로 달려갔다.

때맞춰 미국 공군은 160대를 출격시켜 베트콩 보급기지창을 강타하는 제4차 폭격을 감행했다.

진의(陣毅) 중공 외상은 대미 긴장 종식을 확신하며, 월남협상에 반대하지 않는다는 입장을 밝혔다.

미국은 하노이 교외를 폭격하고 베트콩은 사이곤의 탄손누트 공항을 공격하여 월남전은 양국의 수도권에서 가열됐다.

호지명 월맹 의장은 비상동원령을 선포하면서 미국과의 전면전을 불사하겠으며, 20년이라도 항전하겠다고 선언했다.

미국 러스크 국무장관은 중공이 만약 월남전에 개입하면 중대 사태가 발생하게 될 것이라고 경고했다.

월남전은 크리스마스 휴전이 발효되어 북폭과 모든 전투가 중지됐다. 그러나 하루만에 전투가 재개됐으나 31일에는 신정 휴전이 실시됐다.

1967년 1월에도 미군은 월맹 미사일기지를 맹폭하고 미그21기 7대를 격추시키는 전과를 올렸으나, 베트콩의 준동(蠢動)은 멈추지 않았다.

사이곤의 탄손누트 공항을 베트콩이 공격하자, 미군은 하노이 교외를 연타하여 월남전은 양국 수도권에서 가열됐다.

(3) 공산진영의 확산 억제를 위한 자유진영의 단결

베트콩이 월남 전역에서 기습공격을 감행하여 미군 40여 명이 실종되고 월남군 600여 명이 전멸했다.

미군과 월남기 150대가 출격하여 피습에 대한 보복공격에 나섰다.

중공군 2개 대대도 월맹국경으로 이동하여 월남전 개입이 임박했다.

중공군의 미그21기가 16대 출현하여 미군 공군기를 공격하여 대규모 공중전이 전개되어 미그기와 미군기 2대가 각각 추락했고, 미군과 월맹이 캄보디아 국경지대에서 사단 규모 병력 간에 격전을 벌였다.

코쉬킨 소련 수상은 월맹을 적극 지원하기 위해 소련의 군사력을 더 한층 증강할 것이라고 밝혔다.

소련과 월맹이 새로운 원조 협정을 체결하고 5억 5천 만 불의 군원(軍援)을 소련이 제공하기로 양국간 합의했다.

미군기와 중공기가 중국 영공에서 공중전을 전개하여 미군기 1대가 중공의 미사일에 의해 격추됐다.

미국 정부는 50여 명 규모의 북괴 제트 조종사를 월맹에 파견했다는 것을 확인했다. 전투 의용군으로 참전한 북한 조종사가 월맹 상공에 출현한 것으로 밝혀졌다.

중공은 월맹전쟁을 지원하겠다고 공표하고, 소련 코쉬킨 수상도 "무관심할 수 없다"는 입장이어서, 월남전은 국제전쟁으로 비화될 조짐을 보였다.

월남전에는 자유진영에서는 월남군 22만 5천 명, 한국군은 비둘기, 맹호, 청룡 부대원 2만 명, 주월미군 20만 명 등 44만 5천 명인 반면, 공산진영에서는 베트콩 정규군 6만 명, 베트콩 민병대 17만 명, 월맹군 35만 명 등 58만 명이 대치상태에 있다.

자유진영은 비행기 1,800대, 항공모함 3척, 구축함 30척에 병력이 6만 명인데 비해, 공산진영에서는 비행기 150대, 어뢰정 16척으로 대치하고 있다.

공산진영에서는 중공의 비행기가 3,000대가 배후에서 군세를 과시하며 소련의 군사원조, 북한의 조종사 파견 등 지원을 받고 있는 반면, 자유진영에서는 한국, 태국, 호주, 뉴질랜드, 필리핀의 군사적 지원과 미국 태평양 주둔군 35만 명이 배후에서 지원군으로 활약하고 있어 국제전 양상으로 대치했다.

세계 2차 대전 이후 미국을 중심으로 한 자유진영과 소련을 중심으로 한 공산진영으로 분열되면서 남한과 북한을 비롯하여 동독과 서독, 월남과 월맹, 북예멘과 남예멘 등 4개국의 분단국가가 형성됐다.

1950년대는 북괴의 6·25 남침으로 북한, 중공을 주축으로 한 공산진영과 남한, 미국, 영국, 불란서 등 16개국의 참전국의 자유진영의 대결상태에서 휴전이 성립됐다.

북위 17도선을 중심으로 월남과 월맹의 대치상태에서 월남의 군부 쿠데타와 베트콩의 침범으로 정정이 불안해진 월남에 미군이 주둔하고 참전하면서 자유진영과 공산진영의 대결장으로 넓혀졌다.

3. 공화당 단독국회에서 전투사단 파병동의안 통과

(1) 존슨 대통령의 요청으로 비전투원인 비둘기부대 파견

존슨 미국 대통령은 월남의 투쟁지원을 약속한 10년 전의 공약은 변함이 없다고 천명한 가운데 정부에서는 월남지원을 빈번하고 긴밀하게 논의했다.

1965년이 접어들면서 월남 정부의 지원요청을 받아들여 공병, 수송부대, 자체방위병력 등 비전투원 1천 명을 파견하기로 각의(閣議)에서 의결하고 국회 동의를 얻기로 했다.

월남 파병문제는 군사 및 외교적 영향 등을 충분히 고려하여 신중하고 충분한 검토가 필요하지만, 정부는 기정사실로 받아들이고 국회 동의를 촉구했다.

월남과 월맹의 군사력은 월맹의 정규군은 23만명, 베트콩은 정규군과 비정규군이 각각 8만명으로 39만 명에 이르고, 월남은 정규군은 23만명이지만 민병이 35만으로 숫자상으로는 우세하다.

여기에다 미국 고문단이 2만 3천 명, 비율빈 3천 명, 한국군 2천 명으로 외국군이 2만 8천명이지만 내분(內紛)으로 사기로 잃은 월남군이 잘 싸울지와 베트콩의 보복이 우려되어 파견이 머뭇거려지고 있다.

그러나 정부는 파견부대가 비전투 부대이고 공산군에 대한 월남의 방어는 간접적인 한국의 방위라는 인식으로 파병원칙을 재확인했다.

김성은 국방부장관은 파병비용은 한국이 부담하며 미국, 월남간에 파병에 합의했다면서 동의안 경위를 설명했고, 엉거주춤하던 야당은 윤보선 민정당 총재의 주도로 반대하기로 결정했다.

민정당은 월남과 한국의 두 전선이 우려된다며 반대입장을 표명했으나, 민주당이 기권하기로 결정하여 월남파병동의안이 찬성 106표, 반대 11표, 기권 8표로 통과됐다.
 한·미 고위 장성들이 참석한 가운데 파월 군사원조단 결단식이 거행되고, 월남과 경협이 촉진되어 한국 상품의 수출 증대의 교섭에 들어갔다.
 이러한 어수선한 정정 속에 우리나라의 비둘기부대 2천 명은 아리랑 주악(奏樂) 속에 사이곤에 상륙했다.
 사이곤 상륙직후 베트콩 중대병력이 비둘기부대를 습격하여 국군 장병 11명이 부상을 입은 것으로 전해왔다.

(2) 민주공화당 단독국회에서 전투사단 파월동의안 통과

 월남의 키 수상은 1만 5천 명 규모의 전투사단 요청 공한을 정일권 국무총리에 보내왔다. 이에 정부는 7월 초 파병동의안을 국회에 제출할 예정이다.
 국무회의는 월남정부 요청을 받아들여 1개 전투사단 파월을 의결했다.
 박정희 대통령이 미국을 방문했을 때 고위급 회담에서 1개 사단규모의 월남증파에 대해 합의한 것으로 알려졌다.
 이동원 외무부장관과 미국 러스크 국무장관과 한미행정협정 합의과정에서 월남에 한국군 전투부대 파견을 논의했고, 규모는 1개 사단 병력으로 알려졌다.
한국은 미국의 회계연도가 개시되는 7월 이전에 파병하는 것이 한국 측에 여러가지로 유리하다는 판단으로 6월 중에 파병을 마무리할 것으로 알려졌다.
 베트콩이 사이곤 공항에 포격을 가하여 비행기 32대가 파손하고 미·월남군 9명이 사망하고 1,750명이 부상하고 다낭과 후에에서는 대학생이 무장 데모를 펼치는 불안한 상황에

서도 이동원 외무부장관은 월남 정정이 혼란해도 7월내 1개 사단 증파는 흔들리지 않는다고 발표했다.

박정희 대통령은 파월동의안 비준을 단시일 내 완료하겠다는, 미국 존슨 대통령은 월남전을 확대하지 않겠다는 친서를 교환했다.

야당의원들이 불참한 민주공화당 단독국회에서 월남파병동의안이 1965년 8월 13일 통과됐다.

파견된 맹호부대는 월맹군과 6시간 접전을 벌여 월맹군 170명을 사살하고 월맹군 대대병력을 격퇴시켰으며, 우리 국군도 7명이 전사하고 42명이 중경상을 입었다.

한국군은 나트랑에 야전군사령부를 설치하고 나트랑 지역의 지상군 작전을 전담했다.

파월 국군의 경비는 미국에서 28억 5천 만원을, 한국에서 6억 5천 만원을 부담하기로 한미 양국간에 합의했다.

(3) 맹호와 청룡부대 등 1개 연대와 1개 사단을 증파

미국 존슨 대통령은 위대한 사회추진을 위해 월남전을 계속 수행하여 아세아의 자유를 끝까지 수호하겠다고 선언했다.

월남전의 예산은 1,128억 불이 필요하여 월남 전비(戰備)의 추가를 의회에 요청하겠다고 발표했다.

미국 언론에서는 한국군 2만 명의 월남 증파를 요청했다고 관변소식통을 인용하여 보도했다.

한국군 월남 증파를 한미고위급 회담에서 본격적으로 논의했으며 근무수당 인상, 군의 장비 현대화, 북괴 침략에 대한 대비 등 관련 조건들을 폭 넓게 검토했다.

미국 존슨 대통령은 크리스마스 휴전을 계기로 중지했던 월맹 폭격을 재개하고, "북폭은 협상 포기가 아니다"면서,

유엔 안보리를 긴급소집했다.
 미국 험프리 부통령이 내한하여 한국에 맹호와 청룡부대에 이어 1개 사단 규모이상을 월남에 증파하여 1개 군단 규모의 한국군이 월남에서 전투에 임해줄 것을 요청할 것이라고 워싱턴 포스터지가 긴급보도했다.
 민중당은 월남 증파의 초당적 협의를 위한 여야지도자급 회의를 제의했다고, 민주공화당 일부에서 증파 반대 여론이 있어 찬반으로 논란이 예상되는 가운데 월남에서 공식적으로 증파를 요청했다.
 박정희-험프리 회담에서 주월병사들의 봉급을 25% 인상하고 대월 수출품목을 2백종으로 확대하고 4월에 1개 연대, 7월에 1개 사단을 증파하기로 합의했다.
 박정희 대통령은 월남문제 처리에 있어서의 발언권 인정을 요구했다.
 증파 동의안에 민중당의 반대론이 지배적이며, 별도의 평정(平定)계획이 있어야 증파에 동의하겠다는 입장을 고수했다.
 국방위원회의 논쟁은 증파의 목표가 베트콩 괴멸(壞滅)이냐, 월맹 타도냐며 파병이 국방 수준의 최대한도로 휴전선의 적신호로 남북통일에 방해가 된다는 민중당의 입장이라면, 미국의 외교와 일심동체가 되어 북괴의 도발에 효율적으로 대처하고 국력 증진에 필요하다는 것이 공화당의 입장이다.
 1966년 3월에 국회는 4월에 1개 연대, 7월에 1개 사단 병력의 월남 증파를 찬성 95표, 반대 27표, 기권 3표로 통과시켰다.
 박정희 대통령은 주월군에 투표권을 부여하고 후방 요원의 파월도 검토하고 있으나 전투부대 증파는 더 이상 없다고 재확인했다.

정부는 제대군인 등 1만여 명을 평화봉사단으로 월남에 파견하겠다는 방침을 수립했다.

베트콩이 매설한 지뢰 폭발로 파월기술자 9명이 사망하고, 베트공이 채명신 주월사령관 숙소에 수류탄을 던져 건물을 파손시켰다.

청룡부대는 월맹군과 백병전을 펼쳐 월맹군 243명을 사살했다고 보고했다.

월남의 키 수상은 한국군의 증강과 평정계획 참여를 요청했다. 정일권 국무총리와 키 수상은 평정계획 참여와 해·공군의 추가 파월을 논의했다.

키 월남 수상은 우리나라에 공군 파견을 요청했으나 정일권 국무총리는 현재의 단계에선 곤란하다고 거절했다.

주월한국군 군수지원 용역단으로 1만 명을 파월한 계획을 미국에 제시했고, 주월 국군 예비역에 우선권을 주고 월봉은 350불로 책정했다.

미국은 주월한국군에 M16소총을 공급하기로 결정하여 4월부터 실전에 사용키로 했다.

정부는 후방요원 1만 명, 민간용역단 3만 명을 월남 평정에 참여할 계획이며 월남은 경협도 논의하겠다고 밝혔다.

월남파병을 윤보선 대표를 비롯한 야당권은 필사적으로 반대하며 미국의 용병(傭兵)이며 우리 국민의 피를 팔았다고 규탄했지만, 월남의 파병은 주한 미군의 감축의 명분을 잃게 했고, 파월장병과 기술자들의 송금은 경제개발의 밑거름이 된 것만은 사실이었다.

그리하여 폐허와 기아에 허덕이던 일본이 한국의 6·25동란으로 회생하여 경제 대국으로 발돋움한 것처럼, 우리나라도 월남전의 특수로 중진국 반열에 오를 수 있는 디딤돌을 마련한 것을 누구도 부인하지 못 할 것이다.

(4) 맹방의 결속을 과시한 월남 참전 7개국 정상회의

 정부는 월남문제 해결을 위해서는 제네바식 해결을 반대하면서도 월남 평화회의를 반대할 아무런 이유가 없다면서, 월남 참전국 정상회의를 지지하는 서한을 태국 외무상에 전달했다.
 월남 참전 7개국 정상회의가 1966년 10월 24일 필리핀 마닐라에서 개최했다.
 우리나라 박정희 대통령, 미국의 존슨 대통령, 월남의 티우 국가원수, 비율빈의 마르코스 대통령, 태국의 타놈 수상, 호주의 홀트 수상, 뉴질랜드의 흘리오크 수상이 참석한 마닐라 정상회담에서 확전은 불원이나 전쟁은 계속한다는 기본입장을 확인했다.
 또한 공산국가들의 반응에 따라 공동전선을 강화하기로 했다. 협상엔 모든 참전국이 참여하되 단결만이 월남화평의 원동력임을 재확인했다.
 박정희 대통령은 존슨 대통령과의 회담에서 회담 결과에 만족하며, 티우 월남 국가원수의 증파 요구에도 더 이상의 증파는 없다고 단언했다.
 정상회담에서 단결만이 월남화평의 원동력이며 월맹과 베트공의 침략을 멈추면 6개월내 철군할 것을 합의하는 한편 맹방(盟邦)의 결속을 과시했다.

제5장. 죽(竹)의 장막 속의 중공과 미·소의 우주경쟁

1. 중공의 세계무대 등장과 연이은 핵실험
2. 홍위대 난동과 소련과 헤게모니 쟁탈전을
3. 꿈에 그린 달나라 여행과 미·소의 우주경쟁

1. 중공의 세계무대 등장과 연이은 핵실험

(1) 불란서의 중공 국가 승인으로 세계무대에 등장한 중공

불란서 드골 대통령이 미국의 반대를 물리치면서 중공을 승인한 저의는 위대한 불란서의 영광을 되찾기 위해 맹방(盟邦)을 괴롭히면서 적과 손을 잡으려는 의도로 보인다.

드골 대통령의 중공 승인은 미소 2대 강국의 주도권 행사에 불만을 갖고 전략적 제휴로 볼 수 있다.

"중공의 경제건설에 대한 불란서의 대규모적인 참가"는 중공의 시장을 독점하려는 영국을 견제하는데 한 몫을 하였다.

불란서의 승인으로 중공의 국제적 지위가 강화되고 점점 많은 서방 국가들의 승인을 얻어 유엔에 가입하게 되면, 두 개의 한국관이 대두될 우려를 경계해야 할 것이다.

일본도 불란서에 발을 맞춰 시장획득에 한 몫 끼자는 속셈에서 정경(政經)분리 정책을 추구하며 중공에 끌리고 있다.

중화민국은 불란서와 단교를 선언하고 주불공관원을 소환했다.

중공의 핵실험으로 인한 급변하는 세계정세에서 중공의 지위를 주시 해야하며, 두 개의 한국에 대한 경계와 대체가 필요하게 됐다.

1965년 유엔총회에서 중공의 유엔가입이 찬성 47표 대 반대 47표로 찬반 동수로 부결됐다. 미국은 투표 전에 중공의 가입을 3분의 2 다수결의안 채택을 제안하여 찬성 56표 대 반대 49표로 가결시켜 부결을 시키는 데 성공했다.

그러나 불란서, 인도, 파키스탄, 스웨덴, 영국 등이 찬성하여 조만간 가입이 가결될 것으로 전망됐다.

월남 국경에 중공군 20만이 집결되고 중공 영공에서 미군 전투기와 중공기가 공중전을 벌이는 상황에서 중공의 유엔 가입은 1966년 유엔총회에서도 반대 64표 대 찬성 57표로 부결됐다.

지난 해보다 더 큰 표 차로 부결시킨데 대해 한국과 미국, 중화민국 정부에서는 만족을 표명했다.

반대표가 늘어난 것은 중공의 고립화정책에 대한 증표(證票)이며 강경과 호전성을 지탄한 결과였다.

(2) 중공의 연이은 핵실험으로 핵보유국으로 발돋움

1964년 10월 중공 신화사 통신은 신강성에서 원자탄을 폭발시킴으로써 중공 최초의 핵실험을 성공적으로 실시했다고 발표했다. 이로써 중공은 미국, 소련, 영국 및 불란서에 이어 다섯 번째의 핵보유국이 됐다.

1965년 5월에도 신강성에서 2차 핵실험을 성공적으로 실시했다는 중공은 원폭의 종류나 크기 등은 발표하지 않은 채 중공은 핵무기를 먼저 사용하는 일은 결코 없을 것이라는 맹세를 되풀이했다. 다만 세계 핵 정상회담을 개최하자고 제의했다.

서북풍을 타고 오는 죽음의 재에 대해 치안국에서는 비를 맞지 말고 천연수는 금물이라고 경고했으나, 측정 결과는 인체에 해로운 것을 판명하지 못했다고 밝혔다.

1966년 5월 중공은 신강성 상공에서 수소폭탄 실험을 성공했다고 발표하면서 "이 폭발시험은 발휘력을 강화하고 국가의 안전과 세계평화를 수호하려는 중공인 인민의 노력이 성취된 새로운 중요한 사실"이라고 덧붙였다.

미국과 영국은 이번 중공의 수소폭탄 실험은 불란서를 앞지르려는 중국의 의도적 실험이며, 수소폭탄인지의 여부는 아직 판단할 수 없다고 폄하했다.

중공 신화사 통신은 거리, 장소, 규모는 알리지 아니하면서 핵 유도탄 발사 실험 결과 예정 표적(標的)을 정확히 명중했다고 보도했다.

일본에서는 이 유도탄의 사정거리는 4백 마일이고 히로시마에 투하된 원자탄 규모라고 경악하며 즉각 항의했다.

1966년 12월에 중공은 신강성에서 3백킬로 톤급의 제5차 핵실험을 실시하여 미국과 소련에 이어 불란서와 함께 제3의 핵보유국으로 등장했다.

중공은 위험한 화약고로서 정규군만 270만 명이고 공군기는 미그21 등 3천 대로 막강하며, 해군력도 핵잠수함이 5, 6척 정도로 추정되고 있으나 아직은 공격보다는 방위 본위 체제로 평가되고 있다.

2. 홍위대 난동과 소련과 헤게모니 쟁탈전을

(1) 홍위대의 난동으로 내전(內戰)상태에 돌입한 중공

우리나라와 중공은 국교가 단절된 상태에서 중공은 죽(竹)의 장막 속에 갇힌 국가로서 홍콩이나 일본의 언론 보도가 전달하는 수준의 정보력에 의존할 수밖에 없었다.

중공의 지도체제는 공산당 중심이 되어 모택동이 주도하고 있고 국가주석은 유소기이며, 부주석은 송경력과 동필무, 수상은 주은래가 맡고 있다.

또한 등소평, 주은래, 임표, 주덕, 진운, 강생 등이 당무위원으로 실권을 장악하고 있는 것으로 알려졌다.

의회는 전국 인민대표대회 상무위원회가 관장하고 있으며, 주덕이 위원장으로 활동하고 있고, 공산당과 정부와 정립(鼎立)상태를 이루고 있다.

모택동이 1958년 유소기에게 국가주석을 물려준 것이 마지못해서였다는 보도가 터져 나오면서, 모택동과 유소기가 오래전부터 대립해왔었다는 사실이 드러났다.

유소기는 친소적, 국제적이며 노동자 운동을 전개했지만, 모택동과 임표는 토착파로서 반소적이며 농민운동의 대가였다.

모택동은 유소기가 자기와 정사(政事)를 전혀 의론하지 않았고, 등소평이 자신을 독립 왕궁속에 파묻었다고 비난하며, "나를 마치 죽은 아비 취급했다"고 말한 것을 신화사 통신이 인용하여 보도했다.

월남전이 확대되고 소련과의 긴장감이 증대되면서 모택동 사상의 순도(純度)를 내걸고 문화혁명의 필요성이 주창되었고, 반대파 숙청극을 벌일 수 있었다.

유소기와 등소평을 정점으로 하는 반모파를 축출하라는 중공의 문화대혁명은 추진세력간의 분열로 내란의 문턱에까지 몰고 왔다.

문화대혁명은 모택동의 친정을 위한 롤백작전을 모색한 것으로 해방군을 등에 업은 임표 국방상이 주동이 되어 모택동 왕국을 재건함으로서 세자를 노리고 모택동의 처 강청과 공산당 이론가인 강생, 진백달, 도주들과 손잡고 공산당과 군부의 조직점검에 나서면서 반대파 숙청을 단행한 친위 쿠데타 성격이 짙었다.

문화대혁명은 모택동이 총사령관, 임표가 부사령관으로, 진백달, 강청, 강생 등이 홍위병 소조를 이끌고 있으며 인민해방군들이 홍위병을 돕고있다.

그러나 해방군 가운데 관료파가 관할하는 군대에서는 문화혁명에 동조하지 않아 분규와 반발이 내전으로 비화될 조짐을 보였다.

이러한 상황에서 청소년들을 동원하는 홍위병을 착안하여 전면에 내세웠고, 모택동의 마지막 혁명이라는 문화대혁명은 홍위병(洪衛兵)이라는 기괴한 집단을 창설하여 권력투쟁을 전개했다.

문화대혁명은 모택동의 카리스마적 교조주의와 유소기와 등소평의 합리주의의 대결로 요약될 수 있다.

모택동은 1958년 자의가 아닌 타의에 의해 국가주석직을 내놓았다고 벽보를 통해 밝혔다. 이로써 국가주석 유소기, 공산당 총서기 등소평이 비판과 공격의 대상이 됐다.

신화사 통신은 전 육군이 모택동에 충성을 맹세하는 한편, 반모파들의 반격을 완전분쇄할 것을 다짐했다고 발표했다. 인민일보도 모든 혁명세력에게 반혁명세력을 분쇄하기 위해 총궐기하여 비상조치를 취하라고 경고했다.

중공 전역이 반모세력들의 끊임없는 파업과 태업 등 저항으로 뒤흔들리는 가운데, 친모파는 반대세력에 대해 투항하든 가 아니면 무서운 결과를 각오하라고 최후통첩을 보냈다.
반모파 세력이 중공 전토에서 전면적으로 세력을 규합하는 총동원을 실시하여 친모파에 전면적인 실력대결을 펼쳤다.
실제로 중공의 28개 지방조직 가운데 20개 조직을 반모파 가 장악하고있어 친모파들이 유소기를 숙청하기에는 상당한 어려움에 봉착했다.
1966년 8월 10대 홍위대원들의 문화혁명 운동이 테러화하 여 거의 무정부상태가 빚어내자, 중공 공산당은 홍위대원들 에게 규율을 지키면서 대프롤레타리아 문화혁명을 수행하라 고 명령했다.
홍위대원들은 낡은 이념과 문화와 관습 그리고 서구적인 것 을 거부하여 전국 각지에서 난동이 절정이 이뤘다.
 중공의 신화사 통신은 북경에서 시작된 홍위대 운동이 홍 콩, 내몽고 등 전국적으로 번졌으며 노동자, 농민, 공무원 수 만명이 붉은 완장을 두르고 홍위대 운동에 가담하여 무 정부상태로 빠져 들어갔으며, 과거의 낡은 관습과 문화재를 파괴하고 있다고 보도했다.

(2) 유소기와 등소평의 실각으로 문화대혁명은 마무리

 중공내에서는 임표와 유소기의 권력투쟁에 의한 결전이 임 박한 것으로 알려졌다. .
  유소기, 등소평을 정점으로 하는 반모파를 축출하려는 중 공의 문화대혁명은 추진세력의 분열과 반모파의 저항으로 내전상태에 접어들었다.
"혁명과업을 완수하고 생산량을 증가하라"는 모택동의 엄명 에 따라 교수들이 학생들을 총동원하여 기업체에 파견했고, 임표는 국방상이란 지위를 활용하여 육군을 규합하여 반모파 숙청을 단행했다.

　모택동 지지파들은 모든 혁명세력에 반모세력을 분쇄할 것을 요구하는 성명을 발표했으나, 모택동, 임표의 교조주의 정립에 농촌과 도시의 반발이 뿌리깊어 내란이 발생한 것으로 분석됐다.

　중공은 농정의 실패로 대약진 때의 좌절에 배고픈 농민들이 봉기했으며 경제적 빈곤의 악순환은 되풀이 되었다.

북경에서는 백만 노동자가 쇄도(殺到)하여 행진한 가운데 군인들의 집단행동으로 수많은 장교들이 체포되고 반모파의 숙청이 대대적으로 자행됐다.

유소기 국가주석이 사병(私兵)조직을 가동하여 홍색 국가수호군을 조직하여 전면 반격준비에 착수했다.

천안문 사열대에는 유소기 주석을 옹호하는 "주은래를 산 채로 불태워 죽여라"는 플래카드가 걸렸다.

　중공의 수도 북경이 혼미상태가 거듭되고있는 와중에 친모파의 반모파에 대한 숙청이 군수뇌부에까지 손길이 뻗쳐들었다.

국방상 임표는 북경에서 개최된 홍위대 귀향대회에서 "공산당의 고위 간부들이 자본주의를 추종하고 있다"며 대규모 숙청을 강조하고 있으나, 안휘성에서는 폭동이 일어나 홍위병 본부가 습격당했다.

중공 전역이 반모세력의 끊임없는 파업과 저항으로 뒤흔들리는 가운데 중공 공산당은 반대세력에 투항하든가 아니면 무서운 결과를 각오하라고 경고했다.

북경, 남경, 광동 등 중공 각지에서 유혈충돌과 파업이 잇따라 터지고 북경에서 170명의 벽돌공이 생매장당하고 상해에서는 반모 노동자들이 집단적으로 파업을 단행하고, 반동 부르조아들이 대문화혁명을 거역하여 반항을 하고있는 것으로 알려졌다.

북경, 장사, 천진, 서안 등에서 홍위대와 반모세력이 격돌하여 난투극을 전개했고, 공산당내의 암투도 심각한 것으로 알려졌다.

남경에서는 홍위병들과 반모파들의 유혈충돌에 50만 명이 가담됐고, 도주(陶鑄)가 지휘한 반모부대군이 진군하여 6천명을 체포하고 1천여 명을 살상한 것으로 알려졌다

유소기, 주은래를 비난했던 도주(陶鑄)는 중국의 정치권력내 4인자로서 홍위병들로부터 반당분자로 맹렬한 비난을 받게 됐다.

홍위대는 "공산당 선전부장 도주(陶鑄)가 프롤레타리아 혁명의 목적을 수행하는데 실패했다"는 비난과 함께 반동분자로 몰려 북경거리를 이리저리 끌려다녔다.

홍위병들은 "중공을 온통 화약냄새로 가득채우고 모택동, 임표 외에는 누구든지 비판하겠다"는 발악에 앞장섰던 공산당 선전부장 도주가 모택동과 임표의 주류를 고립시켜 숙청당한 것으로 알려졌다.

광서성과 만주에서 반모군의 항전이 계속되자 주은래 수상이 반모파 분쇄에 인민군을 투입하겠다고 공개적으로 선언했다.

광서성 일대에는 10만 명이상의 주민들이 홍위병들과 충돌하여 이를 진압하고자 군대까지 출동했다고 보도됐다.

중공의 홍위대는 문화정풍운동의 초점을 도시에서 지방으로 옮겨가고 있으며, 이제는 완강한 항거에 당면하여 도처에서 충돌이 일어났다.

친모파와 반모파가 살육을 벌이며 충돌하여 중공 문화혁명 내란상태가 벌어졌다..

홍위병과 군대를 배경으로 하는 모택동 세력과 반모택동 세력간에 유혈 충돌이 절정에 다다랐다.

반모파가 세력규합에 총동원되어 남북간에 교통이 완전 마

비됐다.

산동성, 귀주성 등 중국 도처에서 반홍위병 운동이 전개되어 홍위대와 큰 충돌을 빚었으며, 반혁명 포스터가 나붙고 모택동 사진도 찢어졌으며 상해시청도 습격당했다고 외신들은 보도했다.

 중공군이 반모파에 공격 경고하는 상황에서, 친모파 내에서 임표와 강청이 암투를 벌이고 있는 것으로 알려졌다.

영국에서는 모택동 후계자라는 모택동의 처 강청, 국방부장관 임표가 잠정적인 제2인자로 간주되고 있다고 보도했다. 중공의 군중대회에서 국가주석 유소기, 수상 주은래를 제치고 국방상 임표가 제2인자로 등장했다.

모택동의 중공에서는 무산자(無産者)문화혁명을 외치는 히스테리칼한 홍위대운동이 세계의 이맛살을 찌푸리게 한 채 잠시 동면에 들어갔다.

 홍위대는 희귀한 명화나 비너스 여상을 파괴하고 고대문화 말살 등 폭주를 거듭했다.

 인민일보는 농공지대에 악영향이 우려된다며 홍위대 운동의 중지령을 게재했다.

일본 언론에서는 등소평 총서기가 할복자살하려다 실패하고 병원에 입원치료중이라고 보도했다.

소련에서 반모군에 대한 지원설이 난무한 가운데 하르빈과 내몽고에서는 친모군의 유혈진압이 성공을 거두었고, 내전 상태였던 신강성에서는 휴전령이 선포됐다.

 상해 자치정부는 문화혁명에 항거하는 자를 모조리 체포해서 처단할 것을 선언했고, 전국 각 지역에서도 상해 자치정부의 조치를 따라 문화혁명의 완수를 축하했다.

 모택동은 유소기, 등소평이 과오를 인정하고 비판을 받아들인다면 현직의 직책에 계속 머무를 수 있는 기회를 줄 방침이라고 회유하기도 했다.

드디어 모택동이 유소기와 등소평의 모든 관직을 박탈함으로써 문화대혁명의 대단원을 장식했다.

주은래 수상도 중공 전역에 특사령을 내리고 중대과오도 용서해야 한다며 국무원 숙청금지령을 발령했다.

드디어 모택동은 주은래 수상에게 문화혁명을 중지하고 중국 경제를 재건하도록 전권을 위임했다.

이로써 숙청된 지도자는 유소기(국가주석), 등소평(당 총서기), 팽진(북경시장), 나서경(총참모장), 하룡(중공군 원수), 육정일(문화상), 팽덕회(군 장성), 도주(당 선전부장), 진운(부수상), 부일파(부수상), 주덕(인민대표 상임의장), 양상곤(정치국원), 유지견(군 문혁 소조장), 유난청(서북국 제일서기) 등으로 알려졌다.

(3) 소련과 중공의 공산권 헤게모니 쟁탈전

1949년 중공의 모택동은 소련의 스탈린의 도움으로 미국과 장개석 정부를 몰아내고 중국 대륙을 차지하고서, 스탈린 사후 등장한 소련의 후르시초프와는 공산주의에 대한 수정주의라고 비난을 퍼부으며 상호경쟁상태에 돌입했다.

소련의 경제원조 중단으로 비롯된 중소분규는 1962년 쿠바사태를 계기로 중공이 흐루시초프를 유화주의주자로 비난하면서 비롯됐다. 수정주의 대 교조주의로 맞서며 공산권의 주도권 쟁탈전을 벌여왔다.

1964년 12월 중공은 소련에 흐루시초프의 실각이후 이념적, 정치적 수정주의를 메별(袂別)하라고 통고하며 그렇지 않으면 중·소분쟁은 전면적으로 재개될 것이라고 경고했다.

1966년 3월 중공은 소련공산당 제23차 전당대회에 참석하여 달라는 소련 초청을 "당신네들이 적으로 취급하는 중국공산당을 초청하다니 말이 되느냐"하고 쏘아붙이고 거절했다.
 소련은 중공의 위험스러운 정책 노선에 대한 반대 투쟁을 촉진시켜야 할 필요성을 핵심 당원들에게 교육시키는 운동에 착수했다.
 소련의 중공의 고립화정책으로 북한도 중공에 등을 돌렸고, 동구권에서 알바니아와 루마니아만이 중공과 국교관계를 유지하고 있을뿐이다.
 1966년 8월에는 소련은 홍위대원들의 주북경대사관에서의 난동을 규탄하는 각서를 중공에 전달했다.
 소련 경찰들이 모스코바 중공대사관에 난입하여 대리대사를 비롯한 직원들에게 몰매를 가하고 반소전시물을 도끼로 찍어내는 행패를 부리자, 북경에서도 소련 외교관을 폭행하고 승용차를 파괴하는 반격을 자행했다.
 모스크바 붉은 광장에서 중공 유학생들이 소련 경찰들에 얻어맞은 사건을 둘러싸고, 중공 외무성이 통렬한 대소비난을 퍼부었고, 북경의 소련대사관 앞에서 반소시위가 연일 계속되고 반소데모가 상해, 장춘 등으로 번지며 푸쉬긴의 초상화가 화형당하고 외교관의 신변이 위험 지경에 이르자 중·소 국경에서도 불안의 기운이 감돌았다.
 북경에서 반소시위가 격렬해지자, 소련은 중공 주재 외교관 가족을 철수했으며 단교 직전상태에 들어갔다.
 중공은 제정(帝政)러시아 당시의 불평등조약을 인정하고 초과 편입한 영토만을 되돌려달라고 주장하고 있지만 소련은 묵묵부답이다.
 중국의 소련 선박에 대한 발포설로 긴장된 상태에서 중공이 신강성, 내몽고 지역에 50만 병력을 배치하여 무력 충돌이 우려되고 있다.
 중국과 소련은 잦은 국경충돌, 무력대치의 시한폭탄으로 단교의 명분을 모색하는 결단의 고비를 맞고 있다.

중공의 한국동란 참전재향군인회는 김일성이 문화혁명을 중상할 뿐 아니라 중공의 은혜를 배반했다고 규탄했다.
 홍위병들이 김일성 규탄의 저변에는 북괴의 대소 밀착에 대한 앙심이었다.
 헌신짝 혈맹이 된 배경은 적의 친구도 역시 나의 적이라는 관념이 지배했고, 북괴의 실리추구 외교에 따라 불화가 심화됐다.

3. 꿈에 그린 달나라 여행과 미·소의 우주경쟁

(1) 우주정복의 경쟁에서 미국을 앞서 달린 소련

 1964년 10월 소련의 우주선 보스코트 1호가 과학자, 의사, 조종사를 태우고 지구궤도를 선회하며 TV 사진을 전송하고 올림픽 대회에 메시지를 보내왔다.
 1965년 3월 소련의 보스코트 2호가 우주를 선회하다가 우주인 1명이 선살(船室)을 나와 20분동안 우주관광을 즐기고 산책한 인류 최초의 기록을 달성했다.
 1966년 2월 소련의 루나 9호가 달의 폭풍의 바다에 연착하여 사진을 전송했다. 네 번째 실패하고 다섯 번째 성공한 연착륙 성공은 인간의 달 여행에 크게 일보(一步) 전진한 것으로 높이 평가됐다.
 1966년 3월에는 소련 비너스 3호가 106일 만에 사상 최초로 여섯 번 만에 금성에 착륙하는데 성공했다.
 비행도중 궤도를 변경했으며 달 비행거리의 1백배에 달하여 대기권 신비를 풀릴 것을 기대했다.
소련에서는 루나 10호를 발사하여 달 궤도에 우주정거장 설치를 시도하겠다고 발표했다.
 소련 유인우주선을 2년 만에 발사하여 우주에서 최대 곡예(曲藝)쇼를 전개했다. 소련 우주인 코마로프가 착륙중 낙하산 줄이 꼬여 추락사했다.
 1966년 12월에는 루나 13호가 달의 폭풍(暴風)의 바다에 연착하여 달의 표면사진 2장을 전송했으며 달의 표면에는 두꺼운 먼지층이 없다는 것을 확인했다.

(2) 미국도 달의 표면에서 모래와 자갈을 채취하는데 성공

1963년 5월 미국의 우주비행사 쿠퍼 소령이 인류 최초로 34시간 우주비행을 마치고 미드웨이 항공모함에 무사히 귀환했다.

1964년 2월 미국 레인저 6호 우주비행기가 달의 고요의 바다에 명중하여 착륙하였으나 사진 촬영에는 실패했다.

그러나 8월에는 레인저 7호가 달의 표면에 근접하여 원거리 무전 조종으로 달 표면사진 4천 장을 촬영하여 전송(電送)하는데 성공했다. 이로써 달세계를 정복하려던 인류의 꿈이 한 발자국 다가갔다.

1965년 8월 발사한 제미니 5호는 예정대로 8일간 궤도 비행을 마쳤으나 계획한 우주 랑데부는 포기했다.

그러나 우주비행 최장기록인 190시간을 돌파하고 120회를 회전하며 궤도(軌道)변경에는 성공했다.

10월에는 미국 제미니 4호가 지구 궤도를 56바퀴 회전하고, 외계 산책을 20분 간 실시했으나 랑데부 실험을 포기했다.

산책한 우주인은 "주위가 아름답다"고 처음으로 송신했다.

12월에는 미국의 우주비행선 제미니 6호와 7호가 공중 랑데부라는 역사적인 대성공을 거두고 행복스러운 편대비행에 들어갔다.

제미니 7호가 3일간 우주여행중 서태평양 상공에서 제미니 6호와 네 우주인이 마주 보며 사상 최초의 우주 랑데부에 성공했다.

미국 제미니 8호가 발사되어 아제나 로켓트와 편대 비행하면서 네 차례 도킹을 시도하며 2시간의 우주산책도 계획했으나 고장으로 우주 도킹 35분을 하고서 앞당겨 귀환했다.

미국은 제미니 9호를 발사하여 장시간 우주산책을 하고

표적 위성과의 랑데부도 성공했다.
 승선한 서넌 소령은 2시간의 우주산책으로 사상 최장시간을 기록했다.
 7월에는 표적 위성인 아제나호와 45분간 편대 운행하는 등 제미니 10호로 우주 도킹에 성공했다.
 달 여행의 필수과목인 도킹 성공은 시행착오 2전 3기의 결실로 지상의 조정을 안 받는 자작 조정의 걸음마 단계이다.
 콜린즈 소령이 우주산책도 병행하여 아폴로 달착륙 계획이 진일보했다.
 제미니 11호가 아제나 표적위성과 도킹에 성공하여 콘라드, 고든 비행사는 최고의 우주비행사 칭호를 받았다.
고든 비행사는 1,367km 상승, 시속 2만 8천 7백 km로 최고도, 최고속 비행에 성공했다.
 미국 아폴로 세 우주인이 발사대 화재로 연습 중 사망했다.
 1966년 4월 서베이어 3호가 달의 폭풍의 바다에 연착하여 TV 전송했다. 서베이어 3호는 달 지면을 15cm 깊이의 모래와 자갈 채취에 성공했다.
 1966년 6월 미국의 달 탐색체 서베이어 1호가 달 표면 폭풍의 바다에 착륙하여 144장의 사진을 전송했다. 사진 속의 달 표면은 단단하고 평평한 것으로 보여졌다.
 소련의 루나 9호를 쫓아 미국은 달 탐사우주선 서베이어를 발사하였으나 안테나 고장으로 임무수행에 차질이 예상되고 있으나, 달 연착엔 낙관했다. 달에 연착한 서베이어호는 TV 송신에 착수했다.
 서베이어호의 달 표면 전송화면을 보면 암석 깔린 딱딱한 평원으로 먼지나 분화구도 없어 인간의 착륙도 가능할 것으로 보여졌다.

소련에 뒤진 미국의 실점(失點)만회였다.

마리나 4호가 최초로 화성사진을 송신했다. 화면을 검토를 한 바 달의 표면과 흡사하며 화성에는 생명이 없는 것으로 분석됐다.

1965년 11월 프랑스가 사하라 사막에서 지구 주위 궤도에 42kg의 인공위성을 발사함으로써 소련과 미국에 이어 세계에서 세 번째로 우주 경쟁에 발을 들여놓았다.

[제3부] 제6대 대통령 선거와 제7대 국회의원 선거

제1장 윤보선 후보와의 재대결에서 승리한 박정희
제2장 민주공화당이 압승을 거둔 제7대 총선
제3장 개헌선 확보를 위해 불법선거로 얼룩진 총선

제1장 윤보선 후보와의 재대결에서 승리한 박정희

1. 1967년 제6대 대통령 선거의 이모저모
2. 박정희 후보와 윤보선 후보의 유세(遊說)대결
3. 재대결에서 민주공화당 박정희 후보가 대승을

1. 1967년 제6대 대통령 선거의 이모저모

(1) 박정희, 윤보선 후보가 공화당과 신민당 대선 주자로

정부는 대통령 선거일을 5월 3일로 공고하고 중앙선거관리위원회는 대통령 선거비용 제한액을 2억 7천 2백 31만 7천 5백 원으로 확정하여 공고했다.

이번 대선에서 부각될 최대쟁점은 부정부패 논쟁과 부익부빈익빈(富益富 貧益貧)논쟁이 될 것이며, 민주공화당의 조직 대 신민당의 붐으로 집약될 전망이다.

이번 선거에서 유권자는 13,894,469명이며 서울시가 2,038,217명이고, 부산이 691.571명이다.

경상북도가 2,027,884명으로 최다이고 제주도가 157,493명으로 최소이다.

민주공화당은 대의원 2,693명이 모인 전당대회에서 박정희 총재를 만장일치로 대통령 후보로 지명했다.

박정희 총재는 수락(受諾)연설에서 "행복한 생활과 영광스러운 조국의 내일을 향한 전진의 대열에 앞장 설 것을 선언한다"면서, 당원들의 단결과 협동을 촉구했다.

박정희 후보는 "내가 항상 잊어버릴 수 없는 것은 어떻게 하면 우리 민족도 남과 같이 잘 살 수 있겠느냐"라는 정치 목표를 설정했으며, 모든 정치를 행정에 집결시켰다고 밝혔다.

그는 야당이나 언론 등 비판세력에 대해 뿌리 깊었던 불신감을 완전히 해소시키지는 않았다.

신한당 윤보선 총재는 야당 대통령 후보 단일화를 위해 윤보선, 유진오, 백낙준, 이범석의 4자회담에서 완결짓자고 제의했다.

윤보선, 유진오, 백낙준, 이범석 4자회담에서 대통령 후보 윤보선, 신민당 당수 유진오로 결정하고 신민당 전당대회에서 추인(追認)을 받기로 했다.

신민당 대선후보로 지명된 윤보선 후보는 5대 대선과 한일협정 등 여러 파도를 거쳐오는 동안 사상논쟁과 굴욕시비 등을 내세워 그것을 구국의 집념으로 집약하여 극한투쟁의 최선두에 서 왔다.

윤보선 후보는 "정책 대결이 정당정치의 원형임을 부인하는 것은 아니지만 우리와 같이 군사독재와 부정부패 및 정보정치 아래 무기력한 대안의 제시와 무원칙한 타협만을 앞세워서야 야당의 사명이란 말살되고 말 것이다"라고 해명하기도 했다.

한일협정 국회 비준 파동 당시 의원직을 버리고 탈당해 버린 직선적 행동은 융통성을 모르는 고집쟁이에 불과했다든가, 의회민주주의를 부인하고 정당의 주도권쟁탈 실패에서 오는 반사적 산물이란 비판을 받기도 했다.

"내가 마치 대통령병에 걸린 사람처럼 악선전하고 정당 제조가인 것처럼 고의적인 악평(惡評)을 퍼뜨리고 있음을 안다"고도 말했다.

윤보선 후보의 완고성(頑固性)은 결과적으로 높이 평가받은 소신을 낳기도 하지만, 동시에 정치인으로서 포용력이 없다는 단점의 양면성을 지니고도 있었다.

(2) 야권통합에 따른 선거전략 수정은 불가피

전혀 불가능할 것으로 예상됐던 야권통합이 윤보선, 유진오, 이범석, 백낙준의 4자회담에서 전격적으로 윤보선 후보, 유진오 당수로 결정되어 예상밖의 야권통합이 이뤄졌다.

그러나 "초연하고 공정한 입장을 견지하면서 국가와 민족에 계속 봉사하겠다"면서 백낙준, 이범석은 신민당 불참성명을 발표했다.

신민당은 창당선언문에서 자유 민주세력의 총집결체이며 민족주체적 정당임을 자처하며 정권교체를 통한 민주정치의 재건과 이를 위한 철석같은 단결을 결의했다.

정책적인 설득을 외면하고 투쟁 일변도였던 윤보선 후보의 등장은 1963년도 대통령 선거전 못지않은 극한상황을 예견케 했다.

야당이 분열된 상황에선 "선거는 하나마나 야당이 패배할 수 밖에 없다"고 점치던 사람들도 "이젠 해 볼만 하게 됐다"로 급변했다.

민주공화당도 뜻하지 않던 통합 야당의 출현으로 지금까지 다듬어온 선거전략을 근본적으로 재검토하지 않으면 안 되는 고경(苦境)에 놓였다.

자발적이라기보다는 여망과 대세에 쫓겨 급조된 통합은 그러기에 완전한 당원의 단합이 이루어지기까지 상당한 진통을 겪을 것으로 예상됐다.

그리하여 파벌 알력의 해소와 거당적 협조체제를 위해 지도부의 각별한 노력을 기울여야 할 것이다.

신한당이 통합반대로 당론을 굳힌 데에는 민중당이 준여당이라고 지적하는 명분과 민중당 지도부 인책이라는 주장이 외에도 통합이 되면 헤게모니 경쟁에서 지프로 국회의원 후보 공천을 받기 어렵다는 계산도 깔려 있었다.

안국동 윤보선 총재댁에서 열린 신한당 전당대회에서는 1,050명의 대의원 중 736명이 참석하여 초만원을 이뤘다.

윤보선 총재는 "대의를 위해 당원 동지들은 희생을 각오(覺悟)해야하며 통합과정에서 신한당만 희생될 염려도 없지 않으나 참고 견디자"고 희생을 역설했다.

일부 당원들은 "신한당 창당 10개월의 고난이 너무 허무하다"고 눈물을 글썽거렸다.

시민회관에서 개최된 민중당 전당대회에서 박순천 대표는 "무아의 경지에 들어가 자기희생을 각오하고 통합을 성취하자"고 역설했다.

민주공화당의 선거전략은 종래에 중점을 둬 왔던 국회의원 선거로부터 비교적 안일하게만 여겨왔던 대통령 선거로 그 중점을 옮겨야 할 것이 불가피해졌으며, 당의 총력은 우선 대통령 선거를 필승으로 이끄는 데 쏟아야 할 시점에 이르렀다.

당내 공천싸움의 여파로 나타나는 민주공화당 조직의 일부 이탈가능성은 단일야당의 태동에 대처하여 일사분란한 임전태세를 정비해야할 민주공화당의 선거체제에 커다란 위협이 아닐 수 없다.

민주공화당 정권이 추진한 한일국교 정상화나 월남파병이 선거에서 반드시 유리한 입장만은 될 수 없기 때문이다.

또한 민주공화당 정부의 중농정책과 조세정책에 대한 비판은 민주공화당이 부닥쳐야 할 최악의 쟁점이 될 것이다.

빈부 현격화(懸隔化)내지 소득 불균형 현상으로 낳은 분배정책의 모순과 부패의 만연(蔓延)도 민주공화당 정부 입장에서는 뼈 아픈 상처임에 틀림없다.

기적이 일어나지 않는 한 실현불가능할 것으로 예상됐던 야당 후보 단일화는 재집권에 자신만만했던 민주공화당엔 뜻밖의 복병(伏兵)이었다.

(3) 선거에 대비하여 조직 확대에 광분한 민주공화당

일제(日製)승용차에 대한 면세조치에 민주공화당이 부당하다며 공격하기 시작하여 집권세력안의 암투상을 드러냈다.

지난해 항명파동이후 잔잔하던 민주공화당은 삼성재벌 밀수처리를 싸고 주류와 비주류간 심각한 알력과 의견 차이로 혼선을 겪었다.
 그러나 반정부 입장을 보여왔던 김동하, 김재춘, 박원빈, 박병권 등 재야 혁명주체들이 민주공화당에 입당했다.
 김재춘은 "야당 사람들과 일해 보니 기대할 것이 없더라"고 방향을 선회한 배경을 해명했다.
 이어 이호 전 법무부장관, 안호상 전 문교부장관, 최영희 전 육군참모총장, 손원일 전 해군참모총장, 이윤영 전 국무총리 서리가 민주공화당에 입당했다.
 재야인사인 함석헌 옹이 신민당에 입당하고 야권이 추대한 나용균 전 국회부의장이 민주공화당에 입당했다.
민주공화당은 시장, 군수를 당원으로 입당시키고 사회단체 간부들을 대량으로 포섭한 당세 확장 공작에 나섰다.
 그리하여 야당은 야위어 가는데 민주공화당이 너무 비대하여 양당정치의 위기에 직면했다.
 민주공화당은 대통령 선거와 국회의원 선거에 대비하여 농협 등을 이용하여 사랑방까지 침투하여 총유권자의 4분의 1을 민주공화당원으로 확보한 것으로 알려졌다.
 민주공화당의 당원 배가운동의 목표는 1가구 1당원으로 통·반장의 포섭은 기본이고 각종 단체장, 조합장을 친여 인물로 대체했다.
 밀가루 공세에 각종 건설공사의 선심 공세로 유권자들을 공략하여 독주체제를 구비한 것은 성급한 선거 포석의 전략에서였다.
 민중당의 통·반장의 민주공화당 입당과 당원포섭이 위법이라고 주장하자, 엄민영 내무부장관은 "통·반장의 정당활동은 법에 저촉되지 않는다"고 일축했다.
 중앙선관위도 "통·반장은 공무원이 아니므로 정치활동을

할 수 있다"고 민주공화당에 유리하도록 유권해석했다.
　민중당은 행정 말단조직을 통해 집권당이 선거운동을 하려는 것은 국민 전체를 여당화하려는 독재국가의 수법이라고 비난했다.

(4) 7명이 난립한 대선전에서 6명의 후보들이 완주

　대통령 후보 추첨에 의해 1번 정의당 이세진, 2번 한국독립당 전진한, 3번 신민당 윤보선, 4번 대중당 서민호, 5번 민중당 김준연, 6번 민주공화당 박정희, 7번 통한당 오재영 등의 순번이 결정됐고 7명이 등록하여 대통령 선거사상 역대급의 난립상을 노정(露呈)했다.
　1번 정민회의 후신인 정의당의 이세진 후보는 경북 출신이라는 것 이외에는 정치활동이나 사회활동을 한 적이 전혀 없는 무명의 인사로서 미지(未知)의 인물로 알려졌다.
　2번 한국독립당 전진한 후보는 경북 상주 출신으로 노동총연맹 공천으로 상주 을구에서 제헌의원에 당선됐고, 2대에는 부산 무구에서 최원봉 의원의 사망에 의한 보궐선거에서 승리했고, 3대에는 부산 을구에서 무소속으로 당선됐다.
　4대와 5대 선거에서 낙선한 전진한 후보는 윤보선 의원이 대통령에 당선되자 재빠르게 종로에 터를 잡아 보궐선거에서 당선되고, 6대에는 민정당의 공천을 받아 5선의원으로 발돋움했다.
　4번 대중당 서민호 후보는 전남 고흥 출신으로 2대의원과 5대의원을 지냈으며, 5대 국회에서는 국회부의장으로 활약했고, 6대 총선에서는 자민당 공천으로 서울 용산에서 당선됐다.
　중앙정보부는 "박정희 정권이 민족의 고귀한 피를 진흙탕과 정글 흙더미의 나라 월남에 헐값에 팔아넘긴 것은 정권을 유지하고 상인들의 자본 축적을 위한 것으로 미국의 대리싸움을 할 필요가 없고, 파월장병을 즉시 소환하라"고 주장한 민사당 창당준비위원장인 서민호를 반공법 위반혐의로 구속했다.

검찰은 "민사당이 일본의 조총련에서 자금을 들여와 창당준비에 썼다"는 혐의를 구속수사에 추가했다.

서울지법은 남북교류론과 월남파병 반대성명 부분은 무죄를 선고하고 김일성과 직접 면담제의 부분은 "반국가단체의 수괴(首魁)를 자신과 대등한 위치로 끌어 올림으로써 반국가단체인 북괴를 합법정부인 대한민국과 동등하게 취급했다"며 유죄를 인정하여 징역 2년을 선고했다.

검찰은 민사당원들의 성분조사 등 수사범위를 확대했다.

5번 민중당 김준연 후보는 전남 영암 출신으로 초대, 3대, 4대, 5대, 6대의원인 5선의원으로 지난 6대 총선에선 영암-강진에서 자민당으로 출전하여 공화당 후보를 꺾고 당선됐다.

그러나 야권의 중진의원으로 발돋움한 전진한, 서민호, 김준연 후보의 대통령 출마는 영웅심리가 작용했겠지만, 야권인 윤보선 후보에게 도움이 되지 아니한 무모한 도전으로 평가됐다.

7번 추풍회의 후신 통한당 오재영 후보는 경기도 안성 출신으로 자유당 소속으로 3대와 4대의원을 지냈고, 지난 5대 대선에 출전하여 박정희, 윤보선 후보에 이어 3위를 차지했다.

대선을 며칠 앞두고 민사당을 개명한 대중당 서민호 후보는 "국민이 원한다면 야당 단일후보를 내세우기 위해 입후보를 사퇴하겠다"고 말했다.

서민호 후보의 사퇴로 윤보선 후보의 호남지역 공략이 용이하게 됐으며, 호남 푸대접으로 고전하고 있는 박정희 후보에게 타격을 줄 것으로 전망됐다.

2. 박정희 후보와 윤보선 후보의 유세(遊說)대결

(1) 선거초반 윤보선 후보와 유세대결을 펼친 김종필

대통령의 직무를 충실하게 수행하고 있다는 것을 국민에게 각인시키기 위해 선거 초반에는 박정희 대통령은 유세에 참여하지 않고, 김종필 민주공화당 의장이 중소도시를 순회하며 유세전을 펼쳤다.

민주공화당은 선거대책위원회 고문에 백두진, 윤치영, 이갑성, 이윤영, 임영신, 정구영, 최두선, 권일, 손재형, 유치진, 손원일, 이호, 최영희 등을 추대하여 인해전술(人海戰術)을 방불케했다.

민주공화당은 이정석, 조시원, 이도선, 강문봉, 권일 등을 유세반에 편입시켜 전국 유세에 활용했다.

경기도 포천유세에 나선 김종필 민주공화당 의장은 이번 선거를 전진세력과 수구세력의 대결로 규정하면서 "근대화의 기수인 박정희 대통령을 재선시켜 줄 것"을 호소했다.

김종필 당의장은 "공화당 정부가 중농정책에 실패했다는 등 말이 있으나 공화당 정부는 결코 중농정책을 소홀히 한 일이 없다"면서, "정부는 해마다 농촌에 4백억 원씩을 쏟아 넣었으며 공장 건설로 농민소득을 향상시켰다"고 주장했다.

그는 "박정희 대통령은 과거 어느 때의 지도자가 알면서도 감히 실천하지 못했던 것을 몸소 실천했고, 그 때문에 국민들은 내일에의 희망을 갖게 됐다"고 주장했다.

그는 "공화당 정부는 앞으로 4년간 국민소득을 현재의 년 1백불 선에서 2백불 선으로 배증(倍增)하겠다"고 약속했다.

김종필 당의장은 "야당이 지방자치제만 실시하면 민주정치가 되는 것처럼 말하고 있으나 그것은 눈 감고 아웅하는식의 전략"이라면서, "지방자치제 실시에 소요되는 막대한 비용은 학교 교실을 짓고 양수기를 사들이는 데 쓰는 것이 더 시급하다"고 주장했다.

그는 "공화당의 정책방향은 공업 치중정책이 아니라 농공병진(竝進)정책"이라면서, "4년간 정권을 다시 맡겨준다면 농가소득의 향상, 경지정리 작업, 곡물가 안정 등의 정책으로 농촌경제를 급속히 발전시킬 것"이라고 약속했다.

경기도 양평유세에서 김종필 당의장은 "자본의 축적없이 공업화는 이루어질 수 없으며 공업화는 바로 근대화의 지름길"이라며, "제1차 경제개발 5개년계획의 성공으로 공업화의 정초(定礎)작업을 영도한 박정희 대통령을 재선시켜 줄 것"을 호소했다.

김종필 당의장은 경상남도 산청유세에서 "군 복무연한을 2년으로 단축시키겠다는 신민당의 주장은 터무니없는 얘기며, 오히려 신병이나 입영예정자들의 마음을 들뜨게 하여 적(敵)만 이롭게하는 결과를 가져올 것"이라고 주장했다.

김종필 당의장은 "신민당의 세금 20%인하 주장은 정부예산중 240억을 삭감하자는 주장으로 그렇게 하자면 공무원 봉급을 내리든가, 국군의 숫자를 줄이지 않는 한 실현불가능한 일"이라고 반박했다.

김종필 당의장은 "이 나라에서 수구(守舊)정객들이 완전히 도태돼야만 건전한 발전을 할 수 있다"면서, "야당은 정권획득에만 혈안이 되어 국가 위신과 민족 명예도 아랑곳없이 불순한 저의를 드러내는 행각을 하고 있다"고 비난했다.

(2) 청중 동원시비에 휘말린 박정희 후보 유세

박정희 대통령이 선거를 18일 앞두고 직접 유세에 나선 민주공화당은 윤보선 후보가 제시한 정책과 폭로 공세에 대한 비판 및 반박, 집권 4년간의 정부 업적의 PR, 집권 공약과 비전의 제시등에 역점을 뒀다.

박정희 후보는 전주 유세에서 "재선되는 경우 농공병진 정책을 계속하고 1개군에 1개이상의 농수산물 가공공장을 세우겠다"고 약속했다.

그는 "우리의 3대 공적(公敵)은 공산당, 빈곤, 부패다. 2차 5개년계획의 목표는 국민소득 배가, 2백만 명의 고용증대, 1백만 호 주택건립, 10억 불 수출 달성에 있다"고 청사진을 제시했다.

박정희 후보는 대전 유세에서 "신민당은 비례대표 한 자리에 2천 내지 3천만 원을 받는다는데 이 사람들이 집권하는 경우에 장관자리도 팔지 않겠는가. 공화당 정부가 매관매직한다는 말을 들어 보았는가"라고 신민당을 공격했다.

또한 박정희 후보는 "예속(隸屬)정권이라는 것은 한일협정과 월남파병을 갖고 시비를 한 모양인데 이 두 가지는 지금 생각해도 잘 한 것이다. 둘 다 국가이익에 도움이 되는 것이다"라고 옹호했다.

부산유세에서 박정희 후보는 "야당은 미래상이 없다"면서, "인기 정책에 급급하지 말고 봉급 인상, 세금 인하 등 공약에 대한 구체적인 방안을 제시하라"고 요청했다.

30만 명으로 추산되는 청중이 모인 대구 수성천변 유세에서 박정희 후보는 "야당은 거의 실현 가능성이 없고 무책임한 사탕발림 소리만 하고 있다"면서, "야당에 거창한 민족적 과제를 맡길 수 없다"고 거듭 주장했다.

박정희 후보는 춘천 유세에서 "우리가 벌여온 역사적 과업을 우리 손으로 밀고 나가기 위해, 그리고 공화당이 무책임한 야당보다 잘 해 나갈 것이라고 판단한다면 이 사람을 다시 뽑아 일하게 해 달라"고 지지를 호소했다.

박정희 후보는 월남파병에 대해 "월남에서 우리가 돕지 않는다면 국제 공산주의자들의 마수는 언제 우리에게 뻗쳐질지 모를 뿐아니라 6·25 때 우방에 신세를 진 것을 아는 민족이 돼야 한다"고 주장했다.
 25만명이 모인 서울유세에서 박정희 후보는 "안정이냐, 혼란이냐, 전진이냐, 후퇴냐를 판가름하는 중대한 시기가 왔다"면서, "안정은 국민들의 행복으로 가는 길이요, 혼란은 파멸을 이끄는 길"이라고 지지를 호소했다.
 7만 명이 모인 인천 마지막 유세에서 박정희 후보는 "경제적 자립이 없이 정치적 자립이 있을 수 없다"면서, 재집권을 호소했다,
 박정희 후보의 유세에는 수많은 청중들이 동원되었는데 민주공화당 유세 때 동원된 버스가 전복(顚覆)되어 많은 사상자가 발생하여 비난의 화살을 피할 수는 없었다.

(3) 노익장을 과시하며 전국을 누빈 윤보선 후보

윤보선 후보는 집권하면 중임제를 철폐하는 개헌을 추진하겠다고 제주 유세에서 밝혔다.
 윤보선 후보는 거국내각의 구성, 대통령 중임제철폐 개헌, 정치보복과 정보정치 중지 등 10대 집권(執權)목표를 내세웠다.
 "이번 선거는 결코 신민당과 공화당만의 싸움이 아니고 극소수의 군벌적 반동세력과 전 국민의 싸움"이라고 규정하고, "부정선거가 자행될 경우 유혈을 각오해서라도 이를 저지하고 기필코 정권교체를 이룩해야 할 것"이라고 주장했다.
 "이번 선거는 독재와 부패와 빈곤과 예속의 길을 택하느냐, 아니면 민주정치의 회복과 국정개혁의 기회를 갖느냐의

중대기로"라고 역설했다.

"공무원의 선거운동, 공화당의 불법적인 당세 확장, 막대한 선거자금의 부정 염출(捻出), 국영 방송등의 편당적 악용, 언론기관에 대한 간섭 등 너무나 많은 부정선거의 징조가 명백해지고 있다"고 비난했다.

윤보선 후보는 광주공원에서 개최된 유세에서 "이번 선거는 박정희 씨와 3천만의 대결"이라고 규정하고, 정권교체의 필연성을 강조했다.

윤보선 후보는 "박정희 정권의 독재, 부패, 특권, 예속의 4대 비정(秕政)과 싸우는 것이 이번 선거의 투쟁목표"라고 전제하고, "4대 비정은 정책 이전의 문제로서 이번 선거를 통해 정권교체를 이룩하지 못하면 암흑의 독재가 이 나라를 지배할 것"이라고 주장했다.

그는 "박정희 씨와 그를 둘러싼 3대 공적(公敵)인 정보정치, 매판(買辦)특권 재벌, 부패한 권력 분자를 제외하고는 박정희 씨와 3천만의 대결"이라고 강조했다.

윤보선 후보는 "집권하면 병역의무 연한을 2년으로 단축하겠다"는 새로운 선거공약을 내걸었다.

윤보선 후보는 "공화당의 1백가지 공약은 1백가지 거짓말이며, 박정희 정권하에서 이 나라 사회는 불의가 승리하고 정의가 패배하는 사회가 되고 말았다"고 비난했다.

윤보선 후보는 "파월 국군이 공산 월맹군이나 베트콩보다 못한 무기를 갖고 싸워왔는데 그것은 우리 정부가 잘못한 탓이다"면서, "집권자는 파월 장병이거나 휴전선을 지키고 있는 국군의 생명과 안전을 친자식처럼 지키고 아껴야한다"고 말했다.

윤보선 후보는 "공화당의 중농정책은 농민의 이익을 배반하는 반농(反農)정책의 결과를 초래했다"면서, "공화당의 박정희 후보는 농민의 이익을 배반한 농민의 아들"이라고 비난했다.

윤보선 후보는 경북 김천 유세에서 "박정희 정권은 공공연한 언론봉쇄로 민주주의의 기본마저 말살하고 있으며, 이번 선거는 언론자유 수호 세력과 자유언론 탄압 세력과의 싸움"이라고 주장했다.

그는 "집권 연장만 기하려는 박정희 정권의 언론탄압과 학원 폐쇄등이 독재가 아니고 무엇이냐"고 민주공화당 정부를 비난했다.

경북 점촌 유세에서 윤보선 후보는 "고소득자에 대한 세율인상과 정부의 사무비를 절감하여 공무원의 봉급을 2배로 인상하겠다"고 공약했다.

윤보선 후보는 "공과대학등 기술계통의 대학생은 재학중 군사훈련을 실시하고 졸업과 동시 병역을 면제시키겠다"고 공약했다.

윤보선 후보는 "박정희 정권의 악랄한 정보정치로 국민이 기만(欺瞞), 허위 날조 등 온갖 못 당할 것을 당해 온 현실을 타파하고, 진실을 찾고 후손이 번영할 기회를 찾아야 한다"고 호소했다.

윤보선 후보는 충북 충주 유세에서 "매판적인 특권재벌과 부패한 권력 분자, 정보정치의 마수에 의해 노예 상태에 빠진 국민의 생존과 자유를 찾아야 하며 독재와 부패, 특권과 예속의 4대 실정을 빨리 뿌리 뽑아야한다"고 주장했다.

윤보선 후보는 경남 마산 유세에서 "통일논의를 70년대 후반까지 미룰 수 없다"고 강조하고, "신민당은 집권 즉시 초당적인 범국민기구를 구성하여 보다 적극적인 통일자세를 갖추겠다"고 역설했다.

윤보선 후보는 경기도 안양유세에서 "3, 4십만을 헤아리는 정보요원, 정부 기관원을 줄여서 국민 생활을 보장하고, 퇴직공무원에 대한 연금제를 실시하여 퇴직 후의 생활을 국가가 보장해 줄 것"이라고 약속했다.

윤보선 후보는 청주 유세에서 "집권 공약으로 내건 비료값 30% 인하, 세금 20% 인하, 공무원 봉급 2배 인상, 쌀 값 1석당 1천원 인상은 재정을 억제하고 한일무역을 시정하고 국고금 손실을 방지하는 것만으로 충분하다"고 주장했다.

윤보선 후보는 수원 유세에서 "신민당이 집권하여도 이번 선거에서 부정을 감행한 공무원을 제외하고는 일체의 정치적 보복은 하지 않을 것이며 수사 정보기관을 정비해서 일원화를 단행하겠다"고 공약했다.

윤보선 후보는 부산 유세에서 "박정희 정권은 갖가지 불법, 탈법의 방법으로 과학적이고 조직적인 부정선거를 치르려 하고 있다"고 주장하면서, 박정희 대통령과의 면담을 제의했다.

윤보선 후보는 대구유세에서 "박정희 정권은 독재를 감행하여 민주주의와 복지주의 및 민족주의를 외면하고 있다"고 비난했다.

윤보선 후보는 경남 진주 유세에서 "박정희 씨가 국군의 월남파병이 없었더라면 미군이 철수했을 것이라고 운운한 것은 한미간의 이간책"이라고 비난했다.

윤보선 후보는 전주 유세에서 "박정희 정권하에서 있었던 부패공무원과 재벌들을 축출하고 농어민, 봉급자, 중소상공인 등 5대 맹우(盟友)가 잘 살 수있는 사회를 실현하자"고 호소했다.

25만 명이 운집한 서울 유세에서 윤보선 후보는 "민심의 동향이 박정희 정권에서 결정적으로 이반(離叛)되고 있다"면서 정권교체를 역설했다.

윤보선 후보는 "야당 통합으로 신민당 승리는 확실하며 신민당의 승리는 3천만 국민의 승리"라고 주장했다.

윤보선 후보는 전북 군산과 이리 유세에서 "전라도의 농민, 노동자가 푸대접을 받는 것은 박정희 정권과 특정재벌 때문"이라고 주장하고, 집권을 허락할 경우 지방차를 없애겠다고 공약했다.

윤보선 후보는 대전 유세에서 "공화당이 선거 쿠데타를 감행하고있다"면서, "이번 선거는 자유와 민주주의를 반역하고 나라를 파멸로 이끌어가는 박정희 정권의 중앙정보부 존속 여부를 마지막으로 판가름하는 기회"라고 주장했다.

윤보선 후보는 5만 명의 인파가 모인 대전 유세에서 "이 땅에 민주주의가 되살아 나느냐, 죽느냐는 것은 유권자들이 표를 잘 지키느냐 못 지키느냐에 달려있다"고 주장했다.

윤보선 후보는 전남 영광 유세에서 "신민당이 집권하면 한일어업협정을 즉각 수정하여 어족을 보호하고 어업자금의 대량 방출로 어민을 보호하겠다"고 약속했다.

2만여 명이 모인 전남 목포유세에서 윤보선 후보는 "박정희 정권은 선거가 끝나면 월남에 5만 명 추가 파병할 계획"이라고 폭로하고, "신민당은 이를 반대할 뿐아니라 집권하면 주월한국군의 조기 철군을 단행하겠다"고 약속했다.

5만여 명이 운집한 전주 유세에서 윤보선 후보는 "박정희 정권은 1백만 표에 달하는 이중등록 등 유령표를 협잡질하고 대리투표, 부정 개표를 음모하고 있으니 유권자들이 경계해야할 것"이라고 촉구했다.

5만 청중이 모인 인천 유세에서 윤보선 후보는 "건설이라는 미명으로 자기 호주머니를 채우는 것은 건설이 아니다"면서, 부정부패의 척결을 위해 정권교체를 호소했다

윤보선 후보는 "박정희 씨가 정권은 유한하다는 원리를 상기하여, 혼연히 민의에 순복(順服)함으로써 5·16 쿠데타와 그 간의 실정에 대해 보속(報贖)하기 바란다"고 기자회견에서 밝혔다.

(4) 찬조연설원들의 맹활약과 선거 구호 전략

　민주공화당의 이도선 연설원은 "윤보선 후보에 대해 유진산 씨는 '역사에 대해 눈이 어두운 자'라고, 박순천 씨는 '독재적인 사람'이라 했으며, 장택상 씨는 '대통령이 될 자격이 없는 사람'이라고, 이중재 의원은 '윤보선은 야당 분열의 책임자'라고 했다. 이런 걸로 볼 때 윤보선 씨는 대통령이 될 자격이 없는 사람이다"라고 비난했다.
　양유찬 주미대사는 "미국에서는 모두 대통령 각하의 재선을 바라고 있습니다. 개천 한 가운데서는 말을 바꾸지 말라는 격언이 미국에서 얘기되고 있습니다"라고 박정희 대통령 비위 맞추기에 급급했다.
　안호상 연설원이 "윤보선 후보가 대통령 감투를 쓰다가 7개월 만에 감투가 떨어진 사람"이라며 인신공격을 일삼자, "안호상 씨가 4년 전에 야당 후보를 따라다니며 박정희 후보 욕(辱)을 하고 돌아다닌 사람 아니냐"고 빈정대기도 했다.
　이효상 국회의장은 "야당 얘기대로 하면 꼬부랑 바가지가 되고 맙니다. 박정희 대통령이 일을 잘못했다면 사요나라(안녕)해도 좋은데 4천년 동안 이만한 영도자가 없습니다"라고 극찬했다.
　이효상 국회의장은 "신민당이 주장해 온 이중 곡가제 실시와 병역 단축, 지방자치제 실시 등은 실현이 불가능한 공약(空約)"이라고 비난했다.
　신민당 박기출 연설원은 "공화당이 내거는 근대화는 백성을 노예로 만드는 반동적인 근대화일 뿐이며, 신민당이야말로 민주적, 민족적, 자주적인 근대화를 이룩할 것"이라고 주장했다.
　경북 김천에서 박기출 연설원은 "다른 사람은 독립운동을 할 때 박정희 씨는 무엇을 했느냐. 그는 일본군 장교로 있었기 때문에 대통령 자격이 없다"고, 장준하 연설원은 "5·16에 총 들고 정권을 강도질 한 사람들"이라고 혁명주체들을 비난했다.

유진오 신민당수는 "신민당이 집권하면 면세점을 인상하여 대재벌에 더 많은 세금을 물리도록 하겠다"고 공약했다.

유진오 신민당수는 "1965년에는 농가 매호당 1만 5백 70원의 빚을 지고 있었으나, 현재는 2만 5백 60원으로 늘어나 농가는 파산지경에 이르렀다"고 비난했다.

유진오 신민당수는 정보정치에 의한 정보정치와 공포로부터의 해방과 민권수호를 위해 주권자가 총궐기할 것을 호소했다.

장준하 연설원은 "박정희 씨와 같은 사상적인 방랑아에게는 정권을 맡길 수 없다"면서, "5·16 이전에는 집 한간도 없던 김종필 씨가 기생집에서 850만 원을 잃어버리는 등 낭비를 일삼고있다"고 비난했다.

신민당은 농공합작주의를 실현하고 이중 곡가제를 실시하며 비료값을 30% 인하하고 쌀 값을 1석당 1천 원 인상하며 영농자금을 적기에 방출하고 농민에 대한 조세감면을 단행하겠다고 공약했다.

신민당은 "부익부가 근대화냐 썩은 정치 뿌리뽑자", "지난 농사 망친 황소 올 봄에는 갈아치자", "박정(薄情)해서 못살겠다. 윤택(潤澤)하게 살아보자"를 구호로 내걸었다.

신민당은 민요조의 선거가요를 만들어 유세(遊說)시작 전 낭독하는 등 가요를 통한 민심조작 전략을 시도했다.

"민주정치 한다더니 정보정치 웬 말인가. 한일협정 했다더니 황금어장 팔았구나. 월남전쟁 청부해서 귀한 목숨 앗아갔다. 3천 억원 부채지고 몇 푼어치 건설했나. 예산 없는 선거공사 허튼 수작 하지마라. 비료값에 농우(農牛)팔고 농자금에 땅 팔았네. 쌀 값 싸서 농민 울고 세금 비싸 서민 우네. 지난 농사 망친 황소 올 봄에는 갈아치자. 5·16에 가로챈 것 5·3에서 도로 찾자. 3천 만이 한데 뭉쳐 모두 같이 3번 찍자" 등의 내용이다.

3. 재대결에서 민주공화당 박정희 후보가 대승을

(1) 영남 권역에서 136만 표를 앞서 승리한 박정희

이번 대선의 유권자는 13,735,093명이며 이 중 83.6%인 11,646,621명이 투표에 참가했다.

개표 결과 민주공화당 박정희 후보가 5,688,368표(48.8%)를 득표하여 4,526,541표(38.9%)에 머문 신민당 윤보선 후보를 116만 1,827표 차로 꺾고 당선의 열매를 가질 수 있었다.

지난 1963년 대선 때 15만 표차였으므로 1백만 표이상 격차(隔差)를 벌였다.

박정희 후보의 고향으로 영남권에 공장을 집중적으로 건립하고 영남 출신을 대거 주요 보직에 등용한 덕분에 박정희 후보는 부산, 경남북에서 226만 500표를 득표하여 89만 2,704표에 머문 윤보선 후보를 136만 7,796표 앞서 윤보선 후보에게 승리를 굳힐 수 있었다.

영남권역을 제외하면 박정희 후보는 윤보선 후보에게 20만 5,969표나 뒤져 경상도 대통령이라는 호칭을 피할 수는 없었다.

오재영 후보가 26만 4,533(2.3%)표를 득표하여 지난 5대 대선에 이어 동메달을 차지했고 김준연, 전진한, 이세진 후보들은 메달권에서 벗어났다.

당선이 확정된 박정희 후보는 "앞으로 4년간 다시 국정을 맡겨준 데 대해 유권자들에게 사의를 표한다"고 말했다.

패배한 윤보선 후보는 "나를 지지해준 국민들에게 새삼 감사를 드린다"면서, "공명선거는 민주주의와 민족의 사활을 가름하는 중대한 과제다"라고 발표하여 마치 부정선거에 의해 낙선했다는 뜻을 전달했다.

〈대통령 선거 득표상황〉

시·도	투표자	박정희	윤보선	오재영	김준연	전진한	이세진
합계	11,646,621	5,688,368 (48.8)	4,526,541 (38.9)	264,533 (2.3)	248,368 (2.1)	232,180 (2.0)	98,433 (0.9)
서울	1,363,388	595,513 (43.7)	675,716 (49.6)	11,447 (0.8)	13,142 (1.0)	14,242 (1.0)	7,695 (0.6)
경기	1,356,001	545,676 (38.8)	674,964 (49.8)	22,383 (1.7)	23,248 (1.7)	25,306 (1.7)	11,029 (1.3)
강원	885,368	429,589 (48.5)	349,807 (39.5)	18,211 (2.1)	17,756 (2.0)	15,401 (1.7)	7,310 (0.8)
충북	611,900	269,830 (44.1)	282,469 (46.3)	15,058 (2.5)	14,526 (2.4)	20,345 (3.3)	7,114 (1.2)
충남	1,143,641	489,513 (42.8)	505,076 (44.2)	17,682 (1.5)	27,295 (2.4)	28,809 (2.5)	10,560 (0.9)
전북	987,527	392,637 (39.7)	451,611 (45.7)	21,527 (2.2)	23,945 (2.4)	28,943 (2.9)	8,325 (0.8)
전남	1,554,478	652,847 (42.0)	682,622 (43.9)	42,249 (2.7)	46,721 (3.0)	28,156 (1.8)	11,774 (0.8)
제주	135,799	73,158 (53.9)	41,572 (30.6)	4,421 (3.3)	3,245 (2.4)	4,875 (3.6)	2,116 (1.6)
부산	545,680	338,135 (62.0)	164,077 (30.1)	9,922 (1.8)	6,866 (1.3)	4,556 (0.8)	3,028 (0.6)
경북	1,784,273	1,083,999 (60.7)	447,082 (25.1)	56,328 (3.2)	46,884 (2.6)	45,482 (2.6)	19,647 (1.1)
경남	1,278,546	838,426 (65.6)	281,545 (22.0)	45,325 (3.6)	30,740 (2.4)	16,065 (1.3)	9,895 (0.8)
영남권 소계	3,508,499	2,260,500 (62.6)	892,704 (24.7)	111,575 (3.1)	78,490 (2.2)	66,103 (1.8)	32,570 (0.9)

(2) 박정희 후보의 승인과 윤보선 후보의 패인

지난 5대 선거때의 표의 남북(南北)현상이 동서(東西)현상으로 바뀌었다.
 지난 5대 선거에서는 추풍령을 분계점으로 남쪽인 부산, 경남북, 전남북, 제주에서 박정희 후보가 이기고 북쪽인 서울, 경기, 강원, 충남북에서 윤보선 후보가 이긴 표의 현상을 말한 것이다.
 이번 선거에서는 한반도의 동쪽인 부산, 경남북과 강원, 충북에서 박정희 후보가 승리하고 서쪽인 서울, 경기, 충남, 전남북에서 윤보선 후보가 승리했기 때문이다.
 지난 대선에서 압도적 다수표를 박정희 후보에게 던졌던 전라도가 윤보선 후보에게 많은 표를 바꿔 던진 것은 이른바 호남푸대접의 결과로 풀이된다.
 군소정당 후보가 극히 적은 득표밖에 얻지 못한 것은 국민의 정치의식이 향상되어 양당정치에 대한 희구(希求)가 커졌음을 의미한다.
 민주공화당은 "건설하는 박정희 대통령에 대한 재신임의 표시"로 승리를 받아들이고, 신민당은 "공화당이 부정선거를 했기 때문"이라고 패배의 원인을 돌리고 있다.
 박정희 후보가 승리한 요인은 국민 대다수가 안정을 희구하고 있고 국민들의 그러한 바람을 민주공화당이 방대한 조직, 풍요로운 자금 및 행정적 지원, 그리고 효과적인 선거전략을 가지고 박정희 후보의 공업화 정책과 이미지를 심어주는데 성공했기 때문이다.
 김종필 민주공화당 의장은 "국민이 건설하는 박정희 대통령을 전폭적으로 재신임한 결과"라고 집약했다.
 사실 국민 대다수는 이 시점에서 정권이 교체됨으로써 오는 혼란을 원치 않았으며 박정희 대통령의 부지런한 출장과 외국 방문, 외국 원수의 방한, 월남파병, 빈번한 국제회의 개최 등은 박 대통령은 부지런하고 일하는 대통령으로 각인시키는 데 성공했다.

이번 선거에 있어 공무원들의 여당에 대한 충성심은 철저했으며, 대다수의 군인 또한 1963년 선거 때와는 달리 민주공화당을 지지했다.

역대 선거에서 으레 큰 몫을 담당했던 경찰이 이번엔 철저하게 권외에서 놀았던 것이 오히려 여당표를 갉아먹던 지난날 경찰 행동에 비해 승인으로 꼽힐 수 있었다.

신민당 유진오 당수는 "전국적으로 15%에 달하는 유령유권자 등 불법과 부정선거는 원칙적으로 승복할 수 없다"며, 당선무효 소송 등 법적 투쟁을 전개할 계획이라고 말했다.

지난 3년 반 동안 윤보선 후보의 개인적인 이미지가 야당의 이합집산 및 파동으로 인해 싹 튼 야당에 대한 불신(不信)조류와 함께 많이 흐려졌다.

조직의 미비와 자금의 부족, 뒤늦게 이루어진 야당통합은 선거라는 대업을 치르기 위해 전투태세를 갖출 시간적 여유를 갖지 못했다.

민중-신한계의 불화는 신민당을 화합적인 통합까지 승화시키지 못했고, 당내에서는 일찍부터 좌절감에 사로잡혀 체념(諦念)의 단계에 이르기도 했다.

정치자금원이 봉쇄됨으로 자금에 쪼들린 신민당의 윤보선 후보가 전국구 후보들에게 헌금을 받으려 했던 것 역시 감표 요인으로 작용했다.

윤보선 후보의 개인적인 인기가 퇴조한 것이 1백만 표이상의 격차를 드러냈다는 것도 부인할 수 없다.

(3) 선거 과정에서 제기된 호남 푸대접론과 지역감정

민주공화당은 "야당을 뽑으니까 푸대접 받는다"면서 "야당으로부터의 해방"을 내세워 전라도 푸대접에 대한 반발을 역이용하고, 신민당은 "정권이 교체되지 않고는 푸대접이 시정될 수 없다"고 선전했다.

정계에서는 "호남지방에 대한 푸대접은 열차에서부터 시작된다"면서, "이번 선거에서의 표의 분포는 호남 푸대접 같은 말초적인 작용으로 판가름될 것"이라고 내다봤다.

"경부선은 주로 외국제 객차를 운행하는데 호남선 객차만 유독 낡은 국산을 배차하고 있다"고 불평을 늘어놓은 호남 출신들은 "울산공업지구 등 영남 일대를 구경한 후 호남에 돌아오니 마치 외국시찰을 다녀온 느낌이었다"라고 술회했다.

정부는 호남의 민심을 달래보려고 광주 아시아 자동차공장, 여수 정유공장, 영산강 개발계획, 전주 공업단지 조성 등 일련의 호남 개발계획을 잇따라 발표했으며, 집중적인 선심을 베풀었다.

야당은 "표를 낚기위한 사탕발림에 불과하다"고 역선전하고 있어 두 개의 평행선적 주장이 엇갈렸다.

경상도 지방에서는 "영남지방에 공장이 느는 것은 입지조건 때문이지 다른 이유가 있어서 그런 것 아닐 것"이라고 지역정서의 외면에 발뺌했다.

김종필 민주공화당 의장은 "1차 5개년계획은 기간산업에 중점을 뒀기 때문에 영남지방에 공장이 많이 세워졌으나, 이제부터는 호남지방에 22개 공장을 세우겠다"고 그간의 호남 푸대접을 시인했다.

그는 호남에 공장이 많이 들어서지 못한 것은 항만, 자원 등 순전히 자연환경 때문이라고 해명했다.

전주 유세에서 민주공화당 간부는 "중앙에서는 전라도도 문제없다고 큰소리치고 있지만 정말 야단났습니다"고 호남 푸대접 여파가 너무 크다고 실토하고 있으며, 대구유세에서 신민당 한 간부는 "경상도 정부라는 말 때문에 야당은 큰 고통을 받고있다"고 시인했다.

1963년 대통령 선거 결과가 추풍령을 사이에 둔 표의 남북현상을 빚었던 것과는 대조적으로 표의 동서현상을 낳을 게 아닌가하는 전망이 적중했다.

이만섭 의원은 상주유세에서 "가난한 농민출신이고 이 고장 경북출신인 박정희 대통령을 다시 뽑자"고 호소하여 지역감정을 앞세웠다.

박정희 후보의 출신지인 경북은 "우리가 낳은 대통령"이라는 순박한 감정에 압도적으로 지지해 주어야한다는 분위기에 휩싸였다.

민주공화당은 "여수엔 정유공장, 광주엔 자동차공장을 짓고 서해안 산업철도를 서두르고 있는데도 호남푸대접이란 말을 할 수 있느냐"고 반박했다.

15만 명이 운집된 광주유세에서 박정희 후보는 "공화당 정부는 일부에서 오해하듯이 호남지방을 푸대접한 일이 없다" 면서 여수 정유공장, 광주 자동차공장 건립을 그 실례로 들어 가면서 호남푸대접론을 해명했다.

(4) 끊임없이 제기된 부정선거와 불법선거

유진오 신민당수는 공명선거 실시를 위해 대통령과 국회의원 선거를 동시에 실시하는 선거법 개정을 제의했다.

이번 선거에서 선거사범은 699건으로 1,008명이며 민주공화당이 50명, 신민당이 591명이며 구속자는 33명에 달했다.

신민당은 이번 대통령 선거가 사상 유례없는 부정, 불법선거라고 단정하고 법적, 정치적 투쟁을 전개하기로 방침을 세웠다.

유진오 신민당수는 "이번 대통령 선거가 부정, 불법선거이기 때문에 선거결과에 원칙적으로 승복할 수 없다"는 성명을 발표했다.
신민당은 전국적으로 13%에 달하는 누락 및 유령유권자의 조작 등으로 암흑선거를 감행하고 있다고 언커크 등을 순방하며 진상규명과 시정을 요구했다.
신민당은 신민당의 선거유세와 때를 같이하여 광주시가 공무원과 학생들을 동원하여 식목과 거리 청소를 실시해 선거운동을 방해했다고 비난했다.
 김대중 신민당 대변인은 "최근 전국 각지에서 벌어지고 있는 공무원의 선거운동은 3·15 당시의 공무원 선거운동 실태를 방불케 하는 것"이라고 비난하고, 선거기간중 유세장에의 공무원 동원 중지, 정부 업적의 선전 중지, 고급공무원 지방출장 중지 등을 요청했다.
 신민당 김수한 부대변인은 "권력과 금력을 구사한 청중 강제 동원은 물론 춘천 유세때는 불상사를 내는 등 선거법 위반사태가 절정에 달했다"고 박정희 후보를 고발했다.
민주공화당은 신민당의 삐라 살포, 가두방송, 데모등의 중지와 신민당 청년기동대의 해체 등의 서면을 중앙선관위에 제출했다.
 신민당도 민주공화당의 청중 강제동원, 공무원 동원, 뤼푸케 대통령 방한기념 우표 판매중지 등을 중앙선관위에 요청했다.
 중앙선관위는 신민당이 제시한 내용이 사실이라면 선거법에 위배될 것으로 사료되나, 선관위는 수사권과 재판권이 없으므로 수사당국에 고발하여 법원의 재판을 받으라고 회신했다.
김대중 신민당 대변인은 "약 1백억 원으로 예상되는 공화당 선거자금의 출처를 밝히라"는 성명을 발표했다.
 신민당은 청중동원과 언론탄압은 민주주의 기본질서를 파

괴하는 것으로 선거의 승패를 떠난 국시(國是)의 존폐를 위협하는 중대 사태라고 주장했다.
  민주공화당은 신민당의 유령유권자를 조작한다는 주장을 터무니없는 얘기라고 부인했다.
  서울지검 이봉성 검사장도 신민당의 유권자 조작의 실례라고 주장한 동사무소 직원을 조사한 결과 사실무근이 드러났다고 발표했다.
  중앙선관위는 "정당에서 모의투표를 하거나 돈을 주는 행위는 선거법에 위배된다"고 유권해석을 내렸다.
  또한 선관위는 "국무위원이 특정 후보자를 지지하는 연설을 하는 것도 선거법 위반에 해당된다"고 유권해석하고, 국무위원들의 선거에서의 중립성 유지를 권고했다.
  신직수 검찰총장은 충무와 창녕등지에서 3번 박정희 후보에 기표된 투표통지표 3천장을 발견하고, 인쇄공 3명을 구속했다고 발표했다.

(5) 이번 선거에서 대선후보와 찬조연사들의 구속

  중도사퇴한 대중당 서민호 후보는 "박정희 후보는 민족의 고귀한 피를 진흙탕과 정글 흙더미의 나라 월남에 헐값에 팔아넘긴 것은 정권을 유지하고 상인들의 자본축적을 위한 것으로 미국의 대리싸움을 할 필요가 없고 파월 장병을 소환하라"는 발언으로 구속됐다.
오재영 후보는 지방유세에서 "공화당 박정희 후보는 일본군 장교 시절 독립군을 학살했으며, 사직공원 부정 불하도 잘 잘 처리해 주었다"는 발언으로 함께 구속됐다.
  사상계 사장 장준하는 삼성재벌 밀수 규탄대회에서 "박정희란 사람은 우리나라 밀수(密輸)왕초다. 존슨 대통령이 방한한 것은 박정희가 잘났다고 보러온 것이 아니라 한국 청년의 피가 더 필요해서 온 것이다"라는 발언과 찬조연설에서 "박정희 후보는 국민을 물건 취급하여 우리나라 청년을 월남에 팔아먹었고, 박 후보는 과거 공산당의 조직책으로 임명되어 조직 활동을 한 사람이다"는 발언으로 박정희 대통령의 명예를 훼손한 혐의로 구속됐다.
박기출, 조종호 등도 지명수배한데 대하여 신민당은 "파렴치한 정치보복행위"라고 비난했다.

제2장 민주공화당이 압승을 거둔 제7대 총선

1. 민주공화당의 총선주자 선정(選定)과 반발
2. 신민당의 조직책 선정과 당내의 갈등
3. 지역구와 전국구 821명 후보들이 혈전을 전개
4. 민주공화당이 130석, 74.3%로 개헌선 돌파

1. 민주공화당의 총선주자 선정(選定)과 반발

(1) 공천이 내정된 상황에서 공천희망자 접수

민주공화당은 131개 지역구의 공천희망 예상자들의 성분, 조직기반, 당성, 주민들의 신망도 점수를 매긴 채점표(採點表)를 완성하여 35개 지역구는 이미 공천이 확정됐다.

지난 6대 총선에서는 현실 60%대 이상 40%의 배분을, 이번 총선에서는 이상 60%대 현실 40%로 체질개선을 도모했다.

민주공화당 공천 경쟁에 뛰어든 후보들은 300명을 훨씬 넘겼으며 낙천이 예상되지만 구름처럼 많이 모여들었다.

공천희망자는 서울의 종로(김성진), 중구(박인각), 동대문갑(민관식), 동대문을(강상욱, 조양환), 성동갑(정봉중), 성동을(박준규), 성북갑(김병태), 성북을(김인순, 김인성), 서대문갑(박태익, 김용우), 마포(김갑수, 박인출, 양범석, 예영창), 용산(김득황), 영등포갑(윤주영, 임민규), 영등포을(조효원, 이명수, 이운익, 이상환, 김효창, 정대협),

부산의 중구(조시형), 영도(예춘호), 동구(이종순, 유호필, 오덕준, 남기열, 이양호), 서구(박규상), 부산진갑(김임식, 윤정봉, 김웅상), 부산진을(최두고), 동래(양극필, 양찬우, 김우식, 장지한, 안팽현),

경기의 인천갑(유승원), 인천을(김숙현, 허섭, 심일운), 수원(이병희), 의정부-양주(이진용, 문재준), 광주-이천(차지철, 이원영, 이복영, 이명재), 여주-양평(이백일, 유용식, 박인종, 이철연, 윤태환, 이봉규, 이병규), 평택(이윤용, 한민수, 방문기, 황경수, 서태원), 포천-연천-가평(오치성), 김포-강화(이돈해, 김재소), 용인-안성(서상린), 고양-파주

(신윤창), 시흥-부천-옹진(오학진, 이유선),

강원의 춘천-춘성(신옥철, 김우영, 이찬우, 임우영), 원주-원성(문창모, 홍순철), 강릉-명주(조남철, 최익규, 정순응, 배달이, 박우근), 홍천-인제(이승춘, 박주성, 이동석, 박봉삼), 영월-정선(엄정주, 장승태, 고백규, 정규상, 장준영, 엄영달), 속초-고성-양양(김종호, 한병기, 박관호, 서남용, 정훈), 횡성-평창(조동현, 이우현, 황호현, 안상한, 김진호, 오문근), 철원-화천-양구(김재순), 삼척(김진만, 임용순),

충북의 청주(정태성), 청원(민기식, 신관우, 이홍세), 충주-중원(이종근, 정상희), 옥천-보은(육인수), 괴산(안동준, 김기탁, 김태화), 영동(이동진, 송석하, 장석완, 정직래, 손영주), 진천-음성(오원선, 이정석), 제천-단양(김유택),

충남의 대전(정인권, 남정섭, 임호), 공주(이병주, 김달수, 김영옥), 대덕-연기(김용태), 부여(김종필), 논산(양순직, 전광규, 손병국), 서천-보령(김종갑, 이원장, 이성식, 이건병), 청양-홍성(장영순, 고인찬, 김지준, 서병훈), 예산(박병선, 윤병구, 윤규상), 서산(이상희, 박완교, 김동열, 지창하, 이희균), 당진(인태식, 원용석, 이재서, 김두현, 박준선, 박경열), 아산(이영진, 이한우, 이종환, 이민우, 성기선), 천안-천원(김종철, 김재홍, 유상현), 금산(길재호),

전북의 전주(김용진, 이동욱, 박영기), 군산-옥구(채영석, 채수용, 차형근, 김용택, 김동성, 김선태, 이갑성), 이리-익산(김성철, 고광만), 완주(최영두, 김춘호, 김평수, 유범수, 이성모), 진안-장수-무주(전휴상), 임실-순창(한상준, 이재석, 정진철), 남원(유광현, 양영주, 소병남), 정읍(박두선, 김성환), 고창(조병후, 신용남, 김대용, 이호종, 성정기, 김재택), 부안(이병옥, 신철근), 김제(장경순),

전남의 광주갑(최정기), 광주을(정래정), 목포(김병삼), 여

수-여천(이우헌, 유지용, 서석연, 유경식), 순천-승주(조경한, 김우경), 담양-장성(박승규, 고재필, 박종호), 화순-곡성(박영세, 조순, 박석기, 유기춘, 기세풍, 심상익, 양삼석, 양회영), 광양-구례(이현재, 김선주, 박준호, 서홍석, 김무규), 고흥(신형식, 오익상, 지영춘, 김형운), 보성(이백래, 양달승, 김금석, 김규남, 임기순, 송지헌), 영암-강진(윤재명, 김종문, 이백우, 김두규, 차운영, 박종오), 완도(최서일, 김이호, 정간용, 이원기, 지익표, 이준호, 박용항, 김덕수), 해남(윤주윤, 김안일, 홍광표, 이성일, 김병순, 김봉호), 나주(이호범), 무안(배길도, 박찬문, 이호풍, 나판수, 장홍염), 광산(박종태, 오중열, 박흥규, 박재룡, 고재형, 김상기), 장흥(길전식), 영광-함평(정헌조, 김강현, 윤인식, 정현수, 김석주, 김석, 김광만, 정양오), 진도(이남준, 박현수),

경북의 대구중(이만섭, 송관수, 박찬, 노만균), 대구동(이원만, 황이수), 대구남(이효상, 곽준영), 대구서-북(김종환, 서곤수, 배정원, 서석현), 포항-영일-울릉(김장섭, 이성수, 하태환), 김천-금릉(백남억, 박용준), 경주-월성(이상무, 이종우, 김원기, 김진훈, 이태석, 김종선), 달성-고령(김성곤, 박영순), 군위-선산(김봉환, 김노숙), 의성(오상직, 신영목, 김영소, 김상년, 이중헌, 박승준, 정재일), 안동(권오훈, 김준구, 이종왕, 유시영), 영덕-청송(김중한, 문태준, 현인수, 박종길, 심광택, 신정휴), 영양-울진(오준석, 오석만, 전만중, 김광준, 김용식, 조수영, 남재한, 오춘삼, 손석우), 영천(이활, 이원우, 조헌수), 경산-청도(김준태, 박주현, 이상조, 성태준, 최기성), 성주-칠곡(송한철, 신현확, 신동욱, 최원각), 상주(김정근, 김천수, 조광희, 조성호, 박용섭), 문경(이동녕), 예천(정진동, 권동하, 황재홍), 영주-봉화(김창근, 권호연, 김원규),

경남의 마산(하광호, 한태일, 민건식, 김학득, 김성모), 진주-진양(구태회), 충무-통영-고성(최석림, 장소익, 김안국, 최재구, 방효현, 정태석), 진해-창원(조창대), 거제(김주인), 삼천포-사천-하동(김용순, 엄기표), 함안-의령(방성출, 김창욱, 이상철, 이규현, 이중섭), 창녕(신영주, 이한두, 박상훈), 산청-합천(변종봉, 신예균, 김삼상), 밀양(공정식, 이재만, 김형덕, 박해준, 박돈희), 양산-동래(노재필, 김문기, 박강덕, 임기태, 배태성, 박정기), 울산-울주(설두하, 김수선, 이규정, 김성탁, 안덕기), 김해(김택수), 남해(최치환, 김정기), 거창-함양(민병권, 노영한),

제주의 제주-북제주(임병수, 양정규, 김도준, 김종근), 남제주(현오봉) 등이다.

엄영달, 채영석, 이성수, 이상조, 이규정, 김봉호 후보들도 민주공화당 공천 신청자들이다.

치열한 공천 경쟁으로 야당에 어부지리를 안겨줄 지역으로는 동래(양극필-양찬우), 시흥-부천-옹진(오학진-옥조남), 상주(김정근-김천수), 진해-창원(조창대-김성은), 전주(김용진-박노선), 순천-승주(조경한-김우경)을 꼽고 있다.

(2) 민주공화당 총선후보 결정의 배경과 이면(裏面)

민주공화당은 95개 지역구는 단일후보를 확정지었고, 24개 지역구는 순위를 매겨 서열을 정해 추천했고, 12개 지역구는 서열(序列)없이 동격으로 복수추천했다.

경합지구는 광주-이천(차지철-이원영), 김포-강화(이돈해-김재소), 영월-정선(엄정주-장승태), 춘천-춘성(김우영-신옥철), 횡성-평창(황호현-이우현), 속초-고성-양양(한병기-김종호), 강릉-명주(최익규-조남철), 원주-원성(홍순철

-문창모), 충주-중원(정상희-이종근), 영동(이동진-송석하), 당진(원용석-인태식-김두현), 서천-보령(이원장-김종갑), 서산(이상희-이의균), 군산-옥구(김용택-채영석-차형근), 고창(신용남-김대용), 장성-담양(박승규-고재필), 구례-광양(이현재-박준호-김선주), 고흥(신형식-오익상), 보성(양달승-이백래-김금석), 완도(정간용-최서일), 무안(장홍염-배길도-나판수), 영광-함평(정헌조-윤인식), 해남(김병순-김안일-홍광표), 포항-영일-울릉(김장섭-하태환-이성수), 의성(오상직-신영목-김상년), 청송-영덕(문태준-김중한-박종길), 영양-울진(김용식-조수영), 영천(이활-이원우), 경산-청도(김준태-박주현-이상조), 성주-칠곡(송한철-신현확), 예천(권동하-정진동), 삼천포-하동-사천(김용순-엄기표), 함안-의령(방성출-김창욱), 제주시-북제주(양정규-김도준-임병수), 홍천-인제(이승춘-이동석), 이리-익산(김성철-고광만) 등이다.

민주공화당에서는 112명의 소속의원 중 23명이 공천에서 배제됐다.

이들은 김정근(상주), 이재만(밀양), 이영진(아산), 신관우(청원), 엄정주(영월-정선), 김중한(청송-영덕), 최서일(완도), 송관수(대구중), 신옥철(춘천-춘성), 조경한(순천-승주), 김준태(청도-경산), 조남철(강릉-명주), 이백일(여주-양평), 이동진(영동), 김종무(제천-단양), 김종갑(서천-보령), 인태식(당진), 최영두(완주), 박승규(담양-장성), 김선주(구례-광양), 정헌조(영광-함평), 김종환(대구서-북), 권오훈(안동), 이활(영천) 의원이다.

현역의원 23명 이외에도 지구당위원장이거나 전직 의원이거나 유명인사 가운데 박인출, 조효원, 유호필, 양찬우, 문재준, 이원영, 서태원, 홍사승, 김재소, 문창모, 정순응, 엄영달, 한병기, 안상한, 임용순, 정상희, 송석하, 이정석, 임호, 정인권, 김달수, 윤병구, 박준선, 성기선, 채영석, 양영주, 김성환, 이호종, 성정기, 조순, 양회영, 박준호, 김금석, 김규남, 홍광표, 김봉호, 박홍규, 박찬, 이성수, 하태환, 박종길, 전만중, 김광준, 이상조, 신현확, 조광희, 황재홍, 김원규, 하광호, 최재구, 엄기표, 김창욱, 김수선, 김성탁, 이규정, 김정기, 양정규 등이 탈락했다.

이번 공천에서는 막바지 결정단계에서 김종필 당의장, 길재호 사무총장, 엄민영 내무부장관, 이후락 청와대 비서실장, 김성곤 재정위원장 등 실력자들이 막후에서 작용한 것으로 알려졌다.

(3) 박정희 대통령의 재가(裁可)로 131명 공천후보 확정

박정희 대통령은 복수 추천한 지역구의 공천자를 차지철, 이돈해, 장승태, 김우영, 황호현, 김종호, 최익규, 홍순철, 이종근, 정직래, 김두현, 이원장, 이상희, 차형근, 신용남, 고재필, 이현재, 신형식, 양달승, 정간용, 배길도, 윤인식, 김병순, 김장섭, 오상직, 문태준, 오준석, 이원우, 박주현, 송한철, 정진동, 김용순, 방성출, 임병수, 이승춘, 김성철로 결정했다.

다만 당진에서 공천 탈락한 원용석을 대전에 전략공천하고 영동에는 이동진, 송석하 후보들을 제치고 정직래 후보를, 영양-울진도 김용식, 조수영 후보들을 제치고 오준석 후보를 내세웠고, 안동에는 공천 신청자를 모두 배제하고 김대진 후보를 확정했다.

그리하여 박정희 대통령의 재가(裁可)과정에서 엄정주, 이우현, 한병기, 조남철, 정상희, 이동진, 인태식, 김종갑, 박승규, 김선주, 최서일, 장홍염, 정헌조, 하태환, 이성수, 김상년, 김중한, 이활, 김준태, 신현확, 엄기표, 양정규 후보들이 탈락했다.
　야당에서 민주공화당으로 변신한 박종길(영덕-청송), 양회영(화순-곡성), 조순(곡성-화순), 김준태(경산-청도) 후보들도 낙천의 고배를 마셨다.
　88명 지역구 의원 중 23명의 탈락은 이상과 현실의 괴리에서 오는 자기모순을 타개하려는 한가닥 몸부림으로 비치기도 했다.
민주공화당의 공천은 조직의 자체 소화라고 특징지을 수 있다. 지난 6대 총선에서는 낙하산 공천으로 얼룩졌으나 이번 총선에서는 비대해진 조직의 자체 소화가 다급한 과제로 등장했다.
　131명의 지구당위원장 중 106명이 공천을 받았고, 공천을 받은 원외(院外)의 54명 중 20명이 사무국 출신이다.

(4) 민주공화당의 공천후유증과 공천후보 교체

　낙천한 조순(화순-곡성), 하태환(포항-영일-울릉) 등 자유당 출신 전 의원들은 민주공화당을 탈당했다.
대전에서는 원용석 후보의 공천에 반발하여 43명의 구역관리장중 26명이 탈당을 결의했다.
　영등포을구에서는 오창록 부위원장 등 169명은 정대협을 조효원으로 교체할 것을 요구하는 결의문을, 속초-고성-양양에서는 50여 명의 당원이 상경하여 김종호를 한병기로의 교체를 요구하고, 부산 동구에선 유호필 후보측에서 연판장 서명운동을 벌여왔다.
　제주-북제주에서는 양정규 후보지지 당원 150명은 지구당 사무실에 몰려가 "임병수 물러가라"며 농성데모를 벌였다.
　박종길(영덕-청송), 전만중(영양-울진) 후보들이 탈당하고 부산 동구, 속초-양양-고성, 대전 등에선 낙천자와 그의 지지자들이 공천자 변경을 요구하며 반발했다. 장홍염, 김수선 등은 신민당에 입당했으나 공천에서 제외됐다.

민주공화당은 대선에서 박정희 후보 득표 성적히 부진하거나 조직관리의 부실이 드러난 영등포을(정대협⇨조효원), 여주-양평(유용식⇨이백일), 김포-강화(이돈해⇨김재소), 공주(이병주⇨김달수), 함안-의령(방성출⇨김창욱), 산청-합천(변종봉⇨김삼상), 횡성-평창(황호현⇨이우현), 제주-북제주(임병수⇨양정규) 등 공천자 8명을 교체했다.

(5) 충성파에게 훈장으로 수여한 민주공화당의 전국구후보

민주공화당은 전국구 후보군으로 전국구의원인 정구영, 김동환, 서인석 의원의 재공천과 지역구에서 탈락한 신현확, 고광만, 이활의 구제가 논의되었다.

김재춘, 김동하 등 혁명주체와 김성희, 이영근, 신동준, 문창탁, 김용채 등 사무국 직원들의 배려도 검토되었다.

각료출신으로 전예용, 양찬우, 이동원, 임병직이, 직능대표로는 이해랑, 손재형, 송대순, 임송본, 홍승만, 김말용, 이매리, 박현숙 등이 검토되었다.

김종필 당의장은 "전국구 문제는 박정희 총재의 의중에 달려있다"고 파동에서 발뺌 하려는듯한 인상을 남겼다.

김유탁 기획조사부장은 "압승한 대통령 선거 결과로 보아 사무국에는 적어도 7, 8석이 배정돼야 하지않겠느냐"고 역설했다.

민주공화당의 전국구 후보에는 정구영, 김동하, 김동환, 이원엽, 양찬우, 전예용, 서인석, 김성희, 이영근, 최두선, 곽상훈, 권일, 박병권, 박원빈, 이동원, 신현확, 임송본, 송대순, 홍재선, 홍승만, 이매리, 이활, 김용래, 신동준, 김유탁, 문창탁 등이 물망에 오르고 있는 것으로 알려졌다.

그러나 민주공화당은 정구영, 윤치영 등 당 원로와 백두진, 이원엽 등 신입 당원 및 5·16 주체 등이 포함된 29명을 인선하여 발표했다.
 이번 인선은 정일권 국무총리, 김종필 당의장, 길재호 사무총장, 김형욱 중앙정보부장이 협의하여 대통령에게 진언한 결과였다.
 1번은 정구영 전 당총재, 2번은 윤치영 전 당의장, 3번은 백두진 전 국무총리, 4번은 최희송 전 민주당의원, 5번 김정열, 6번 윤천주, 7번 양찬우, 8번 이동원은 전직 장관들이다.
 9번 김동환 전 당사무총장, 11번 이영근 당사무차장, 12번 김성희 당정책연구실장, 14번 김유탁 당기획조사부장, 15번 박노선 선대위 조직위원장, 16번 김용호 강원도사무국장, 17번 김영복 경남도사무국장 등 사무국 출신들이 대거 진출했고 18번 이정석, 20번 김규남, 21번 이병주, 23번 이성수 등 지역구 낙천자들도 발탁되는 행운을 잡았다.
 민주공화당의 전국구 인선은 한마디로 당과 정부에 대한 공로를 우선적으로 고려한 논공행상(論功行賞)이었다.
 당초의 예상을 뒤엎고 사무국 요원들을 대거 공천한 것은 대통령 선거에 대한 공로에 대한 포상이다.
그리하여 비례대표제의 본래 취지인 직능대표 원칙을 살리지 못한 결과를 빚었다. 여성계 이매리, 상이용사회 신동욱이 직능대표의 역할을 수행했을 뿐이다.
 예비역장성은 최영희, 이원엽만 기용되었을 뿐 김동하, 박원빈, 옥창호, 박병권 등 대부분의 혁명주체들은 탈락했다.

2. 신민당 조직책 선정과 당내의 갈등

(1) 신민당 조직책 신청자는 495명

신민당의 지구당 조직책 신청자는 495명으로 평균 3.8대1에 육박하는 치열한 경합을 보였다. 9개구는 1명만 신청하여 무경합지구이다.

서울에서는 종로(김도연, 박수형), 중구(신인우, 정일형, 김재인), 동대문갑(소선규, 조기항, 한왕균, 송원영, 정철), 동대문을(이영준, 이병하, 최계명, 신정욱, 이원찬, 최승군, 전성천), 성동갑(유성권, 김제윤, 김용성, 조한백, 함덕용, 방용환, 안재필, 은경표, 이명하), 성동을(신길선, 홍용준, 최덕남, 정운갑, 백기완, 김갑영, 김용배, 김윤하), 성북갑(조윤형, 양택영, 한몽연, 조인호, 박의정), 성북을(서범석, 우제하, 김준섭, 송수강), 서대문갑(김재광), 서대문을(윤제술, 홍영기), 마포(권중돈, 명상의, 송기성, 김춘봉, 유중구, 노승환, 김중태, 함두영, 신태악, 조가연, 김상현), 용산(민정기, 김원만, 김두한), 영등포갑(김유근, 조흥만, 김철안, 노병구, 한통숙, 엄기옥), 영등포을(박한상, 윤명운)

부산에서는 중구(김응주), 영도(김상진, 고순종), 동구(박정세, 김승목, 오태웅, 임갑수, 김용진, 박재우), 서구(김영삼), 부산진갑(정상구, 도상수, 이종남), 부산진을(최시명, 신현오), 동래(이진호, 곽종섭, 손영수, 왕영진, 조이연)

경기에서는 인천갑(김재곤, 김정열, 이재승), 인천을(이중설, 김은하, 이봉래, 김훈, 김이남), 수원(홍길선, 홍경선, 김구룡, 박기준, 정금모, 윤궁열), 의정부-양주(강승구, 김종규, 신동균, 신홍균), 광주-이천(신하균, 김종완, 박종진), 포천-연천-가평(홍익표, 이기우, 이규웅), 여주-양평

(천명기, 장호덕, 박주운, 권오돈, 신영근, 유인설), 용인-안성(강희갑, 조종익, 유제충, 권창국), 평택(유치송, 장기천, 임명산, 안정용), 화성(김형일, 홍봉진, 백익현), 고양-파주(이태구, 황인원, 노재억, 최성면, 조남숙, 현찬섭), 김포-강화(이희영, 김두섭, 윤재근, 이종필, 한기태), 부천-시흥-옹진(이병상, 안동선, 고수환, 서완석, 박승희, 박제환)

강원에서는 춘천-춘성(유연국, 계광순, 홍창섭, 양건주, 홍종남, 이창근), 원주-원성(박영록, 정현우, 김호혁), 강릉-명주(김삼, 김진영, 최용근), 홍천-인제(신형식, 장원준, 남궁규, 김대수, 박창학, 송성섭, 민영찬, 전형산), 영월-정선(태완선, 최승천, 장기영), 철원-화천-양구(황학성, 이동희, 임규호, 김대식, 박영석), 속초-고성-양양(함종윤, 고광호, 이병우, 최상동, 이준택, 김종률), 횡성-평창(이경찬, 엄재선, 김재기, 양덕인), 삼척(최경식, 박순근, 김근국, 권영준)

충북에서는 청주(최병길), 청원(곽의영, 박기운, 오범수, 신정호, 유승각), 충주-중원(이희승, 이택희, 최원봉), 옥천-보은(이용희, 이건태, 박기종, 김선우), 괴산(김사만, 이성우), 영동(최극, 권영중, 박태용, 민장식, 김기형, 손륜규), 진천-음성(이충환, 오성섭, 김주묵), 제천-단양(조종호, 이우태, 노영균, 한동학)

충남에서는 대전(김태동, 진형하, 이용로, 박병배, 이옥동), 대덕-연기(송석린, 유지원, 성태경, 김지복), 공주(박찬, 김학준), 논산(김형중, 김인영, 김천수, 육완국), 부여(장준하, 한광석, 민승), 서천-보령(방일홍, 노승삼, 김옥선, 김양현), 청양-홍성(김영환, 김창동, 채원식, 유승준), 서산(장경순, 한영수, 가찬로, 유순식, 이경진, 나창헌), 당진(유제연, 전상원, 이규영, 김시환, 강태원, 이충렬), 아산

(황명수, 강필선), 천안-천원(이상돈, 유홍, 김영석), 금산(김덕원, 이종국, 박수훈), 예산(한건수, 신윤아, 이회영, 성원경)

전북에서는 전주(유청), 군산-옥구(김판술, 고형곤), 이리-익산(조규완, 김현기, 이춘기, 윤택중, 최기창), 완주(손권배, 이석주, 배성기, 유충성, 이석조), 진안-장수-무주(최성석, 최팔룡, 오치황, 김진원, 송재열, 박정근), 임실-순창(엄병학, 임차주, 손주항, 유문희), 남원(양해준, 안균섭, 김태선, 윤정구), 정읍(나용균, 이광호, 송삼섭), 고창(김상흠, 유진, 이형연, 박종률), 부안(송을상, 김용대, 최복령, 김환철), 김제(김기옥, 송방용)

전남에서는 광주갑(이기홍, 이정근, 정성태), 광주을(김용환, 문무회, 이필호, 김녹영), 목포(김대중), 여수-여천(이은태, 황병규), 순천-승주(조연하, 이기우, 남정수), 담양-장성(공인덕, 김종곤, 김성수), 화순-곡성(양회수, 구제석, 윤추섭, 조희철), 광양-구례(이갑식, 황성, 김태기, 안홍순, 고기봉, 한건주, 김태현), 고흥(정기영, 박병주, 송경섭), 보성(이중재, 이정래), 장흥(김영태), 영암-강진(유수현, 오석보), 완도(황권태, 오동권, 이선동, 송기철), 해남(윤영선, 윤철하), 무안(주도윤, 유옥우), 나주(정명섭, 김자락, 이경, 정문채), 광산(고몽우, 김면중, 이정휴, 김판우, 박자용), 영광-함평(권오봉, 조영규, 정정휴), 진도(조시환, 조병문)

경북에서는 대구중(이대우, 주병환), 대구동(황해룡, 임문석), 대구남(임규하, 김재출, 이청림, 신진욱), 대구서-북(조일환, 백한균, 최일, 현한조), 포항-영일-울릉(최원수, 이종한, 김상순, 이상면), 김천-금릉(김세영, 김기석), 경주-월성(안용대, 황한수, 김종해, 이정희, 오정국), 달성-고령(정원찬, 전세덕, 임차문, 김정환, 곽태진), 군위-선산(박만원, 정규신, 김현규), 의성(우홍구, 이명식, 김형원), 안동

(박해충, 권중순, 김익기, 권기석), 영덕-청송(황병우, 김영수, 윤용구, 남정탁), 영양-울진(진기배, 안종현, 조순기, 권영우), 영천(김상도, 박재곤, 안병달), 경산-청도(반재현, 서돈수, 서국신, 김용한, 우일현, 송병근), 성주-칠곡(도진희, 유성환, 강신화, 김정수, 이종식, 유재하, 김창환), 상주(홍정표, 윤영오, 조남극, 임재영, 문형선), 문경(채문식, 노시중), 예천(장영식, 전상수, 반형식), 영주-봉화(이성모, 박용만, 최영두)

경남에서는 마산(강선규, 김영순, 정남규), 진주-진양(황남팔), 충무-통영-고성(김기섭, 김기용), 거제(반성환, 옥종락, 김용태), 진해-창원(최수룡, 백동준, 황낙주, 김형돈, 김기수), 삼천포-사천-하동(정영로, 문부식), 함안-의령(조홍래, 윤치형, 전봉훈, 이영희), 창녕(성낙현, 김정수, 하상석, 정광모), 합천-산청(이상신, 조명환, 유봉순, 노봉래, 정용택, 정영모), 밀양(박일, 박창화), 양산-동래(정현학, 정석균), 울산-울주(최영근), 김해(김인화, 김환기, 서정원, 최종근, 김창훈), 남해(박창종, 곽영우, 김동재), 함양-거창(신중하, 신중목, 임정관, 이용곤, 신종윤)

제주에서는 제주-북제주(김두진, 신두완, 홍문중, 고담룡, 진문종), 남제주(김일용, 박창홍, 강보성, 양상익)에 신청자가 쇄도했다.

(2) 지역구 조직책 선정의 기준과 경합지구

민중계는 사퇴 의원과 지역구 현역의원을 최우선으로 6대 의원 선거 때 근소한 차점자, 민주투쟁 경력이 현저한 자, 당선 가능성이 있는 자를 선정하자는 안을 내놓았다.

그러나 신한계에서는 현역의원 우대를 배제하고 인물 본위의 당선 가능성이 있는 자 특히 재야인사로서 민족주체성이 투철하고 선거구민들의 신망이 높은 자 등을 강조했다.

신민당은 당선 가능성, 정당인으로서의 신조와 지조, 정권 교체에 대한 기여도, 민주 투쟁의 경력과 선거민들의 신망 등을 종합적으로 평가하기로 했다.

신민당에서 손 꼽히는 경합지구로는 서울 중구(정일형, 신태악, 신인우), 동대문갑(송원영, 조기항, 장준하), 성동갑(유성권, 김제윤, 김동성), 서대문갑(김재광, 김상현), 서대문을(윤제술, 홍영기), 부산동(김용진, 박정세, 김승목), 부산진을(정상구, 이종남), 인천갑(김재곤, 김정열), 여주-양평(박주운, 천명기), 김포-강화(윤재근, 이화영, 김두섭, 한기태), 춘천-춘성(계광순, 홍창섭, 유연국), 강릉-명주(김삼, 최용근), 청주(최병길, 이민우), 청원(곽의영, 오범수, 박기운), 충주-중원(이희승, 김기철, 이택희), 옥천-보은(신각휴, 김선우), 제천-단양(이우태, 조종호), 대덕-연기(유지원, 송석린, 성태경), 공주(박찬, 김학준), 서천-보령(방일홍, 김옥선, 노승삼), 군산-옥구(고형곤, 김판술), 남원(양해준, 안균섭), 고창(김상흠, 유진), 부안(송을상, 김용대), 광주을(이필호, 김녹영), 영암-강진(김준연, 유수현), 나주(정명섭, 이경), 보성(이정래, 이중재), 대구중(이대우, 주병환), 의성(우홍구, 신진욱), 경주-월성(안용대, 황한수), 진해-창원(최수룡, 황낙주), 산청-합천(이상신, 유봉순), 남제주(김일용, 강보성) 등이다.

(3) 민중계와 신한계가 양분한 지역구 조직책 선정

신민당의 10인 조직책심사특위는 121개 지구를 단수로, 23개 지구를 복수로, 종로, 동대문갑, 동대문을, 마포, 부산동구, 대전 등 6개 지구를 미결로 하는 심사 결과를 윤보선 후보와 유진오 당수에게 보고했다.

그리고 성동갑(조한백-유성권), 용산(김원만-김두한), 영등포을(박한상-윤명운), 인천갑(김정렬-김재곤), 평택(유치송-안정용), 춘천-춘성(홍창섭-계광순), 삼척(최경식-김양국), 충주-중원(이희승-이택희), 옥천-보은(신각휴-이용희), 공주(박찬-김학준), 서천-보령(방일홍-김옥선), 부여(장준하-한광석), 군산-옥구(고형곤-김판술), 이리-익산(윤택중-이춘기),진안-장수-무주(최성석-박정근), 남원(양해준-안균섭),고창(김상흠-유진),김제(송방용-김기옥), 보성(이중재-이정래), 영덕-청송(김영수-윤용구), 진해-창원(황낙주-김형돈), 함안-의령(전봉훈-조흥래),산청-합천(이상신-유봉순) 등 23개 지구는 복수로 추천됐다.

이번 조직책 선정에서 김도연, 소선규, 이영준, 전성천, 정운갑, 백기완, 김준섭, 홍영기, 권중돈, 노승환, 김상현, 김두한, 김원만, 김철안, 조홍만, 임갑수, 이종남, 최용근, 전형산, 황학성, 양덕인, 오범수, 김선우, 박기종, 김주묵, 이우태, 진형하, 박병배, 유지원, 김천수, 김창동, 유승준, 장경순, 유순식, 황명수, 유홍, 임차주, 손주항, 나용균, 송을상, 이필호, 황병규, 고기봉, 주도윤, 이경, 정문채, 고몽우, 조영규, 조병문, 주병환, 이상면, 황한수, 김현규, 김익기, 황병우, 김영수, 윤용구, 유성환, 김창환, 최영두, 정남규, 최수룡, 황낙주, 이영희, 조홍래, 이상신, 유봉순, 신중하, 고담룡, 강보성 등은 보류되거나 탈락했다.

이번 공천에서 고형곤(군산-옥구), 박한상(영등포을), 최수룡(진해-창원) 등 지역구 의원 9명과 계광순, 유진, 김익기 등 전국구의원 18명의 탈락설이 나돌았다.

신민당 출범 당시 현역의원 61명 중 26명이 조직책으로 임명되고 18명이 경합에서 탈락했고 김준연, 전진한, 손창규 의원등은 탈당했다.

윤보선 후보는 "명백히 부당하게 선정된 10여 개구는 바꿔

야 한다"고 주장하고 있음에, 유진오 당수는 "단수 추천구를 바꾸는 것은 후보와 당수 양측에서 이의가 없는 곳에 국한해야 한다"고 맞섰다.

윤보선 후보와 유진오 당수는 11개구를 보류하고 120개 지구의 조직책을 임명했다.

120개 조직책 중 재야는 박만원, 이정휴, 조홍래 등 10명이며 민중계와 신한계는 50명 이상으로 균형을 유지했다.

복수 추천 지구에서 용산(김원만), 영등포을(윤명운), 인천갑(김재곤), 평택(유치송), 춘천-춘성(홍창섭), 삼척(박순근), 옥천-보은(이용희), 공주(박찬), 서천-보령(김옥선), 부여(장준하), 군산-옥구(김판술), 이리-익산(윤택중), 진안-장수-무주(최성석), 남원(양해준), 고창(김상흠), 김제(송방용), 보성(이중재), 영덕-청송(김영수), 진해-창원(황낙주), 함안-의령(조홍래), 산청-합천(이상신) 등은 조직책을 확정했다.

현역 의원중 고형곤, 최수룡, 강선규, 이희승, 이정래, 나용균, 홍영기, 신인우, 소선규, 유진, 함덕용, 방일홍, 유홍, 김익기, 이우태, 임차주 등 16명이 탈락했고 이영준, 진형하, 김상현, 유성권, 박한상 의원 등은 보류지구에 남겨됐다.

단수 추천한 120개 지구 중 용인-안성(유제충->강희갑), 김포-강화(윤재근->김두섭), 영광-함평(권오붕->조영규), 경주-월성(안용대->황한수), 마산(강선규-김영순), 남제주(박창홍->강보성) 등은 교체했으나 부산 영도, 동래, 횡성-평창 등은 보류했다.

그리고 당초 합의를 바꿔 인천갑(김재곤->김정렬), 춘천(홍창섭->계광순), 삼척(박순근->최경식)은 후보자를 교체했다.

보류된 종로, 마포, 성동갑, 동대문을, 영등포갑, 영등포을, 부산동, 수원, 대전, 부여, 달성-고령 등 11개 지구에 대해 김대중 대변인은 "대통령 선거에 지장이 없도록 가까운 시일안에 지구책을 임명하게 될 것"이라고 말했다.

신민당도 현역의원 가운데 최수룡(진해-창원), 계광순(춘천-춘성), 고형곤(군산-옥구), 소선규(동대문갑), 유진(고창), 함덕용(성동갑), 방일홍(서천-보령), 강선규(마산), 박한상(영등포을), 이희승(충주-중원), 이정래(보성), 유홍(천안-천원), 김익기(안동), 나용균(정읍), 홍영기(서대문을), 신인우(서울 중구). 이우태(제천-단양), 임차주(임실-순창) 등이 최종 탈락했다.

또한 조직책을 확정했으나 부산영도(김상진-〉고순종), 동래(이진호-임갑수), 용인-안성(유제충-〉강희갑), 김포-강화(윤재근-〉김두섭), 횡성-평창(김재기-〉양덕인), 영광-함평(권오봉-〉조영규), 마산(강선규-〉김영순), 남제주(박창홍-〉강보성) 지구는 조직책을 변경했다.

그리고 서울 종로, 마포, 동대문을, 성동갑, 부산동, 대전, 광주을을 미결지구로 남겨뒀다.

신민당은 성동갑, 영등포을, 군위-선산, 달성-고령, 장성-담양, 함안-의령, 대전의 공천자는 보류하되 철원-화천-양구는 황학성, 김천-금릉은 이병하의 공천을 확정했다.

또한 마산, 진해-창원, 괴산은 조정하지 않기로 결정하고 광주을(김녹영-〉이필호), 김포-강화(김두섭-〉윤재근)는 조직책이 아닌 공천자를 결정했다.

신민당은 종로에 유진오, 마포에 김홍일, 동대문을에 장준하, 성동갑구에 조한백, 영등포을구에 박한상을 확정하여 131개 지역구 공천을 마쳤다.

경북 예천에선 자유당 시절 공보실장을 지낸 전성천 씨가 친동생인 전상수 공천자를 후퇴시키고 출마했다.

신민당에서도 오범수 후보 지지자들 500여 명은 윤보선 후보 집 앞에서 "부정선거 원흉의 공천을 절대 반대한다"며 데모를 벌였다.

공천에서 탈락한 홍영기, 이우태, 신인우, 최수룡 등 낙천 의원들은 제3당 창당작업을 서두르며 탈당했다.

(4) 매관매직(賣官賣職)으로 비판받은 신민당 전국구 후보

신민당은 당내인사는 2천만 원, 당외인사는 3천만 원을 받아 전국구를 배정하기로 신한계, 민중계가 합의하여 매관매직과 다를 게 뭐냐는 혹독한 비판을 받게됐다.

전국구 후보를 민중계, 신한계가 7명씩 나눠갖기로 했다는 소문이 퍼지자 일부 당원들은 "7명씩 안배한 것은 제2당이 될 것을 전제하는 것으로 막바지에 오는 대통령 선거를 포기하겠다는 얘기와 다를게 뭐냐"고 흥분하기도 했다.

신민당은 윤보선, 박순천, 유진산, 정해영, 이상철, 고흥문, 김의택, 이재형, 임철호, 부완혁, 이정래, 김수한, 김성용 등의 진출이 점쳐지고 있다.

민중당내에서 친신한당 서클로 알려진 명정회 소속의원들은 지역구에서도 전국구에서도 서리를 맞어 "양다리 걸치고 맘보춤 추다 망했다"는 익살맞은 비평을 낳기도 했다.

신민당은 14번까지 당내인사 2천만 원, 당외인사 3천만 원의 찬조금을 받기로 결정하여 고흥문, 김세영, 정해영, 이재형 등은 2천만 원을 납부했으나 박순천, 김도연은 당원로에 대한 대접 차원에서 무임 승차하기로 결정됐다.

김의택, 권중돈 등은 체념하면서 "야당생활 20년을 지조하나로 지켜 왔는데 돈만으로 결정한다면 야당할 의의가 없지 않느냐"고 분통을 터뜨렸다.

청년당원들은 "끝까지 결사투쟁한다" 운운의 격문을 내붙이고 이를 말리는 정당 간부들에게 폭언을 퍼붓기도 했다.

신민당은 전국구 헌금조로 대선 때 받은 헌금을 당내의 여론 때문에 나상근, 노영환 등에게 돌려주고 이상철, 장기영, 김수한 등은 헌금이 불가능하고 헌금을 완납한 박재우, 이기택은 당성과 당내 서열 문제로 결단을 내리지 못했다.

신민당의 공천은 비례대표 본래의 의의나 정당에 대한 공헌 및 서열 등은 외면당하여 논공행상이나 지역안배 따위는 고려의 대상이 될 수 없었다.

김수한, 이민우 등을 헌금을 받지 않고 당의 공로를 배려한 케이스가 됐고 이진호, 이기택, 연주흠, 박재우 등 무명의 실업인들이 대거 진출한 반면 이상철, 장기영, 김의택, 정헌주, 조헌식 등 당 원로나 중진급등이 대거 탈락했다.

12번에 확정된 이진호 후보대신 고흥문 의원의 추천으로 편용호 후보가 승차했으나 윤보선 대선후보가 밀었던 나상근, 양일동의 동생인 양삼영은 탈락됐다.

헌금에서 자유로운 17번 이후에는 김상현, 조흥만, 김현기, 박철용, 김제만 등이 포진하여 상위순번 후보들의 사퇴만을 기대하게 됐다.

3. 지역구와 전국구 821명 후보들이 혈전을 전개

(1) 11개 정당에서 821명의 후보들을 공천

이번 총선에는 지역구 후보는 11개 정당에서 702명, 통한당을 뺀 10개 정당의 전국구 119명 등 모두 821명이 등록했고, 지역구의 평균 경쟁률은 5.4대1이다.

입후보자 중 최고령자는 74세의 장택상(자유당) 후보이고, 최연소자는 25세의 손일웅(통사당)과 정규신(대중당) 후보이며, 여성후보는 이종혜(서대문을), 김옥선(서천-보령), 권애라(안동) 등 8명이다.

대중당 서민호(고흥), 신민당 장준하(동대문을), 통한당 오재영(마포) 후보 등은 옥중출마했다.

정당의 기호는 1번 통한당, 2번 자유당, 3번 민중당, 4번 정의당, 5번 대중당, 6번 신민당, 7번 민주공화당, 8번 한국독립당, 9번 자민당, 10번 통일사회당, 11번 민주당으로 결정됐다.

이번 총선의 유권자는 14,676,663명이며, 서울의 유권자는 225만 1,202명으로 대선보다 20만 명이 늘어났고, 경북의 유권자는 217만 683명으로 서울을 육박하고, 전남의 유권자도 194만 1,794명이다.

신민당 유세반은 "일당독재와 영구집권을 견제하자"는 호소와 아울러 정부가 5만 명의 국군을 월남에 증파할 계획이 있다고 주장하고, "이것은 휴전선 안전을 파괴하는 적신호"라고 공세를 강화했다.

신민당은 "정부는 권력을 악용해서 신민당 선거운동원에 대한 구속, 불법연행, 협박, 보복 등을 자행(恣行)하고있다"

고 사직 당국에 고발했다.

종반전에 접어들면서 한층 노골화된 지역공약 남발과 매표의 인상이 짙은 자금의 살포(撒布)로 타락 선거라는 강한 비판을 받았다.

동아일보는 전국 도처에서 금력, 폭력, 모략 선거가 판쳐 타락 선거의 말기증상을 보이고 있다고 보도했고, 김종필 민주공화당 의장은 "선거가 일부 몰지각한 운동원들의 불건전한 선거운동이 선거분위기를 허위, 중상, 모략 및 과도한 선심으로 민주주의 육성을 저해하는 제요소의 만연(蔓延)을 가져오고있다"고 선거분위기를 정화하라고 특별지시했다.

(2) 자유당을 비롯한 군소정당들도 출전채비를

지난 6대 총선에선 자유당, 신민회, 자유민주당, 신흥당, 한국독립당, 국민의당, 보수당, 민주당, 민정당, 정민회, 추풍회, 민주공화당 등 12정당이 격돌을 벌였는데 민주공화당만 건재할 뿐 11개 정당은 이합집산과 부침(浮沈)을 거듭했다.

자유민주당, 국민의당, 민주당, 민정당은 민중당으로 통합되었다가 한일협정 비준 동의안을 앞두고 윤보선 전 민정당 총재 등 강경파들이 민중당을 탈당하여 신한당을 창당하여 다시 분열됐다가 윤보선 후보, 유진오 당수의 대타협으로 신민당의 깃발아래 야권의 대부분이 뭉치게 됐다.

7대 총선을 앞두고 장택상 전 국무총리, 이재학 전 국회부의장, 임흥순 전 서울시장 등이 의기투합하여 자유당 재건에 나서 제3당을 목표로 조직 확대에 박차를 가했다.

추풍회 후보로 대선에서 동메달을 차지했던 오재영이 통한당으로 개명하여 등록했고, 오위영과 조재천 등 구민주당 거물급 인사들이 민주당 중흥의 기치를 들고 제3당 결성을 선언했다.

2년 전에 정계 은퇴 선언을 한 조재천은 "정치에서 손을 떼려 했으나 국민과 당원에 대한 의리와 4월혁명 지지자들을 위해 본의 아니게 징용된 셈"이라고 변명했다.

한국독립당은 전진한 의원이 대선 출마를 하면서 당명을 계승했고, 정민회는 정의당으로 다시 태어났으나 신흥당, 보수당은 해체됐다.

이번 대통령 선거에 출마하기 위해 서민호 의원은 대중당을, 김준연 의원은 민중당을 급조하여 총선에도 출전했고, 혁신계 인사들이 중심이 되어 통일사회당을, 무명의 정치인들이 결집하여 자민당을 창당하여 이번 총선에는 11개 정당이 출전하게 됐다.

자유당 공천으로 신인우(종로), 임홍순(성동갑), 김정두(대구 남구), 박영출(의성), 장택상(성주-칠곡), 이용범(진해-창원), 이영희(함안-의령), 김재위(산청-합천), 박준선(당진), 김진원(진안-무주-장수), 임차주(임실-순창), 정세환(고창), 이희천(부안), 하기복(순천-승주), 조순(곡성-화순), 박종면(보성), 손석두(장흥), 김석진(해남), 박흥규(광산), 신의식(안성-용인), 정존수(평택), 박제상(시흥-부천-옹진), 홍창섭(춘천-춘성), 박경수(원주-원성), 박용익(강릉-명주), 이재학(홍천-인제), 손계천(영월-정선), 김웅조(속초-양양-고성) 등 기라성같은 후보들과 신인우, 임차주 현역의원들이 출전했으나 당선자는 없었다.

민주당 공천으로 조기항(동대문갑), 유성권(성동갑), 신상초(성동을), 김준섭(성북을), 조재천(마포), 백기완(영등포갑), 김용진(부산 동구), 최시명(부산진을), 황해룡(대구 동구), 이상두(경주-월성), 박종길(영덕-청송), 조재봉(예천), 설창수(진주-진양), 최수룡(진해-창원), 신정호(청원), 서용길(아산), 박동인(천안-천원), 이동욱(전주), 윤정구(남원),

이종남(장성-담양), 고기봉(구례-광양), 오동권(완도), 최영철(나주), 김재곤(인천갑), 김훈(인천을), 신흥균(의정부-양주), 박주운(여주-양평), 김두섭(김포-강화), 안동선(부천-시흥-옹진), 홍종남(춘천-춘성), 고담룡(제주-북제주) 후보들이 출전했으나 등원에는 모두 실패했다.

대중당 공천으로 김윤식(동대문을), 김제윤(성동갑), 김성숙(성북을), 현의암(서대문갑), 강경식(부산진갑), 서상록(경산-청도), 박정근(진안-무주-장수), 서민호(고흥) 후보들이, 민중당 공천으로 양우정(성북갑), 하태환(포항-영일-울릉), 정인소(진천-음성), 송천영(대전), 염우량(공주), 김용화(천안-천원), 김준연(영암-강진), 홍광표(해남), 우문(수원) 후보들이 출전했으나 야권단일화를 위해 대선 후보직을 사퇴한 서민호 후보만이 유일하게 당선됐다.

한독당 공천으로 전진한(종로), 홍영기(서대문을), 강선규(마산), 김성탁(울산-울주), 김환기(김해), 박기운(청원), 이희승(충주-중원), 이동진(영동), 진형하(대전), 김천수(논산), 공창덕(장성-담양), 고몽우(광산), 양덕인(횡성-평창), 박창홍(남제주) 후보들이 출전하여 마지막 투혼을 발휘했고, 정의당 공천으로 진복기(성북을), 계성범(서대문갑) 후보들이, 통한당 공천으로 오재영(마포), 심봉섭(경주-월성), 김공평(논산), 박승규(장성-담양), 박준호(광양-구례) 후보들이, 통사당 공천으로 김성식(예산), 유갑종(정읍) 후보들이 출전하여 정치적 발판을 마련하고자 했다.

(3) 대선을 평가하고 총선에 매진(邁進)한 민주공화당

민주공화당은 유세 때의 청중동원에 부작용이 있었다는 사실을 시인하고 표의 동서현상이 생긴 것은 경공업지대와 농업지대의 수혜의 차이 및 야당의 중농정책 실패에 대한 비

난이 주효했기 때문이라고 분석했다.

신민당에 대한 평가에서도 이범석, 백낙준의 신민당 불참과 박순천, 함석헌의 늦은 유세 참여와 서민호의 사퇴 지연이 민주공화당의 압승에 보탬이 되었다고 평가했다.

또한 영남의 지역의식과 호남푸대접 선전 및 영남에서의 그 반사작용이 오히려 압승의 요인 중의 하나라고 분석했다.

민주공화당은 박정희 정부가 안심하고 일할 수 있는 원내 안정세력을 줄 것을 호소하는데 주력할 예정이다.

김종필 민주공화당 의장은 "조국 근대화의 미래상을 제시하고 공화당 정부의 지난날 치적에 대한 평가를 발판삼아 계속적인 지지를 호소할 방침"이라고 밝혔다.

김종필 당의장은 "박정희 대통령을 재선시켜 놓고 국회에 공화당 후보를 보내지 않은 것은 열매를 따라고 나무위에 사람을 올려놓고 흔드는 것"이라고 비유하며, 원내 안정세력 확보를 호소했다.

"구정치인이 집권하면 쿠데타가 일어날 것"이라는 발언으로 물의를 일으켰던 윤치영 전 당의장은 전북 유세에서 "이승만 박사가 가만히 있어도 대통령이 될 텐데 최인규가 지랄 발광을 해서 자유당을 망치게 했다", "민중당, 신한당, 불한당, 뭐뭐 해서 열두당으로 쪼개진 것이 무슨 놈의 당이냐", "조병옥이나 장면이가 이승만 박사 밑에서 관리하다가 틀어졌다", "허정이 이게 뭐길래 개인에게 과도정권을 맡기다니 언어도단이다", "박순천은 나라를 구하겠다는 박정희 씨를 욕하는데 부정, 부패, 무능으로 정권을 뺏기고 무슨 소리냐", "창피한 일이지만 내 조카 윤보선이가 신민당 하는건 알 수 없다"라는등 시종일관 욕설만으로 좌충우돌했다.

(4) 국무위원 등 별정직 공무원들의 선거운동 시비

정부는 국무위원, 정부위원 등이 선거운동을 할 수 있도록 하는 선거법시행령 개정안을 법제처의 심의조차 거치지 않고 전격적으로 의결했다.

신민당 김대중 대변인은 "선거법에서 금지하고 있는데도 정부가 파렴치하게 나온 것은 공화당이 국회의원 선거에서 자신을 갖지 못한 데서 온 것이 명백하다"고 성명했고, 국무위원이 선거유세 나설 때는 고발할 방침이라고 밝혔다.

정부는 신민당의 반발을 무시하고 선거사상 유례없는 국무위원 선거운동을 강행할 기세를 보였다.

민주공화당은 박정희 대통령반, 정일권 국무총리반, 김종필 당의장반, 시·도지원반으로 편성하여 총력체제로 추진할 계획이다.

민주공화당은 각료 유세의 재고를 정부에 건의하여 반대입장을 표명했다.

길재호 사무총장은 "국무위원들의 지역구 지원 유세는 그 지역 공무원들의 입장을 곤란케 만들것이며 이것은 오히려 전략면에서 야당 공세의 표적이 될 것이기 때문에 득보다 실이 많을 것"이라고 반대 입장의 견해를 밝혔다.

중앙선관위는 국무위원 등 별정직 공무원의 선거운동은 선거법상 불가하다는 유권해석을 내렸다.

이에 권오병 법무부장관은 "선거법시행령 개정은 모순(矛盾)이 없으며 중앙선관위가 행정부의 준입법권에 속하는 이 문제에 대해 왈가왈부하는 것은 월권행위이다"라며 중앙선관위 해석에 이의를 제기했다.

중앙선관위는 국무위원 등 별정직 공무원들의 유세를 접수하지 말라고 지시했고, 박정희 대통령은 유세를 하지않기로 결정했다.

박정희 대통령은 별정직 공무원들의 선거운동을 가능케 하는 시행령 개정은 타당하다는 소신에는 변함이 없으며, 유세를 직접 나서는 데는 부정적이라고 밝히면서, "이번에 안정세력을 얻지 못하면 그 책임은 중앙선관위에 있지만 유세를 안하니 편하기는 편하구만"이라고 농담했다.
 신민당은 대통령이 지방 시찰을 빙자하여 공공연히 공화당의 선거운동을 하고 있다고 비난하고, 지방 시찰을 빙자한 선거운동의 합법성 여부를 중앙선관위에 위법 여부를 질의했다. 민주공화당은 시행령 개정으로 박정희 대통령의 유세마저 시비에 휘말리게 되자, 시행령 개정을 주도한 국무위원들은 마땅히 책임을 져야한다고 성토했다.
 박정희 대통령이 민주공화당 후보를 측면 지원하기 위해 지방 시찰에 나섰고, 영남지방엔 민주공화당 바람이, 호남지방엔 신민당 바람이 불었다.
 중앙선관위는 찬반 격론 끝에 대통령은 민주공화당 총재로서 유세가 가능하다는 논리를 내세워 유권해석을 번복했다.
 피선된 공무원은 법에 저촉되지 않는다는 궁색한 논리에 신민당은 선관위 해석의 효력 중지를 신청하는 등 즉각 반발했다.
 전남 목포에서 박정희 대통령은 선거연설원으로 등록하고 목포에서 긴급 경제각료회의도 주재하며 적극적인 선거운동을 펼쳤다.
 정일권 국무총리 등 대부분의 국무위원들이 지방출장에 나서 민주공화당 후보들을 측면 지원하는 가운데 박정희 대통령은 목포 역전(驛前)에서 "대통령 3선을 위한 개헌을 하지 않겠다"고 약속하고, "대통령 혼자만으로 일할 수 없으니 국회에 공화당 의원을 많이 뽑아 안정세력을 이룩해주기 바란다"고 호소했다.
 신민당은 대통령의 선거유세는 공무원의 선거운동을 금지

하는 선거법 위반이라며 고발할 방침을 밝혔다.

종반전에 접어들면서 한층 노골화된 지역공약 남발과 매표의 인상이 짙은 자금의 살포로 타락 선거라는 강한 비판을 받았다.

(5) 6대 총선 때 4당의 60% 득표율을 기대한 신민당

이번 7대 총선은 자유당 말기의 자유당이 대승을 거뒀던 4대 총선과 엇비슷할 것이라는 견해가 지배적이다.

당초 총선에서는 서대문갑(김재광-김상현-김용우), 영등포을(박한상-윤명운-조효원), 공주(박찬-김학준-이병주-김영옥), 이리-익산(윤택중-조규완-김성철-고광만), 남원(양해준-안균섭-유광현), 정읍(나용균-송삼섭-김형수), 고창(신용남-김용대-김상흠-유진-이형연), 보성(이백래-김규남-양달승-이중재-이정래), 경산-청도(김준태-박주현-이상조), 포천-연천-가평(홍익표-오치성), 고양-파주(황인원-신윤창), 대전(진형하-원용석-박병배), 영등포갑구(한통숙-이재형)에서 혈전이 전개될 것을 기대했다.

정당별 주자가 확정되자 신민당은 투표통지표를 주지 않거나 유령유권자 조작과 대리투표를 감행한 부정선거를 지적하며, 부정선거 규탄 운동을 벌여 야당붐을 올리는 한편, "단일 야당 밀어주어 일당독재 막아내자"는 구호를 내걸어 단일 야당이라는 이미지 부각을 통해 유권자들의 지지를 호소할 방침이다.

지난 1963년 6대 국회의원 선거에서 민주공화당이 33%를 얻은데 비해 민정당, 민주당, 자민당, 국민의당이 60%를 얻었음을 상기시키면서 단일 야당의 강점을 최대한 살리고자 했다.

민주공화당은 우세지구 73개, 백중지구 43개, 열세지구

15개구로 보아 현재의 6대 국회 의석 확보는 무난하다고 전망하고, 신민당은 우세 51개, 백중 46개, 열세 34개구로 과반수 이상은 확보할 수 있다고 엇갈린 주장을 펼쳤다.

4. 민주공화당이 130석, 74.3%로 개헌선 돌파

(1) 현역의원 114명이 출전하여 42명이 낙선

이번 선거에서 민주공화당이 103석, 신민당이 27석, 대중당이 1석으로 민주공화당의 압승으로 끝났다.

44개의 전국구 의석도 민주공화당이 50.8%, 신민당 39.2%의 득표율로 민주공화당이 27석, 신민당이 17석을 나눠가지게 됐다.

그리하여 의석분포는 민주공화당 130석, 신민당 44석, 대중당 1석으로 나뉘었다.

최고득표자는 민주공화당 전휴상(진안-무주-장수) 후보이고 최고득표율은 민주공화당 김종필(부여) 후보이다.

최고령 당선자는 민주공화당 최희송(전국구) 후보이고, 최연소 당선자는 신민당 이기택(전국구) 후보이다.

이번 총선에 출전했던 현역의원 114명 중 민주공화당 13명, 신민당 29명의 의원들이 낙선하여 낙선율은 36.8%에 달했다.

민주공화당은 77명이 출마하여 50명이 당선됐고, 신민당은 36명이 출마하여 7명만이 재선됐다.

민주공화당 의원 중에는 김성진(종로), 민관식(동대문갑), 강상욱(동대문을), 조시형(부산중), 박규상(부산서), 이종순(부산진갑), 김임식(부산진을), 양극필(동래), 오상직(의성), 신영주(창녕), 최정기(광주갑), 유승원(인천갑), 신형식(고흥) 등이 낙선했고, 신민당 의원 중에는 홍익표(포천-가평

-연천), 김삼(강릉-명주), 유치송(평택), 신하균(광주-이천), 황인원(고양-파주), 강승구(의정부-양주), 이충환(진천-음성), 박찬(공주), 한건수(예산), 이상돈(천안-천원), 유청(전주), 김상흠(고창), 유수현(영암-강진), 양화수(화순-곡성), 이중재(보성), 정명섭(나주), 진기배(영양-울진), 계광순(춘천-춘성), 최영근(울산-울주), 김형일(화순) 등이 낙선자 대열에 합류했다.

군소정당 후보로 입후보한 전 신민당 의원들인 진형하(대전), 유성권(성동갑), 강선규(마산), 이희승(충주-중원), 최수룡(진해-창원), 홍영기(임실-순창), 김재위(함양-산청), 신인우(영월-정선), 임차주(임실-순창) 의원 등도 모두 낙선했다.

(2) 영호남 지역의식은 사라지고 여촌야도(與村野都)가 재등장

이번 선거는 개헌선을 확보한 민주공화당의 비대와 야당의 법적, 정치적 투쟁이 정국을 동요시킬 것으로 전망됐다.

이번 선거는 서울, 부산 등 대도시에서는 야당을 지지한데 반해, 농촌은 여당을 많이 냈다는 점은 자유당 말기의 4대 총선과 비슷한 현상이었다.

전 지역구가 민주공화당과 신민당의 대결로 압축되고 군소정당이 몰락한 것은 양당정치에 대한 국민의 바람이 강력하다는 것을 입증한 것이다.

도시는 야당, 농촌은 여당이라는 자유당 말기에로의 복귀는 서울, 부산 21개 지역구에서 신민당이 18개 지역구를 휩쓴데서 나타났다.

이는 권력에 의한 선거 분위기 조작(操作)이 도시에선 불가능했던데 비해 농촌에선 가능했기 때문이다.

정운갑 신민당 사무차장은 "공화당이 저토록 기를 쓰고 3분의 2를 확보한 것은 깊은 뜻이 있을 것"이라고 3선 개헌론 대두(對頭)를 경계했다.

신민당 이충환 의원은 "시골에선 행정기관과 공화당의 수법에 당해낼 길이 없고 시골에서 당선된 신민당 후보는 1당백(一當百)의 장사"라고 승리한 동지들을 칭찬했다.

대도시에서 당선된 민주공화당 후보들은 박준규(성동을), 예춘호(영도), 최두고(부산진을) 후보 등 3명이고, 신민당 후보로 군(郡)지역에서 당선된 후보들은 신민당 우홍구(의성)와 성낙현(창녕) 후보들과 대중당 서민호(고흥) 후보 등 공교롭게 3명뿐이었다.

(3) 제7대 국회에 등원하는 의원들의 면모

지역구: 131명

〈민주공화당 : 103명〉

○**서울(1명)** : 박준규(성동을)

○**부산(2명)** : 예춘호(영도), 최두고(부산진을)

○**경기(11명)** : 이병희(수원), 차지철(광주-이천), 이백일(여주-양평), 서상린(용인-안성), 이윤용(평택), 권오석(화성), 이진용(의정부-양주), 신윤창(고양-파주), 김재소(김포-강화), 오치성(포천-가평-연천), 오학진(시흥-부천-옹진)

○**강원(8명)** : 김우영(춘천-춘성), 최익규(강릉-명주), 이승

춘(홍천-인제), 장승태(영월-정선), 이우헌(횡성-평창), 김재순(철원-화천-양구), 김종호(속초-고성-양양), 김진만(삼척)

○**충북(8명)** : 정태성(청주), 민기식(청원), 이종근(충주-중원), 육인수(옥천-보은), 김유택(제천-단양), 오원선(진천-음성), 안동준(괴산), 정직래(영동)

○**충남(12명)** : 김용태(대덕-연기), 김달수(공주), 이원장(서천-보령), 양순직(논산), 장영순(청양-홍성), 김종필(부여), 박병선(예산), 이상희(서산), 김두현(당진), 이민우(아산), 김종철(천안-천원), 길재호(금산)

○**전북(11명)** : 김용진(전주), 차형근(군산-옥구), 김성철(이리-익산), 전휴상(진안-장수-무주), 유광현(남원), 한상준(임실-순창), 박두선(정읍), 신용남(고창), 이병옥(부안), 유범수(완주), 장경순(김제)

○**전남(16명)**: 정래정(광주을), 이우헌(여수-여천), 김우경(순천-승주), 이현재(구례-광양), 양달승(고흥), 윤인식(영광-함평), 윤재명(영암-강진), 기세풍(곡성-화순), 김병순(해남), 정간용(완도), 이남준(진도), 배길도(무안), 이호범(나주), 길전식(장흥), 고재필(담양-장성), 박종태(광산)

○**경북(18명)**: 이만섭(대구중), 이원만(대구동), 이효상(대구남), 김장섭(포항-영일-울릉), 백남억(김천-금릉), 이상무(경주-월성), 김성곤(달성-고령), 김봉환(군위-선산), 김대진(안동), 오준석(영양-울진), 이원우(영천), 박주현(경산-청도), 송한철(성주-칠곡), 김천수(상주), 이동녕(문경), 정

진동(예천), 문태준(청송-영덕), 김창근(양주-봉화)
○**경남(14명)** : 한태일(마산), 구태회(진주-진양), 최석림(충무-고성-통영), 김주인(거제), 조창대(진해-창원), 김용순(삼천포-사천-하동), 김창욱(함안-의령), 김삼상(산청-합천), 공정식(밀양), 노재필(양산-동래), 설두하(울산-울주), 김택수(김해), 민병권(함양-거창), 최치환(남해)

○**제주(2명)**: 양정규(제주-북제주), 현오봉(남제주)

〈신민당 : 27명〉

○**서울(13명)** : 유진오(종로), 정일형(중구), 송원영(동대문갑), 장준하(동대문을), 조한백(성동갑), 조윤형(성북갑), 서범석(성북을), 김재광(서대문갑), 윤제술(서대문을), 김홍일(마포), 김원만(용산), 유진산(영등포갑), 박한상(영등포을)
○**부산(5명)** : 김응주(중구), 김영삼(서구), 박기출(동구), 정상구(부산진갑), 임갑수(동래)
○**경기(2명)** : 김정열(인천갑), 김은하(인천을)
○**강원(1명)** : 박영록(원주-원성)
○**충남(1명)** : 박병배(대전)
○**전남(2명)** : 정성태(광주갑), 김대중(목포)
○**경북(2명)** : 조일환(대구서-북), 우홍구(의성)
○**경남(1명)** : 성낙현(창녕)

〈대중당: 1명〉
○**전남(1명)** : 서민호(고흥)

전국구 : 44명

〈민주공화당 : 27명〉

○정구영(당총재), ○윤치영(당 의장), ○백두진(국무총리), ○최희송(6대의원), ○김정열(주미대사), ○윤천주(문교부장관), ○양찬우(내무부장관), ○이동원(외무부장관), ○김동환(당 사무총장), ○최영희(육군참모총장), ○이영근(당사무차장), ○김성희(당 정책연구실장), ○이원엽(심계원장), ○김유탁(당 기획조사부장), ○박노선(선대위조직위원장), ○김용호(강원도 사무국장), ○김영복(경남도 사무국장), ○이정석(5대의원), ○신동욱(상이용사회장), ○김규남(보성 낙천자), ○이병주(공주 낙천자), ○이매리(당 부녀분과위원장), ○이성수(경북도당 부위원장), ○신동준(당 선전부장), ○김익준(당 상임위원), ○이원영(당 정책위부의장), ○이영호(경기도 사무국장)

〈신민당 : 17명〉

○박순천(민중당 대표), ○김도연(5선의원), ○고흥문(당 사무총장), ○정해영(3대, 6대의원), ○김세영(5대의원), ○이재형(4선의원), ○한통숙(6대의원), ○정운갑(4대의원), ○김성용(6대의원), ○김재화(재일거류민단장), ○연주흠(실업인), ○편용호(언론인), ○박재우(실업인), ○이기택(실업인), ○이민우(4대, 5대의원), ○김수한(당 부대변인), ○김상현(6대의원)

제3장 개헌선 확보를 위해 불법선거로 얼룩진 총선

1. 신민당사 압수수색과 사상 유례없는 불법선거
2. 부정선거에 대한 규탄과 실속없는 투쟁 전개
3. 신민당은 소득없이 120일 동안 등원거부

1. 신민당사 압수수색과 사상 유례없는 불법선거

(1) 조총련 자금이 유입됐다고 신민당사를 압수수색

  신민당은 5인조 조직, 폭력사태에 의한 공포 분위기 조성, 지역사업 공약을 통한 허위 선전 등을 비난하며 중앙선관위에 선거 분위기 공명보장을 촉구했다.
  그러나 민주공화당은 신민당의 촉구(促求)서한을 일축했고, 후보자간의 상호비방과 호별방문의 성행 등으로 선거법은 사실상 사문화됐다.
  경찰은 대체로 제2선으로 물러난 듯 하지만 행정기관의 민주공화당 후보 지원은 노골화되었다.
  신민당 전국구 10번 김재화 후보가 일본에서 들여온 공천헌금 문제로 수사를 받게 했다.
  검찰은 신민당 전국구 김재화 후보의 자금 관련 경리 장부 등을 압수하고, 유진산 등 간부진을 소환하는 한편, 거래은행에서는 신민당 예금인출을 거부하는 사태로 번져갔다.
  신민당은 총선을 앞두고 사태가 심각함을 인식하고, 유진오 당수는 극한(極限)투쟁도 불사하겠다고 선언했다.
  김형욱 중앙정보부장은 조총련계 자금이 불법으로 침투했다고 김재화 후보의 수사 경위를 발표하면서, 수사 범위는 확대하지 않겠으나 예금은 동결하겠다고 밝혔다.
  신민당은 김재화 후보는 재일교포 거류민단장을 7년간 지냈으며 자금출처의 불순을 믿기 어렵다고 비난했다.
  중앙정보부 수사요원들이 신민당 중앙당사에 들이닥쳐 경리 장부를 압수하여 당원들은 "중앙당이 이 지경이니 지구당의 공포 분위기는 더 말할 나위가 없겠다"고 웅성거렸다.
  김형욱 중앙정보부장은 김재화의 공천헌금은 국회 침투를

위해 북괴가 조총련에 전달한 대한(對韓)공작금이라고 중간 수사 결과를 발표했다.

중앙정보부는 김재화에게 자금을 제공한 진주 출신인 배동호와 곽동의 등이 북괴의 공작원들이라고 단정했다. 그러나 선거 이후 재판과정에서 김재화 후보는 무죄가 선고됐다.

(2) 불법선거에 대한 고발과 개표중단 사태

충남 예산군수가 공무원에게 민주공화당 선거운동을 지원하고 유권자의 성분을 분석하라고 지시했다고 최영태 농촌지도원보가 폭로했다.

전남 목포에서 지난 대선보다 유권자가 2만 명이 증가했고, 민주공화당이 노동자들에게 5백 원을 주며 선거 참모 승락서를 받았다고 폭로했다.

경북 영천 대창면 산업계장 김영달은 영천군 내무과장 남영재가 9개 항목에 걸쳐 부정선거를 할 것을 지령(指令)했다고 폭로했다.

종친회, 동창회, 친목계 등 전근대적인 사조직이 정당이라는 공조직을 무색케 할 정도로 이용되고 있고, 막걸리, 들놀이, 금전 살포 등으로 고유의 미풍양속을 해치고 있었다.

테러, 폭로, 인신공격과 마타도어 및 흑색선전 등이 꼬리를 물고 선거전을 이끌었다.

전남 보성군 벌교읍장 구정모와 보성경찰서 최상영 벌교지서장은 "공개해서 안 된다는 규정이 어디 있느냐"고 공개투표를 공공연하게 주장했고, 신민당 김수한 부대변인은 이는 중대한 사태라고 경고했다.

유진오 신민당수는 투표 당일 "이번 선거는 관권이 개입했다기 보다 관권이 선거를 주관(主管)한 부정선거"라고 비난하고, "부정선거 책임자의 책임을 끝까지 밝혀내고 선거법

개정 투쟁을 벌이겠다"고 밝혔다.
 서울 동대문 갑구에서는 신민당 송원영 후보가 앞서자 20여 명의 민주공화당원들이 개표소를 급습하여 폭력을 행사하는 등 무법천지가 되어 민주공화당 참관인들만이 단독으로 개표하고, 동대문 을구와 용산에서도 민주공화당원들이 개표소에 난입하여 기물(器物)을 뒤엎고 난동이 벌어져 개표가 중단됐다.
 "부정선거 물리치자", "협잡선거 다시하자"는 구호를 외치며 남원, 곡성, 순천, 청주, 상주, 양주, 남해, 안동 등에서 부정선거 규탄데모가 벌어져 경찰과 한때 투석전을 펼쳤다.
 지난 대선보다 한 달 만에 유권자 수가 78만 1,929명이 늘어나 부정투표 소지가 있으며, 백중(伯仲)구에서는 늘어난 유권자가 당락을 좌우할 것이라며 우려를 나타냈다.
 취생몽사(醉生夢死)한 추태주권(醜態主權)에 대해 각계에서는 '후세에 부끄러운 유산', '6대보다 더 난잡(亂雜)하다', '공화당이 더 비대해져', '금력만능 캄캄하다', '1차책임은 정부와 여당', '정신문명 근대화 요원', '자유당 정권 때와 다름없다'는 우려의 목소리들이 높았다.
 신민당은 민주공화당과 경찰이 3인조를 편성하여 릴레이식 대리투표를 계획하고 있다고 발표하고, 유진오 신민당수도 민주공화당이 30%의 대리투표를 기도하고 있다면서 부정을 계속하면 의원등록을 거부하겠다고 으름장을 놓았다.
 민주공화당안에서도 공무원들의 노골적인 선거운동에 반발하고 있으며 "공화당 정부의 수명을 단축시킬지도 모른다"고 우려하는 목소리가 드높았으며, 5·16 혁명의 원인중의 하나도 민주당 정부에서 공무원들의 선거관여였다며, "오늘의 현실은 정말 개탄(慨嘆)스럽기만 하다"고 한숨을 쉬기도 했다.
 의성, 보성, 공주에서는 환표사건이 벌어졌고 대전, 당진,

춘천에서는 무더기 투표가 발각되어 개표가 중단되는 소동이 벌어졌다.

이번 선거는 전례없는 타락선거, 부정선거라는 지적과 함께 선거운동 과정에서 금권, 향응, 선심, 행정권력 개입, 지역공약 남발 등 선거법 위반사태가 벌어졌고, 개표 과정에도 폭력, 데모, 대리투표, 공개투표, 야당의 참관 거부 등의 불상사가 빚어졌다.

신민당은 과도한 금력 난무 및 민주공화당 후보에 대한 행정지원 등으로 전례(前例) 없는 부정선거였다는 지적과 함께, 선거무효 선언과 의원 등록거부, 부정선거 규탄 범국민운동을 전개하기로 했다.

검찰은 신민당 김두한 후보를 "북괴의 농촌에는 전기가 들어가 있는데 우리 농촌은 아직도 전기도 들어오지 않고 잘 못 살고 있는데, 박정희 정권이 무슨 일을 잘했다는 것이냐"는 발언을 문제삼아 구속됐고, 박기출 후보를 선거법 위반혐의로 구속코자 했으나 도주하여 지명수배했다.

2. 부정선거에 대한 규탄과 실속없는 투쟁 전개

(1) 민주공화당은 부정선거 시비가 일어난 것은 언론의 책임이라고

이번 총선의 결과는 원인이야 어떠했든 여야간의 세력균형을 깨뜨린 파행적(跛行的) 의석 분포를 가져다 주었으며, 그것은 양당정치의 적신호로 해석됐다.

사상 유례없는 부정선거라고 규정하는 신민당은 물론, 압승한 민주공화당 안에서도 "공화당의 과다한 의석 확보는 헌정(憲政)의 위험수위를 뜻하는 것"이라고 우려를 표명할 만큼 사태는 사뭇 심각했다.

민주공화당이 개헌선을 돌파한 사실은 정치권에 복잡한 문제를 자초할 소지가 많았다.

집권 경쟁을 둘러싸고 민주공화당내의 파벌간의 반목 투쟁이 예상되며, 대통령의 3선(三選) 연임금지 철폐를 위한 개헌론이 대두될 가능성이 있기 때문이다.

박정희 대통령을 비롯한 정부·여당의 주요 간부들은 장기 집권을 위한 개헌을 염두에 두고 무리라는 것을 알면서 부정과 불법선거를 자행하거나 묵인했는지도 모를 일이다.

김종필 민주공화당 의장은 "개헌의 가능성은 기우(杞憂)에 불과하며 4·19의 역사적 교훈으로써도 개헌은 현실적으로 성립되기 어렵다"고 겉으로는 표현하면서도, "한국의 정치적 안정과 경제부흥을 이루자면 장기 집권을 해야한다"고 그의 소신을 밝힌바 있기 때문이다.

민주공화당은 압승한 요인으로는 풍부한 자금 탓으로 돌리고 농촌에서 지방사업공약이 적중했고 행정지원이 유효했다고 자체 분석했다.

이번 선거에서 군수, 경찰서장, 교육장 등이 3위 일체가 되어 민주공화당 후보를 지원했으며, 국무위원들도 지방 나들이를 하여 선심 공세를 펼치며 신민당 후보가 당선되면 지방사업을 밀지 않을 기세를 보였다.

김종필 공화당의장은 "부정선거라면 중앙의 지시가 있어야 할 터인데 그런 사실이 없고 다만 부패, 타락선거는 있었다"면서, "사후대책으로는 사직당국의 철저한 수사에 맡길 수밖에 없다"고 미온적인 처방을 내렸다.

김종필 당의장은 "매스콤의 편파보도로 전국이 뒤숭숭해졌다"고, 김재순 의원은 "왜 신민당을 열띠게 하느냐"고 부정선거 규탄을 언론의 탓으로 돌렸다.

(2) 꼬리자르기와 미봉책 강구에 전념한 민주공화당

민주공화당은 부정선거가 노출되고 있는 20개 지역구에 대한 자체조사를 실시키로 하고, 우선 경기도 화성의 권오석 의원과 동대문갑구 조직부장 등 3명을 제명 처분했다.

민주공화당이 자체 조사한 지역구는 보성(양달승), 곡성-화순(기세풍), 나주(이호범), 고창(신용남), 순천-승주(김우경), 여주-양평(이백일), 여수-여천(이우헌), 서천-보령(이원장), 영천(이원우), 진안-무주-장수(전휴상), 춘천-춘성(김우영), 안동(김대진), 전주(김용진), 남원(유광현), 인천갑(유승원), 인천을(김숙현) 등이다.

민주공화당은 투·개표 과정에서 현저한 부정사실이 검찰수사에 드러난 보성지구 당선자 양달승 후보를 제명했다.

정일권 국무총리는 동대문갑, 화성 지역구를 비롯하여 보성, 군산-옥구, 대전, 영천, 평택 등 7개 지역구에서 검찰수사가 진행되고 있다고 발표했다.

박정희 대통령은 평택(이윤용), 군산-옥구(차형근), 영천

(이원우), 고창(신용남), 서천-보령(이원장), 화순-곡성(기세풍) 지역구 당선자들을 수사의 공정성을 위해 추가 제명 조치하고, 검찰의 수사결과를 지켜보자는 수습방안을 제시했다.

민주공화당은 당기위원회에서 원용석(대전) 후보를 추가로 제명했다.

구속된 양달승(보성), 제명된 신용남(고창), 기세풍(화순-곡성) 의원들이 민주공화당의 시국 수습방안의 일환에 의한 종용(慫慂)을 받고 의원직을 사퇴했다.
이들은 "보궐선거가 실시되는 경우 다른 당의 공천을 받아 출마하겠다"고 밝혔다. 의원직을 사퇴한 양달승 의원은 자의가 아니었다며 사퇴를 철회했다.

민주공화당은 개헌선의 파기를 고려하고 무소속 의원들의 교섭단체 구성을 노려 박병선(예산), 이호범(나주), 양찬우(전국구), 최석림(충무-통영-고성) 의원들을 추가 제명하는 꼼수를 자행했다.

(3) 검찰의 수박 겉핥기식 수사의 부정선거 결과 발표

서울지검 백광현 검사는 화성에서 민주공화당 후보로 출전했다 제명된 후 당선사퇴서를 제출한 권오석 후보를 선거자유 방해 등의 혐의로 구속했다.

권오석 후보는 "투·개표 과정에서 부정은 전혀 없었고 다만 소란을 피운데 대한 책임으로 당선을 사퇴했다"고 주장하고, 신거관리위원 폭행에 대해서도 "사실이 아니며 뒤집어씌우기 위한 모략"이라고 말했다.

화성 선관위는 재검표결과 4,677표의 무효표 중에서 김형일 후보 유효표 1,299표를 되찾아 995표차로 당락이 번복됐다고 당선자를 번복 의결했다.

검찰은 보성에 제철공장건설을 지시했다는 대통령 지시각서를 변조(變造)한 혐의 등으로 양달승 당선자를 구속했다.

신직수 검찰총장은 서울 시경국장이 선거관계 문서를 소각하라는 지령을 내리는 것은 위법이 아니며, 학생들의 데모는 법질서를 파괴하는 행위로 엄벌에 처하겠다고 경고했다. "6·8 총선은 국민이 납득할만한 깨끗하고 공명한 선거가 아니었다"고 견해를 밝힌 신직수 검찰총장은 보성, 화순-곡성, 고창 외에도 속초-고성-양양, 서천-보령 등에서도 투·개표 과정에서 부정이 드러났다며 재검표를 할 용의가 있다고 발표했다.

검찰에는 부정선거의 배후를 밝히지 못한 채 고위 관리에게는 무혐의로 손도 못대고, 현지 무마의 겉핥기라는 비난만을 받았다.

검찰은 공소시효를 앞두고 민주공화당의 권오석(화성), 양달승(보성), 차형근(군산-옥구), 이호범(나주), 박병선(예산), 신민당의 김대중(목포), 박병배(대전), 임갑수(동래), 정해영(전국구) 등 9명의 당선자를 기소했다.

신민당 김대중 대변인은 "전국 각지에서 공무원의 선거간섭과 각종 부정행위가 속속 발견되고 있는데 이 같은 맥빠진 발표를 하는 것은 국민을 우롱(愚弄)하는 것"이라고 비난했다.

박정희 대통령은 제6대 대통령 취임식에서 위대한 전진으로 통일을 완수하고 평화적 정권교체를 강조하면서, 6·8 부정선거는 민주적으로 시정하겠다고 약속했다.

박정희 대통령은 선거 주무장관인 엄민영 내무부장관을 경북 영천 출신으로 국민의당 출신인 이호 전 내무부장관을 임명했다.

정일권 국무총리가 겸임하고 있는 외무부장관에는 최규하 외무부차관을 발령했다.

(4) 부정선거에 대한 폭로와 규탄 데모

서울대 법대생들이 부정선거를 규탄하는 데모를 벌여 경찰과 충돌했으며 165명이 연행됐다.

서울대에 이어 고려대, 연세대 등으로 규탄 데모가 번지자 11개 대학이 임시휴강에 들어갔다.

경남 창원의 호산리 리장 권승삼 등 30여 명은 동 단위로 대리투표가 진행됐다고 폭로했고, 전북 고창의 운전기사 방극주는 대리투표자를 태우고 열 번 이상 왕복 운행했다고 진술했다.

전북 고창의 리(里)참사인 김종옥 씨가 고창군청에서 암호대장을 만들어 민주공화당에 제공하여 1만여 명의 대리투표를 자행했다고 폭로했다.

부정선거 규탄 데모가 닷새째 이어져 28개 대학과 129개 고교가 휴업에 들어갔다.

여수 앞바다에서 투표함이 발견되어 선관위는 투표함 수송 도중 바다에 빠져 인양작업을 했으나 찾지 못한 투표함으로 해명했으나, 개표가 모두 끝난 상황에서는 앞뒤가 맞지 않고 석연치 않은 부분도 많았다.

중앙선관위는 부정 여부에 초점을 맞추고 바다속의 투표함 본격 조사에 들어갔다.

경영자협회에서도 민의따라 혼미 정국을 수습하라는 성명을 발표하고, 기독교연합회에서도 미봉(彌縫)수습책을 버리라는 성명을 발표했다.

미국의 관리들까지 대통령 선거는 공명선거였으나 국회의원 선거는 이상(異常)선거였다면서 한국의 정정불안은 선거에서의 부정행위 때문이라고 말했다.

신민당은 총선 무효화투쟁을 전국적으로 전개한 상황에서

대한변호사협회에서도 부정선거구의 책임자를 엄벌하고 내각은 총사퇴하라는 성명을 발표했다.

(5) 신민당의 부질없고 실속 없는 투쟁 전개

유진오 신민당수는 박정희 대통령에게 "부정선거가 감행된 지역구에 대한 선거무효화 조치를 취하고 재선거를 실시하라"고 요구했다.

이어 유진오 당수는 "박정희 대통령이 부정선거의 책임을 기피, 호도하고 국민의 공분을 끝내 외면한다면 그로 인해 야기될 정국의 혼란과 여하한 사태발생에 대해서도 대통령 자신이 책임져야 할 것"이라고 경고했다.

유진오 당수가 밝힌 "현저하게 부정이 감행된 공화당 의원 당선지역만 재선거를 실시한다"는 당초 방침보다는 "6·8 선거 무효화", "전면 재선거 실시"등으로 훨씬 경화(硬化)됐다. 신민당은 '6·8 총선 무효화 투쟁위원회'를 구성하고 김종필 민주공화당 의장, 정일권 국무총리, 김형욱 중앙정보부장, 엄민영 내무부장관의 문책을 요구하고 6·8 총선을 선거를 가장한 쿠데타라고 단정했다.

신민당은 18개 지역구에 대한 증거 보전신청을 내고 당선 및 선거무효 소송을 제기할 준비를 구비했다.

신민당사에서 개최된 총선 무효를 주장한 불법선거 규탄대회는 2천여 명의 기동경찰관과 대치했다.

결의문에서 신민당은 학생과 시민의 항쟁에 대한 탄압을 즉각 중지하고, 항의의 원인인 부정선거의 처리를 국민이 납득할 수 있도록 과감히 조치하라고 요구했다.

경찰은 민가의 담을 넘어 신민당사에 난입하여 확성기 등을 압수했다.

이에 신민당은 야당 활동을 위협하는 중대사라고 비난하고

131개 선거구의 일괄무효소송을 제기하겠다고 밝혔다.
 또한 신민당은 투개표 부정, 언론방해 등 7개항의 불법 부정선거를 담은 6·8 부정선거 백서를 발표했다.

3. 신민당은 소득없이 120일 동안 등원거부

(1) 공화당과 신민당은 지구전을 펼쳐

 민주공화당은 지구전을 펴며 선거법 개정등을 두고 접촉을 하되, 우선 원내에서 협상을 전개할 구상이지만, 신민당은 장기전을 각오하면서 당내 결속을 도모하며 고발과 정치투쟁을 전개했다.
 민주공화당에서 여·야 공동조사를 제의한 데 대해, 김대중 신민당 대변인은 "그것은 마치 경찰관과 도둑이 함께 도난사건을 조사하자는 얘기나 다름없다"며 일축했다.
 정국수습을 위해 민주공화당은 부정선거구를 확대하지 않을 방침이고, 신민당은 무의미한 협상에는 불응하겠다는 입장이어서 정국수습이 지구전이 될 전망이다.
 유진오 신민당수는 "6·8 선거는 사상 유례없는 부정선거로 무효화를 위해 합헌투쟁을 전개하겠다"고 선언했다.
 유진오 신민당수는 정치투쟁을 뒷받침하기 위해 후보자들의 개별소송을 병행하여 전국구, 지역구 가릴 것없이 선거무효 일괄(一括)소송을 제기했다.
 당선자 대회는 일괄제소(一括提訴)에 이의를 달고, 신민당 당선 지역구도 선거무효 소송을 낸다는 건 이론상 당선 사퇴가 선행되야한다고 불만을 터뜨렸다.
 재선거구의 범위, 각료인책이 절충요건이지만 여야협상은 진전이 없어 정국의 경화가 극심해지고 있으며 타협점을 찾지 못하고 있고, 경화된 정국은 장기화 조짐을 보이고 있을 뿐이다.
 정부와 여당에서는 부정선거 규탄대회에서 박정희 대통령의 하야와 인책을 주장한데 대해, 이성을 잃은 행동은 사태를 악화시킬 뿐이라고 경고했다.

　정기국회에 불참한 유진오 당수는 선거의 전면부정을 시인하지 않으면 어떠한 대화도 불응하겠다고 거듭 밝혔다.

(2) 민주공화당의 일당 국회 개원과 신민당 반발

　신민당은 국회앞에서 6·8 부정선거 규탄데모를 벌여 55명이 연행된 상황에서, 민주공화당의 일당 국회에서 의장에 이효상, 부의장에 장경순을 선출하고 야당 의원 등원촉구결의안을 채택했다.

　여·야가 새 돌파구를 못 찾아 정국 교착상태와 국회 공백이 장기화 될 전망 속에서, 신민당은 일당의 개원은 무효이며 야권에 대한 탄압 중지를 주장하며 장기적인 투쟁을 선언했다.

　신민당 당선자들이 대통령 결단만이 관건이며, 재선거 할 때까지 등록을 거부하겠다는 성명을 발표했다.

　이효상 국회의장은 부정 조사위원회 설치, 부정선거에 공동사과, 책임자 인책, 여야 중진회담 개최 등 7개항의 시국수습방안을 제안했으나, 신민당은 대통령의 단안을 촉구하며 즉각 거부했다.

　신민당은 박정희 대통령의 부정선거 시인의 전제(前提)하에 전면 재선거 완화 등 시국수습에 신축성을 보였다.

　박정희 대통령은 "6·8 총선이 유종의 미를 거두지 못한데 대해 그 원인이 어디 있든지 행정부 책임자로서 미안하게 생각한다"면서, 신민당이 시국수습의 전제로 촉구해온 제2의 단안에 대해서는 "내가 할 수 있는 일은 다했다"라고 말함으로써 이를 명백히 거절했다.

　이에 유진오 신민당수는 시국수습 4개항에 변함이 없으며 부정을 시인하면 협상할 용의가 있다고 피력했으나, 신민당은 박정희 대통령의 기자회견을 무책임한 발언이라고 논평했다.
  이효상 국회의장은 선거소송 단기처리, 선거법 개정과 개선 등을 논의할 여야(與野) 중진회의를 제의하는 제2의 시국수습안을 제시했으나, 신민당은 이를 거부했다.
  이효상 국회의장은 선(先)등원, 후(後)협상을 촉구하는 공한을 신민당에 보냈고, 박정희 대통령은 단독 국회와 협상을 병행토록 민주공화당에 지시했다.
  신민당은 전면부정선거 시인을 고수하며 국회 상임위 배정의 철회를 요구하며 협상준비 회담도 거부했다.
  여야협상을 벌였으나 박정희 대통령은 등원은 신민당이 스스로 결정해야한다고 밝혔고, 신민당은 성의(誠意)표시가 있을때까지 투쟁하겠다고 선언했다.

(3) 명분도 실리(實利)도 잃어버린 신민당의 지각(遲刻)등원

  민주공화당에서는 김종필, 유진오 회담을 제의했으나, 신민당은 민주공화당 대 신민당 회담을 거부하고 전권대표자 회담을 제의했고, 민주공화당은 신민당의 제의를 수락했다.
  신민당은 회담 전 6·8 부정선거 시인 및 사과, 전면적인 재선거, 부정선거 책임자 문책, 부정선거 재발방지 보장 등 4대원칙을 포함할 것을 간부회의에서 확인했다.
  민주공화당의 백남억, 김진만, 신민당의 윤제술, 김의택 대표들은 전권회담에서 부정선거 시인이나 사과에 대한 언급(言及)없이 야당의원 등원과 동시에 국회의 결의로써 공명선거를 다짐한다고 밝혔다.
  그리하여 그토록 금과옥조처럼 신봉하던 4대 원칙을 아무런 대가없이 스스로 걷어차 버렸다.
  선거부정 조사위원회를 구성하여 조사위원회에 강제수사권

을 부여하고, 정치사찰의 금지를 입법화하는데 합의하고, 신민당은 등원하기로 합의했다.

민주공화당은 조사위원회 구성에 양보하고, 신민당은 시인 사과에서 후퇴하여 부정선거 재발방지에만 역점을 둔 결과였다.

그리하여 무엇을 위한 투쟁이었고, 무엇을 얻기 위한 등원거부였는지가 애매해졌으며, 차라리 3선개헌을 하지않겠다는 약속을 받고 등원했더라면 우리나라의 정치는 어느 방향으로 흘러갔을까하는 아쉬움만을 남겼다.

신민당의 전국구 당선자인 김용성 후보가 국회 개원 104일만에 돌연 등록하여 신민당의 등원거부의 교각(橋脚)을 무너뜨렸다.

신민당은 "야당분열을 꾀하는 공화당과 중앙정보부의 압력의 소산"이라고 비난하고 김 의원을 제명했다.

신민당 당선자 회의는 4개월을 넘겨 마침내 의원등록을 마치고 변칙 국회가 정상화되도록 도와주고, 요직의 인선에 들어갔다.

유진오 당수는 부정선거는 다시는 없어야 하며 원내서 정책구현에 총력을 경주하겠다는 알맹이 없는 사설(辭說)을 늘어놓았다.

[제4부] 지역구별 불꽃 튀는 격전의 현장들

제1장 여촌야도(與村野都)의 전형을 보여준 수도권
제2장 민주공화당 광풍(狂風)이 휩쓸고 간 영남권
제3장 부정과 불법으로 공화당이 압승한 비영남권
제4장 개헌(改憲)의 앞장이 역할을 수행한 전국구

제1장 여촌야도(與村野都)의 전형을 보여준 수도권

1. 도시는 신민당, 농촌은 공화당의 압도적 승리
2. 수도권 27개 지역구 불꽃 튀는 격전의 현장으로

1. 도시는 신민당, 농촌은 공화당의 압도적 승리

(1) 도시 선거구 18개구에서 신민당이 15개구를 차지

수도권은 서울과 경기도로 서울이 14개 지역구, 경기도가 13개 지역구 등 27개 지역구를 가지고 있어 전국 131개 지역구의 20.6% 수준에 불과하다.

서울의 14개 지역구 중 서울의 성동 을구만 민주공화당 박준규 후보에게 내어주었을 뿐 13개 지역구를 신민당이 휩쓸었고, 경기도에서도 수원과 의정부-양주를 민주공화당 이병희, 이진용 후보에게 내어주었을 뿐 인천의 갑구(김정열), 을구(김은하)를 휩쓸어 신민당은 18개의 도시 지역구에서 83.3%인 15개 지역구를 휩쓸었다.

반면 농촌지역인 9개 지역구는 당초에는 민주공화당 후보들이 석권했으나 부정개표로 인한 재검표에서 무효표로 계산된 신민당 김형일 후보표를 재점검하여 화성에서 당선자가 번복됐다.

지난 6대 총선에서도 민주공화당은 서울의 동대문갑(민관식), 성동을(박준규), 인천갑(유승원), 수원(이병희) 등 18개 지역구에서 4개 지역구를 차지했을 뿐이다.

그러나 야권에서는 서울에서 12개구를 석권하고 인천을구(김은하), 의정부-양주(강승구) 등 도시 선거구뿐만 아니라 광주-이천(신하균), 포천-가평-연천(홍익표), 평택(유치송), 고양-파주(황인원) 등 농촌 지역구에서도 4개 지역구를 차지하여 수도권 27개 지역구의 66.6%인 18개 지역구에서 승리했었다.

그리하여 지난 6대 총선에서 민주공화당과 야권 3당의 의석 분포는 9석 대 18석인 데 비해 이번 총선에선 민주공화당과 신민당의 의석분포가 11석 대 16석으로 2석을 민주공화당이 야당 의석에서 뺏어간 결과였다.

(2) 현역의원 27명 중 41%인 11명만 귀환(歸還)

지난 6대 총선에서 당선된 후보 중 중구의 민주당 정일형, 서대문갑구의 민정당 김재광, 서대문을구의 민정당 윤제술, 용산의 자민당 서민호 의원들이 한일협정 비준반대의 명분을 내걸고 윤보선 대선후보의 뒤를 따라 의원직을 내 던졌다.

 이들의 의원직 사퇴에 따라 실시한 보궐선거에서 민중당 신인우(중구), 김상현(서대문), 홍영기(서대문을), 한국독립당 김두한(용산) 후보들이 당선되어 의원직을 승계했다.

 윤보선의 신한당과 유진오의 민중당이 통합하여 출범한 신민당은 의원직을 사퇴한 의원들의 선명성을 높게 평가하여 정일형(중구), 김재광(서대문갑), 윤제술(서대문을) 후보를 재공천하고 보궐선거에서 당선된 신인우, 김상현, 홍영기 의원들을 공천에서 배제했다.

 신인우 의원은 자유당으로 전향하여 중구에, 홍영기 의원은 한국독립당으로 전향하여 서대문 을구에, 김상현 의원은 신민당 전국구 후순위에, 국회 본회장에 오물을 투척하여 의원직을 사퇴했다가 신민당에 합류한 김두한 전 의원은 용산이 아닌 수원에 전략 배치됐다.

 지난 6대 총선에서 야권 후보로 당선된 18명 가운데 정일형, 김재광, 윤제술 의원 외에도 조윤형(성북갑), 서범석(성북을), 박한상(영등포을), 김은하(인천을) 의원들은 신민당 공천을 받고 출전하여 당선됐으나, 강승구(의정부-양주), 신하균(광주-이천), 홍익표(포천-가평-연천), 유치송(평택), 황인원(고양-파주) 의원들은 신민당 공천을 받고 출전했으나 민주공화당 후보들에게 모두 무너졌다.

전진한(종로) 의원은 신민당을 벗어나 한국독립당 후보로 대선에 출마했다가 낙선하고 한국독립당 공천으로 종로에 재출마했으나 2,347표 득표에 머물렀고, 이영준(동대문을) 의원은 정계를 은퇴하여 사상계 사장 장준하 후보에게 넘겨주고, 유성권(성동갑) 의원은 공천에서 낙천되자 민주당 공천으로 출전했으나 9,425표 득표로 4위에 머물렀다.

박순천(마포) 의원은 민중당 대표를 감안하여 신민당 전국구 1번에 안착했고, 서민호(용산) 의원은 대중당을 창당하여 대선에 출전했으나 낙선하고 낙향하여 고향(故鄕)인 전남 고흥에서 당선되어 의정 단상에 복귀했다.

한통숙(영등포갑) 의원은 신민당 전국구 8번에 안착하고, 신민당의 실력자인 유진산 전국구 의원에게 지역구를 넘겨줬다.

민주공화당 공천으로 지난 6대 총선에서 당선된 7명의 의원 가운데 박준규(성동을), 이병희(수원), 이백일(여주-양평), 서상린(용인-안성) 의원들은 민주공화당 공천을 받고 재당선됐으나, 민관식(동대문갑) 의원은 낙선했고, 이돈해(김포-강화)와 옥조남(시흥-부천-옹진)의원들은 민주공화당 공천에서 탈락했다.

민주공화당 공천을 받고 당선된 권오석(화성) 의원은 재검표에서 당선 번복되어 낙선됐다.

따라서 27개 지역구 가운데 지역구 주인이 건재한 곳은 서울 중구(정일형), 성동을(박준규), 성북갑(조윤형), 성북을(서범석), 서대문갑(김재광), 서대문을(윤제술), 영등포을(박한상), 경기도 인천을(김은하), 수원(이병희), 여주-양평(이백일), 용인-안성(서상린)등 11개 지역구에 불과했다.

(3) 수도권 당선자 대부분이 50~60% 득표율로 당선

수도권 내 당선자 중 최고 득표율은 신민당 유진오(종로), 민주공화당 서상린(용인-안성) 후보들이 69.7% 득표율로 차지했고, 최소득표율은 신민당 조한백(성동갑) 후보가 37.7%를 기록했다.

조윤형(성북갑), 김재광(서대문갑), 김원만(용산), 차지철(광주-이천), 오치성(포천-연천-가평), 신윤창(고양-파주), 김재소(김포-강화) 후보들은 60%가 넘는 득표율로 당선된 반면, 박준규(성동을), 김홍일(마포), 김정열(인천갑), 김은하(인천을), 이윤용(평택), 김형일(화성) 후보들은 40% 득표율로 당선됐다.

지난 6대 총선에서 낙선을 딛고 송원영(동대문갑), 김원만(용산을), 이윤용(평택) 후보들은 당선됐고, 전진한(종로갑), 민관식(동대문갑), 유성권(성동갑), 유승원(인천갑), 황인원(고양-파주), 신하균(광주-이천), 강승구(의정부-양주), 홍익표(포천-가평-연천), 유치송(평택), 권오석(화성)의원들은 6대총선에서 당선됐지만 이번 총선에서 낙선했다.

2. 수도권 27개 지역구 불꽃 튀는 격전의 현장으로

서울특별시

〈종로〉 고려대 총장, 제1야당 당수라는 명성으로 경성고보 동기 동창인 김성진 후보를 누르고 압승을 거둔 유진오

 지난 6대 총선에선 민정당 전진한 후보가 민주공화당 공천을 받고 출전한 2대의원과 참의원을 지낸 여운홍, 5대 총선 때 마포 보궐선거에서 민주당 공천을 받고 출전하여 당선된 민주당 신상초 후보들을 꺾고 5선의원이 됐다.
 지난 5대 총선에도 출전했던 자유당 최주열, 서울시의원을 지낸 자민당 박수형, 협동연구원장인 신흥당 원일, 예비역 육군 중령인 보수당 박노일, 예비역 육군 중위인 추풍회 이세열 후보들도 출전했다.
 전진한 후보는 노동계의 대부로서 보궐선거 전문으로 지난 5대 총선 때 한국사회당으로 성동에 출전하여 낙선했으나, 윤보선 의원이 대통령에 취임하고서 사퇴하자 잽싸게 이 지역구로 옮겨 승리를 낚아챘고, 6대 총선에는 제1야당인 민정당의 공천을 받고 출전하여 당선됐다.
 이번 7대 총선에는 고려대 총장을 지낸 유진오 신민당 대표위원이 직접 출전하자, 민주공화당은 창당주역으로 6대 국회에서 전국구 의원으로 활약한 김성진 후보를 내세웠고, 현역의원으로 5선의원인 전진한 후보는 한국독립당으로 출전했다.
 체육인인 자유당 신정수, 정당인인 민중당 이동희, 서울시의원을 지낸 대중당 문학우 후보들도 출전했으나, 문학우 후보는 중도에 사퇴했다.

1960년도부터 지역구를 닦아왔고, 지난 6대 총선에서도 3만 6천여 표를 득표하여 지역의 터줏대감으로 자리잡은 한독당 전진한 후보는 노동운동에 투신했다가 경북 상주에서 제헌의원에 당선되어 초대 사회부장관을 지내고, 2대의원은 부산 무구(戊區)의 보궐선거에서 당선이 되어 의원생활을 이어갈 수 있었다.

혁신운동을 펼친 전진한 후보는 5대 총선 때 한국사회당으로 출전했으나 낙선하고 윤보선 의원의 대통령 취임의 기회를 맞이하여 이 지구에 뿌리를 내려 강력한 지연(地緣)을 내세워 한 표를 호소했다.

충남이 고향으로 의사 출신인 김성진 후보는 민주공화당 창당주역으로 활동하여 전국구 3번에 발탁됐으며 보건사회부 장관, 공화당 원내총무 등의 활동으로 당내 입지를 확보하여 집권당의 조직과 자금력을 최대한 활용하여 당선권을 향해 달려갔다.

유진오 후보는 "제1야당 당수를 뽑아 수준 높은 전국 제1구의 긍지를 살리자", "공화당은 공명선거를 구두선처럼 외치지만 내용적으로 막대한 금력 공세와 관권 개입으로 더티 플레이를 하고 있다"고 비난했다.

그러나 민주공화당 정책위의장인 김성진 후보는 인신공격 없는 모범적인 선거운동을 펼치면서 큰 정책 차이가 없는 보수 정객끼리의 싸움인 바에야 심부름 시키기 좋은 후보를 국회로 내보자고 주장하며 상수도 건설, 도로포장 등 지역구 사업을 공약으로 내걸었다.

군정(軍政)시절 재건국민운동본부장을 맡기도 했던 유진오 후보는 4·19 혁명 때 고려대 총장 시절 국회 앞에서 학생들의 설득연설로 유명하며, 민주공화당 김성진 후보와는 경성제일고보, 경성제국대 동기동창생으로 절친한 사이였다.

신민당 유진오 후보가 제1야당의 당수라는 직함과 서울 출신이라는 이점을 살리며 "제1야당 당수를 뽑아 수준 높은 전국 제1구의 긍지를 살리자"는 호소로 압승을 거두었고, 터줏대감 전진한 후보는 군소정당 후보의 한계를 극복하지 못하고 추락(墜落)했다.

□ 득표상황

후보자	정당	연령	주요 경력	득표(%)
유진오	신민당	61	고려대총장	55,703(69.7)
김성진	민주공화당	61	6대의원(전국구)	20,922(26.2)
전진한	한국독립당	65	6대의원(5선)	2,347(2.9)
신정수	자유당	26	체육인	556(0.7)
이동희	민주당	42	정치인	413(0.5)
문학우	대중당	50	서울시의원	사퇴

〈중구〉 지난 6대 총선에서 패배하고 설욕전을 펼친 민주공화당 박인각, 보궐선거에서 당선된 자유당 신인우 후보들을 꺾고 고토를 수복한 정일형

지난 6대 총선에선 미국 뜌류대 출신으로 외무부장관을 지낸 민주당 정일형 후보가 윤치영 민주공화당 의장의 출마설을 뒤로하고 출전한 지구당 사무국장 출신인 민주공화당 박인각, 서울변호사회 회장으로 5대 총선에도 출전했던 민정당 신태악 후보들을 가볍게 꺾고 5선의원이 됐다.
 공군 준장 출신인 자유당 노중신, 중외통신 편집국장인 신민회 김경석, 국민도의선양회 이사인 자민당 김재인, 국방부장관을 지낸 국민의당 손원일, 남만주의대 출신인 정민회 이몽필, 합동시보사 이사인 추풍회 경춘하 후보들도 출전했다.

굴욕적인 한일회담을 반대하기 위해 정일형 의원이 의원직을 내던져 실시된 보궐선거에선 민중당 공천을 받은 5대의원인 신인우 후보가 대학강사인 한국독립당 박상원, 경찰서장 출신인 자유당 유철, 육군 법무관 출신인 추풍회 김원갑, 민정당원이었던 보수당 신효순, 서울시의원이었던 정민회 우봉운, 반공청년단원이었던 신민회 성보경 후보들을 꺾고 재선의원이 됐다.

의원직을 사퇴했던 정일형 의원이 신민당 공천을 받고 재출격한 이번 7대 총선에는 심계원 국장출신으로 지난 6대 총선에서 차점 낙선한 민주공화당 박인각, 지난 보궐선거에서 당선된 자유당 신인우, 국민대교수로 지난 보궐선거에서 낙선한 한국독립당 박상원 후보들이 출전했다.

정의당 경춘하 후보도 등록했으나 등록무효로 중도에 낙마했다.

북한 출신으로 월남인들의 적극적인 지원을 받아 2대 총선에서 승리한 정일형 후보는 3대, 4대, 5대, 6대 총선에서 연승하여 5선의원으로 성장했고, 민주당 정부시절에는 외무부장관을 역임하여 조직과 명성을 겸비하여 지난 6대 총선에서 5천여 표차로 패배하고 설욕전을 펼친 민주공화당 박인각 후보와 호랑이 없는 골짜기에서 군림했던 여우 격으로 보궐선거에서 당선된 자유당 신인우 후보들을 가볍게 제압하고 6선의원이란 금자탑을 세우며 고토를 회복했다.

□ 득표상황

후보자	정당	연령	주요 경력	득표(%)
정일형	신민당	63	6대의원(5선)	27,361(50.8)
박인각	민주공화당	50	심계원 국장	21,035(39.0)
신인우	자유당	53	6대의원(2선)	3,800(7.1)
박상원	한국독립당	29	국민대 교수	1,664(3.1)

| 경춘하 | 정의당 | 53 | 정당인 | 등록무효 |

〈동대문 갑〉 청계천변(淸溪川邊) 낙산의 판자촌 주민들의 철거 항거 민심을 휘어잡아 민관식 후보를 꺾어버린 신민당 송원영

지난 6대 총선에서는 민주당 정부시절 민주당 구파와 신파 사이를 오락가락하며 중추적 역할을 했던 민관식 후보가 집권당인 민주공화당으로 전향하여 장면 국무총리 비서관을 지낸 국민의당 송원영, 충남 부여에서 3선의원을 지냈으나 김종필 후보를 피해 상경한 민주당 이석기, 서울시의원을 지낸 민정당 조기항 후보들을 꺾고 4선의원이 됐다.

회사원인 자유당 김진태, 충북 음성에서 5대 국회 보궐선거에서 당선된 자민당 정인소, 항일독립운동가인 한국독립당 서상덕, 회사중역인 정민회 김윤일 후보들도 출전했다.

청조회(淸朝會)를 조직하여 민주당 소장층의 대표로 민주당 정권을 뒤흔들었던 민관식 의원은 이번 7대 총선에선 민주공화당 공천을 받고 지난 6대 총선에서 한판 승부를 벌였던 신민당 송원영, 민주당 조기항 후보들과 재격돌했다.

변호사인 자유당 김문수, 정당인인 민중당 김진태, 회사원인 한국독립당 조벽래, 회사장인 통한당 김운식 후보들도 출전했다.

1963년 6대 총선의 재회전인 선거전은 13년을 다듬어 쌓아온 아성을 지키고자 하는 민관식 후보와 지난 6대 선거에서 패배를 씻는 설욕전을 승리로 장식코자 한 송원영 후보의 처절한 싸움은 선거공고 이전부터 실전을 방불케 하는 대결이 펼쳐졌다.

민관식 후보의 전통적인 조직 기반에 힘입어 민 후보가 초

반에 강세를 보였으나, 악착스런 근접 전법을 구사한 송원영 후보가 제1야당 후보에 대한 표 쏠림과 동정표에 힘입어 추격전을 전개했다.

다만, 지난 총선에 민정당 후보로 출전하여 선전한 조기항 후보가 호남표를 디딤돌 삼아 야권성향표를 얼마나 잠식하느냐가 승패의 갈림길이 될 것으로 전망됐다.

이 지역구의 3분의 1이 거주하고 있는 청계천변의 낙산의 판자촌 유권자들의 향배(向背)가 주목을 받고 있다.

판자촌에 철거 계고장(戒告狀)이 나오고 철거를 강행하려 하자 주민들이 항거하고 있는 가운데, "판자집을 헐기 위해 불도저를 갖다 대면 그 앞에 누워 목숨 걸고 막겠다"고 송원영 후보는 호언하고, "벌써 헐리게 될 것을 내 주선(周旋)으로 지금까지 지탱해 온 것"이라면서 "주택난 해결을 위해 노력할 것과 무허가 건물을 양성화할 것"을 민관식 후보는 공약으로 내걸고 있다.

민관식 후보는 7대의 차(車)를 굴려 기동력을 자랑하면서, 방대한 민주공화당조직을 통해 구석구석까지 침투하여 "수도를 끌어온다", "뒷골목을 포장한다"는 등 지역사업 공약을 내걸고 강세를 유지했고, 송원영 후보는 "민관식 후보의 노골적인 자금 공세와 행정지원 등은 수준 높은 이곳 유권자들의 반발을 사서 오히려 동정표가 쏟아질 것"이라며 "설욕이 가능하다"고 장담했다.

1954년부터 닦아 온 기반위에 베풀어 놓은 선심과 판자집 철거를 막아주겠다는 공약도 1만 2천여 표차로 서울에서 윤보선 후보가 박정희 후보에게 제일 큰 표차로 승리한 민심에 억눌려, 민관식 후보가 송원영 후보의 설욕(雪辱)을 지켜볼 수밖에 없었다.

민주당 조기항 후보의 참담한 패배가 승패의 변수로 작용했다.

□ 득표상황

후보자	정당	연령	주요 경력	득표(%)
송원영	신민당	38	경향신문 정치부장	46,197(564)
민관식	민주공화당	49	6대의원(4선)	32,207(39.3)
조기항	민주당	58	변호사	2,035(2.5)
김진태	민중당	54	정당인	537(0.6)
조벽래	한국독립당	48	회사원	482(0.6)
김문수	자유당	50	변호사	289(0.4)
김운식	통한당	32	회사장	174(0.2)

〈동대문 을〉 사상계 대표로서 옥중출마한 장준하 후보가 통합야당 후보에게 묻지마 몰표를 던진 민심으로 그의 석방을 위해 동분서주한 강상욱 후보를 꺾고 당선의 열매를

지난 6대 총선에선 의사출신으로 3선 의원인 민정당 이영준 후보가 육사 출신인 민주공화당 고진영 후보를 가볍게 제압하고 4선의원이 됐다.

서울시 내무국장을 지낸 민주당 최계명, 경성부의원을 지낸 자유당 이창업, 정당인인 자민당 김경운, 대학강사인 신흥당 조영래, 대학교수인 국민의당 신정욱, 회사장인 정민회 이종선, 회사원인 추풍회 김운식 후보들도 출전했다.

이번 7대 총선에선 고령으로 정계를 은퇴한 이영준 의원의 조직을 물려받은 사상계 대표인 신민당 장준하 후보와 최고회의 최고위원 출신으로 6대 국회에서는 전국구 의원으로 활약한 민주공화당 강상욱 후보가 한판 승부를 벌렸다.

경기도 용인에서 5대의원에 당선됐던 대중당 김윤식, 서울시의원을 지낸 민주당 김인화, 전북도의원을 지낸 한국독립당 신준수 후보들도 출전했다.

정당인인 정의당 이상주, 상업인인 자유당 이상호, 대졸이지만 무직인 통한당 오창욱 후보들도 참여했다.

강상욱 후보는 혁명주체로서 국가재건최고회의 최고위원을 지낸 실세(實勢)로서 전국구 의원 생활 중에서도 거주지인 면목동을 거점으로 꾸준하게 조직기반을 구축하여 선거조직이 우수한 것으로 정평이 나 민주공화당에서도 당선 유망주로 손꼽히고 있다.

민주공화당 서울시당위원장을 맡고있는 강상욱 후보는 중랑천변(中浪川邊)의 판자집 철거를 서울시장과 협의하여 주민들의 반발을 사지 않도록 하겠다고 공약했다.

옥중 출마한 장준하 후보 지원을 위해 신민당 정운갑 사무총장이 선거사무장을 맡아 상주(常駐)하며 선거를 독려하고 있고, 윤보선을 비롯하여 박순천, 함석헌, 박기출 연사들의 집중적인 지원유세로 선거전을 뜨겁게 달구었다.

강상욱 후보는 조직과 자금을 십분 활용하면서 과학적 분석에 의한 득표작전을 수행하면서 중랑천변의 영세민층을 집중공략했다.

주민들의 철거공포에 대해 영세민 아파트 건립 공약을 내걸고 무마공작을 벌이면서 "선거란 역시 정치윤리보다는 선거민의 절박한 이해관계에 좌우된다"며 승리를 낙관했다.

사상계 대표로 쌓은 인망에 기대를 걸었던 장준하 후보는 통합야당의 후보에게 묻지마 몰표를 던진 민심에 힘입어, 그의 석방을 위해 동분서주한 강상욱 후보를 가볍게 꺾고 꿈에 그린 국회에 등원했다.

□ 득표상황

후보자	정당	연령	주요 경력	득표(%)
장준하	신민당	51	사상계 대표	57,119(59.0)
강상욱	민주공화당	40	6대의원(전국구)	35,386(36.9)

김윤식	대중당	52	5대의원(용인)	876(0.8)
김인화	민주당	47	서울시의원	544(0.6)
이상주	정의당	47	정치인	543(0.6)
신준수	한국독립당	58	전북도의원	541(0.6)
이상호	자유당	61	상업	533(0.5)
오창욱	통한당	36	무직	261(0.2)

〈성동 갑〉 지역주민의 40%에 육박하는 호남 출향민들의 지지에 힘입어 토착후보들을 제압하고 4선 의원에 등극한 조한백

　지난 6대 총선에선 4대와 5대의원을 지낸 민주당 유성권 후보가 재건국민운동 성동촉진회장인 민주공화당 정봉중, 서울시의원을 지낸 민정당 김제윤 후보와의 3파전에서 가까스로 승리하여 3선의원이 됐다.
　경기도에서 참의원에 당선된 자민당 김용성, 정당활동을 펼친 한국독립당 윤경빈, 서울시 부사장을 지낸 국민의당 김주홍 후보들도 후발주자 3파전을 전개했다.
　이번 7대 총선에서 유성권 의원을 밀쳐내고 전북 김제에서 3선의원으로 성장한 신민당 조한백 후보가 지난 6대 총선에서 3파전을 전개했던 민주당 유성권, 민주공화당 정봉중, 민중당 김제윤 후보와 4파전을 펼쳤다.
　2대, 3대의원과 서울특별시장을 지낸 자유당 임흥순 후보가 다크호스로 등장하여 예측불허의 난타전을 전개했다.
　회사원인 정의당 진봉운, 고려대출신인 대중당 한석관, 서울시의원을 지낸 한독당 손진태 후보들도 출전했으나 손진태 후보는 등록이 무효되어 중도에 하차했다.
　선거전은 난형난제의 다섯 후보가 팽팽히 맞서 5파전을 전개하여 군웅(群雄)이 할거하여 일진일퇴의 격투장이 됐다.

유성권, 김제윤, 김용성, 조한백, 함덕용 후보들이 격투를 벌인 신민당의 공천 파동으로 "골육상쟁으로 자칫하다간 민주공화당이나 자유당이 어부지리를 얻을지도 모른다"는 우려가 지역구를 감돌았다.

민주공화당 정봉중 후보는 유물론자라는 비난 속에서 술파티를 열고 라이터와 수건 등을 돌리며 선심공세를 펼쳐 와 신상담한 4년 동안의 빚을 갚기 위해 동분서주했다.

3선의원인 민주당 유성권 후보는 용감한 7형제의 힘으로 군소정당 후보의 핸디캡을 딛고 칭형칭제(稱兄稱弟)하며 서민층을 파고든 강점을 살렸다.

지각공천을 받은 신민당 조한백 후보는 호남 출신에 기대를 걸고 있으나, 지금은 충남으로 편입되었지만 금산 출신인 민중당 김제윤 후보의 호남표 잠식을 우려했다.

왕년의 서울시장 시절 닦아 놓은 기반을 밑천 삼아 만만치 않은 조직력과 자금력을 과시하고 있는 자유당 임흥순 후보는 "70년 평생을 성동을 위해 일해 왔고 죽기 전에 다시 한 번 성동을 위해 일할 수있는 기회를 달라"고 호소했고, 지난 6대 총선에서 민정당 후보로 출전하여 192표차로 낙선한 김제윤 후보는 토박이표와 호남표 규합에 사활을 걸었다.

유성권 후보는 2대 총선 때 임흥순 후보의 선거사무장이었고, 민주당 시절 정봉중 후보는 김제윤 후보에게 서울시의원 선거에서 패배한 얽히고 설킨 선거전에서, "나이도 60, 키도 6척, 선거도 6월, 기호는 6번을 찍어주자"는 노래를 만들어 열세 만회에 안간힘을 쏟은 신민당 조한백 후보가 호남 출향민들의 집중적인 지원으로, 풍부한 자금을 활용하여 선심 공세를 펴며 설욕전을 펼친 정봉중, 40년의 기반을 추스르고 노익장 기세로 추격전을 전개한 임흥순, 3선의원의 토착 기반을 동정표로 묶으려는 유성권 후보들을

가까스로 제압하고 서울 입성에 성공하여 4선의원에 등극
했다.

□ 득표상황

후보자	정당	연령	주요 경력	득표(%)
조한백	신민당	59	3선의원(김제)	32,293(37.1)
정봉중	민주공화당	50	회사이사	26,583(30.5)
임흥순	자유당	71	2선의원(부여)	15,151(17.4)
유성권	민주당	52	6대의원(3선)	9,425(10.8)
김제윤	민중당	45	정당인	1,507(1.8)
한석관	대중당	28	고대학우회이사	1,470(1.7)
진봉운	정의당	33	회사원	622(0.7)
손진태	한국독립당	43	서울시의원	등록무효

〈성동 을〉 신민당 홍용준, 민주당 신상초 후보의 이전투구에 어부지리로 서울에서 유일한 당선자가 되어 탄탄대로를 걷게 된 박준규

지난 6대 총선에선 경북 달성에서 민주당 공천으로 5대의원에 당선되어 UN대표로 활동하는 등 맹활약한 박준규 후보가 민주공화당으로 전향하여, 이 지역구에서 5대의원에 당선된 민정당 홍용준 후보와 한판 승부를 펼쳤다.
서울시의원을 지낸 민주당 최덕남, 3대의원에 당선됐던 국민의당 김재황 후보들이 홍용준 후보의 뒷덜미를 잡아채어 지명도는 높으나 지역에 뿌리가 없는 박준규 후보에게 어부지리를 안겨줬다.
서울대교수인 보수당 김종순, 서울시의원을 지낸 자민당 최봉수, 출판사 사장인 추풍회 이석구 후보들도 함께 뛰었다.
이번 7대 총선에서 서울대교수 출신으로 세 차례나 UN총

회에 참석했던 민주공화당 박준규 후보와 서울시의원 출신으로 5대의원인 신민당 홍용준 후보가 지난 6대 총선에 이어 용쟁호투(龍爭虎鬪) 혈전을 전개했다.

마포에서 김상돈 의원의 사퇴로 실시된 보궐선거에서 당선된 신상초 후보가 민주당으로 출전하여 두 거물 후보 당락의 열쇠를 거머쥐었다.

대학을 중퇴한 통한당 김명환, 서울시 농민회장인 자유당 어수철, 서울시의원을 지낸 대중당 최봉수, 동국대학생회장 출신인 통사당 김종대 후보들도 출전했다.

지난 6대 총선에서 서울시의원을 함께 지낸 민주당 최덕남 후보가 1만 5천여 표를 득표하여 민주공화당 박준규 후보에게 2,947표차로 패배했던 홍용준 후보는 통합야당인 신민당 공천을 받고서 설욕전을 승리하기 위해 안간힘을 쏟은 선거전에, 이번 총선에는 최덕남 후보의 조직을 인계받은 민주당 신상초 후보가 무섭게 추격전을 전개했다.

대학교수와 신문사 논설위원으로 맹활약한 신상초 후보는 삼성재벌 밀수사건 때 재벌 편에 섰다는 구설에 휘말렸지만, 북한 출신이라는 이점을 활용하여 월남인 1만여 표를 응집시켜 민주공화당 박준규 후보에게 어부지리를 안겨줬다.

4대 총선 때 경북 달성에서 자유당 김성곤 후보에게 참패한 박준규 후보는 5대 총선 때는 민주당 공천을 받아 당선됐으나, 6대 총선을 앞두고 민주공화당에 전향하여 달성에 출전코자 했으나, 김성곤 전 의원도 민주공화당으로 전향하여 달성을 선점한 바람에 서울에 입성하여 지난 6대 총선에는 민주당 최덕남, 민정당 홍용준 후보들의 이전투구에 어부지리를 얻었고, 이번 총선에서도 5대의원 출신인 신민당 홍용준, 민주당 신상초 후보의 용쟁호투 격전을 관망하다가 어부지리를 챙겨 서울에서 유일한 민주공화당 당선 후보가 되어 탄탄대로를 걷게 됐다.
 박준규 후보는 민주공화당의 일반적인 강점인 방대한 조직을 딛고 서서 자금력과 지역사업 공약을 휘두르고 있어 강세를 유지하자, 최덕남, 정운갑, 백기완 후보들을 꺾고 신민당 공천을 받은 홍용준 후보는 "이번 선거야말로 3·15 부정선거를 뺨 칠 만큼 더러운 선거"라고 민주공화당의 선심공세와 행정지원을 비난해 보았지만 사후약방문격이었다.

□ 득표상황

후보자	정당	연령	주요 경력	득표(%)
박준규	민주공화당	41	6대의원(2선)	37,604(41.1)
홍용준	신민당	47	5대의원(성동을)	35,281(38.6)
신상초	민주당	44	5대의원(마포)	13,439(14.7)
어수철	자유당	45	서울시농민회장	2,495(2.7)
김종대	통일사회당	26	동국대학생회장	1,356(1.5)
최봉수	대중당	44	서울시의원	1,290(1.4)
김명환	통한당	28	무직	사퇴

〈성북 갑〉 정계의 거물의원들을 가볍게 제압하고 30대 초반에 3선 의원 반열에 오른 신민당 조윤형

 갑구와 을구로 분구된 지난 6대 총선에서 성북의 터주대감인 서범석 후보가 을구를 선택하면서, 갑구에는 조병옥 박사의 아들로 지난 5대 총선 때 경기도 양주 보궐선거에서 당선된 조윤형 후보를 공천하자 조직을 오롯이 인계하여 주었다.
 민정당 공천을 받은 조윤형 후보는 내무부차관 출신으로 민주공화당 조직과 풍부한 자금으로 당선권에 진입한 우만형 후보를 가볍게 제치고 재선의원 반열에 올랐다.
 서울시의원을 지낸 민주당 방동석과 자민당 홍순우, 보사

부 노동국장을 지낸 국민의당 한몽연 후보들도 당운(黨運)을 걸고 선전했다.

보수당 김갑임, 정민회 장두원, 신흥당 표문화 후보들은 출전 자체에서 의미를 찾아야만 했다.

이번 7대 총선에서 조윤형 후보가 한몽연과 양택영 후보들을 꺾고 신민당 공천을 받아 3선을 향해 질주하자, 민주공화당은 우만형 후보를 정병태 후보로 교체하여 3선 고지 점령의 저지에 나섰다.

경기도 개성에서 제헌의원에 당선된 자유당 이성득, 경남 함안에서 2대의원에 당선된 민중당 양우정, 6대 총선에도 출전했던 한독당 이용구, 신문기자인 통사당 함석희, 특별재판소 심판관을 지낸 민주당 한동학 후보들도 출전했다.

전직 의원인 이성득, 양우정 후보들이 출전했으나 이 지역구는 통합 야당의 공천후보, 유석 조병옥 박사의 아들, 현역의원의 이점 등으로 일찍부터 관심권 밖의 지역구로 전락했고, 민주공화당 자체분석에서도 초반부터 열세(劣勢)지구로 평가했다.

장애물이 없어 거칠 것이 없는 신민당 조윤형 후보가 66%가 넘는 득표율로 압승을 거두고, 30대 초반에 3선의원 반열에 올랐다.

☐ 득표상황

후보자	정당	연령	주요 경력	득표(%)
조윤형	신민당	34	6대의원(2선)	44,827(66.5)
정병태	민주공화당	35	회사 중역	19,147(28.4)
한동학	민주당	34	특별재판소 심판관	1,028(1.5)
양우정	민중당	59	2대의원(함안)	905(1.3)
이성득	자유당	68	제헌의원(개성)	764(1.1)
이용구	한국독립당	31	정치인	476(0.7)
함석희	통일사회당	66	신문기자	247(0.4)

〈성북 을〉 통합야당의 중진의원이라는 강점을 내세워 조직과 재력을 구비한 김인순, 5대의원 출신인 김준섭과 김성숙 후보들을 꺾고 5선의원에 등극한 서범석

지난 6대 총선에선 경기도 옹진 출신이지만 성북의 터줏대감으로 자리 잡은 민정당 서범석 후보가 대한의사회 성북지회장으로 활약하고 있는 민주공화당 홍기현 후보를 가볍게 제치고 4선의원에 등극했다.

전남 영광에서 제헌, 3대, 4대, 5대의원에 당선됐으나 함평 김의택 후보와의 경쟁을 회피하기 위해 상경한 자민당 조영규, 강원도 화천에서 5대의원에 당선됐으나 양구의 김재순 후보와의 경쟁에서 밀려나 상경한 민주당 김준섭 후보들도 도전했으나 무모한 도전으로 끝났다.

재단이사장으로 2선의원인 자유당 이진수, 지구당위원장인 국민의당 최순권, 군산시의원을 지낸 정민회 진복기, 난민갱생회 회장인 추풍회 장기창 후보들도 출전했다.

이번 7대 총선에도 신민당 공천을 받은 서범석 후보가 5선의원을 예약한 가운데, 지난 6대 총선에 출전하여 낙선한 민주당 김준섭, 정의당 진복기 후보들이 재도전했다.

민주공화당은 홍기현 후보를 재력을 갖춘 김인순 후보로 교체하여 출전시켰고, 남제주에서 5대의원에 당선됐던 김성숙 후보가 대중당으로 출전했다.

건축업자인 한독당 김백규, 정치부 기자인 자민당 이동원, 자유통신 기자인 통사당 정운성 후보들도 출전했고, 언론인인 통한당 김성근 후보는 중도 사퇴했다.

재력을 구비한 민주공화당 김인순 후보는 1만 6천여 명의 당원들을 다독이면서 평양 출신인 월남인으로 "백전노장도 조직 앞에선 속수무책일 것"이라며 당선권을 넘나들었으나,

야당중진이라는 강점을 내세우며 "그동안 5천 쌍 이상의 결혼식 주례를 맡았기 때문에, 그것만 해도 1만 명의 고정표가 아니냐"는 신민당 서범석 후보의 옹벽(擁壁)을 넘어서지 못했다.

강원도 화천에서 5대의원에 당선되었으나 김재순 후보에게 밀려 이 지역구에 뿌리를 내리기 위해 지난 6대 총선에 이어 재도전한 민주당 김준섭 후보의 성적은 초라했고, 남제주에서 한국사회당 공천으로 민주당 후보를 꺾고 5대의원에 당선됐던 김성숙 후보는 위명에 걸맞지 아니한 성적을 거두었다.

민주공화당 김인순 후보는 1만 6천여 명의 공화당원, 7천여 명의 월남인 표, 4개 기업체의 종업원 표를 갖고서 "판자집 철거를 막아 준다", "상하수도 공사를 해준다"며 영세민층을 파고들었으나 역부족이었다.

□ 득표상황

후보자	정당	연령	주요 경력	득표(%)
서범석	신민당	64	6대의원(4선)	52,413(53.5)
김인순	민주공화당	48	회사대표	38,162(39.0)
김준섭	민주당	44	5대의원(화천)	3,390(3.4)
김성숙	대중당	71	5대의원(남제주)	1,430(1.5)
김백규	한국독립당	43	건축업	805(0.8)
진복기	정의당	49	군산시의원	773(0.8)
이동원	자민당	26	국회평론사 부장	515(0.5)
정운성	통일사회당	38	평화신문 기자	461(0.5)
김성근	통한당	42	언론인	사퇴

〈서대문 갑〉 의원직을 사퇴한 기개와 통합야당 후보임을 내세워 2대의원, 국방부장관, 주영대사를 지낸 김용우 후보를 꺾어버린 김재광

지난 6대 총선에서 이 지역구의 터줏대감인 김도연 후보가 자민당 전국구의원으로 진출하여 기회를 포착한 서울시의원 출신인 민정당 김재광 후보가 경남 남해에서 2대의원에 당선되고 체신부장관을 지낸 민주공화당 조주영, 전북 김제에서 2대와 3대의원에 당선되고 참의원을 지낸 국민의당 송방용, 중국 남경대 출신인 민주당 김동호, 서울시의원을 지낸 자민당 강을순 후보들을 윤보선 대선후보 지지표를 결집시켜 가볍게 제압하고 당선을 일궈냈다.

대한신문 사장인 자유당 최진원, 국민경제연구소장인 보수당 강남식, 상해임시정부 요원이었던 추풍회 계성범 후보들도 출전했다.

이번 총선에선 서울시의원 시절부터 닦아 논 조직과 풍부한 자금을 활용하여 의원직 사직을 딛고 재선을 향해 달린 신민당 김재광 후보를 저지하기 위해 민주공화당은 서대문에서 2대의원에 당선됐고 국방부장관과 주영대사를 지낸 김용우 후보를 투입했다.

지난 6대 총선에도 출전했던 자유당 최진원과 정의당 계성범, 화양상선 사장인 통한당 민병린, 정당활동을 펼쳐온 민중당 김경석, 노동운동가인 대중당 현의암, 육군소령 출신인 한독당 김진출 후보들도 출전하여 도토리 키재기식 경쟁을 펼쳤다.

김재광 의원의 의원직 사퇴로 실시된 보궐선거에선 민중당 공천을 받은 정치신인인 김상현 후보가 3대, 4대의원과 서울특별시장을 지낸 자유당 임흥순 후보를 2,299표차로 꺾고 당선됐다.

충북 음성에서 5대 국회 보궐선거에서 당선된 추풍회 정인소, 만주에서 항일운동을 펼친 한독당 김상순, 제주에서 4대와 5대의원에 당선된 보수당 고담룡, 국회일보 논설위원인 정민회 김형근, 언론인인 신민회 김진태 후보들도 출전했다.

보궐선거에 당선되어 민중당 임시대변인으로 활동한 김상현 의원은 다른 보궐선거 당선인들과 달리 신민당을 굳건하게 지켜 전국구 16번에 안착하여 행운의 열차에 탑승하는 행운아가 됐다.

이 지역구에서 무소속으로 출전하여 1950년 2대 총선에서 당선되고 국방부장관과 주영대사를 지낸 김용우 후보가 방대한 조직과 풍부한 자금을 활용하여 추격전을 전개해 보았으나, 초선의원으로 한일협정 비준반대를 위해 의원직을 사퇴한 기개(氣槪)와 상당한 재력가로 조직가동에 어려움을 겪지 아니한 신민당 김재광 후보를 따라잡기에는 역부족이었다.

임시정부 재정위원장으로 활동하여 독립운동가로 널리 알려진 정의당 계성범 후보 등 6명의 군소정당 후보들은 모두 1%의 득표율도 올리지 못했다.

□ 득표상황

후보자	정당	연령	주요 경력	득표(%)
김재광	신민당	45	6대의원(서대문 갑)	46,529(64.6)
김용우	민주공화당	55	2대의원, 주영대사	22,950(31.9)
김진출	한국독립당	36	4월혁명동지회장	572(0.8)
현의암	대중당	40	노동운동	566(0.8)
김경석	민중당	41	대한청년단 간부	441(0.6)
최진원	자유당	52	대한신문 사장	365(0.5)
민병린	통한당	35	화양상선 사장	330(0.5)
계성범	정의당	68	임정 재정위원장	241(0.3)

〈서대문 을〉 의원직 사퇴 결기로 신민당 공천을 받고 동향 출신인 뜨내기들을 제압하고 5선의원에 등극한 윤제술

지난 6대 총선에선 전북 김제에서 3대, 4대, 5대의원을 지낸 윤제술 후보가 장경순, 조한백 후보와의 경쟁에서 승산이 없자 상경하여 서울대총장 출신으로 4대의원인 민주공화당 최규남, 5대의원에 당선된 자민당 김산 후보들을 밀쳐내고 새로운 지역의 주인으로 터전을 마련했다.

춘천대 재단이사인 신민회 김병규, 사업가인 국민의당 임춘재, 정치학사원 원장인 보수당 한창열, 대학강사인 민주당 노지언 후보들도 출전했다.

한일회담 반대의 명분을 내걸고 사퇴한 윤제술 의원의 자리를 메꾸기 위한 보궐선거에서 전북 순창에서 김병로 초대 대법원장을 꺾고 5대의원에 당선된 홍영기 후보가 민중당 공천을 받고 출전하여 추풍회 대변인으로 활동하고 있는 구자석, 국회부의장을 지낸 자유당 조경규, 강원도 강릉에서 5대의원에 당선된 보수당 김명윤, 충남 공주에서 4대의원에 당선된 신민회 김공평 후보들을 꺾고 당선됐다.

의원직을 사퇴했던 윤제술 후보가 신민당 공천을 받고 5선 의원을 향해 달리는 이번 총선에서, 민주공화당은 상공부차관을 거쳐 중소기업협동조합 이사장을 지낸 박상운 후보를 공천했고, 지난 보궐선거에 출전하여 당선된 한독당 홍영기, 낙선한 통한당 구자석 후보들이 재출전했다.

승주군 별양면장을 지낸 대중당 심하택, 여성일보 지사장인 자민당 이종혜, 재경은행사 취재부장인 통사당 이강백 후보들도 출전했다.

서대문구청장을 지낸 자유당 조용환 후보와 건축회사 사장인 민중당 박형하 후보들은 등록무효로 중도사퇴했다.

윤보선 대표를 따라 의원직을 사퇴한 충정으로 신민당 공천장을 받은 윤제술 후보는 야당 성향표, 호남 출향민표를 결집시켜 최규남 후보를 제치고 민주공화당 공천을 받아 풍부한 자금을 동원하여 추격전을 전개한 민주공화당 박상운 후보를 가볍게 제치고 5선의원이 됐다.

굴러온 돌이 박힌 돌을 빼내겠다고 신민당 공천에 불만을 품고 한독당으로 옮겨 출전한 홍영기 후보는 윤제술 후보와 김제와 순창으로 출신 지역까지 같아 표의 확장성에 한계를 보여 한 자리수 득표율에 머물렀다.

다른 지역구와 달리 자유당 시절 풍미(風靡)했던 거물 정객이 출전하지 않아 선거전이 긴장감을 보여주지도 못했다.

□ 득표상황

후보자	정당	연령	주요 경력	득표(%)
윤제술	신민당	63	6대의원(4선)	54,416(56.2)
박상운	민주공화당	57	중소업협동조합장	31,950(33.0)
홍영기	한국독립당	48	6대의원(2선)	6,720(6.9)
구자석	통한당	27	통한당 대변인	1,604(1.7)
심하택	대중당	43	승주군 별양면장	917(0.9)
이강백	통일사회당	26	재경은행 취재부장	720(0.7)
이종혜	자민당	42	여성일보 지사장	571(0.6)
조용환	자유당	60	서대문구청장	등록무효
박형하	민중당	56	정치인	등록무효

〈마포〉 신민당 조직표와 이북 5도민 표를 결집시켜 5대의원과 대법관을 지낸 김갑수, 4선의원과 내무부장관을 지낸 조재천 후보들을 꺾은 김홍일

지난 6대 총선에선 대한부인회회장 출신으로 3선의원인 민주당 박순천 총재가 출전하여 경기도 김포에서 4선의원에 당선된 국민의당 정준, 대학교수 출신으로 민주공화당 공천을 받은 변우창 후보들을 가볍게 제압했다.

대학교수인 자민당 박인출, 3대의원을 지낸 자유당 함두

영, 중앙당의 지시로 중도 사퇴한 민정당 황영재 후보들도 등록했다.

이번 7대 총선에선 박순천 의원이 전국구에 안착하고 육군 중장출신으로 외무부장관을 지낸 김홍일 후보가 신민당 공천으로 출전하자, 민주공화당에서는 대법관 출신으로 경기도 안성에서 5대의원에 당선됐던 김갑수 후보를 영입하여 공천했고, 4선의원으로 민주당 정부 시절 법무부장관과 내무부장관을 지낸 조재천 후보가 민주당으로 출전하여 3파전을 전개했다.

3대와 4대의원으로 대통령 후보로 두 번이나 출전하여 동메달을 차지한 오재영 후보가 통한당으로, 회사장인 박승현 후보가 민중당으로, 지난 6대 총선에도 출전했던 오재식 후보는 한독당 공천으로 출전했다. 통사당 공천으로 출전했던 안수추 후보는 중도에 사퇴했다.

"장군과 법관과 당수의 대결장이다"로 널리 알려진 선거전에서 민주당 조재천 후보는 "장군은 군대로, 법관은 법원으로, 당수는 국회로 보내자"고 포효(咆哮)했지만, "정계에서 은퇴한다고 했으면 아예 선거에는 발을 들여놓지 말아야지. 입에 침이 마르기도 전에 번의하다니 그토록 지조 없는 사람도 드물다"라는 공격을 벗어날 수는 없었다.

대법관 출신이며 민주공화당 법률고문으로 활동했지만 지구당 개편대회의 상처가 아물지 않아 고전 중인 가운데 박인출의 황소동지회도 적극 협조하겠다고 나서고 법과대 제자들의 지원에 고무된 민주공화당 김갑수 후보는 조직표 2만 6천 표, 한강유역 개발 등 지역공약으로 2만 표를 득표하면 당선은 확실하다면서 "신민당이나 민주당은 싸움박질 통에 두 조각난 정당이니 두 후보는 모두 2분의 1 후보다", "민주당은 친여정당"이고 "신민당은 나눠먹기 정당"이라고 공격했다.

그러나 상대 후보들로부터 "김갑수 후보는 대법관 시절에는 정치 법관이요, 정치인으로서는 집안도 제대로 못 다스리는 정치적 파산자다"라는 비난을 감수해야만 했다.

조재천 후보와 김갑수 후보는 해방 전에는 평양지법에 같이 근무했고, 해방 후 함께 월남하여 내무부차관과 경북경찰국장으로 함께 근무하기도 한 절친한 사이이다.

"통합 야당과 양당제도라는 명분과 빈익빈 부익부의 공화당 정책이 가장 현저한 마포에서 신민당 붐이 일고 있다"는 신민당 김홍일 후보는 신민당 조직표와 이북 5도민 3만 표에다 야권 지지성향 부동표 2만 표를 더하면 당선은 무난하다는 입장이다.

예비역 육군중장, 외무부장관이라는 명성과 통합 야당 후보라는 명분을 내세운 김홍일 후보가 집권 여당의 전폭적인 지원을 받은 김갑수 후보와 민주당 정부 시절 실세로서 김상돈, 박순천의 조직과 지지표를 결집시킨 조재천 후보들을 가볍게 제압했다.

대선에서 연거푸 동메달을 목에 걸었던 오재영 후보는 군소정당의 한계로 한 자리수 득표율에 허덕였다.

□ 득표상황

후보자	정당	연령	주요 경력	득표(%)
김홍일	신민당	68	외무부장관	44,506(43.8)
김갑수	민주공화당	55	대법관, 의원	27,321(26.9)
조재천	민주당	54	6대의원(4선)	22,089(21.7)
오재영	통한당	47	대통령 입후보	5,934(5.8)
오재식	한국독립당	44	의원 입후보	935(0.9)
박승현	민중당	28	서부청춘 사장	833(0.8)
안수추	통일사회당	27	정치인	사퇴

〈용산〉 연락두절로 서민호 의원을 고흥으로 내려보내고 내

무부차관을 지낸 김득황 후보를 가볍게 제압한 김원만

 지난 6대 총선에선 전남 고흥에서 재선의원으로 성장하여 국회부의장을 지낸 서민호 후보가 자민당 공천을 받고 출전하여 5대 총선 때 무소속으로 출전하여 낙선하고서 민주공화당 공천을 받고 출전한 김익준, 5대의원으로 내무부차관을 지낸 민주당 김원만 후보들을 꺾고 3선의원이 됐다.
 국민의당 김춘봉, 민정당 민정기, 한독당 최병호 후보들도 출전했으나 득표력은 미미했다.
 서민호 의원의 의원직 사퇴로 실시된 보궐선거에서 김좌진 장군의 아들로 3대의원을 지낸 한독당 김두한 후보가 지난 6대 총선에 민정당 후보로 출전했던 민중당 민정기 후보를 270표차로 꺾고 재선의원이 됐다.
 2대와 3대의원을 지내고 자유당 최고위원을 지낸 자유당 남송학, 서울시의회 의장을 지낸 추풍회 하용선, 육군 중위 출신인 보수당 유흥열, 서울중학 교사인 정민회 김현국, 나주에서 전남도의원을 거쳐 3대의원을 지낸 최영철 후보들도 출전했다.
 이번 7대 총선에선 지난 6대 총선에서 서민호 후보에게 패배한 김원만 후보가 신민당 공천을 받고 출전하여 당선을 예약하자, 내무부차관을 지낸 김득황 후보가 민주공화당 공천을 받고 출전하여 총력 저지에 나섰다.
 신학대 강사인 민중당 박연춘, 정민회 사무총장을 지낸 대중당 한태준, 한독당 대변인으로 활약하고 있는 윤덕기 후보들도 출전했다.
한국예술 청년단장인 통한당 이부규 후보는 중도 사퇴했다.
 이 지역구의 주인인 서민호 의원은 대통령에 출마하기 위해 대중당을 창당하여 대통령에 출마했으나 야권후보 단일화 명분을 내걸고 중도에 사퇴했다.

이에 감읍(感泣)한 윤보선 대선 후보는 서민호 후보가 등록한 지역구의 신민당 후보를 사퇴시키겠다고 약속했다.

서민호 후보가 용산을 선택하자 윤보선 대선 후보가 공천자인 김원만 후보를 찾았으나 끝내 연락이 두절되자, 서민호 후보는 마침내 낙향하여 전남 고흥에 출전하게 됐다.

기사회생한 김원만 후보는 자유당 시절인 4대 총선 때 황성수 국회부의장을 꺾어버린 저력과 5대의원 시절 내무부차관을 지낸 경력, 지난 6대 총선에서 아쉽게 패배한 동정여론을 끌어모아 지난 6대 총선에서 민주공화당 후보로 출전했던 김익준 후보를 전국구 후순위에 올려놓고 공천을 받고 출전한 내무부차관 출신인 김득황 후보를 가볍게 제치고 3선의원 반열에 올랐다.

□ 득표상황

후보자	정당	연령	주요 경력	득표(%)
김원만	신민당	58	2선의원(용산)	59,499(62.4)
김득황	민주공화당	51	내무부차관	33,985(35.6)
한태준	대중당	31	정민회 사무총장	1,014(1.1)
윤덕기	한국독립당	34	한독당 대변인	881(0.9)
박연춘	민중당	26	신학대 강사	855(0.9)
이부규	통한당	28	예술청년단장	사퇴

〈영등포 갑〉 조선일보 편집국장, 민주공화당 대변인과 사무차장을 지낸 윤주영 후보를 능수능란한 정치수완가의 실력을 발휘하여 제압한 유진산

지난 6대 총선에선 체신부장관과 참의원을 지낸 민주당 한통숙 후보가 서울대 출신으로 내외문제연구소 연구위원인 민주공화당 이용남. 민정당 지구당부위원장으로 활약한 김유근 후보들을 가볍게 꺾었다.

서울시의원을 지낸 국민의당 홍성유, 고려진흥 사장인 보수당 엄규진, 군수와 구청장을 섭렵한 자민당 김기용, 학원장인 정민회 문주복, 항일투쟁을 벌였던 자유당 최익환 후보들도 출전했다.

이번 7대 총선에선 4선의원인 신민당 유진산 후보와 조선일보 편집국장과 무임소장관을 지낸 민주공화당 윤주영 후보가 건곤일척(乾坤一擲) 한판 승부를 벌였다.

자유당 지구당위원장인 박종대와 혁명투사로 알려진 민주당 백기완 후보들은 완주했으나, 기독교 장로인 한독당 신창균 후보는 중도 사퇴했고, 교육일보 사장인 자민당 노기만, 신민당원으로 활동했던 통사당 이명식 후보들은 등록무효됐다.

조선일보 편집국장을 지내고 민주공화당 창당대변인과 사무차장, 무임소장관을 지낸 윤주영 후보가 일찍부터 터전을 잡고 조직을 갈고 닦아 2만 9천여 명의 공화당원을 확보하여 지난 대선 때 박정희 후보가 윤보선 후보에게 승리한 서울에서 유일한 선거구의 잇점을 활용코자했다.

유권자가 21만 6천여 명으로 전국에서 최다의 선거구인 이 지역구에 지난 6대 총선 때 길재호 최고위원의 위명에 눌러 지역구인 금산을 후배에게 넘겨주고 전국구로 원내에 진출했던 꺼림직한 마음을 씻기 위한 거물정객 유진산 후보가 이 지역구를 선택했다.

"윤주영의 조직을 면밀히 진단한 끝에 허점이 많음을 간파하고 이 지역구를 선택했다"는 유진산 후보는 첫 공격 목표를 난민촌으로 정하고, 이 지역구의 주인인 한통숙 의원을 전국구 안정권에 배치하여 조직을 오롯이 인수할 수 있었다.

알찬 조직을 활용하고 지역발전 공약을 내세우며 "유진산은 야당의 이합집산에 책임 있는 당사자"라고 공격을 퍼부은 윤주영 후보를 편입된 시흥 지역의 터줏대감인 이재형의 조직과 지난 6대 총선에서 낙선한 김유근 조직까지 흡수하여 능수능란한 정치수완가답게 1만 5천여 표차로 제압하고 5선의원에 등극했다.

재야운동가인 백기완 후보의 득표력은 보잘 것 없었지만, 유진산 후보에 대한 윤보선을 비롯한 신민당 강경파의 견제로 다른 선거구처럼 통합 야당 후보의 일방적인 독주가 이뤄지지 못했다.

민주공화당의 모범조직을 등에 업은 윤주영 후보와 야당의 백전노장 유진산 후보의 싸움은 1971년 정계 개편을 앞두고 우리나라 야당의 진로를 가늠하는 분수령이 될 것으로 전망되기도 했다.

□ 득표상황

후보자	정당	연령	주요 경력	득표(%)
유진산	신민당	61	6대의원(4선)	66,227(54.9)
윤주영	민주공화당	38	조선일보 국장	51,269(42.5)
백기완	민주당	35	정치평론가	2,234(1.9)
박종대	자유당	38	정당인	871(1.9)
노기만	자민당	50	교육일보 사장	등록무효
이명식	통일사회당	53	신민당 간부	등록무효
신창균	한국독립당	58	기독교 장로	사퇴

〈영등포 을〉 인권변호사이며 테러 피해자로서의 명성을 업고 집권여당 후보를 가볍게 꺾고 재선고지에 오른 박한상

지난 6대 총선에선 5대 총선 때 혈전을 벌였던 민정당 박한상, 민주당 윤명운, 국민의당 윤재욱, 자민당 유진순 후보가 재격돌을 펼친 와중에 한국일보 주필인 성인기 후보가 민주공화당 공천으로 출전하여 5파전을 전개했다.

5대 총선에서 큰 표차로 낙선한 박한상 후보가 윤보선 후보의 지지표를 결집시켜, 당선된 윤명운 후보에게 설욕하고 금뱃지를 인계받았다.
　덕성여대 교수인 신민회 길봉기, 경성방직 직원인 보수당 이강섭, 직업기술학교 이사장인 추풍회 황상기 후보들도 출전했다.
　이번 7대 총선에선 지난 6대 총선에서 당선되어 기반을 구축한 박한상 후보가 독주체제를 갖추자, 대학교수 출신으로 내각 기획조정실장을 지낸 조효원 후보가 민주공화당 후보로 출전하여 양강체제를 형성했다.
　재건국민운동 지부장으로 활약한 정의당 김지환, 4·19혁명 동지위원장인 대중당 김인태, 영남 학우회장을 지낸 한독당 이강섭 후보들도 출전했고, 서울시의원을 지낸 자유당 조영석 후보는 등록무효로 중도 하차했다.
　5대 총선 때는 자유법조단 공천으로 출전하여 1,450표를 득표하여 24,678표를 득표한 민주당 윤명운 후보에게 참패한 박한상 후보가 6대 총선에서는 민정당 공천을 받고서 22,461표를 득표하여 윤보선 대선후보 지지표를 결집시켜 민주당 윤명운 후보를 5,773표차로 제압하고 국회에 등원했다.
　한국 인권옹호협회장으로 활약한 박한상 후보는 테러를 당하여 범인이 체포되어 일단락됐으나, 경찰이 범인을 조작한 것으로 드러나 언론인 테러와 더불어 연일 신문지면을 뒤엎어 일약 유명인사로 떠올랐다.
　인권변호사의 스타로 떠오른 신민당 박한상 후보는 통합야당의 단일후보임을 내세워 집권여당의 지원을 받은 민주공화당 조효원 후보를 가볍게 제압하고 재선의원이 됐다.
　당초 민주공화당은 지구당위원장인 조효원 후보를 낙천시키고 정대협 후보를 공천했으나, 오창록 지구당부위원장 등

169명의 공천자 교체를 요구하는 결의문 제출로 등록 직전에 조효원 후보로 교체하는 해프닝이 표의 확장성에 한계로 다가왔다.

□ 득표상황

후보자	정당	연령	주요 경력	득표(%)
박한상	신민당	45	6대의원(영등포)	59,203(50.2)
조효원	민주공화당	49	당기획조정실장	35,613(36.2)
김인태	대중당	32	혁명동지위원장	1,468(1.5)
이강섭	한국독립당	50	영남 학우회장	1,351(1.4)
김지환	정의당	30	국민운동지부장	746(0.7)
조영석	자유당	50	서울시의원	등록무효

경기도

〈인천 갑〉 김재곤 3선의원을 공천경쟁에서 따돌리고 통합 야당 후보에 대한 묻지마 투표로 현역의원을 제압한 김정열

지난 총선에서는 군인 출신으로 인천시장으로 2년 동안 재직하며 지역사회 개발을 추진한 공적과 방대한 민주공화당 조직을 활용한 유승원 후보가 10년 동안 닦아놓은 강인한 조직망을 재점검한 3선의원인 민주당 김재곤 후보를 꺾고 당선됐다.
외자청 국장 출신인 송병무 후보가 제1야당인 민정당 공천을 받고 추격전을 전개하여 선거전이 3파전 양상을 띠웠으나, 결과적으로 김재곤 후보의 4선 저지 도우미 역할에 머물렀다.
4월동지회 경기도위원장인 신민회 양기환, 국방통신 지사장인 한독당 김일성, 인천시의원을 지낸 국민의당 이민, 경

기도의회 의장을 지낸 보수당 양재범 후보들도 출전했다.

이번 7대 총선에는 지난 6대 총선에서 당선된 민주공화당 유승원 인천시장, 심계원 차장을 지낸 신민당 김정열 후보가 양강구도를 형성하며 한판 승부를 펼쳤다.

지난 6대 총선에서 석패한 3선의원으로 상공부차관을 지낸 민주당 김재곤 후보도 재도전했고, 경기도의원에 도전했던 자유당 오규환과 한독당 김일성, 회사장인 자민당 김예호 후보들도 출전했다.

신민당 내에서는 지난 6대 총선에서 석패한 3선의원인 김재곤과 인천 사장을 지낸 김정열 후보가 막바지까지 공천 경쟁을 벌였다.

신민당이 김정열 후보의 손을 들어주고 김재곤 후보가 불복하여 민주당으로 출전하여 민주공화당 유승원 의원과 함께 3파전이 벌어졌다.

육군 대령 출신으로 인천시장을 지낸 현역의원인 민주공화당 유승원 후보는 집권 여당의 프리미엄을 업고 방대한 조직을 활용하여 당선을 의심하지 않았다.

인천시장을 지내고 심계원 차장을 지내고 서울 변호사협회장으로 활동한 신민당 김정열 후보는 인천시장 시절 닦아놓은 조직을 활용하여 인천시장을 지낸 유승원 후보와 치열한 맞대결을 펼쳤다.

양강의 구도에 가려 3선의원인 김재곤 후보는 힘을 발휘하지 못했고, 이것이 김정열 후보가 승리한 요인으로 여겨졌다.

인천시민들의 통합야당 후보에 대한 묻지마 투표는 인천시민들도 놀랐고 당선된 김정열 후보도 놀랐다.

□ 득표상황

후보자	정당	연령	주요 경력	득표(%)

김정열	신민당	59	인천시장	41,178(46.5)
유승원	민주공화당	45	인천시장,의원	40,285(45.5)
김재곤	민주당	54	3선의원(인천 을)	5,300(6.0)
김일성	한국독립당	43	정치인	910(1.0)
오규환	자유당	47	정치인	575(0.6)
김예호	자민당	40	상공일보 주필	384(0.4)

〈인천 을〉 인천시민들이 4대 도시 시민임을 보여준 통합야당 후보에 대한 묻지마 투표로 민주공화당 김숙현 후보를 356표차로 제압하고 재선 고지에 오른 김은하

　지난 6대 총선에선 인천시의원 출신인 민정당 김은하, 4대와 5대의원인 민주당 김훈, 단국대 교수 출신인 민주공화당 김숙현 후보가 3파전을 전개하여 5대 총선에서 낙선하여 얻은 동정여론, 윤보선 후보 지지표를 결집시키는데 성공한 김은하 후보가 김숙현과 김훈 후보들을 제치고 국회 입성에 성공했다.
　의사 출신인 자민당 허리복, 고려중 교장인 보수당 신응섭, 백의군정 사령관을 지낸 정민회 백창섭 후보들도 출전했다.
　이번 7대 총선에서는 지난 6대 총선에서 3파전을 전개한 신민당 김은하, 민주공화당 김숙현, 민주당 김훈 후보들이 재격돌했다.
　국민당위원장을 지낸 대중당 조남두, 동진화학 연구소장을 지낸 한독당 정명 후보들도 출전했다.
　재격돌한 세 후보가 6대 총선에서는 민정당 김은하 후보가 24,658표를 득표하여 18,654표를 득표한 김숙현 후보를 6,004표차로 꺾었고. 민주당 김훈 후보는 17,179표를 득표했었다.

신민당의 공천 경쟁에서 밀려나자 김훈 후보는 민주당으로 말을 갈아타고 출전하여 김은하 후보의 재선 고지를 막아섰다.
 그러나 통합야당 후보에게 호의적으로 투표한 인천시민들에 힘입어 신민당 김은하 후보는 지난 6대 총선에서의 패배를 설욕코자 방대한 민주공화당 조직과 선심 공세로 추격전을 전개한 김숙현 후보를 356표차로 가까스로 제압하고 2선의원이 됐다.
 인천시민들은 갑구와 을구에서 민주당 시절의 거물정객들을 외면하고 통합 야당의 후보들을 일방적으로 지지하여 민주공화당 후보들을 간발의 차로 따돌리게 해 인천이 전국에서 4대 도시임을 보여줬다.

□ 득표상황

후보자	정당	연령	주요 경력	득표(%)
김은하	신민당	43	6대의원(인천을)	41,483(45.8)
김숙현	민주공화당	50	단국대 이사장	41,127(45.5)
김 훈	민주당	57	2선의원(인천병)	5,565(6.2)
조남두	대중당	55	정당인	1,242(1.4)
정 명	한국독립당	27	회사원	1,044(1.1)

〈수원〉 경기도청을 유치한 공적을 내세워 방랑 정객인 신민당 김두한 후보를 꺾고 재선 고지에 오른 이병희

 지난 6대 총선에선 4선의원으로 지역의 터줏대감으로 자리잡은 민정당 홍길선 후보를 중앙정보부 서울지부장으로 활약한 민주공화당 이병희 후보가 가볍게 제치고 지역구의 새로운 주인이 됐다.
 경기도의원 출신인 자민당 김희동, 용인에서 4대의원에 당

선된 국민의당 구철회, 지구당위원장인 민주당 윤긍열, 수원시의원을 지낸 추풍회 장기수 후보들도 함께 뛰었다.

이번 7대 총선에는 지난 6대 총선에서 당선된 이병희 후보에게 이 지역의 터줏대감인 홍길선 후보 대신 서울 용산 보궐선거에서 당선된 김좌진 장군의 아들인 김두한 의원이 신민당 공천을 받고 도전했다.

경북 김천에서 2대의원에 당선된 민중당 우문, 축산업을 영위하고 있는 민주당 정금모 후보들도 출전했다.

지난 6대 총선에서 경기도청 유치를 공약으로 내걸었다가 도청 유치에 성공한 민주공화당 이병희 후보는 공약 이행에 따른 시민들의 전폭적인 지지 열기와 전국적으로 모범을 보인 방대한 조직망으로 재선을 의심하는 사람은 없었다.

신민당은 지난 6대 총선에 출전하여 낙선한 홍길선, 윤긍열을 비롯하여 홍경선, 김구룡, 박기준, 정금모 후보들이 조직책을 신청하여 4선의원인 홍길선 후보를 제치고 40대 패기에 찬 윤긍열 후보를 조직책으로 선정했다.

그러나 신민당은 공천 막바지에서 국회 본회의장 오물사건으로 의원직을 사퇴한 김두한 후보를 전략 공천했다.

김두한 후보는 3대 총선 때 무소속으로 출전하여 종로을구에서 당선됐으나 4대 총선 때는 노동당 공천으로 출전했으나 대법관 출신인 민주당 한근조 후보에게 패배했다.

5대 총선 때는 김좌진 장군의 고향인 충남 청양에 무소속으로 출전했으나 민주당 이상철 후보에게 패배했다.

서민호 의원의 의원직 사퇴로 실시된 6대 국회 보궐선거에서 한독당 후보로 출전하여 민중당 공천으로 출전한 민정기 후보를 꺾고 재선의원이 됐다.

검찰은 "한일협정 비준반대 학생데모에 편승하여 폭발물을 터뜨려 정부를 뒤엎자"고 제안하고 노동자와 학생들을 포섭하여 현 정부의 전복을 모의한 김두한 의원을 구속했다.

국회에서 김두한 의원 석방결의안이 민주공화당의 찬성표로 가결되어 석방된 김두한 후보는 소탈한 성격과 서민층에 호소력이 강한 웅변력과 투쟁 경력을 내세워 추격전을 전개했으나, 공천 파동으로 인한 앙금을 떨쳐버리지 못하여 이병희 후보의 적수는 되지 못했다.

□ 득표상황

후보자	정당	연령	주요 경력	득표(%)
이병희	민주공화당	40	6대의원(수원)	25,982(53.7)
김두한	신민당	49	2선의원(서울)	21,770(45.0)
정금모	민주당	30	축산업	371(0.7)
우 문	민중당	63	2대의원(김천)	277(0.5)

〈의정부-양주〉 6대 총선에서 6,315표차로 패배했지만 분열된 야권의 틈새를 비집고 설욕전을 승리로 장식한 이진용

지난 6대 총선에선 3대와 5대의원을 지낸 민정당 강승구 후보가 한양영화사 회장인 민주공화당 이진용, 3대의원을 지낸 국민의당 김종규, 경기도의원을 지낸 민주당 신흥균 후보와의 4파전에서 승리하여 3선의원 반열에 올랐다.
 대학교수인 자민당 진병식, 사업가인 추풍회 박찬정 후보들도 출전했다.
 이번 7대 총선에는 지난 6대 총선에 출전하여 혈전을 전개했던 다섯 후보들이 재결투를 벌였다.
 민정당으로 출전하여 당선된 강승구 후보는 신민당으로, 민주공화당으로 출전하여 낙선한 이진용 후보는 재공천을 받아 설욕전을 전개했다.
 국민의당으로 출전했던 김종규 후보는 한독당으로, 민주당으로 출전했던 신흥균 후보는 민주당으로 출전했고, 추풍회

로 출전했던 박찬정 후보는 통한당으로, 언론인인 이달승 후보가 자유당으로 처녀 출전했다.

재대결을 펼친 다섯 후보는 지난 6대 총선에서는 민정당 강승규 후보가 24,170표를 득표하여 3선의원이 됐고, 민주공화당 이진용 후보는 17,855표를 득표하여 낙선했다.

3대의원을 지낸 국민의당 김종규 후보는 14,923표를, 경기도의원을 지낸 민주당 신홍균 후보는 12,271표를 득표하여 당선권을 넘나들었고, 추풍회 박찬정 후보는 1,427표를 득표했을 뿐이다.

4년 전과 달라진 것이 있다면 4분5열된 야당이 단일야당으로 통합됐고, 민주공화당이 보다 더 풍부한 자금을 동원하고 선심공세를 강화한 외에 행정공무원들이 일사분란하게 민주공화당 후보를 지원하고 있다는 점이다.

신민당 강승구 후보가 4선의원 고지를 향해 진군한 상황에서 공천에서 낙천한 김종규, 신홍균 후보들이 불복하고 재출마하여 강승구 후보의 뒷덜미를 잡고 있는 상황에서, 혁명주체인 문재준 후보를 따돌리고 민주공화당 공천을 받은 이진용 후보는 방대한 조직, 풍부한 자금, 공무원들의 적극적인 지원으로 4년 전의 패배를 설욕할 수 있었다.

지난 6대 총선에서 6,315표차로 낙선했던 이진용 후보가 50%가 넘는 득표율로 압승을 거두는 것은 지금은 도시화가 되어 동두천시, 구리시, 양주시, 남양주시로 성장했지만 당시에는 한적한 시골형태를 벗어나지 못한 농촌 지역이었기 때문일 것이다.

□ 득표상황

후보자	정당	연령	주요 경력	득표(%)
이진용	민주공화당	46	언론인	54,112(54.8)
강승규	신민당	63	6대의원(3선)	26,875(27.2)

김종규	한국독립당	62	3대의원(양주 갑)	6,848(6.9)
신흥균	민주당	41	경기도의원	6,427(6.5)
이달승	자유당	29	전국학생회장	3,218(3.3)
박찬정	통한당	38	건설신문 부사장	1,335(1.3)

〈광주-이천〉 혁명주체라는 위세와 30대의 패기로 50%가 넘는 득표율로 3선 의원을 꺾어버린 민주공화당 차지철

 지난 6대 총선에선 심계원장 출신으로 5대 총선에서 국무총리를 지낸 백두진 후보를 꺾고 당선됐지만, 공민권 제한으로 중도 퇴직한 민주공화당 최하영 후보와 신익희 국회의장 아들로서 신익희 대선후보 사망에 따른 보궐선거에서 당선됐으나 4대 총선에선 자유당 최인규 후보에게, 5대 총선에선 민주당 공천에서 낙천됐지만 무소속으로 출전하여 당선된 민정당 신하균 후보가 한판 승부를 벌여 신하균 후보가 승리했다.
 원주군수를 지낸 민주당 장동국, 농촌운동가인 국민의당 박종진, 세무서장을 지낸 자민당 권오전, 군수 출신인 보수당 강태연, 정당활동을 펼친 자유당 엄유섭 후보들도 들러리 출전을 감행했다.
 이번 7대 총선에서 3선의원인 신민당 신하균 후보의 대항마로 민주공화당은 최하영 후보를 육군 대위로 5·16 혁명에 참여하여 최고위원을 지내고 6대 국회에서 전국구 의원으로 활동한 차지철 후보로 교체했다.
 세무서장 출신으로 지난 6대 총선에도 출전했던 민중당 권오전 후보와 대중당 지구당위원장인 김홍수 후보들도 도전장을 내밀었다.
 지난 6대 총선에서 심계원장 출신인 최하영 후보를 꺾은 기세를 몰아 신민당 공천에서 박종진, 김종완 후보들을 꺾

고 4선 고지를 향해 달리는 신하균 후보는 "하천 정화한다고 땅을 밀고 다니는 공화당의 불도저가 신익희 선생의 후광을 꺾을 수 있겠느냐"면서 당선을 낙관했다.

"지난 대통령 선거 이래 1천여 개의 공약 중 200가지를 이미 완성했다"며 "702개의 자연부락을 순방하여 모든 마을의 대소 숙원을 다 들어 주겠다"는 차지철 후보는 "2년 내 완성한다는 공화당의 1천 4백 건 지방사업의 기·준공식만도 하루 평균 4건이 되어 이 기·준공식에 참석하느라고 2년간은 국회의사당 안에 발을 들여 놓지 않겠다는 것인가"라는 신하균 후보의 반박을 들어야만 했다.

그러나 특전사 대위로 혁명에 가담하여 20대에 국가재건최고위원, 전국구 의원, 내무분과위원장을 지낸 민주공화당 차지철 후보는 이원영, 이복영, 이명재 후보들은 예선전에서 가볍게 꺾고 본선에 올라 불도저처럼 전 지역구를 독려하며 선심 공세를 펼쳐 50%가 넘는 득표율을 올리며 대승을 거두었다.

이러한 대승을 지금은 성남시, 하남시, 광주시, 이천시에서 국회의원을 8명이나 배출하는 대도시로 변모했지만, 당시에는 한적한 시골 농촌지역의 특성에서 찾아야 할 것이다.

□ 득표상황

후보자	정당	연령	주요 경력	득표(%)
차지철	민주공화당	32	6대의원(전국구)	56,683(63.4)
신하균	신민당	48	6대의원(3선)	20,421(34.1)
김홍수	대중당	29	정당인	1,368(1.5)
권오전	민중당	61	세무서장	872(1.0)

〈포천-연천-가평〉 혁명주체로 정권실세임을 내세워 신민당

홍익표 5선 의원을 가볍게 제압한 민주공화당 오치성

지난 6대 총선에선 4선의원인 민주당 홍익표 후보가 육군 소령 출신인 민주공화당 김용채 후보를 가볍게 꺾고 5선의원에 등극했다.

국회의장 비서실장을 지낸 자유당 한갑수, 연천에서 5대의원에 당선된 자민당 허산, 경기도의원 출신인 민정당 이기우 후보들이 맹렬하게 추격전을 전개했다.

이번 7대 총선에서 민주공화당은 김용채 후보를 육사 8기 출신으로 국가재건최고회의 최고위원을 거쳐 6대 국회에서 전국구 의원으로 활동한 오치성 후보로 교체하여 5선의원인 신민당 홍익표 후보와 한판 승부를 펼치도록 했다.

포천군수와 경기도의원을 지낸 민중당 이기우, 항일운동가인 대중당 백용기, 생염연구사업가인 한독당 장익병 후보들도 출전했다.

오치성 후보와 홍익표 후보의 대결에서 오 후보의 선거조직은 비교적 강한 편이며, 5선의원의 관록을 지니고 유권자의 신임이 두터운 홍 후보와의 대결은 청년층과 노장층의 대결이었다.

오치성 후보는 "지난 4년간 내가 한 지역사업이 8억 원이므로 8만 표가 나올 것"이라고 전망하면서, "철새도 1년 한 번은 제 고장을 찾는데 4년마다 한 번씩 찾아오는 게 국회의원이냐"고 홍익표 후보를 비난했다.

이에 홍익표 후보는 지난 대선에서 7만 7천 표의 군인표를 제외하면 실질적으로 윤보선 후보가 박정희 후보를 이겼다면서 6선의원 고지를 점령할 수 있다고 낙관했다.

두 후보의 대결은 포천과 가평의 대결로 지역세에서 불리한 홍익표 후보는 민주당 정권 시절 내무부차관을 지낸 김영구 5대의원의 기반을 찾아 나서며 전세 역전을 위해 안간힘을 쏟았다.
그러나 혁명주체로서 정권의 실세인 오치성 후보를 잠재울 수 없어 홍익표 후보는 6선의원의 문턱에서 주저앉았다.
신민당 공천에서 낙천하자 민중당으로 갈아타고 출전하여 설욕의 한을 풀고자 한 이기우 후보의 등장은 승패에 영향을 주지 못했다.

□ 득표상황

후보자	정당	연령	주요 경력	득표(%)
오치성	민주공화당	41	6대의원(전국구)	68,327(66.7)
홍익표	신민당	57	6대의원(5선)	29,174(28.5)
백용기	대중당	46	항일운동가	1,789(1.8)
이기우	민주당	46	경기도의원	1,587(1.5)
장익병	한국독립당	31	생염연구사업가	1,541(1.5)

〈여주-양평〉 신민당 공천에서 낙천한 박주운 후보의 출마로 발걸음도 가볍게 재선의원 고지를 점령한 공화당 이백일

지난 6대 총선에선 육군 준장 출신으로 수원시장을 지낸 민주공화당 이백일 후보가 양평에서 4대의원을 지낸 국민의당 유용식, 여주에서 5대의원을 지낸 민주당 박주운 구정객들을 꺾고 지역구의 주인이 됐다.
경무부 수사부국장을 지낸 민정당 이만종, 경기도의원을 지낸 정민회 장호덕, 교통부 감사관을 지낸 자민당 이준용, 회사장인 보수당 이용구 후보들도 출전했다.
이번 7대 총선에서 민주공화당 공천을 받고 재선을 향해 달린 이백일 후보에게 신민당 공천을 받은 천명기 후보가 야멸차게 도전했다.
민중당 지구당위원장인 유인설, 청년운동을 펼친 통사당

간만규, 변호사로서 5대의원을 지낸 민주당 박주운 후보들도 출전했다.

 신민당은 지난 6대 총선에서 낙선한 박주운, 장호덕 후보들을 제치고 30대의 패기를 내세운 천명기 후보를 내세우자, 서울지법 여주지원장 출신으로 지난 6대 총선에서 17,018표를 득표하여 차점 낙선한 박주운 후보가 출전하여 현역의원인 민주공화당 이백일 후보와 3파전을 벌였다.

 천명기 후보는 낮에는 잠만 자다 밤만 되면 맹활약하는 박쥐작전을 전개했고, 박주운 후보는 자기 표밭에 야간수위까지 두어 라이벌의 접근을 막는 울타리 작전을 전개했다.

 낙천됐다가 공천자인 유용식 후보를 제치고 재공천을 받은 이백일 후보는 공천 파동으로 약체가 된 사무국조직을 제쳐두고, 읍면 관리장에게 직접 자금을 지불하는 스트레이트 작전을 전개했다.

 지난 6대 총선에서 국민의당으로 출전하여 12,489표를 득표했던 유용식 후보를 비롯하여 박인종, 이철연, 윤태환, 이봉규, 이병규 후보들을 꺾고 재공천을 받은 이백일 후보가 공천 파동을 슬기롭게 잠재우고, 공천과 낙천으로 이전투구를 벌인 천명기과 박주운 후보들을 가볍게 제압하고 재선의원이 됐다.

□ 득표상황

후보자	정당	연령	주요 경력	득표(%)
이백일	민주공화당	46	6대의원(지역구)	40,745(53.8)
천명기	신민당	36	정당인	24,299(32.1)
박주운	민주당	58	5대의원(여주)	8,274(10.9)
간만규	통일사회당	26	대한청년단원	1,209(1.6)
유인설	민중당	29	정당인	1,198(1.6)

〈용인-안성〉 육사 8기 혁명주체로서 거미줄같은 조직망을 구축하여 70%에 근접한 득표율로 재선 고지를 점령한 민주공화당 서상린

지난 6대 총선에선 육사 8기로 혁명주체인 민주공화당 서상린 후보가 2대의원, 상공부장관, 참의원을 섭렵한 국민의당 이교선, 용인에서 5대의원에 당선된 민주당 김윤식, 재선의원으로 대통령에 출마한 추풍회 오재영 후보들을 가볍게 꺾고 국회에 입성했다.

경기도의원을 지낸 민정당 유광준, 남전 출장소장인 자민당 최봉관 후보들도 출전했다.

이번 7대 총선에도 혁명주체로서 위용을 자랑하며 민주공화당 공천을 받고 재선가도를 달린 서상린 후보에게 여러 명의 후보들이 당랑거철(螳螂拒轍)임을 알면서도 도전했다.

3대의원, 참의원을 지낸 자유당 신의식, 6·3 동지회장을 지낸 민중당 이재우, 6대 총선에도 출전했던 정의당 최봉관, 의사로서 인술을 베풀었던 기반을 가진 신민당 강희갑, 안성군청 직원이었던 한독당 조재형 후보들이 등록했다.

신민당 조직책에 지난 총선에 출전했던 최봉관(자민당), 이교선(국민의당), 김윤식(민주당), 유광준(민정당) 후보들은 출전을 포기하고 강희갑, 조종익, 유제충, 전창국 후보들이 신청하여 유제충 후보가 조직책으로 결정됐다가 총선에 임박하여 의술을 베푼 공덕을 높이 사 강희갑 후보로 교체했다.

신민당을 외면한 최병관 후보가 정의당으로, 3대의원으로 경기도 참의원에 당선됐던 신의식 후보가 자유당으로 출전하여 한판 승부를 벌였다.

그러나 육사 8기 혁명주체로 중앙무대는 물론 지역에서 거미줄같은 조직망을 구축한 서상린 후보의 옹벽을 넘어서

기에는 역부족이었다.

□ 득표상황

후보자	정당	연령	주요 경력	득표(%)
서상린	민주공화당	41	6대의원(지역구)	65,108(69.7)
강희갑	신민당	48	의사	13,839(14.8)
신의식	자유당	57	3대의원, 참의원	9,674(10.3)
최봉관	정의당	63	농촌계몽운동	2,010(2.1)
조재형	한국독립당	48	안성군청 직원	1,458(1.6)
이재우	민중당	25	6·3 동지회장	1,386(1.5)

〈평택〉 지난 6대 총선에서 민정당 유치송 후보에게 9,747 표차로 패배했지만, 이번 총선에서 4,115표차로 설욕한 민주공화당 이윤용

 9명의 후보들이 난립한 지난 6대 총선에선 국회의장 비서 출신인 민정당 유치송 후보가 경기도의원 출신으로 어렵게 공화당 공천장을 받아든 이윤용 후보를 가볍게 제압했다.
 평택문화원장인 신흥당 한민수, 5대의원인 국민의당 이병헌, 영화제작사 사장인 민주당 임명산, 노조 활동을 펼친 정민회 유빈, 정당 활동에 익숙한 자민당 김진택, 난민회 위원장인 자유당 황충영, 회사장인 보수당 최대식 후보들도 출전했다.
 이번 7대 총선에도 지난 6대 총선에서 자웅을 겨뤘던 신민당 유치송, 공화당 이윤용 후보들이 재대결을 펼쳤다.
 사회사업가인 통한당 정광순, 4대의원을 지낸 자유당 정존수, 중앙당 부장인 민중당 김동진, 지난 6대 총선에 민주공화당 공천을 기대했던 대중당 안정용, 청년운동을 펼친 한독당 이병국, 6대 총선에도 출전했던 민주당 김진택 후보들이 참전하는 데 의의를 두고 출전했다.

지난 6대 총선에서 윤보선 대선후보 지지표를 결집시키는 데 성공한 민정당 유치송 후보가 23,947표를 득표하여 경기도의원 출신으로 지역 기반을 다진 민주공화당 이윤용 후보를 9,747표차로 꺾고 당선됐고, 자민당 김진택 후보는 1,637표를 득표했다.

지난 6대 총선에 출전했던 국민의당 이병헌, 민주당 임명산 후보들이 출전을 포기하여 야권단일화가 이룩되어 재선의 가도를 가볍게 달린 유치송 후보에게 신민당 공천에서 낙천한 안정용 후보가 대중당으로 출전했으나 크게 우려할 상황은 아니했다.

자유당 시절 지역을 풍미했던 정존수 후보가 출전했으나 옛날의 명성을 되찾지 못하여 승패의 변수로 작용하지 못했다.

민주공화당 이윤용 후보가 지난 6대 총선에서 4분 5열된 야당 진영의 선두 주자인 정치초년병인 유치송 후보에게 9,747표차로 패배했으나, 야권단일화가 이룩된 이번 총선에서 4,115표차로 승리한 것은 오로지 풍부한 선거자금과 지역개발에 대한 선심 공약과 물불을 가리지 아니한 행정지원 덕분이었다.

□ 득표상황

후보자	정당	연령	주요 경력	득표(%)
이윤용	민주공화당	53	경기도의원	31,587(47.4)
유치송	신민당	42	6대의원(지역구)	27,472(41.2)
정존수	자유당	57	4대의원(평택)	3,508(5.3)
안정용	대중당	51	정당인	1,291(1.9)
이병국	한국독립당	46	청년운동	1,158(1.7)
김동진	민중당	36	민중당 농민부장	979(1.5)
김진택	민주당	44	정치인	492(0.7)
정광순	통한당	27	사회사업가	191(0.3)

〈화성〉 개표과정에서 도난당한 1,299표를 무효표에서 찾아내어 당선을 번복하고 국회에 등원한 신민당 김형일

지난 6대 총선에선 군인 출신으로 병사구 참모장을 지낸 권오석 후보가 민주공화당 공천을 받고서 4대의원인 민정당 홍봉진, 5대의원인 국민의당 서태원과 민주당 박상묵 후보들을 가볍게 제치고 국회에 등원했다.

회사원인 자민당 김진구, 회사장인 자유당 송영균과 정민회 오영남, 언론인인 보수당 손도성, 한의학연구회장인 신민회 이규호 후보들도 출전했다.

이번 7대 총선에선 6대 총선에서 야당의 선거 참모들을 포섭하여 대승을 거둔 민주공화당 권오석 후보와 육군 참모차장 출신으로 민정당에 영입되어 전국구 의원으로 활동한 신민당 김형일 후보가 별들의 전쟁을 벌였다.

지난 6대 총선에 출전하여 낙선한 자유당 송영균, 정의당 이규호 후보들이 재도전하고 민정당 지구당위원장으로 활약했던 민중당 홍경선, 경기도의원을 지낸 민주당 박만원 후보들이 새롭게 도전장을 내밀었다.

지난 6대 총선에서 민주공화당 권오석 후보는 16,506표를 득표하여 홍봉진(민정당), 박상묵(민주당), 서태원(국민의당), 김진구(자민당) 후보들의 맹추격을 받아 고전했고, 자유당 송영균 후보는 5,495표, 신민회 이규호 후보는 1,113표를 득표했다.

지난 6대 총선에서 차점 낙선한 홍봉진 후보를 따돌리고 신민당 공천을 받은 김형일 후보는 지난 6대 총선에서 네 후보가 득표한 3만 7천여 표의 반만 확보해도 승리할 수 있다는 계산으로 야권성향표 결집에 나섰다.

선거 결과 민주공화당 권오석 후보가 35,955표, 신민당

김형일 후보가 35,553표를 득표하여 402표차로 권오석 후보가 승리했다고 발표했다.

그러나 신민당 김형일 후보의 재검표 신청으로 재검표한 결과 화성선관위원회가 무효표 가운데서 인주가 묻은 빈대표, 두 번 찍은 피아노표 등 김형일 후보에게 기표한 1,299표를 찾아내어 당선자를 김형일 후보로 번복했다.

이 지역구의 개표과정에서 1천여 표 이상의 부정이 있었다면 다른 130개 지역구에서는 개표 부정이 없었다는 보장이 없었지만, 중앙선관위원회는 다른 지역구에서는 개표 부정을 찾아내지 못하고 벌교읍장과 벌교지서장의 공개투표 지시로 공개투표가 자행된 벌교 지역에 대한 재선거가 실시되었고, 대법원의 당선무효 판결로 고성-충무-통영의 일부 지역에 대한 재선거가 실시됐다.

그리고 의원직을 사퇴한 부여(김종필), 고창(신용남), 화순-곡성(기세풍)에서 보궐선거가 실시됐으며, 한일협정비준에 찬성한 성낙현 의원의 의원직 박탈을 위한 신민당 해체로 창녕에서도 보궐선거가 실시됐을 뿐이다.

□ 득표상황

후보자	정당	연령	주요 경력	득표(%)
김형일	신민당	43	6대의원(전국구)	36,852(48.9)
권오석	민주공화당	44	6대의원(지역구)	35,857(47.6)
홍경선	민중당	39	정당인	981(1.3)
이규호	정의당	69	한의사	818(1.1)
박만원	민주당	33	경기도의원	557(0.7)
송영균	자유당	53	염업조합 이사장	305(0.4)

〈고양-파주〉 **혁명주체, 최고위원, 전국구의원 등의 경력으로 통합야당 재선의원에게 압승을 거둔 공화당 신윤창**

지난 6대 총선에선 파주에서 5대의원에 당선된 황인원 후보가 고양군수, 토지개량조합장을 지낸 민주공화당 우종봉 후보를 가볍게 제압했다.

경기도당위원장을 지낸 국민의당 이태구, 경기도의회 의장을 지낸 자민당 노재억 후보들이 추격전을 전개했으나 추격에 머물렀다.

민주당 이익훈, 보수당 조남숙, 정민회 김인식, 신민회 임순옥, 추풍회 황보철 후보들도 출전했으나 득표력은 미약했다.

이번 7대 총선에서 민주공화당은 혁명주체로서 최고위원을 거쳐 6대 국회에서 전국구의원으로 활약한 신윤창 후보를 내세워 신민당 황인원 후보의 3선의원 고지 점령을 저지하도록 했다.

대중당 김인식, 통사당 이연춘, 민주당 최성면 후보들도 군소정당 공천으로 출전했다.

지난 6대 총선에서 27,568표를 득표하여 1만 1천여 표차로 압승을 거둔 신민당 황인원 후보는 6대 총선에서 함께 뛰었던 노재억(7.140표), 이태구(8,393표), 조남숙(4,512표) 후보들의 신민당 입당에 의한 야당 성향표 결집으로 당선권에 진입하고서 "지난 4년간 국회 국방위원으로 이 지역의 대미관계를 조정해 왔다"면서, 신윤창 후보가 이 지역 출신이 아닌 점을 내세워 내 고장 사람임을 강조했다.

이에 신윤창 후보는 미군을 상대로 먹고 사는 이 지역에서 "1965년 이래 미군의 출입금지 구역을 전부 없애고 6억 원 상당의 지방사업을 해 놓았다"고 주장했다.

토착민보다 외래인이 훨씬 많은 파주에서 노무자와 위안부가 유권자의 상당수를 차지하여 민주공화당의 풍부한 자금, 견고한 조직과 신민당의 재선의원으로서 기반과 구연의 대결이 펼쳐졌다.

야권이 4분 5열된 6대 총선에서 압승을 거두었고 함께 뛰었던 야권주자들이 신민당으로 결집되어 낙승이 예상됐지만, 혁명주체로서 전국구 의원으로 활동했던 공화당 신윤창 후보가 풍부한 자금과 전폭적으로 지원한 행정력을 동원하여 지역을 공포분위기를 조성하여 압승을 거둘 수 있었다.

□ 득표상황

후보자	정당	연령	주요 경력	득표(%)
신윤창	민주공화당	41	6대의원(전국구)	65,906(63.9)
황인원	신민당	46	6대의원(2선)	34,420(33.4)
김인식	대중당	30	회사원	1,554(1.5)
최성면	민주당	56	정당인	816(0.8)
이연춘	통일사회당	59	대흥사 사장	448(0.4)

〈김포-강화〉 김포 유권자를 휩쓸어버리면 승산이 있다고 판단했지만 윤재근 후보 뒷덜미를 잡아 김재소 후보 압승의 도우미 역할을 한 김두섭

지난 6대 총선에선 교육감 출신으로 때 묻지 않은 정치신인이며 오랫동안 교육계에 몸 담아온 참신성을 내세우고, 방대한 민주공화당 조직을 활용한 이돈해 후보가 도토리 키 재기식 경쟁을 벌인 4선의원인 정민회 윤재근, 5대의원을 지낸 자민당 허길, 합성수지조합장인 국민의당 한기태, 5대 총선에도 출전했던 민정당 김두섭 후보들을 가볍게 제압했다. 민주당 오홍석, 자유당 이종필 후보들도 출전했다.
이번 7대 총선에서 민주공화당은 이돈해 의원을 낙천시키고 심도직물 대표인 김재소 후보를 공천했고, 신민당은 야당투사로 활약했던 후보들을 제치고 무소속으로 활동한 4선의원인 윤재근 후보를 영입하여 공천하자, 이에 반발하여

김두섭 후보가 민주당으로 출전했다.

영선산업 사장인 민중당 이성우, 청소년선도사업을 벌인 한독당 최창수 후보들이 등록했고, 통사당 고달영 후보는 등록무효됐다.

민주공화당은 이돈해, 김재소 후보를 놓고 최종단계에서 선거자금 조달문제에 강점을 고려하여 이돈해 후보를 김재소 후보로 교체했고, 신민당은 윤재근, 김두섭, 한기태, 이종필, 이희영 후보들이 조직책을 신청하자 김두섭 후보를 조직책으로 선정했다가 공천과정에서 윤재근 후보로 교체되자, 김두섭 후보가 민주당으로 당적을 옮겨 윤재근 후보와 격돌했다.

윤재근 후보는 강화에서 제헌, 2대, 4대, 5대의원에 당선된 4선의원으로 3대에서는 자유당 윤일상 후보에게 패배했고, 6대에서는 정민회로 출전하여 12,261표를 얻어 차점 낙선했다.

반면 민주당 김두섭 후보는 30세의 나이로 5대 총선 때 김포에서 집권 여당인 민주당 공천을 받고 출전하여 4,614표를 득표하여 4위로 낙선하고, 6대 총선에는 제1야당인 민정당 공천을 받고 7,459표를 득표하여 4위로 낙선했다.

김재소 후보가 강화로 주소지를 옮겨 강화의 터줏대감인 윤재근 후보와 용쟁호투를 전개하고 유권자가 많은 김포를 싹쓸이하면 승산이 있다는 김두섭 후보의 전략은 공상에 불과했다는 것이 투표 결과로 나타났으며, 더구나 윤재근 후보의 뒷덜미를 잡아 민주공화당 김재소 후보의 도우미 역할만을 수행했다.

☐ 득표상황

후보자	정당	연령	주요 경력	득표(%)
김재소	민주공화당	51	심도직물 대표	48,734(62.5)

윤재근	신민당	56	4선의원(강화)	22,016(28.3)
김두섭	민주당	37	정당인	5,050(6.5)
최창수	한국독립당	26	불량청소년 선도	1,625(2.1)
이성우	민중당	59	영선사 사장	483(0.6)
고달영	통일사회당	29	통사당 선전부장	등록무효

〈시흥-부천-옹진〉 혁명주체로서 전국구 의원인 차지철, 오치성, 신윤창, 오학진 후보들이 경기지역에 출전하여 모두 당선되어 경기지역을 석권

지난 6대 총선에선 경희대 교수 출신인 민주공화당 옥조남 후보와 부천에서 2대와 5대의원에 당선된 국민의당 박제환 후보가 선두권을 달렸고, 대한정밀 사장인 민주당 박승희, 월산산업 회장인 민정당 엄기옥 후보들이 추격전을 전개한 선거전에서 옥조남 후보가 아찔한 승리를 거두었다.

자민당 정용규, 자유당 박제상, 추풍회 이범석, 정민회 김재호, 신민회 김억배 후보들도 출전하여 9명의 후보들이 난립했다.

이번 7대 총선에서 민주공화당은 옥조남 현역의원을 공천에서 탈락시키고 혁명주체로서 6대 국회에서 전국구 의원으로 활약한 오학진 후보를 공천했다.

2선의원으로 농림부장관을 지낸 박제환 후보가 국민의당에서 신민당으로, 중앙예술학원장으로 자유당으로 지난 6대 총선에서의 패배를 되씹으며 박제상 후보가 재출격했다.

경기도당위원장인 민주당 이병상, 농업인인 대중당 장선규, 신민당 공천에서 탈락한 민주당 안동선 후보들도 출전했다.

통합 야당인 신민당의 조직책에 이병상, 안동선, 조수환, 서완석, 박승희 후보들이 신청하여 부천의 터줏대감으로 자

리잡은 박제환 후보를 선정하여 공천했다.

이에 이병상 후보는 민중당으로, 안동선 후보는 민주당으로 출전하여 박제환 후보의 뒷덜미를 잡아챘다.

민주공화당은 이번 총선에서 경기도에 혁명주체를 대거 투입하여 범정부적인 지원으로 전원 당선을 목표로 날뛰었다.

6대 총선에서 당선된 유승원(인천갑), 이병희(수원), 이백일(여주-양평), 서상린(용인-안성), 권오석(화성)후보 외에 차지철(광주-이천), 오치성(포천-연천-가평), 신윤창(고양-파주), 오학진(시흥-부천-옹진) 전국구 의원들을 대거 투입하여 혁명주체의 집결지를 기도했다.

그러나 유승원(인천갑), 권오석(화성) 후보들이 의외의 낙선으로 경기도 석권이 무너졌지만 혁명주체들이 경기도를 장악했음을 부인할 수는 없었다.

김포-강화에 김재소 후보 대신 김재춘의 등장을 검토했지만 반대 세력의 완강한 반대에 부딪혀 실현되지 못했지만, 조만간 박정희 대통령의 배려가 기대된다.

□ 득표상황

후보자	정당	연령	주요 경력	득표(%)
오학진	민주공화당	39	6대의원(전국구)	56,024(59.5)
박제환	신민당	62	2선의원(부천)	30,620(32.5)
박제상	자유당	31	중앙예술학원장	2,501(2.7)
안동선	민주당	31	정당인	2,157(2.3)
이병상	민중당	44	정당인	1,526(1.6)
장석규	대중당	32	정당인	1,371(1.4)

제2장 민주공화당 광풍(狂風)이 휩쓸고 간 영남권

1. 민주공화당이 영남권 의석의 81.0%를 석권
2. 영남권 42개 지역구 불꽃 튀는 격전의 현장으로

1. 민주공화당이 영남권 의석의 81.0%를 석권

(1) 여촌야도 현상으로 지난 총선보다 3석을 잃은 공화당

 영남권은 부산, 경북, 경남으로 부산이 7개 지역구, 경북이 20개 지역구, 경남이 15개 지역구를 가지고 있어 42개 지역구로 전국 131개 지역구의 32.1%를 차지하고 있다.
 부산에서는 영도(예춘호), 부산진 을구(최두고)에서 신승하였을 뿐 5개 지역구를 신민당에 내어주는 여촌야도 현상을 보였지만, 경북에서는 대구 서-북(조일환), 의성(우홍구)에서 신민당 후보가 당선되었을 뿐 18개 지역구를 휩쓸었고, 경남에서도 창녕(성낙현)만 내어주었을 뿐 14개 지역구를 휩쓸어 34개 지역구에서 당선되어 81.0%를 점령했다.
6대 총선에서는 부산에서 김영삼(서구), 경북에서 진기배(영양-울진), 경남에서 강선규(마산), 최수룡(진해-창원), 최영근(울산-울주) 후보 등 5명이 당선되어 37개 지역을 민주공화당이 휩쓸었다.
 그리하여 지난 6대 총선에서는 민주공화당이 이번 총선보다 3개 의석을 더 차지했는데 이는 부산과 대구에서 여촌야도 현상보다는 박정희 대통령이 안정의석을 확보하여 국정안정에 기여해야 한다는 강박감에서 민주공화당 후보들에게 몰표를 던진 결과였다.

(2) 현역의원 42명 중 50%인 21명만 국회 재입성

 지난 6대 총선에서 당선된 의원 가운데 지역구를 굳건하게 지킨 의원들은 예춘호(영도), 김영삼(부산 서구), 최두고(부산진을), 이원만(대구 동구), 이효상(대구 남구), 김장섭

(포항-영일-울릉), 백남억(김천-금릉), 이상무(경주-월성), 김성곤(달성-고령), 김봉환(군위-선산), 송한철(성주-칠곡), 이동녕(문경), 정진동(예천), 김창근(영주-봉화), 구태회(진주-진양), 최석림(충무-고성-통영), 김주인(거제), 노재필(양산-동래), 김택수(김해), 최치환(남해), 민병권(거창-함양) 후보 등 21명으로 50% 수준이다.

조시형(부산 중구), 이종순(부산 동구), 김임식(부산진갑), 양극필(동래), 우홍구(의성), 진기배(영양-울진), 신영주(창녕), 최영근(울산-울주) 후보들은 공천을 받고 재출격했으나 낙선했고, 송관수(대구 동구), 김종환(대구 서-북), 권오훈(안동 사-군), 김중한(청송-영덕), 이활(영천), 김준태(경산-청도), 김정근(상주), 방성출(함안-의령), 변종봉(산청-합천), 이재만(밀양) 의원 등 10명은 민주공화당 공천에서 낙천했고, 강선규(마산), 최수룡(진해-창원) 의원들은 신민당 공천에서 낙천했다.

신민당의 강선규, 최수룡 후보들이 낙천에 반발하여 당적을 바꿔 출전했으나 모두 낙선하여 의정 단상에 돌아오지 못했다.

(3) 지역구의 50%인 21개 지역구는 50% 득표율로 당선

영남권에서 당선자들은 대부분 50% 득표율로 당선됐으며 민주공화당 김성곤(달성-고령) 후보가 74.0% 득표율로 최고득표율을, 신민당 우홍구(의성) 후보가 37.4%의 최저득표율로 당선됐다.

김택수(김해), 최치환(남해), 민병권(거창-함양), 이동녕(문경) 후보들은 70%가 넘는 득표율로 당선된 반면, 김삼상(합천-산청), 이원만(대구 동구), 조일환(대구 서-북), 김장섭(포항-영일-울릉), 이원우(영천), 송한철(성주-칠곡) 후

보들은 40%대 득표율로 당선됐다. 이상무(경주-월성) 후보의 득표율은 38.0%에 불과했다.

지난 6대 총선에서의 낙선을 딛고 김응주(부산 중구), 정상구(부산진갑), 한태일(마산), 조일환(대구 서-북), 우홍구(의성) 후보들은 당선된 반면, 조시형(부산 중구), 이종순(부산 동구), 김임식(부산진갑), 양극필(부산 동래), 강선규(마산), 최수룡(진해-창원), 신영주(창녕), 최영근(울산-울주), 오상직(의성), 진기배(영양-울진) 의원들은 이번 총선에서 낙선하여 의정단상에 돌아오지 못했다.

2. 영남권 42개 지역구 불꽃 튀는 격전의 현장으로

부산직할시

〈중구〉 통합야당의 기치를 내걸고 최고위원이며 현역의원인 조시형 후보를 꺾고 3선의원 고지(高地)에 오른 김응주

지난 6대 총선에는 5·16혁명주체로서 최고회의 내무위원장, 무임소장관을 지낸 민주공화당 조시형 후보가 2선의원인 민주당 김응주, 민선 부산시장을 지낸 민정당 김종규 후보들을 꺾고 지역구를 점령했다.

경남도의원 출신인 자유당 유영식, 경남 충무에서 3대, 4대, 5대의원을 지낸 자민당 최천 후보들이 출전했고, 신민당 배용 후보는 등록무효됐다.

이번 7대 총선에선 지난 6대 총선에서 맞붙었던 민주공화당 조시형 후보와 신민당 김응주 후보가 재대결을 펼쳤다.

부산시장을 지낸 김종규 후보는 출전하지 않았으나 자유당 유영식 후보는 재도전했다.

회사원인 대중당 김성호, 경남도의원을 지낸 민주당 최시효 후보들이 처녀 출전했다.

선거전은 지난 4년간 꾸준한 조직의 유지관리로 재선을 자신하고 있는 민주공화당 조시형 후보와 통합야당인 신민당의 기치 아래 설욕을 다짐하는 김응주 후보의 맞대결로 펼쳐졌다.

지난 6대 총선에서 민정당 공천으로 12,904표를 득표했던 민선 부산시장을 지낸 김종규 후보의 지지기반을 어느 후보가 차지하느냐에 따라 승패가 결정됐다.

통합 야당의 후보라는 강점을 내세우며 4대와 5대의원 시절 닦아 놓은 기반을 활용한 김응주 후보가 부산시민들의 제1야당 후보에 대한 묻지마 투표에 힘입어 3천여 표차로 조시형 후보를 꺾고 설욕전을 승리로 장식했다.
　조시형 후보는 혁명 주체로서 최고위원으로서 서울 동대문 을구의 강상욱 후보와 함께 낙선한 6대 의원이 됐다.
　두 라이벌의 혼전의 백병전에서 전통적인 야당 성향표가 결집되고 실향민·가톨릭계 유권자들이 김응주 후보 쪽으로 기울어진 결과였다.

□ 득표상황

후보자	정당	연령	주요 경력	득표(%)
김응주	신민당	56	2선의원(부산중)	24,064(51.6)
조시형	민주공화당	40	6대의원(지역구)	21,000(45.1)
최시효	민주당	51	경남도의원	722(1.6)
김성호	대중당	29	정당인	663(1.4)
유영식	자유당	44	경남도의원	144(0.3)

〈영도〉 통합야당의 기치를 내걸고 동분서주했으나 민주공화당 사무총장을 역임한 예춘호 의원 따라잡기에는 역부족

　지난 6대 총선 때에는 5대 총선 때 입후보했다 중도사퇴한 민주공화당 예춘호 후보가 4대와 5대의원을 지낸 민주당 이만우, 경북 출신으로 지역기반을 다져 온 민정당 김상진 후보들을 꺾고 국회 등원에 성공했다.
　부산수대 강사인 국민의당 김중현, 부산시의원 출신인 추풍회 조칠봉, 부산시의원을 지낸 자민당 김인화, 정당인인 보수당 한근홍 후보들도 출전했다.
　민주공화당 공천을 기대했던 5대의원이었던 한독당 최성욱

후보는 등록이 무효됐다.
 이번 7대 총선에는 지난 6대 총선에서 겨뤘던 민주공화당 예춘호 후보와 4년 동안 와신상담한 신민당 김상진 후보가 한판 승부를 벌였다.
 민중당 조직부장인 박성환, 정치신인인 대중당 박국영, 대학 강사인 한독당 문영팔 후보들도 함께 뛰었다.
 통합 야당의 기치를 내걸고 영도 구석구석을 누비며 설욕전을 승리로 장식하기 위해 신민당 김상진 후보가 고군분투했지만, 민주공화당 원내부총무로 활약하다가 사무총장에 발탁된 예춘호 현역의원을 따라잡기에는 역부족이었다.
 그리하여 김상진 후보는 부산진 을구의 신현오 후보와 함께 여촌야도의 투표 성향에 따라 전폭적인 부산시민의 지지를 받고도 낙선하는 불우한 후보자가 됐다.
 입만 가지고 선거를 치른다고 해도 과언이 아닐 정도로 자금이 너무나 궁색한 김상진 후보는 산골짜기 표밭을 찾아 강행군을 펼친 호소력이 풍부한 자금과 함께 방대한 조직으로 박정희 대통령의 지지표를 결집시킨 예춘호 후보의 적수가 결코 되지 못했다.

□ 득표상황

후보자	정당	연령	주요 경력	득표(%)
예춘호	민주공화당	40	6대의원(지역구)	29,493(52.7)
김상진	신민당	33	정당인	24,337(43.5)
박국영	대중당	27	무직	1,086(1.9)
문영팔	한국독립당	31	대학 강사	858(1.6)
박성환	민중당	42	정당인	161(0.3)

〈서구〉 김동욱 3선의원의 지지기반까지 흡수한 박규상 후보를 가볍게 따돌리고 4선의원 고지를 점령한 김영삼

지난 6대 총선에선 3대와 5대의원으로 지역에 기반을 구축하고 재력을 겸비한 민정당 김영삼 후보가 3대, 4대, 5대의원을 지낸 민주당 김동욱, 부산시의원 출신으로 민주공화당 공천을 받은 재력이 풍부한 신중달 후보들을 꺾고 3선의원에 등극했다.

경남도의원을 지낸 자민당 안용길, 워싱턴대 출신인 신흥당 김민제, 부산시의원 출신인 국민의당 문정남, 노동운동가인 정민회 송석화 후보들도 출전했다.

이번 7대 총선에서는 신민당 김영삼 후보의 4선의원 고지 점령을 저지하기 위해 민주공화당은 대학교수로서 6대 전국구 의원에 발탁된 박규상 후보를 공천했다.

자유당 중앙위원인 전대욱, 고교교감인 민중당 김종채, 국회의원 비서관을 지낸 대중당 정태수, 정당인인 통사당 임정상, 사업가인 민주당 정금출 후보들도 존재감을 드러내기 위해 출전했다.

부산의 거부인 신중달 후보를 꺾고 공천을 받은 박규상 후보는 동아대 교수 출신이라는 강점을 살려 동아대 학생들과 교직원을 비롯하여 산동네에 집중 화력을 배치하여 총공세를 퍼붓자, 신민당 김영삼 후보는 "나를 꺾고 부산을 다 장악하려고 펴고 있는 총력전"이라고 평가하고, 선거전을 경남고 대 동아대의 학맥(學脈) 대결로 몰고갔다.

신민당 원내총무로서의 정치적 중량감을 내세우며 3선의원으로 지난 6대 총선에서 11,848표를 득표했던 김동욱 전 의원의 지지기반까지 흡수하여 추격전을 전개한 박규상 후보를 가볍게 제압하고 4선의원 고지를 점령했다.

"이번엔 김영삼 후보가 고전한다"는 풍문은 지난 대통령 선거에서 박정희 후보가 61,745표를 득표한데 비해 윤보선 후보는 34,015표를 득표하여 박정희 후보 지지표를 결집하고 푸짐한 공약을 내걸어 영세민층을 집중적으로 공략하는 데서 주목을 받게 된 결과였다.

□ 득표상황

후보자	정당	연령	주요 경력	득표(%)
김영삼	신민당	39	6대의원(3선)	61,957(59.2)
박규상	민주공화당	42	6대의원(전국구)	40,347(38.6)
정태수	대중당	44	국회의원 비서관	716(0.7)
정금출	민주당	33	상업	544(0.6)
임정상	통일사회당	27	정당인	445(0.4)
김종채	민중당	34	고교교감	340(0.3)
전대욱	자유당	44	자유당 중앙위원	249(0.2)

〈동구〉 윤보선 대선후보의 찬조연사로 구속된 경력이 돋보여 통합 야당의 공천을 받고 국회 등원에 성공한 혁신계 거두인 박기출

지난 6대 총선에서는 동아대 농과대학장 출신인 민주공화당 이종순 후보가 5대 총선에서 낙선한 지명도와 방대한 조직을 활용하여 경남도의원을 지낸 민정당 박정세, 거제에서 5대의원에 당선됐으나 지역구를 옮겨 도전한 민주당 윤병한 후보들을 가볍게 제압했다.
 국회의원 선거에 4번 출전한 정민회 이상철, 부산지검 직원이었던 국민의당 백용기, 경남여중 교장을 지낸 자민당 김수현, 청년 운동가인 신민회 이용달, 보수당 지구당위원장인 문도윤 후보들도 부나비처럼 출전했다.
 이번 7대 총선에는 동경의대 출신으로 혁신운동을 펼쳐오다 부통령 후보로 출전했던 박기출 후보가 신민당 공천을 받고 혜성처럼 나타나 민주공화당 이종순 현역의원과 한판 승부를 펼쳤다.

진주에서 4대와 5대의원을 지낸 김용진 후보가 민주당 공천을 받고 출전하여 3파전을 기대했다.

서울공론사 사장인 통한당 김을갑, 경남도의원을 지낸 자유당 허인건, 노동운동을 펼쳐온 대중당 오태웅, 신문기자 출신으로 다섯 번 낙선 기록 보유자인 한독당 이상철 후보들도 등록했다.

민주공화당은 유호필 전 동구청장을 비롯하여 오덕준, 남기열, 이양호 후보들이 공천을 향해 돌진하여 공천 파동을 겪었지만, 재공천을 받은 이종순 후보는 동아대 농과대학장 출신임을 내세워 조직 확대에 박차를 가했다.

신민당은 지난 6대 총선에 민정당으로 출전하여 차점 낙선한 박정세, 진주에서 재선의원으로 당선된 김용진 후보들을 비롯하여 김승목, 오태웅, 임갑수, 박재우 후보들을 제치고 혁신계 출신으로 윤보선 대선 후보 찬조(贊助)연사로 맹활약한 박기출 후보를 낙하산 공천했다.

이에 임갑수 후보는 동래에 돌려막기 공천의 혜택을 입었지만, 김용진 후보는 민주당으로 옮겨 출전했다.

박기출 후보는 일본 구주제국대 출신으로 경남 의학회장을 지냈으며, 지난 5대 총선 때는 사회대중당 공천으로 부산진 갑구에 출전하여 12,206표를 득표하여 차점 낙선한 혁신계 인사이다.

통합 야당의 공천을 받은 박기출 후보는 범일동에서 4대째 살아온 부산 토박이로서 20년간 병원을 경영하며 인술을 베푼 공덕과 혁신 세력의 전폭적인 지지를 기대했다.

풍성한 자금 살포에도 불구하고 집권 여당의 조직이 제대로 가동되지 않아 통합야당 후보에 대한 묻지마 투표로 박기출 후보가 대승을 거두었고, 진주 출향민들의 지지를 기대하며 추격전을 전개한 김용진 후보의 성적은 3% 득표율에도 미치지 못했다.

선거 초반에는 1만 7천여 명의 공화당 조직을 활용하며 "박 대통령의 일을 돕도록 지지해 달라"고 호소한 이종순 후보와 서부 경남 출향민, 오위영 전 의원의 조직표, 천주교 신자로서 카톨릭 신자표, 금령 김씨 문중표에 기대를 건 김용진 후보가 기세를 올렸으나 박기출 후보의 제1야당 바람이 부동층을 휩쓸어 석패가 아닌 초라한 성적을 거둘 수밖에 없었다.

☐ 득표상황

후보자	정당	연령	주요 경력	득표(%)
박기출	신민당	58	의사, 혁신운동	46,188(55.5)
이종순	민주공화당	61	6대의원(지역구)	30,076(36.1)
이상철	한국독립당	42	총선입후보 5회	2,730(3.3)
김용진	민주당	65	2선의원(진주)	2,378(2.9)
오태웅	대중당	41	정치인	1,416(1.7)
허인건	자유당	48	경남도의원	298(0.3)
김을갑	통한당	36	서울공론사 사장	193(0.2)

〈부산진 갑〉 지난 총선에서 1,718표차로 석패했지만, 이번 총선에서 7,163표차로 되갚아주고 승리한 신민당 정상구

지난 6대 총선에는 부산상고 교사 출신으로 무안중과 초동중학 교장을 지낸 공화당 김임식 후보가 공보부 경리과장 출신으로 경남도의원을 거쳐 4대와 5대의원에 당선된 민주당 이종남, 대신고 교장 출신으로 참의원을 지낸 민정당 정상구 후보들을 어렵게 따돌렸다.

국민의당 이만우, 신광화학 사장인 자민당 김영복, 사업가인 정민회 우희갑 후보들도 함께 뛰었다.

이번 7대 총선에도 지난 6대 총선에서 1,718표차로 승패가 갈렸던 신민당 정상구 후보와 민주공화당 김임식 후보가 또

다시 자웅을 겨뤘다.

경남도의원을 지낸 자유당 이성수, 지난 6대 총선에도 출전했던 정의당 우희갑, 26세 청년인 대중당 강경식, 김해 출신인 한독당 김종태, 민주당 지구당위원장인 윤용수 후보들도 출전했다.

부산상고 교사 출신으로 개성중학 교감, 무안중과 초동중 교장을 지내고 6대 총선에서 당선된 김임식 후보는 거미줄같이 엉켜있는 1만 3천 명의 민주공화당 조직망을 동원하여 재선 고지를 향해 달려갔다.

지난 6대 총선에 재선의원으로 민주당 공천을 받고 출전하여 12,891표를 득표한 이종남 후보를 따돌리고, 신민당 공천을 받은 정상구 후보는 대산고등학교 교장 출신으로 혜화여고 등 4개 학교를 설립하여 운영하는 학원 재벌가로 창원 출향민표와 동래 정씨 문중표의 지지도 기대했다.

부산 시민들의 통합야당인 신민당의 전폭적인 지지 열기로 지난 6대 총선에서는 21,885표 대 20,167표로 1,718표차로 석패했던 정상구 후보가 울산 출신인 김임식 후보를 이번 총선에서는 41,457표 대 34,294표로 7,163표차로 꺾고 설욕전을 승리로 장식했다.

지난 대통령 선거에서 66.9% 대 33.1%로 압승을 거두었던 민주공화당의 김임식 후보는 예상치 못한 패배에 망연자실했다.

□ 득표상황

후보자	정당	연령	주요 경력	득표(%)
정상구	신민당	42	참의원(경남)	41,457(52.1)
김임식	민주공화당	43	6대의원(지역구)	34,294(43.1)
강경식	대중당	26	정당인	1,580(2.0)
김종태	한국독립당	38	여론통신 사장	955(1.2)
우희갑	정의당	45	유류판매업	472(0.6)

| 운용수 | 민주당 | 52 | 정당인 | 442(0.6) |
| 이성수 | 자유당 | 47 | 경남도의원 | 355(0.4) |

〈부산진 을〉 신현오, 최시명 후보들의 공천경쟁과 이전투구로 재선고지를 너무나 쉽게 점령한 민주공화당 최두고

 지난 6대 총선에선 학원 재벌로 급부상한 최두고 후보가 올망졸망한 후보들을 제치고 민주공화당 공천장을 거머쥔 여세를 몰아 4선의원으로 교통부장관을 지낸 국민의당 박찬현, 경남도의원을 지낸 민주당 최시명, 윤보선 후보 지지표 결집에 나선 민정당 신현오 후보들을 풍부한 재력을 동원하여 가볍게 뛰어넘었다.
 민주신보 국장인 자민당 김우현, 경남도의원을 지낸 신민회 이판갑 후보들도 얼굴을 내밀었다.
 이번 7대 총선에선 지난 6대 총선에서 10,756표차로 승패가 갈렸던 민주공화당 최두고 후보와 신민당 신현오 후보가 양강구도를 형성한 가운데 민주당 최시명 후보도 설욕을 다짐하고 나섰다.
 자유당 지구당 조직부장인 박명호, 4·19 의거 학생전취 대변인 대중당 백재용 후보들도 참전했다.
 이번 총선에서 재격돌한 최두고, 신현오, 최시명 후보들은 지난 6대 총선에서 민주공화당 최두고 후보는 24,854표를 득표하여 당선됐고, 민정당 신현오 후보는 14,098표를, 민주당 최시명 후보는 11,750표를 득표하여 낙선했다.
 부산수산대 출신인 최시명 후보와 동아대 출신인 신현오 후보는 통합 야당의 공천을 놓고 불꽃튀는 격전을 벌여 신현오 후보가 승리했고, 공천에서 밀린 최시명 후보는 민주당으로 말을 갈아타고 출전하여 3파전이 형성됐다.

이번 총선에서 최두고 후보는 37,929표를 득표하여 재당선됐고, 신현오 후보는 23,532표, 최시명 후보는 14,372표를 득표하여 낙선했으며 두 후보의 득표는 37,904표로 최두고 후보와 엇비슷했다.

인접구인 동래구에서 정치권을 들락날락한 정치신인인 신민당 임갑수 후보가 당선된 것을 감안하면 이 지역구도 야권단일화가 성사되었더라면 승패는 분명히 엇갈렸을 것으로 보인다.

결국 30대의 패기를 앞세운 최시명 후보의 도전은 최두고 후보 재선의 도우미 역할이었을 따름이다.

□ 득표상황

후보자	정당	연령	주요 경력	득표(%)
최두고	민주공화당	45	6대의원(지역구)	37,929(49.5)
신현오	신민당	53	회사 전무	23,532(30.7)
최시명	민주당	34	경남도의원	14,372(18.8)
박명호	자유당	48	정당인	788(1.0)
백재용	대중당	28	정당인	사퇴

〈동래〉 사회운동을 펼친 재야인사라는 명분으로 신민당 공천을 받고서 집권 여당의 현역의원을 무너뜨린 임갑수

지난 6대 총선에선 부산시의원 출신으로 5대 총선에 출전하여 5위에 머물렀던 양극필 후보가 민주공화당 공천장을 받아들고 5대 총선에서 당선된 국민의당 김명수, 차점으로 낙선한 민주당 곽종섭 후보들을 가볍게 제압하고 설욕전을 승리로 장식했다.

신흥여객 전무인 민정당 전창현, 인권운동가로 활약한 자

민당 이문곤, 회사원인 정민회 손영 후보들도 함께 뛰었다.
  이번 7대 총선에서는 서적판매상인 신민당 임갑수 후보가 사회운동가로 포장하여 신민당 공천을 받고서 현역의원인 민주공화당 양극필 후보와 자웅을 겨뤘다.
  조도전대 출신인 대중당 옥영진, 경희대 교수인 통사당 하은수 후보들도 출전하여 파수꾼 역할을 수행했다.
  민주공화당은 양극필 현역의원에게 양찬우 내무부장관이 도전하여 박정희 총재의 재가까지 받은 혈전을 전개하여 양극필 의원이 공천을 받았고, 양찬우 내무부장관은 전국구에 안착하는 선에서 마무리됐다.
  신민당은 지난 6대 총선에서 민주당 공천으로 출전하여 11,293표를 득표하여 차점 낙선한 곽종섭 후보를 비롯하여 이진호, 손영수, 왕영진, 조이연 후보들이 조직책을 신청했으나 사회운동을 펼친 재야인사라는 명분을 내세워 서적판매상으로 총선 출전 경험이 있는 임갑수 후보를 내세웠다.
  이에 옥영진 후보는 대중당으로 옮겨 출전했다.
  신민당 임갑수 후보가 5천여 표차로 집권여당의 현역의원을 무너뜨린 것은 통합야당 후보에게 무조건 투표한 유권자들의 열기도 있었겠지만, 양찬우 내무부장관의 지지세력들이 집단으로 임갑수 후보를 지지한 결과로 짐작될 뿐이다.

□ 득표상황

후보자	정당	연령	주요 경력	득표(%)
임갑수	신민당	46	서적판매상	35,901(53.0)
양극필	민주공화당	41	6대의원(지역구)	30,032(44.4)
옥영진	대중당	52	회사원	1,273(1.9)
하은수	통일사회당	39	경희대교수	470(0.7)

경상남도

〈마산〉 경남모직 사장으로 재공천을 받고서 민주공화당 후보를 뽑아야 경남도청을 마산으로 가져올 수 있다고 외쳐 대승을 거둔 한태일

지난 6대 총선 때는 5대 총선 때 마산시의원 출신으로 민주당 공천에서 낙천되자 낙천에 반발하여 출전했다가 민주당에서 제명되고 민주당 공천자인 정남규 후보에게 1,627표 차로 패배한 강선규 후보가 민정당 공천으로 출전하여 경남모직 사장으로 마산상공회의소장으로 활약한 민주공화당 한태일 후보를 어렵게 따돌렸다.

5대 총선에서 당선된 국민의당 정남규, 경남도의원을 지낸 민주당 황장오, 마산시장을 지낸 자민당 손성수 후보들도 함께 뛰었다.

이번 7대 총선에서 신민당은 강선규 현역의원을 밀쳐내고 대구고법 판사를 지낸 김영순 변호사를 공천하자, 낙천에 반발한 강선규 의원은 한독당으로 출전했다.

지난 6대 총선에서 낙선한 한태일 후보가 민주공화당 재공천을 받고 설욕을 다짐하고, 마산시 체육회장으로 활약한 문삼찬 후보도 자유당으로 출전했다.

이기붕 부통령 선거사무장 출신인 한태일 후보는 60만 평 해면 간척, 임해 공업단지 조성 등을 공약하며 청와대 경호실의 박종규 차장의 횃불회의 협력으로 당선권에 육박했다.

신민당은 5대의원인 정남규, 6대의원인 강선규, 대구고법 판사출신인 김영순을 놓고 저울질하다 강선규 의원에게 조직책을 맡겼다가 공천에서는 김영순 후보를 내세우자, 강선규 의원이 공천에 반발하여 한독당으로 출전하여 자중지란

을 일으켰다.

하광호, 민건식, 김학득, 김성모 후보들을 제치고 경남모직 사장이라는 풍부한 재력이 바탕이 되어 재공천을 받은 한태일 후보는 "공화당을 뽑아야 경남도청을 가져올 수 있다"고 외쳐 압승을 거둘 수 있었다.

신민당 김영순 후보는 "마산의 4·19 정신은 아직 죽지 않았다"고 외치며 마산의 야당성에 기대를 걸고 통합야당의 후보라는 점을 집중적으로 부각시켰으나, 정치경력이 너무 얕아 기대만큼의 성과를 거두지 못했고, 지난 6대 총선에서 승리한 강선규 후보는 신민당에서 낙천한 대가를 혹독하게 치뤘다.

□ 득표상황

후보자	정당	연령	주요 경력	득표(%)
한태일	민주공화당	57	경남모직 사장	32,246(57.2)
강선규	한국독립당	41	6대의원(지역구)	12,021(21.3)
김영순	신민당	58	대구고법 판사	9,615(17.0)
문삼찬	자유당	53	마산 체육회장	2,523(4.5)

〈진주-진양〉 3대와 5대의원인 황남팔 후보와 4대와 6대의원인 구태회 후보의 네 번째 대결에서 승리한 구태회

지난 6대 총선에는 자유당 공천으로 4대의원에 당선됐으나 5대 총선에는 무소속으로 출전하여 낙선하고 민주공화당에 입당하여 공천을 받아낸 구태회 후보가 럭키재벌을 발판 삼아 3대와 5대의원을 지낸 민정당 황남팔, 4대와 5대의원을 지낸 민주당 김용진 후보들을 가볍게 제압하고 재선의원이 됐다.

한민당 경남도당위원장을 지낸 허만채 후보도 국민의당 공천으로 출전했다.

이번 7대 총선에서는 민주공화당 구태회 후보와 신민당 황남팔 후보가 숙명(宿命)의 재대결을 펼쳤다.

4대 총선에서는 자유당 구태회 후보가 무소속 황남팔 후보를 7,383표차로 꺾었고, 5대 총선에서는 민주당 황남팔 후보가 무소속 구태회 후보를 3,866표차로 꺾고 설욕했다.

지난 6대 총선에서는 공화당 구태회 후보가 민정당 황남팔 후보를 무려 24,219표차로 꺾고 금뱃지를 인계받았다.

참의원을 지낸 민주당 설창수 후보와 마산시의원을 지낸 대중당 백정태 후보들은 두 후보의 네 번째 대결을 지켜봤다.

LG의 전신인 구인회 럭키금성 회장의 동생으로 금성사 부사장을 지낸 구태회 후보는 풍부한 자금을 동원하여 조직을 재구축하여 지난 6대 총선에서 득표한 41,915표보다 7천여 표 많은 49,571표를 득표한 반면, 진주 농림고 선후배를 결집시킨 황남팔 후보는 지난 6대 총선에서 득표한 17,696표보다 4천여 표 더 득표했으나 격차는 더욱 벌어졌다.

민주당 공천으로 참의원에 당선된 설창수 후보가 민주당 동지들의 권유로 우정(友情)출전하여 진주의 인텔리층의 절대적 지지를 받았으나 진양에서 발판이 없어 소기의 성과를 거두지 못했다.

□ 득표상황

후보자	정당	연령	주요 경력	득표(%)
구태회	민주공화당	43	6대의원(2선)	49,571(56.9)
황남팔	신민당	61	2선의원(3, 5대)	22,510(25.8)
설창수	민주당	51	참의원(경남)	12,678(14.5)
백정태	대중당	42	마산시의원	2,430(2.8)

〈충무-고성-통영〉 유권자 6만 3천 명인 고성과 6만 4천 명인 충무-통영의 진검승부에서 4연승을 이어간 최석림

 지난 6대 총선에선 4대 총선에서 무소속으로 입후보하여 자유당 김기용 후보를 97표차로 꺾고 당선되자 곧바로 자유당에 입당했고, 5대 총선에서 자유당 공천으로 무소속으로 출전한 김기용 후보를 275표차로 꺾었으나 대법원의 선거무효 판결로 인한 재선거로 금뱃지를 김기용 후보에게 넘겨준 최석림 후보가 민주공화당 공천을 받고 화려하게 정계에 복귀했다.
 방대한 민주공화당의 조직과 풍부한 자금을 활용한 최석림 후보는 충무시장을 지낸 자민당 김기섭, 4대와 5대의원을 지낸 민정당 서정귀, 5대의원을 지낸 민주당 김기용 후보들을 꺾고 3선의원 반열에 올랐다.
 통영농협 이사인 보수당 강한룡, 대한노총 선전부장인 국민의당 조벽래 후보들도 출전했다.
 이번 7대 총선에는 지난 6대 총선에서 혈투를 전개한 민주공화당 최석림 후보와 신민당 김기섭 후보가 충무-통영과 고성의 명예(名譽)를 걸고 재대결을 펼쳤다.
 지난 6대 총선에서 두 후보의 표차는 7,869표였다.
 민주공화당 최석림 후보는 최재구, 장소익, 김안국, 방효현, 정태석 후보들을 꺾고 4선의원을 향한 여권의 주자로 선정되고, 신민당 김기섭 후보는 5대의원인 김기용 후보를 꺾고 야권 주자로 선정됐다.
 최석림 후보의 텃밭인 고성의 유권자는 6만 3천명이고, 충무시장을 지낸 김기섭 후보의 기반인 충무-통영은 6만 4천명으로 두 후보의 지역기반은 엇비슷하다.

고성과 통영의 군별 대항전은 뭍과 바다의 싸움으로 비유되고 있으며, 최석림 후보는 "중앙수협 상무까지 지낸 나는 수산인이다"라고 주장하며 어민들의 공략에 나섰다.

"요즘 읍.면사무소는 직원들이 여당후보 지원에 나선다고 자리를 비워 속이 빈 바닷가의 조개껍질과 같다"고 응수한 김기섭 후보와의 난타전은 돈과 술과 선심이 난무하고 상호고발전이 전개됐다.

"김기섭 후보가 그의 양조장에서 만들어 낸 소주를 집집마다 두 병 씩 돌리고 있다", "최석림 후보가 유권자들에게 200원 씩 풀고 있다"며 상호비방전도 전개했다.

최석림 후보가 어업 전진기지 설치를 공약하자, 김기섭 후보는 "최 후보는 공수표를 남발하고 그의 왕국이라 해서 횡포를 일삼는다", "최 의원은 만년의원인가"라고 공격해 보았지만, 선심공세에 약한 통영군민들의 지지로 최석림 후보가 4연승을 이어갔다.

충무를 기반으로 동정을 조직으로 만드는데 주력한 김기섭 후보를, 최석림 후보가 민주공화당과 행정기관의 전폭적인 지원으로 또 한 번 울리고 말았다.

□ 득표상황

후보자	정당	연령	주요 경력	득표(%)
최석림	민주공화당	44	6대의원(3선)	53,149(54.5)
김기섭	신민당	51	통영시장	44,358(45.5)

〈거제〉 독립선거구가 된 3대 총선 이래 김영삼, 진석중, 윤병한, 김주인 등 여당후보들을 선출한 전통을 이어받아 이번에도 민주공화당 후보를 압도적으로 지지한 거제

도서(島嶼)지역이라는 특수성으로 완도, 진도, 남해와 함께 단독 선거구가 된 지난 6대 총선에서는 한국경제인협회 사무국장과 농업은행 상무를 지낸 민주공화당 김주인 후보가 민주공화당 공천에서 낙천하자 민주당으로 말을 갈아탄 반성환 후보를 어렵게 꺾고 당선됐다.

경남도의원을 지낸 민정당 신용돈, 회사원인 자민당 고재일 후보들도 출전했다.

이번 7대 총선에도 민주공화당 김주인 후보와 신민당 반성환 후보가 재대결을 펼쳤다. 지난 6대 총선에서의 표차는 1,217표였다.

정당활동을 펼친 민중당 차승훈과 자민당 노옥준 후보들도 출전하여 두 후보의 재대결을 지켜봤다.

신민당 반성환 후보는 "우리 고장에서 한 번도 같은 사람을 두 번 뽑은 전례가 없으니 이번에도 전통을 살려 새로 나를 뽑아 달라"고 호소한 반면, 민주공화당 김주인 후보는 "우리 고장은 야당을 한 번도 뽑지 않았기 때문에 이번에도 전통을 존중하여 나를 뽑아 달라"고 호소했다.

독립선거구가 된 3대 총선에서는 자유당 공천을 받은 김영삼 후보를, 4대 총선에서도 자유당 진석중 후보를 선출했다. 5대 총선에서는 민주당 윤성한 후보를 선출하여 줄기차게 여당 후보들을 뽑았다.

이번 총선에서도 전통을 살려 지난 6대 총선에 이어 민주공화당 김주인 후보를 압도적으로 지지하여 거제는 집권 여당 후보들의 금성탕지(金城湯池)임을 보여줬다.

□ 득표상황

후보자	정당	연령	주요 경력	득표(%)
김주인	민주공화당	51	6대의원(지역구)	27,232(61.0)
반성환	신민당	44	동양통상 취체역	16,933(37.9)

노옥준	자민당	37	정당인	350(0.8)
차승훈	민중당	40	정당인	119(0.3)

〈진해-창원〉 혁명주체로서 김성은 국방부장관, 권오병 법무부장관, 윤천주 문교부 장관들의 간접지원을 받아 대승을 거둔 혁명주체인 조창대

 이 지역의 터줏대감인 김병진, 김봉재 전 의원들이 은퇴한 지난 6대 총선에선 부산과 마산 세관장과 서울시 관재국장을 지낸 민정당 최수룡 후보가 5대 총선 때는 민주당 공천으로 당선됐으나 민주공화당으로 전향한 이양호 후보를 905표차로 꺾고 당선됐다.
 4대의원을 지낸 자민당 주금용, 경남도의원을 지낸 보수당 백종기 후보들을 비롯하여 국민의당 김기수, 민주당 윤대삼, 신민회 장수룡 후보들도 출전했다.
 이번 7대 총선에서는 민주당 최수룡 현역의원에게 3대와 4대의원으로 자유당 경남도당위원장으로 명성을 날렸던 이용범, 충무상고 교장 출신으로 현역의원을 밀쳐내고 신민당 공천을 받은 황낙주, 지난 6대 총선에서 낙선한 이양호 5대 의원을 밀쳐내고 5·16혁명주체로서 6대 국회에서 민주공화당 전국구의원으로 활약한 조창대 후보가 출전했다.
 신민당은 최수룡 의원을 조직책으로 선정했다가 창원과 대립각을 세워야 한다는 명분을 내걸고 유일한 진해 출신인 황낙주 후보를 공천하자, 낙천한 최수룡 의원이 민주당 공천을 받고 출전하여 이전투구를 벌였다.
 반면 이양호 후보의 지난 6대 선거 때의 조직기반을 물려받은 조창대 후보는 창원 출신인 김성은 국방부장관, 권오병 법무부장관, 윤천주 문교부장관들의 간접적인 지원을 받

으며 탄탄대로를 걷게 됐다.

　3대와 4대의원으로 자유당 시절 경남도당위원장으로 신민당 정해영 전국구 의원과 한판 승부를 벌이며 창원과 울산을 공포분위기로 만들었던 이용범 후보는 자유당 때 사준 소가 증손까지 보았다는 옛날 선심을 갖고 동분서주하다가 중도 사퇴하여 저력을 가늠할 수 없었다.

　□ 득표상황

후보자	정당	연령	주요 경력	득표(%)
조창대	민주공화당	38	6대의원(전국구)	53,173(56.1)
황낙주	신민당	39	충무상고 교장	25,810(27.2)
최수룡	민주당	46	6대의원(지역구)	15,793(16.7)
이용범	자유당	61	2선의원(3, 4대)	등록무효

〈삼천포-사천-하동〉 지난 6대 총선에서는 46,768표차로, 이번 총선에서는 33,678표차로 문부식 후보를 대파하고 연승을 이어간 김용순

　지난 6대 총선에선 예비역 육군중장으로 최고회의 내무위원장, 중앙정보부장을 지낸 김용순 후보가 민주공화당 공천을 받고서 4대와 5대의원을 지낸 삼천포 출신인 국민의당 이재현, 3선의원으로 민주당 시절 교통부장관과 국무원사무처장을 지낸 사천 출신인 민주당 정헌주, 중립통신 사장으로 하동 출신인 민정당 문부식 후보들을 멀찌감치 따돌리고 국회에 등원했다.
　이번 7대 총선에서도 재선의원 고지 점령을 향해 진군하고 있는 민주공화당 김용순 후보에게 지난 6대 총선에서 차점 낙선한 신민당 문부식 후보가 야멸차게 재도전했다. 지난 6

대 총선에서의 표차는 46,768표였다.

경주, 안동, 상주, 의성 군수와 경남도의회 의장을 지낸 자유당 이정한 후보가 파수꾼으로 출전했다.

엄기표 후보를 예선전에서 어렵게 따돌린 민주공화당 김용순 후보는 정영로 후보를 예선전에서 꺾은 신민당 문부식 후보와 싱거운 재대결을 펼쳤다.

"선거구민과 유리되어 있다", "인기가 없다"는 등으로 엄기표 후보의 집중 비난을 받은 김용순 후보는 지난 6대 총선에서 61,477표를 득표한 반면, 문부식 후보는 14,709표 득표에 머물렀고, 유일한 사천 출신으로 "되든 안 되든 이번에는 사천 사람 밀어주자"는 바람으로 사천군민들의 지지를 기대했던 이정한 후보의 지지율은 한계를 드러냈다.

□ 득표상황

후보자	정당	연령	주요 경력	득표(%)
김용순	민주공화당	40	6대의원(지역구)	69,938(64.3)
문부식	신민당	38	동방실업 사장	36,260(33.3)
이정한	자유당	55	경남 도의회의장	2,550(2.4)

〈함안-의령〉 함안 조씨들의 전폭적인 지지로 27세의 정치 신인으로 40% 이상의 득표율을 올린 신민당 조홍래

지난 6대 총선에는 육군준장 출신인 민주공화당 방성출 후보가 3선의원으로 국회부의장을 지낸 자유당 조경규, 5대의원을 지낸 민주당 강봉룡, 윤보선 대선후보 지지표를 결집시킨 민정당 전용이, 3대와 4대의원을 지낸 국민의당 이영희 후보들을 가볍게 제압했다.

회사 중역인 자민당 박종대, 명덕육영 이사장인 정민회 윤효량, 삼양상사 전무인 보수당 전용길, 사업가인 추풍회 안

사중 후보들도 출전했다.

이번 7대 총선에서 민주공화당은 현역의원인 방성출 후보를 낙천시키고 서울고검 부장검사 출신인 김창욱 후보를 내세웠고, 신민당도 기성의 정치인들을 배제하고 서울대 출신인 27세의 조홍래 후보를 내세웠다.

지난 6대 총선에 출전했던 자유당 이영희, 통한당 안사중 후보들은 등록무효로 중도에 하차했으나, 부산대 중퇴생인 민주당 이석희 후보는 완주했다.

김창욱, 이상철, 이규현, 이중섭 후보들이 공천을 신청했으나 민주공화당은 방성출 현역의원을 공천자로 내정했으나 지난 대선에서 박정희 후보의 지지율이 평균 이하라는 문책(問責)으로 서울고검 부장검사 출신인 김창욱 후보로 공천 막바지에서 교체했다.

신민당도 윤치형, 전봉훈, 이영희, 조홍래 후보들이 조직책을 신청하자 함안의 조경규 전 의원과 함께 의령의 거물 정객으로 알려진 이영희 후보를 공천코자 했으나, 자유당 출신으로 지난 6대 총선에 출전하여 6,029표 득표에 머물렀다는 평가로 27세의 조홍래 후보를 낙점했다.

이영희 후보가 공천에서 배제되자 분기탱천하여 자유당으로 등록했으나 중도 사퇴하여 그의 저력을 가늠할 수 없는 것이 안타까울 뿐이다.

고검 부장검사 출신인 집권여당 후보와 함안 조씨 문중표를 싹쓸이 한다해도 27세 정치신인인 야당 후보의 대결은 당락이 명약관화(明若觀火)하여 흥미를 잃었으나, 조홍래 후보가 40%가 넘는 득표율을 보인 선전이 돋보였다.

김해 김씨와 함안 조씨의 문중 대결은 우열을 가리기 힘들었으나 자유당 이영희 후보의 중도 사퇴로 의령 군민들의 표가 민주공화당 지지표로 돌변하여 김창욱 후보가 승리를 쟁취할 수 있었다.

□ 득표상황

후보자	정당	연령	주요 경력	득표(%)
김창욱	민주공화당	41	서울고검 검사	43,906(56.9)
조홍래	신민당	27	서울대졸	31,785(41.2)
이석희	민주당	33	부산대 중퇴	1,509(1.9)
안사중	통한당	32	농업	등록무효
이영희	자유당	57	2선의원(3, 4대)	등록무효

〈창녕〉 신씨 반카르텔이 형성되어 성씨, 하씨, 박씨, 김씨 문중표가 결집되어 경남에서 유일하게 신민당 후보가 당선

지난 6대 총선에선 충남도 경찰국장 출신으로 자유당 공천으로 4대의원에 당선되고, 5대 총선에서는 무소속으로 출전하여 낙선한 신영주 후보가 민주공화당 공천을 받고 부산시 건설국장을 지낸 민주당 김기상 후보를 꺾고 재선의원이 됐다.

신민당 창녕군당위원장을 지낸 보수당 신태수, 마산시 교육감을 지낸 추풍회 박재갑, 3대의원을 지낸 자민당 하을춘 후보들도 출전했다.

이번 7대 총선에서 민주공화당은 신영주 의원을 재공천했고 신민당은 실세인 유진산 의원의 조카사위로 지구당위원장인 무명의 성낙현 후보를 공천했다.

창녕체육회장인 민중당 서권수, 창녕읍장을 지낸 대중당 하상석, 대한화학수지 사장인 민주당 박점수 후보들도 출전했고 한독당으로 출전했던 남원우 후보는 등록무효됐다.

전통적으로 씨족에 대한 애착심을 발휘해왔던 이 지역에는 창녕 성씨, 밀양 박씨, 김해 김씨, 창녕 신씨, 창녕 하씨, 함안 전씨들이 대종을 이루어왔다.

제헌의원은 구중회 의원이지만 2대의 신용훈 의원은 납북되었고 3대의원은 하을춘이고, 4대의원은 신영주이다.

 4대 총선에서 자유당 하을춘, 무소속 신영주 대결은 하신대결이며 용쟁호투로 알려졌으며 신영주 후보가 1,085표차로 승리했다.

 그러나 5대 총선에서는 신영주 후보가 무소속으로 등록하여 민주당 박기정 후보에게 1,413표로 석패했다.

 지난 6대 총선에서 민주공화당 공천을 받은 신영주 후보는 자민당 하을춘, 민주당 김기상, 추풍회 박재갑 후보들을 꺾고 당선되어 하씨, 김씨, 박씨들로부터 경원의 대상이 되어왔다.

 버스 노선과 관허업체를 독점하고 있는 신영주 후보에 대한 비(非)신씨 문중의 반발로 이번에는 갈아보자는 여론이 팽배했다. 그러나 신영주 후보는 "신씨를 비롯한 하씨, 이씨 문중들도 반발이 없이 공화당을 지지한다"고 승리를 장담했다.

 하상석과 박점수 후보는 신민당 성낙현 후보를 위해, 서권수와 남원우 후보는 민주공화당 신영주 후보를 위해 사퇴한다는 입소문이 퍼졌다.

 민주공화당은 소주를 제공하고 신민당은 막걸리를 제공하는 선거전에서 민주공화당에서 낙천한 하갑청, 이한두 후보들의 반발표와 박기정 후보 지지표까지 흡수하여 창녕 성씨 7천표의 지지를 받은 성낙현 후보가 승리하여 신영주 후보는 경남도에서 유일한 민주공화당 낙선 후보가 됐다.

 신영주 후보는 4·19 이후에는 반민주세력으로, 5·16 이후에는 자유당 부정선거의 관여자로 빗발같은 화살을 받았고, 600호에 달하는 신씨 문중이 2000호에 달하는 성씨 문중 그리고 비신씨 문중의 반발로 패배한 것으로 나타났다.

□ 득표상황

후보자	정당	연령	주요 경력	득표(%)
성낙현	신민당	43	정당인	29,781(49.7)
신영주	민주공화당	50	6대의원(2선)	27,492(45.9)
하상석	대중당	66	창녕읍장, 교사	1,147(1.9)
서권수	민중당	32	창녕 체육회장	840(1.4)
박점수	민주당	48	대한화학 사장	645(1.1)
남원우	한국독립당	38	회사원	등록무효

〈합천-산청〉 박정희 대선 후보 지지율의 저조로 행운의 공천장을 쥐고 총선마다 출전한 이상신 후보를 꺾고 당선된 민주공화당 김삼상

지난 6대 총선에선 주일대표부 대판출판소장으로 5대 총선에 무소속으로 출전하여 358표차로 민주당 정길영 후보에게 패배했던 변종봉 후보가 민주공화당 공천을 받고서 방대한 조직을 활용하여 5대 총선 때 합천 갑구에서 당선된 자민당 이상신, 합천 을구에서 당선된 민정당 정길영, 산청군에서 당선된 민주당 조명환 후보들을 꺾고 당선됐다.

대법원에 근무했던 국민의당 김공휴 후보와 정당인인 보수당 이성옥 후보들도 출전했다.

이번 7대 총선에서 민주공화당은 변종봉 의원을 낙천시키고 경남도의원을 지낸 김삼상 후보를 발탁하여 공천했고, 지난 6대 총선에서 차점 낙선한 이상신 후보가 신민당 공천으로 출전했고, 문교부 체육과장 출신으로 자유당 공천으로 4대의원에 당선되고 자민당 전국구 4번에 배치되어 김도연 의원의 의원직 상실로 의원직을 승계한 김재위 후보가 자유당으로 출전했다.

신익희 국회의장 비서를 지낸 정의당 정용택, 국학대 출신인 대중당 전권행, 건설신문 편집장인 한독당 노봉래, 사회주의 청년연맹위원장인 통사당 윤원식, 성림공사 대표인 민주당 이성옥 후보들도 출전했다.

예비역 육군대령으로 부산시 부시장을 지낸 민중당 심상선 후보는 등록무효로 중도하차했다.

9명의 주자가 난립된 이 지역구의 선거전은 경남도의원 출신인 민주공화당 김삼상, 5대의원을 지낸 신민당 이상신, 산청 유권자들의 결집과 유봉순, 최창섭의 옛자유당 조직을 끌어오려는 자유당 김재위 후보의 3파전으로 흘러갔고, 신익희 국회의장 비서 출신인 정의당 정용택 후보가 추격전을 전개하고 있는 양상이다.

유봉순 3대와 4대의원을 비롯하여 조명환, 노봉래, 정용택, 정영모 후보들을 제압하고 신민당 공천을 받은 이상신 후보는 제헌의원 선거 이후 줄기차게 출전했으며 낙천한 정용택 후보의 공천 반발 출전이 못내 아쉽게만 다가왔다.

막판까지 가는 접전 속에서 박정희 후보에 대한 지지표가 예상밖으로 저조하여 현역의원을 밀쳐내고 공천장을 받은 김삼상 후보는 방대한 조직과 풍요로운 자금으로 어렵지 않게 국회에 입성했다.

□ 득표상황

후보자	정당	연령	주요 경력	득표(%)
김삼상	민주공화당	46	경남도의원	45,203(40.0)
이상신	신민당	39	5대의원(합천갑)	35,117(31.1)
김재위	자유당	45	6대의원(2선)	19,556(17.3)
정용택	정의당	46	국회의장 비서	7,049(6.2)
노봉래	한국독립당	40	건국신문 편집장	2,511(2.2)
전권행	대중당	29	농업	1,873(1.6)
윤원식	통일사회당	27	정당인	1,060(0.9)
이성옥	민주당	29	성림공사 대표	695(0.6)

| 심상선 | 민중당 | 41 | 부산시 부시장 | 등록무효 |

〈밀양〉 현역의원을 밀쳐내고 공천을 받은 여세를 타고 지난 6대 총선에서 패배한 설욕을 다짐한 박일 후보를 큰 표차로 꺾어버린 공정식

지난 6대 총선에선 금성제당 사장으로 최고회의 자문위원으로 발탁되어 민주공화당 공천을 받은 이재만 후보가 3대 의원을 지낸 신민회 조만종, 경남도의원을 지낸 민주당 박병규, 민정당 지구당위원장인 박일 후보들을 가볍게 제압하고 국회에 등원했다.
　표충사 주지인 신흥당 김용오, 경남도의원을 지낸 자민당 이기우, 밀양 교육감을 지낸 추풍회 신학상 후보를 비롯하여 보수당 김을갑, 자유당 윤암차 후보들도 출전했다.
　이번 7대 총선을 맞이하여 민주공화당은 해병대 사령관을 지낸 공정식 후보를 공천했고, 지난 6대 총선에서 민주공화당 이재만 후보에게 15,820표차로 낙선한 박일 후보가 밀양 박씨 문중들의 지지를 기대하며 재도전했다.
　현역의원을 밀쳐내고 공천을 받은 공정식 후보가 열렬한 행정지원과 방대한 조직을 활용하여 6대 총선에서 패배에 대한 설욕을 다짐하며 밀양 박씨 문중의 전폭적인 지지를 기대한 박일 후보를 2만여 표차로 꺾고 국회에 입성했다.
　민주공화당 공정식 후보는 200호 정도의 문중표보다는 9,500명의 민주공화당원과 1만 3천여 명의 재향군인회 조직을 활용하며 지난 대선에서 박정희 후보 지지율이 77.5%인 강점을 내세우며, 철 늦은 봄 놀이에 곳곳에서 흥청거리고 대로(大路)상에서 춤을 추고 있는 아낙네들의 표가 결집된 결과였다.

박일 후보는 3번 낙선하고 4번째 도전하여 5천호에 달아는 범박씨 문중표에 기대했으나 이번에도 낙선의 숫자만을 늘렸을 뿐이다.

□ 득표상황

후보자	정당	연령	주요 경력	득표(%)
공정식	민주공화당	41	해병대 사령관	48,315(63.7)
박일	신민당	40	정당인	27,562(36.3)

〈양산-동래〉 지난 6대 총선에서 자웅을 겨뤘고 이번 총선에서도 4천여 표차로 승패가 엇갈려 연승과 연패를 달린 노재필과 정현학

지난 6대 총선에선 일본 구주제국대 출신으로 국방부 법무관을 지내고 5대 총선에 무소속으로 출마하여 4,120표 득표에 머물렀던 노재필 후보가 민주공화당 공천을 받고서, 동래에서 4대와 5대의원에 당선된 민주당 조일재, 5대 총선 때 양산에서 무소속으로 출전하여 차점 낙선한 민정당 정현학 후보들을 꺾고 설욕했다.

국민의당 박재근, 자민당 정우모 후보들도 출전하여 파수꾼 역할을 수행했다.

이번 7대 총선에서도 노재필 의원이 민주공화당 공천을 받고 출전했고, 지난 6대 총선에서 민정당으로 출전하여 4,539표차로 낙선했던 정현학 후보가 신민당으로 출전하여 재결투를 벌였다.

낙동중, 김해여중 등을 설립한 대중당 손용규, 사업가인 한독당 박정기 후보들도 출전했다.

김문기, 박강덕, 임기태, 배태성, 박정기 후보들을 꺾고

민주공화당 공천을 받은 노재필 후보는 재선 고지를 향해 달리자, 박정기 후보가 공천에 불복하여 한독당으로 출전했다.

지난 6대 총선에서의 패배를 설욕하고자 풍부한 자금을 활용한 신민당 정현학 후보는 통합야당의 기수임을 내세우고 양산의 토박이표를 다지며 추격전을 전개했으나, 민주공화당의 조직과 막강한 자금과 선심공세에 지난 총선과 엇비슷한 4천여 표차로 무릎을 꿇었다.

"이번에는 양산 사람을 내보자"는 소지역주의와 "참 안됐다"는 동정여론이 주무기인 정현학 후보는 3번 낙선하고 4번째 도전하면서 이번에도 안 되면 다시 못 일어선다고 호소했지만, 민주공화당의 조직과 선심공세을 이겨낼 수는 없었다.

□ 득표상황

후보자	정당	연령	주요 경력	득표(%)
노재필	민주공화당	51	6대의원(지역구)	23,672(51.6)
정현학	신민당	49	송설매양조 대표	19,302(43.0)
박정기	한국독립당	37	대한철강 고문	1,665(3.6)
손용규	대중당	44	김해여중 설립자	815(1.8)

〈울산-울주〉 이후락 청와대 비서실장의 지원으로 중학 교장 출신으로 재선 현역의원을 5천여 표차로 따돌린 설두하

지난 6대 총선에서는 5대의원으로 보사부 정무차관을 지낸 민주당 최영근 후보가 풍곡연탄 사장으로 4대의원을 지낸 공화당 김성탁 후보를 14표차로 꺾고 재선의원이 됐다.

울산체육회장인 민정당 박태륜, 금강정밀 사장인 보수당

김병룡, 국제생필 대표인 자민당 이인수 후보들도 출전했다.

이번 7대 총선에선 울산여중, 방어진중, 울산중 교장을 지내고 민주공화당 사전조직에 관여하여 이 지역구의 사무국장과 위원장을 맡아오다 민주공화당 공천을 받은 설두하 후보가 경남도의원을 거쳐 5대, 6대의원을 지낸 신민당 최영근 후보와 맞대결을 펼쳤다.

지난 총선에서 14표차로 석패하고 민주공화당 공천에서도 탈락한 김성탁 후보가 한독당으로 등록했다가 사퇴하여 진검승부가 펼쳐지게 됐다.

한독당 김성탁 후보는 "부산에서 박정희 대통령이 오라고 해서 갔더니 울산의 발전을 원한다면 사퇴하여 협조해 달라고 했다"며, 눈물을 머금고 꿈을 접은 사퇴의 배경을 설명했다.

이후락 청와대 비서실장의 영향력이 크게 미치고 있는 이곳은 4대의원 김성탁, 1대와 3대의원 김수선을 비롯하여 이규정, 안덕기 후보들을 제치고 설두하 후보가 공천장을 받아냈다.

김성탁 후보의 사퇴로 홀가분하게 된 설두하 후보는 중학교 교장 출신이지만, 이후락 비서실장의 후광으로 재선의 현역의원인 최영근 후보를 5천여 표차로 제압할 수 있었다.

울산 출신인 설두하 후보가 이후락 비서실장과 절친이며, 울주 출신으로 "설두하 후보와의 싸움이 아니라 이후락 실장과 싸우고 있다"는 최영근 후보를, "타도에서 야당이 많이 나올 것이니 영남지방에서 공화당 국회의원을 못 내면 박 대통령은 일을 해 나갈 수 없다"고 방대한 조직망을 통해 선전하여 가볍게 꺾을 수 있었다.

☐ 득표상황

후보자	정당	연령	주요 경력	득표(%)
설두하	민주공화당	67	울산중 교장	45,339(53.2)
최영근	신민당	45	6대의원(2선)	39,934(46.8)
김성탁	한국독립당	45	4대의원(울산을)	사퇴

〈김해〉 지난 6대 총선에서 은메달, 동메달을 차지한 김환기, 서정원 후보들의 내홍(內訌)으로 70% 득표율로 재선된 민주공화당 김택수

 지난 6대 총선에선 경남모방 전무로 5대 총선에 무소속으로 출전하여 낙선한 김택수 후보가 민주공화당 공천을 받고서, 5대의원에 당선된 국민의당 서정원, 경남도의원을 지낸 민정당 김환기 후보들을 가볍게 제압했다.
 경남도의원을 지낸 민주당 최종근, 회사원인 자민당 이상식, 정당인인 신민회 안창열 후보들도 함께 뛰었다.
 이번 7대 총선에서 민주공화당 공천을 받은 김택수 의원에게 지난 6대 총선에서 29,735표차로 낙선한 5대의원을 지낸 서정원 후보가 신민당 공천을 받고 재결투를 신청했다.
 6대 총선에서 차점낙선한 김환기 후보는 한독당으로, 사업가인 한만수 후보는 대중당으로 출전했고, 3대의원을 지낸 박재홍 후보가 민중당으로 등록했다가 중도에 사퇴했다.
 신민당은 지난 6대 총선에서 경남도의원 출신으로 민정당으로 출전하여 13,057표를 득표한 김환기 후보를 배제하고, 5대의원 출신으로 국민의당으로 출전하여 9,978표를 득표한 서정원 후보를 내세우자, 김환기 후보가 반발하여 한독당으로 출전하여 야당분열을 초래했다.
 한일합섬 김한수 회장의 동생으로 풍부한 자금, 중앙무대의 활약으로의 중량감, 경남체육회장으로서 지명도를 갖춘

민주공화당 김택수 후보는 "김해 발전 더 하도록 다시 뽑자 김택수"를 구호로 내걸고서 조직을 확대했으며, 신민당의 내홍까지 겹쳐 대승을 거둘 수밖에 없었다.

□ 득표상황

후보자	정당	연령	주요 경력	득표(%)
김택수	민주공화당	40	6대의원(지역구)	62,591(72.1)
서정원	신민당	55	5대의원(김해을)	18,608(21.4)
김환기	한국독립당	36	경남도의원	4,560(5.3)
한만수	대중당	38	정당인	1,059(1.2)
박재홍	민중당	64	3대의원(김해갑)	사퇴

〈남해〉 6대 총선에서 선전한 김종길 후보의 출전포기로 70%가 넘는 득표율로 3선의원 가도를 달린 공화당 최치환

지난 6대 총선에선 서울 시경국장과 공보실장을 거쳐 5대 의원에 무소속으로 당선됐으나 공민권 제한으로 의원직을 박탈당한 최치환 후보가 민주공화당 공천을 받고서, 최치환 의원의 의원직 상실로 실시된 보궐선거에서 당선된 국민의 당 김종길 후보를 가볍게 꺾고 고토를 회복했다.

고교교사였던 민정당 김동재, 정당인인 민주당 김영수 후보들도 함께 뛰었다.

이번 7대 총선에는 민주공화당 재공천을 받은 최치환 후보에게 민주당 남해군당위원장으로 활약했던 대중당 김영수, 한국정치협회 정치부장으로 활약했던 신민당 박창종 후보들이 도전했다.

지난 6대 총선에서 민정당 후보로 출전하여 1,135표를 득표한 김동재 후보를 대신하여 출전한 신민당 박창종 후보는

30대의 패기를 내세워 줄기차게 따라붙는 끈기와 야당통합 후보임을 내세워 이번 총선에서는 10배가 넘는 1만 4천여 표를 득표하는 저력을 보여줬다.

□ 득표상황

후보자	정당	연령	주요 경력	득표(%)
최치환	민주공화당	43	6대의원(2선)	36,641(70.2)
박창종	신민당	34	정당인	14,634(28.1)
김영수	대중당	36	정당인	896(1.7)

〈함양-거창〉 지리산 토벌대장의 공적(功績)으로 거창 신씨 문중표를 기반으로 도전한 신중하와 신중목 후보들을 연파한 민주공화당 민병권

지난 6대 총선에선 육군중장으로 예편한 민병권 후보가 민주공화당 공천을 받고서 5대의원을 지낸 민주당 신중하, 중학교장을 지낸 민정당 이진언 후보들을 가볍게 꺾고 국회에 등원했다.
통영상회 대표인 국민의당 한소문, 농민당 대표인 추풍회 유동균, 사업가인 자민당 이용곤 후보들도 출전했다.
이번 7대 총선에는 지난 6대 총선에서 56.8% 득표율로 당선되어 국회 국방위원장을 지낸 민주공화당 민병권 후보에게 2대의원, 농림부장관을 지낸 신중목 후보가 신민당 공천을 받고 출전했다.
지난 6대 총선에는 추풍회로 출전했던 유동균을 개명한 통한당 유동근, 예비역 육군중령인 정의당 차만석 후보들도 등록했다.
지리산 공비토벌대장으로 공을 세운 공적을 기반으로 민심

을 얻은 민주공화당 민병권 후보는 함양이 기반인 반면, 3천호의 거창 신씨 문중표를 기반으로 하고있는 신민당 신중목 후보는 농림부장관, 2대의원을 지낸 지명도를 내세우며 "향토를 되찾자", "함양은 거창의 서자 취급을 받을 수 없다"고 포효했다.

이에 민병권 후보는 소수성인 임씨, 강씨, 이씨, 정씨들의 주장(主將)들을 규합하여 별동대를 조직하여 활용하며 지리산종합개발계획 등 선심공약을 남발했다.

3대의원인 김영상, 5대의원인 신중하와 정준현을 지구당부위원장으로 옹립한 신중목 후보는 "민 후보가 국방위에서 월남파병안을 날치기 통과시켰다"면서 공세를 강화했지만, 경남 서남부 오지(奧地)에서는 민주공화당의 철옹성은 난공불락이었다.

"내 고장 사람을 국회로 보내자"는 토박이 붐은 거창읍내의 도로포장을 위한 콘크리트 믹셔의 요란한 소리에 잠겨 미풍으로 잦아들었다.

신씨 문중에 대한 유씨 문중의 사사로운 감정 때문에 출전하여 신민당 공격에만 치중한 유동근 후보의 출현도 변수로 작용했을 것이다.

☐ 득표상황

후보자	정당	연령	주요 경력	득표(%)
민병권	민주공화당	48	6대의원(지역구)	65,734(70.0)
신중목	신민당	64	2대의원, 장관	26,177(27.9)
차만석	정의당	46	육군중령	1,503(1.6)
유동근	통한당	35	농민당 대표	541(0.6)

경상북도

〈대구 중〉 동아일보 정치부 기자 출신으로 대구의 지역정서에 힘입어 네 번째 도전한 야당 투사를 꺾고 재선고지에 오른 민주공화당 이만섭

지난 6대 총선에선 경북도지사와 참의원을 지낸 송관수 후보가 민주공화당 공천을 받고서, 법무부장관과 4대와 5대 의원을 지낸 국민의당 이병하, 경찰관 출신으로 민정당 공천을 받은 이대우 후보들을 가볍게 꺾었다.

대구시의원을 지낸 민주당 김창수, 경북도의원을 지낸 보수당 강철호, 고령군수를 지낸 자민당 이중삼, 공무원 출신인 자유당 김종배 후보들도 출전했다.

이번 7대 총선에서 민주공화당은 송관수 의원을 은퇴시키고 동아일보 정치부 기자 출신으로 민주공화당 전국구 의원에 발탁되어 활동한 이만섭 후보를 공천했고, 지난 6대 총선에 민정당으로 출전하여 6,583표차로 차점 낙선한 이대우 후보가 신민당 공천으로 출전하여 자웅을 겨뤘다.

경북도의원을 지낸 민중당 권영우, 한독당 중앙상임위원인 차우광, 대구시의원을 지낸 민주당 노만균 후보들도 출전했다.

송관수 현역의원, 박찬 변호사, 노만균 사무국장을 공천경쟁에서 따돌리고 공천장을 받아낸 이만섭 후보는 "나의 사는 고향은 능금꽃 피는 사람 좋고 인심 좋은 정의의 도시, 나라 위해 젊은 일꾼 일어났으니 그의 이름 이만섭 우리의 자랑"이라는 고향의 봄 가락에 가사만 바꾼 노래를 보급시킨 전략을 펼쳤다.

주병환 후보를 꺾고 신민당 공천을 받은 이대우 후보는 세 번 낙선을 교훈 삼아 살얼음 걷듯 유권자의 마음에 파고 들고 있으며, "또 떨어져서야"라는 동정론으로 어필 작전도

전개했다.

　방대한 민주공화당 조직, 풍요한 선거자금, 토박이로서 대륜고 동창들의 자원과 은사 이효상 국회의장의 무한지원은 큰 보탬이 되지만, 사무국장 출신인 노만균의 민주당 공천 출전에 의한 반란과 송관수 의원의 비협조가 못내 아쉽게 다가왔다.

　2천호의 경주 이씨 씨족표를 기대한 이대우 후보는 전직 경찰서장으로서의 경찰표와 47개 교회의 지원을 유도하면서, 민주공화당의 망망대해에서 야당의 보루를 자처하며 동정표를 기대하고 있을 뿐이다.

　네 번째 도전한 야당투사냐, 30대의 정치신예냐를 놓고 고심한 유권자들은 30대의 정치부 기자를 선택했다.

　자유당 정권 때 야당도시로 이름을 높인 대구가 5·16 군사혁명 뒤에는 민주공화당의 아성으로 선회(旋回)한 것은 5·16 이후 불어닥친 경상도 바람 탓이었다.

　"20년 동안 야당으로 민권투쟁에 앞장서서 천신만고를 겪었고 내 처신에 온 생명을 걸었다"는 이대우 후보는 "국회의원은 신민당에"라는 구호를 내걸고, "대구는 서울 다음으로 정치적 수준이 높은 도시"라며 야당성향을 불러일으키며 "저 사람 안되면 자살할 게 아닌가"라는 동정론을 기대했다.

　이만섭 후보는 "정치에 동정은 금물"이라며 "공화당 고위층과 가까운 젊은이"라며, 대선에서 박정희 41,354표 대 윤보선 14,972표의 경상도 바람의 눈의 구실을 이어가기 위해 안간힘을 쏟았고, 경상도 바람을 기대한 전략이 맞아떨어져 대승을 거두었다.

□ 득표상황

후보자	정당	연령	주요 경력	득표(%)

이만섭	민주공화당	35	6대의원(전국구)	24,562(50.6)
이대우	신민당	53	도당부위원장	21,414(44.1)
노만균	민주당	39	대구시의원	1,567(3.2)
권영우	민중당	55	경북도의원	542(1.1)
차우광	한국독립당	25	한독당 중앙위원	437(0.9)

〈대구 동〉 대구 변호사회장으로 재선의원인 임문석 후보를 두 번째 꺾고 재선고지에 오른 한국나이론 회장 이원만

지난 6대 총선에선 한국나일론 회장으로 민주당 공천으로 참의원에 당선된 이원만 후보가 민주공화당 공천을 받고서, 대구시 변호사회 회장 출신으로 4대와 5대의원을 지낸 민주당 임문석, 능변으로 청중을 사로잡은 국민의당 김수한 후보들을 꺾고 당선됐다.

민정당 김목일, 신민회 전세민 후보들은 완주했지만, 경북도의원을 지낸 황해룡 후보는 등록이 무효되어 중도에 하차했다.

이번 7대 총선에선 지난 6대 총선에서 14,063표차로 낙선한 임문석 후보가 신민당 공천을 받고 민주공화당 재공천을 받은 이원만 후보에게 재도전했다.

지난 6대 총선에 민정당으로 출전했던 김목일 후보가 한독당으로, 등록무효된 황해룡 후보는 민주당으로 출전했고, 재건국민운동 경북도지부 부녀부장으로 활동한 김옥향 후보는 자유당으로 출전했다.

7천여 명의 종업원을 가진 나일론 공장을 3개나 가지고 있는 민주공화당 이원만 후보는 난민(難民)들을 상대로 선심공세를 펼치며 재선고지 점령을 위해 전진했다.

지난 6대 총선에 민주당으로 출전해 11,388표 득표에 머물렀던 임문석 후보가 설욕전을 펼치고자 나래를 펼친 상황에서, 지난 6대 총선에 민정당으로 출전하여 3,445표를 득표했던 김목일 후보와 경북도의원 출신으로 자민당으로 등록했다 등록무효된 황해룡 후보가 야권성향표 잠식에 들어갔다.

민주당 공천으로 경북도 참의원에 당선됐던 이원만 후보가 대구 정서에 힘입어 대구변호사회장으로 4대와 5대의원을 지낸 임문석 후보를 또 다시 꺾고 재선의원에 합류했다.

"돈이냐 인물이냐"를 선전구호로 삼은 임문석 후보는 자금부족, 조직부족을 인물론으로 만회하고자 분투했으나, "당선을 도외시하고 기반 닦기와 연습출마"라는 비난을 받고 야당 성향표 잠식에 여념이 없는 김목일, 황해룡 후보들의 등장으로 두 번째 낙선의 멍에를 쓸 수밖에 없었다.

□ 득표상황

후보자	정당	연령	주요 경력	득표(%)
이원만	민주공화당	62	6대의원, 참의원	28,468(48.3)
임문석	신민당	63	2선의원(4, 5대)	24,534(41.7)
김목일	한국독립당	35	6대 총선 입후보	3,894(6.6)
김옥향(여)	자유당	41	국민운동부녀부장	1,226(2.1)
황해룡	민주당	53	경북도의원	780(1.3)

〈대구 남〉 지난 6대 총선에서의 패배를 설욕코자 풍부한 자금을 활용하며 동분서주했으나, 이효상의 벽이 너무 높은 것을 실감한 신진욱

지난 6대 총선에선 경북대 학장과 참의원을 섭렵한 민주공화당 이효상 후보가 경북여상 교장 출신으로 5대 총선에선 의성에 출전하여 낙선한 민정당 신진욱 후보를 가볍게 제압하고 국회 등원에 성공했다.

경북도의원인 민주당 임규하, 울릉에서 4대의원과 5대의원을 지낸 국민의당 최병권, JOC 국제회원인 자민당 이청림 후보들도 출전했다.

이번 7대 총선에서는 국회의장으로 당선된 민주공화당 이효상 후보에게 지난 6대 총선에서 민정당 후보로 출전하여 7,714표차로 패배한 신진욱 후보가 신민당 공천을 받고 재도전했다.

저술가인 민중당 박기수, 국회 국방위원회 간사였던 대중당 황재천, 지난 6대 총선에도 출전했던 한독당 이청림, 청소년반공연맹 이사인 통사당 송효익 후보들도 출전했다.

국회의장인 이효상 후보는 "이효상은 남구에는 콧배기도 비치지 않을 만큼 남구 유권자를 무시하고 있다", "아무리 거물이라 하더라도 그동안 귀향하고 한번쯤은 보였어야 할 게 아니냐"는 상대후보들의 공격에 시달렸다.

이에 이효상 후보는 "내 코가 송미령이 코입니까, 클레오파트라 코입니까? 나의 코빼기를 못 봤다고? 여러분들 실컷 보십시오"라고 응대했다.

당세도 공화당에 지지않을 만큼 확대했다는 신진욱 후보는 자신이 경영하는 9개 학교를 선거전에 활용하여 만만치 않은 기세로 돌진했으나, 야당도시에서 공화당의 아성(牙城)으로 돌변해버린 민심의 이반으로 낙선의 멍에를 썼다.

협성고와 경북여상의 교장을 지낸 협성교육이사장인 신진욱 후보가 풍부한 자금을 동원하여 추격전을 전개했으나, 공화당에 너무나 우호적인 대구 정서와 참의원이 아닌 국회의장으로서 위상이 너무 높아 옹벽을 넘어설 수 없었다.

신진욱 후보는 지난 5대 총선에선 의성에서 민주당 오상직 후보에게, 지역구를 옮긴 6대 총선에선 공화당 이효상 후보에게 패배하여 3연패라는 수모(受侮)를 당했다.

□ 득표상황

후보자	정당	연령	주요 경력	득표(%)
이효상	민주공화당	61	6대의원, 참의원	34,846(55.9)
신진욱	신민당	43	대구YMCA 이사	24,645(39.6)
송효익	통일사회당	26	반공연맹이사	869(1.4)
황재천	대중당	35	국회국방위 간사	827(1.3)
이청림	한국독립당	37	JOC 국제위원	700(1.1)
박기수	민중당	43	당정책위원장	422(0.7)

〈대구 서-북〉 민주공화당 공천에서 낙천한 김종환 의원의 지원을 받은 자유당 김정두 후보의 선전으로 어부지리를 얻은 신민당 조일환

지난 6대 총선에선 민선 대구시장을 지낸 김종환 후보가 민주공화당 공천을 받고서 서구에서 4대와 5대의원에 당선된 민주당 조일환, 북구에서 5대의원에 당선된 장영모 후보들을 가볍게 꺾고 국회에 등원했다.

경북도의원을 지낸 보수당 도창열, 사업가인 국민의당 윤중호, 언론인인 자민당 손현수 후보들도 참전했다.

이번 7대 총선에서 민주공화당은 김종환 의원을 배제하고 직물제조업체 사장으로 경북 수출진흥회장으로 활약하고 있는 서곤수 후보로 교체하여 공천했고, 지난 6대 총선에서 14,053표차로 차점 낙선한 조일환 후보가 신민당 공천을 받고서 한판 승부를 벌였다.

대구고법 부장판사를 지낸 김정두 후보가 자유당으로, 4월혁명연맹 위원장을 지낸 김종남 후보는 민중당으로, 대구시의원을 지낸 양의강 후보는 민주당으로 출전했다.

김종환 현역의원과 배정원, 서석현 후보들을 예선전에서 꺾어버린 경북직물조합장 서곤수 후보는 90개 직물공장 종업원들의 전폭적인 지지를 기대했다.

6대 총선의 패배를 딛고 설욕전을 펼친 신민당 조일환 후

보는 5대 총선 때 북구에서 민주당 공천으로 당선된 장영모를 선거사무장으로 옹립하여 야권성향표 결집에 나섰다.

조일환 후보는 "그래도 대구는 서울 다음으로 정치적 수준이 높은 도시"라고 자부하는 시민들을 파고들면서, 대륜중 동문들의 지원을 기대했고, "저 사람 이번에 안 되면 자살할지도"라는 동정여론도 일으켰다.

일본 명치대 출신으로 대구고법 부장판사를 지낸 자유당 김정두 후보가 혜성처럼 등장하여 공천에서 낙천한 김종환 의원 지지기반을 오롯이 물려받았다.

그리하여 민주공화당을 지지하는 유권자들이 서곤수 공천 후보와 김종환 의원이 지원하는 김정두 후보에게 양분(兩分)되어 10년 이상 야당투사로 활동하며 지명도를 높여 온 조일환 후보에게 어부지리를 안겨줘 대구에서 유일한 신민당 당선후보가 됐다.

□ 득표상황

후보자	정당	연령	주요 경력	득표(%)
조일환	신민당	51	2선의원(4, 5대)	43,470(44.9)
서곤수	민주공화당	41	수출진흥회장	41,751(43.1)
김정두	자유당	48	대구고법 판사	9,184(9.5)
양의강	민주당	41	대구시의원	1,297(1.3)
김종남	민중당	27	4월혁명위원장	1,148(1.2)

〈포항-영일-울릉〉 의원들의 전쟁에서 3대, 4대의원 하태환, 2대의원 최원수, 5대의원 이상면 후보들을 꺾고 3선의원 고지에 오른 민주공화당 김장섭

지난 6대 총선에서 내무부차관과 농림부차관을 거쳐 김익로 의원의 부정선거에 의한 사퇴로 실시된 보궐선거에서 당

선되고 무소속으로 참의원에 당선됐으나, 공민권 제한으로 사퇴한 김장섭 후보가 민주공화당 공천을 받아 들고서, 영일군수를 거쳐 2대의원을 지낸 민정당 최원수, 협동공사 사장인 국민의당 김헌수 후보들을 가볍게 제압하고 재선의원이 됐다.

영일 갑구에서 5대의원에 당선된 민주당 최태능, 포항에서 5대의원에 당선된 자민당 이상면, 정당인인 보수당 손경천 후보들도 출전했다.

이번 7대 총선에선 지난 6대 총선에서 압승을 거둔 김장섭 후보가 민주공화당 재공천을 받고 3선 고지를 향해 달려가자, 지난 6대 총선에서 낙선한 신민당 최원수, 민주당 이상면 후보들이 재도전했다.

포항에서 자유당 공천으로 3대와 4대의원에 당선됐던 하태환 후보가 민중당 공천으로 예상을 뒤엎고 출전했다.

지난 6대 총선에 입후보했던 주자들이 재출격하기 위해 민주공화당에서는 하태환, 이성수, 김장섭 후보들이 최후의 일각까지 혈투를 전개하여 김장섭 후보가 승리하자, 포항시민들의 지지를 받은 하태환 후보가 민중당으로 출전한 것이다.

통합야당인 신민당에서도 최원수, 이종한, 김상순, 이상면 후보들이 공천경쟁에 뛰어들어 최원수 후보가 승리하자, 이상면 후보가 불복하고 민주당으로 출전하여 전·현직 의원들의 한판 승부가 펼쳐졌다.

그리하여 그 얼굴에 그 얼굴, 새 맛이라고 조금도 없는 인물들의 대결이 됐고, 지금까지 선거라는 제도가 생기고 아직 야당을 뽑아본 경험이 없는 만년여당 지구의 진면목을 보여줬다.

지난 6대 총선에선 민주공화당 김장섭 후보가 44,313표로 당선되고, 민정당 최원수 후보가 23,846표, 자민당 이상면 후보가 2,294표를 득표했다.

2대의원과 영일군수 출신인 신민당 최원수, 5대의원인 민주당 이상면, 3대와 4대의원을 지내며 국방위원장을 지낸 민중당 하태환, 농림부와 내무부차관, 참의원, 4대와 6대의원을 지낸 김장섭 후보 등이 펼친 의원들의 전쟁에서 김장섭 후보가 대승을 거두고 3선의원 반열에 올랐다.

이당 저당 옮겨다니는 지조 없는 인물이라는 비난에 곤욕을 치른 하태환 후보가 선명야당, 단일야당의 기치 아래 야당도시 포항을 호소한 최원수 후보를 꺾고 은메달을 차지했다.

□ 득표상황

후보자	정당	연령	주요 경력	득표(%)
김장섭	공화당	56	6대의원(2선)	47,868(43.9)
하태환	민중당	54	2선의원(3, 4대)	39,488(36.2)
최원수	신민당	54	2대의원(영일갑)	20,411(18.7)
이상면	민주당	48	5대의원(포항)	1,361(1.2)

〈김천-금릉〉 문경 출신으로 대구와 문경을 왔다갔다한 이병하 후보를 따돌리고 재선고지에 오른 민주공화당 백남억

지난 6대 총선에는 일본 구주제국대 출신으로 민주당 공천으로 참의원에 당선됐으나 민주공화당 공천을 받은 백남억 후보가 5대 총선에서 무소속으로 출전하여 민주당 공천자를 물리치고 당선된 국민의당 김세영 후보를 가까스로 물리쳤다.

3대와 4대의원을 지낸 자유당 김철안, 전국학련지부장인 자민당 김승환, 학생신문 사장인 민주당 김동영 후보들도

출전했고, 3대와 4대의원을 지낸 민정당 문종두 후보는 등록무효됐다.

이번 7대 총선에선 백남억 후보가 민주공화당 공천을 받고 수성에 나서자, 신민당은 대구에서 4대의원에 당선됐으나 5대 총선에서 고향인 문경으로 환향하여 민주당에서 제명처분을 받았으나 당선되어 민주당에 복당하여 법무부장관까지 올랐으며, 지난 6대 총선에선 대구 중구에 국민의당으로 출전하여 낙선한 이병하 후보를 공천했다.

지난 6대 총선에도 출전했던 민중당 김승환 후보와 대중당 김동영 후보들이 재출격했고, 서울신문 경북지사장인 자유당 김재곤, 민주공화당 지구당사무국장을 지낸 한독당 박용준 후보들도 처녀 출전했다.

신민당의 조직책은 지난 6대 총선에서 국민의당으로 출전하여 3,271표차로 민주공화당 백남억 후보에게 패배한 김세영 후보였는데, 김세영 후보가 재대결에서 승산이 없자 재력을 바탕으로 신민당 전국구 6번에 안착하고, 법무부장관을 지낸 지명도는 있지만 대구와 문경을 방랑한 이병하 후보를 영입하여 공천했다.

지구당사무국장 출신인 박용준 후보가 민주공화당을 탈당하고 한독당으로 도전하는 아픔은 있었지만, 뜨내기 후보인 신민당 이병하 후보에게 8천여 표차로 승리한 것은 백남억 후보의 조직관리에 문제가 있거나 민주당 공천을 받아 참의원에 당선된 전력(前歷)에 대한 거부감 등이 작용된 것으로 보인다.

이병하 후보가 "경상도가 감자바위가 되면 큰일난다"고, 김세영 전국구 후보가 "나 대신 이병하 후보를 밀어달라"며 선거사무장을 맡아 추격전을 전개했으나, 신민당의 진영에 사꾸라를 넣어 피라밑 조직 파고들기 작전을 펴며 "문경이 고향인 이병하 객지사람을 주느니 백남억에게 표를 주자"는 슬로건이 선거결과에 상당한 영향을 미쳤다.

□ 득표상황

후보자	정당	연령	주요 경력	득표(%)
백남억	민주공화당	52	6대의원, 참의원	38,244(50.6)
이병하	신민당	53	5대의원, 장관	30,107(39.9)
김동영	대중당	35	교통신문 사장	2,175(2.9)
김재곤	자유당	52	서울신문 지사장	2,040(2.7)
박용준	한국독립당	55	공화당 사무국장	1,674(2.2)
김승환	민중당	34	주간현대 지사장	1,305(1.7)

〈경주-월성〉 네 번째 출마하여 눈물샘을 자극하는 통한당 심봉섭 후보를 어렵게 따돌리고 재선고지에 오른 이상무

지난 6대 총선에선 중앙정보부 보안국장 출신인 민주공화당 이상무 후보가 혜성처럼 등장하여 제헌과 3대의원을 지낸 국민의당 김철, 경북도의원을 거쳐 5대의원을 지낸 민주당 김종해, 5대의원에 어렵게 당선된 자민당 황한수 등 구정치인들을 가볍게 꺾고 국회에 등원했다.

젊은 정치신인 추풍회 심봉섭, 경북도 문사국장을 지낸 민정당 김동선, 경북도의원을 지낸 보수당 김우흠 후보들도 함께 뛰었다.

이번 7대 총선에는 민주공화당 이상무 의원이 재선을 향해 달리고, 6대 총선에서 선전했고 이번이 네 번째 출전인 심봉섭 후보가 통한당으로, 황한수 후보가 신민당으로 출전했다.

교사 출신인 한독당 한효진, 부산광업 사장인 통사당 이한우, 정치신인인 민주당 이상두 후보들도 출전했다. 민주당 당무위원이었던 민중당 이정호 후보는 등록무효됐다.

육사 8기로 육군방첩대 육군대령 출신으로 2군사령부 수사과장, 대구지대장, 중앙정보부 보안국장을 지낸 이상무 의원의 대항마 선정에 나선 신민당은 자유당 소속으로 2대와 4대의원을 지낸 안용대, 5대의원을 지낸 황한수와 김종해 후보와 더불어 이정희, 오정국 후보들이 난타전을 전개하여 육사 7기인 황한수 후보가 선정했다.

이상무, 황한수의 육사 출신들의 대결은 첩보와 술수가 난무하는 현대판 스파이전을 방불케 했다.

방대한 민주공화당 조직에 짓눌린 황한수 후보는 신민당 공천에서 낙천한 안용대, 오정국, 김종해 후보들이 민주공화당 조직책 이영우의 아들로 20대인 민주당 이상두 후보를 지원하여 당선권에서 멀어졌다.

지난 6대 총선에는 추풍회로 출전하여 15,550표를 득표하여 차점 낙선한 심봉섭 후보가 이번이 네 번째 출마라며 유권자의 눈물샘을 자극하여 당선권을 넘나들었으나 민주공화당의 조직과 자금을 이겨낼 수는 없었다.

이상무 후보는 경주국립공원조성 등 각종 건설사업을 자신의 업적으로 내세우며, 민주공화당 조직과 행정지원을 바탕으로 당선권을 넘나들었고, 황한수 후보는 자신의 고향인 안강읍을 발판으로 필사적인 설욕전을 펼쳤으나 기름과 같은 자금이 달려 추격에 한계를 실감했다.

이상무 후보의 핵심참모였던 이용우의 아들인 이상두 후보가 패기를 앞세워 치명적인 복병(伏兵)역할을 수행했으나 복병이었을 따름이었다.

□ 득표상황

후보자	정당	연령	주요 경력	득표(%)
이상무	민주공화당	48	6대의원(지역구)	41,192(38.0)
심봉섭	통한당	37	총선입후보(3회)	35,481(32.7)

황한수	신민당	40	5대의원(월성 을)	16,281(15.0)
이상두	민주당	26	무직	13,415(12.4)
한효진	한국독립당	38	고교교사	1,094(1.0)
이한우	통일사회당	35	부산광업 사장	920(0.8)
이정호	민중당	32	민주당 중앙위원	등록무효

〈달성-고령〉 지난 총선에서 맞붙었던 후보들과 싱거운 재대결을 펼쳐 손쉽게 3선의원 고지에 오른 공화당 김성곤

지난 6대 총선에선 자유당 소속으로 4대의원을 지낸 김성곤 후보가 민주공화당 공천을 받고 독주체제를 갖추자, 5대의원인 박준규 의원은 민주공화당으로 전향하여 서울로 옮겨간 싱거운 선거전에서 고령에서 2대의원에 당선된 민정당 곽태진 후보를 4만여 표차로 제압했다.

국무총리비서관을 지낸 민주당 김상호, 동국대 학생위원장을 지낸 자민당 정원찬, 대학강사인 보수당 이인세, 경북도의원 출신인 국민의당 전세덕 후보들도 참전했다.

이번 7대 총선에서도 민주공화당 재정위원장을 지낸 김성곤 후보가 독주체제를 갖춘 상황에서, 지난 6대 총선에 자민당으로 출전했던 20대의 정원찬 후보가 신민당 공천을 받고 도전했다.

국민의당으로 출전했던 전세덕 후보는 통사당으로 출전했고, 민주당으로 출전했던 김상호 후보는 등록무효됐다.

신민당은 지난 6대 총선에 출전하여 13,122표를 득표한 곽태진, 1,896표를 득표한 정원찬, 1,055표를 득표한 전세덕 후보들을 놓고 저울질하다가 정원찬 후보를 낙점했다.

지난 6대 총선에서 대결을 펼쳤던 후보들이 재대결한 이번 선거전은 통합야당인 신민당의 20대의 정원찬 후보가 얼마나 선전하느냐가 주목됐다.

따라서 선거운동도 치열한 면이 조금도 없었으며 단지 선거 때가 됐으나 선거운동을 한다는 정도였다.

낙동강 개발을 캐치프레이즈로 내건 김성곤 후보에게 정원찬 후보는 견제세력 구축과 세대교체를 내세우며 고령의 지역표와 5백호의 동래정씨 문중표를 기대하고 있을뿐이었다.

지난 6대 총선에서 44,674표를 득표한 김성곤 후보는 62,354표로 신장한 반면, 1,896표를 득표했던 정원찬 후보는 20,754표를 득표하여 11배 이상 늘었으나 당선권과는 너무나 멀리 떨어져 있었다.

□ 득표상황

후보자	정당	연령	주요 경력	득표(%)
김성곤	민주공화당	53	6대의원(2선)	62,354(74.0)
정원찬	신민당	28	건국대 총학생회장	20,754(24.6)
전세덕	통일사회당	53	경북도의원	1,192(1.4)
김상호	민주당	46	국무총리비서관	등록무효

〈군위-선산〉 지난 6대 총선에서 차점낙선한 김현규 후보를 50대의 3선의원으로 교체했지만 30% 득표율에도 실패한 신민당

지난 6대 총선에서는 변호사로서 5대 총선 때 무소속으로 출전하여 민주당 문명호 후보에게 5,524표차로 패배한 김봉환 후보가 민주공화당 공천을 받고서 서울대를 갓 졸업한 자민당 김현규 후보를 가볍게 제압했다

문명호 의원을 포함한 기존의 정객들이 사라진 선거전에서 국민의당 김성묵, 민정당 박일상, 민주당 최형택, 보수당 노승억 후보들도 함께 뛰었다.

민주공화당 김봉환 의원이 국회 법사위원장으로 터전을 굳건히 다진 이번 7대 총선에는 군위에서 2대, 3대, 4대의원에 당선된 박만원 후보가 신민당 공천을 받고 출전하여 양강구도를 만들었다.

 삼승방직 사장인 자유당 박석환, 대중당 중앙위원인 정규신, 군위군청 산업과장을 지낸 한독당 유세형 후보들도 출전했고, 통역관이었던 통사당 강상규 후보는 선거 도중 사퇴했다.

 지난 6대 총선에 출전하여 낙선한 후보들이 모두 사라지고 새로운 도전자들이 출현한 선거전에서, 신민당은 26세의 젊은 패기로 16,493표를 득표하여 차점 낙선한 김현규 후보를 주저앉히고, 경성제대 출신으로 3선의원 경력을 자랑하는 박만원 후보를 공천하자, 낙천한 정규신 후보가 대중당으로 얼굴을 내밀었다.

 선산과 군위의 군별대항전으로 발전된 선거전은 상대적으로 우월한 군세에다가 민주공화당의 방대한 조직과 여유로운 자금이 곁들어져 기울러진 투표결과를 빚어냈다.

 박만원 후보는 "의원 생활 10년에 쌓아놓은 내 조직이 정치초년생 앞에 무너지지 않는다"며, 통합야당 후보임을 내세우며 "패배는 황소에게"라는 구호와 함께 호언장담했으나, 일선(선산) 김씨 1천 호를 중심으로 전국 최고 득표율로 박정희 후보를 지원했던 박정희 후보의 고향에서는 허무함 그 자체였다.

□ 득표상황

후보자	정당	연령	주요 경력	득표(%)
김봉환	민주공화당	46	6대의원(지역구)	52,456(67.9)
박만원	신민당	55	3선의원(군위)	20,769(26.9)
정규신	대중당	25	정당인	2,710(3.5)

유세형	한국독립당	47	군위군 산업과장	921(1.2)
박석환	자유당	56	삼승방직 사장	403(0.5)
강상규	통일사회당	31	신학대학원생	사퇴

〈의성〉 지난 총선에서 패배한 한(恨)을 씻으면서 경북지역의 농촌지역구에서 민주공화당 현역의원을 밀쳐내고 당선을 일궈낸 신민당 우홍구

 지난 6대 총선에선 5대 총선 때 민주당 공천으로 의성 갑구에서 당선된 오상직 후보가 민주공화당으로 전향하여, 5대 총선 때 민주당 공천으로 의성 을구에서 당선되어 민주당을 고수한 우홍구 후보와 2대와 3대의원을 지낸 신흥당 박영출 후보를 가볍게 제압하고 재선의원이 됐다.
 엽연초생산 조합장인 민정당 유시벽, 군수를 거쳐 참의원을 지낸 보수당 권동철, 전북도지사를 지낸 국민의당 이하영 후보들도 후발주자 3파전을 전개했다.
자민당 김형원, 자유당 오윤근, 추풍회 오장섭 후보들은 하위권 3파전을 전개했다.
 이번 7대 총선에서도 5대 총선 때 갑, 을구에서 나란히 당선됐던 민주공화당 오상직 후보와 신민당 우홍구 후보가 재격돌을 펼쳤다.
 지난 6대 총선에서 동메달을 차지한 박영출 후보가 재도전했고, 공군장교 출신인 대중당 이원수, 정치신인인 통사당 손일웅 후보들도 출전했으며, 민중당 김용태 후보는 선거 도중 사퇴했다.
 지난 6대 총선에서 공화당 오상직 후보는 18,611표를 득표하여 당선됐고, 민주당 우홍구 후보는 13,401표를 득표하

여, 신흥당 박영출 후보는 12,135표를 득표하여 낙선했다.

 4년이란 세월이 흘렀지만 특별한 상황이 일어나지 아니한 상황에서 신민당 우홍구 후보는 28,086표를 득표하여 1만 5천표 정도 더 득표하여 당선됐고, 공화당 오상직 후보는 26,885표를 득표하여 8천표 이상 더 득표했지만 낙선했다.

 자유당 박영출 후보도 16,628표를 득표하여 4천표 이상 더 득표했을 뿐이다.

 지난 6대 총선에는 민정당 유시벽, 보수당 권동철, 국민의 당 이하영 후보들의 득표력이 높아 산표(散票)가 있었고, 이번 총선에서는 유권자들이 세 후보들에게 표가 결집되어 세 후보의 득표력이 신장됐을 뿐이다.

 다만 민주공화당은 신영목, 김상년을 비롯하여 김영소, 이중헌, 박승준, 정재일 후보들이 공천을 신청하여 현역의원임에도 어렵게 공천을 받은 미미한 공천파동을 겪었고, 오상직 후보와 박영출 후보는 5대 총선 때까지는 갑구 출신인 반면 우홍구 후보는 을구 출신이란 이점도 작용했을 것으로 보인다.

 지난 5대 총선 때 민주당 공천을 받고 나란히 갑, 을구에서 당선됐던 오상직, 우홍구 후보는 1승 1패의 전적을 안게 됐으며 5대 총선 때 신진욱 후보와 함께 민주당으로 출전하여 당선되어 꽃길만을 걸어왔던 오상직 후보는 경북의 농촌 지역에서 유일한 낙선자가 됐다.

 갑, 을구를 기반으로 자기당 표의 방어보다 상대방 표를 긁어내는 데 더 주력하여 사쿠라전을 펼친 선거전에서 박영출 후보는 "코낀 송아지나 거수기를 보낼 바에야 나를 보내라", "깨끗한 표는 오상직, 우홍구 후보에게 던지고 찌꺼기 표가 남거든 나에게 보내달라"며 산산조각난 과거의 자유당 조직 재건에 사활을 걸었으나 역부족이었고, 갑구 출신인 오상직 후보의 뒷덜미를 잡아채는 공훈을 세웠을 뿐이다.

□ 득표상황

후보자	정당	연령	주요 경력	득표(%)
우홍구	신민당	39	5대의원(의성을)	28,086(37.4)
오상직	민주공화당	42	6대의원(2선)	26,885(35.8)
박영출	자유당	59	2선의원(2, 3대)	16,628(22.1)
이원수	대중당	36	공군장교	2,712(3.6)
손일웅	통일사회당	25	단국대 중퇴	765(1.1)
김용태	민중당	51	안동군 선관위원	사퇴

〈안동시-군〉 공천신청도 아니했지만 경북도에서 쏟아진 박정희 후보의 몰표 덕분에 현역의원을 밀쳐내고 공천을 받고 당선된 김대진

지난 6대 총선에서는 미곡창고 총무부장 출신으로 5대 총선에 출전하여 낙선한 권오훈 후보가 민주공화당 공천을 받고서, 안동 을구에서 5대의원에 당선된 민주당 박해충 후보를 꺾고 국회에 등원했다.

정치신인들인 민정당 김준구, 자민당 권기석, 자유당 정광익, 국민의당 김시효 후보들도 출전하여 선전했다.

이번 7대 총선에서 민주공화당은 권오훈 의원을 공천에서 배제하고 민주공화당 경북도지부 사무국장으로 활약한 김대진 후보를 내세웠고, 지난 6대 총선에서 14,192표차로 낙선한 박해충 후보가 신민당 공천으로 출전하여 한판 승부를 벌였다.

지난 6대 총선에 출전했던 정광익 후보는 대중당으로, 해병대 출신인 권영노 후보는 민중당으로, 6·3구국투쟁위원장

으로 활약한 이기명 후보는 민주당으로, 독립운동을 펼쳤던 70대의 권애라 후보는 한독당으로 출전했다.

권애라 후보의 중도 사퇴는 5대의원인 부군 김시현을 위한 것이 아니라 욕되게 한 것이라는 쑥덕공론도 있었다.

경북도 사무국장 출신인 김대진 후보는 지난 대선에서 박정희 후보에 대한 몰표가 쏟아진 데 대한 공적으로 공천을 신청하지 않았지만, 현역의원을 밀쳐내고 공천을 받은 행운아가 됐다.

지난 6대 총선에 민주당으로 출전하여 17,961표를 득표한 박해충 후보는 4선의원인 김익기, 지난 6대 총선에 자민당으로 출전했던 권기석 후보들을 가볍게 제치고 신민당 공천을 받아 자웅을 겨루게 됐다.

안동읍이 안동시로 승격되어 도시풍이 일고 있지만 민주공화당의 면·동까지의 연결된 조직, 여유로운 선거자금, 공무원들의 선심 공세에 의한 민주공화당 후보를 이겨내기에는 박해충 후보에게는 버겁게만 느껴졌다.

대구가 대구직할시로 승격될 때 경북도청을 안동으로 유치하겠다는 김대진 후보는 안동 김씨 씨족표를 기반으로 대승을 거두었다.

"돈 잘 쓴다 김대진 또 나왔다 박해충 될까말까 권애라 말 잘 한다 정광익"이란 민요가 선거판을 휘감았다.

□ 득표상황

후보자	정당	연령	주요 경력	득표(%)
김대진	민주공화당	49	경북도 사무국장	47,542(52.8)
박해충	신민당	38	5대의원(안동을)	33,181(36.9)
정광익	대중당	34	정치인	3,960(4.4)
권영노	민중당	31	해병대원	2,900(3.2)
이기명	민주당	27	6·3투쟁위원장	2,375(2.7)

| 권애라(여) | 한국독립당 | 70 | 독립운동가 | 등록무효 |

〈청송-영덕〉 지난 6대 총선에 출전했던 김중한, 박종길 후보들을 제치고 민주공화당 공천을 받고 당선까지 질주한 육군 군의관 출신인 문태준

 지난 6대 총선에서는 경북도의원 출신인 김중한 후보가 민주공화당 공천을 받고서 공화당 후보이면 묻지마 투표한 지역정서에 힘입어 영덕에서 2대의원에 당선된 민주당 한국원, 비행사 출신으로 5대의원에 당선된 민정당 김영수, 청송에서 3대와 4대의원에 당선된 국민의당 윤용구, 영양에서 3대, 4대, 5대의원에 당선된 자민당 박종길 후보들을 제압했다.
 대한중석 광산부소장인 신민회 신삼휴, UN군 연락장교로 활약했던 보수당 황병우 후보들도 참전했다.
 이번 7대 총선에서 민주공화당은 김중한 의원을 낙천시키고 군의관 출신인 문태준 후보를 공천했고, 지난 6대 총선에서 2,546표차로 석패한 박종길 후보가 민주당으로, 7,762표 득표에 머물렀던 김영수 후보는 신민당으로 출전했다.
대중당 지구당위원장인 남정탁 후보도 출전했다.
 당선이나 다름없는 민주공화당 공천장을 놓고 지난 6대 총선에서 18,674표를 득표하여 당선된 김중한, 16,128표를 득표하여 차점 낙선한 박종길 후보를 비롯하여 현인수, 심광택, 신정휴 후보들이 각축전을 전개했으나 민주공화당은 채명신 주월사령관의 처남(妻男)으로 예비역 육군소령으로 연세대의대 교수로 활약하고 있는 문태준 후보를 내세웠다. 이에 불복한 박종길 후보는 민주당 공천으로 출전했다.

신민당에서도 3대, 4대의원 출신으로 지난 6대 총선에 국민의당으로 출전하여 4,395표를 득표한 윤용구, 5대의원으로 민정당으로 출전하여 7,762표를 득표한 김영수, 보수당으로 출전하여 4,483표를 득표한 황병우, 정치신인인 남정탁 후보들이 각축전을 전개했지만, 민정당 출신인 김영수 후보에게 공천장이 돌아갔다.

이에 남정탁 후보가 대중당으로 옮겨 출전하여 4파전이 전개됐다.

영덕이 아닌 영양에서 3대, 4대, 5대의원을 지낸 민주당 박종길 후보가 영덕에서 4대 총선에 출전하여 낙선했지만 5대 총선에서 당선된 김영수 후보보다 4.5배의 득표력을 보여주는 것은 아마도 박종길 후보의 특별한 선거전략이 구사된 것으로 짐작될 뿐이다.

정치적 고향은 영양이지만 지난 6대 총선에서 2천여 표차로 석패한 박종길 후보는 지난 4년간 국수다발을 둘러매고 첩첩산중 외딴집까지 김삿갓식 방문을 해왔으며 낙천한 김중한 의원의 참모들을 대거 영입하여 당선권을 넘나들었다. 그러나 박정희 대통령 현지 시찰 때 학생들의 수업을 전폐하고 동원하는 행정력과 농사일은 뒷전이고 오뉴월 메뚜기 한때와 같이 술잔치가 벌어진 금권에 허무하게 문태준 후보에게 무너졌을 뿐이다.

□ 득표상황

후보자	정당	연령	주요 경력	득표(%)
문태준	민주공화당	39	육군 군의관	39,506(52.2)
박종길	민주당	42	3선의원(영양)	28,055(37.1)
김영수	신민당	59	5대의원(영덕)	6,176(8.1)
남정탁	대중당	32	정당인	1,981(2.6)

〈영양-울진〉 1천 년 이상 강원도민이었지만 7년 째 경북도민이 된 유권자들의 열렬한 지지로 65%가 넘는 득표율로 현역의원을 꺾어버린 민주공화당 오준석

지난 6대 총선에는 해인대 출신으로 불교청년단장인 민정당 진기배 후보가 제헌, 2대, 5대의원을 지낸 민주공화당 김광준 후보를 꺾은 이변(異變)을 연출하고 대구-경북 20개 선거구에서 유일한 야당후보 당선자가 됐다.

방송국에 근무했던 자민당 장봉락, 강원도청 직원이었던 국민의당 안교명, 사업가인 민주당 장진택, 사상계 총무부장인 추풍회 손석우 후보들도 출전했다.

이번 7대 총선을 맞이하여 민주공화당은 지난 6대 총선에서 낙선한 김광준 후보를 배제하고, 중앙정보부 대구분실 수사과장을 지낸 오준석 후보를 내세워 신민당 공천을 받은 진기배 후보와 한판 승부를 벌이도록 했다.

영양군 수비면장과 영양군 농협장을 지낸 통한당 이상철, 지구당위원장인 자유당 이수호, 신문기자 출신인 민중당 서정범, 독립신문 기자였던 정의당 장소택, 정당활동을 펼쳐온 대중당 박정모, 농민회 중앙위원인 재경울진군민회장을 지낸 한독당 오춘삼, 죽변중 교장인 자민당 이승구, 웅변협회 지도위원인 민주당 장봉락 후보들이 우후죽순처럼 대거 출전했다.

지난 6대 총선에서 낙선했던 후보들이 모두 사라지고 오직 당선된 진기배 후보만 홀로 남은 선거전에서, 진기배 후보는 김종필 공화당의장의 오준석 후보 지원 유세에도 참가하는 배짱을 보였지만, 1천년 이상 강원도 속현이었지만 경상도에 편입된 7년을 맞이하여 경상도의 다른 지역보다 더 열렬하게 민주공화당을 지지하고 있다는 것을, 강원도민이

아닌 경북도민인 것을 보여주고 싶은 유권자들의 열망으로 20%의 득표율도 올리지 못하고 낙선했다.

지난 6대 총선에서 경북도 20개 선거구에 유일하게 패배한 김광준 후보를 비롯하여 손석우, 오석만, 전만중, 김용식, 조수영, 남재한, 오춘삼 후보들을 제치고 공천을 받은 중앙정보부 부산, 마산, 대전, 대구분실 수사과장을 지낸 오준석 후보가 민주공화당 공천을 받아 65%가 넘는 득표율로 당선됐다.

오준석 후보는 8촌형으로 민주공화당 공천에서 탈락한 오춘삼 후보가 한독당으로 출전하여 오준석 후보를 공격하자 "4촌 논 사니까 배 아픈 격"이라며 폄하하여 방어했고, 진기배 후보는 9명의 신민당 낙천 후보들로부터 "꽃도 떨어지려면 깨끗이 떨어져야 한다"는 집중적인 공격을 받고 허무하게 무너졌다.

□ 득표상황

후보자	정당	연령	주요 경력	득표(%)
오준석	민주공화당	40	중앙정보부 분실과장	47,731(65.0)
진기배	신민당	45	6대의원(지역구)	12,398(17.1)
오춘삼	한국독립당	47	재경울진군민회장	4,168(5.7)
이상철	통한당	41	영양농협장	2,262(3.1)
장봉락	민주당	37	웅변협회 지도위원	1,570(2.2)
장소택	정의당	33	농민회 중앙위원	1,172(1.6)
박정모	대중당	50	정치인	1,126(1.6)
이수호	자유당	31	정당인	883(1.2)
서정범	민중당	44	독립신문 기자	591(0.8)
이승구	자민당	53	죽변중학 교장	590(0.8)

〈영천〉 안병달 후보의 낙천에 대한 반발 출전과 영천의 터

줏대감인 권중돈 후보의 탈당으로 1,155표차로 눈물을 흘린 신민당 김상도

 지난 6대 총선에서는 무역협회 회장 출신으로 5대 총선에 무소속으로 출전하여 낙선한 이활 후보가 민주공화당 공천이라는 날개를 달고 2대, 3대, 4대, 5대의원으로 국방부장관을 지낸 민정당 권중돈, 3대와 4대의원을 지낸 자유당 김상도 후보들을 제치고 국회에 등원했다.
 사회사업가인 신민회 박기수, 5월동지회원인 자민당 박삼암 후보들도 출전했다.
 이번 7대 총선에서 민주공화당은 고령인 이활 의원을 은퇴시키고 경희대 교수로서 공보부장관을 지낸 이원우 후보를 내세웠고, 지난 6대 총선에서 6,844표차로 낙선한 김상도 후보가 신민당 공천을 받고 양강구도를 형성했다.
 고려대 대학원생인 자유당 조영건 후보와 4월혁명 부상동지회장인 민주당 안병달 후보들도 참여했다.
 이 지역구의 선거전은 이활 현역의원과 조헌수 5대의원을 꺾고 민주공화당 공천장을 받은 이원우 후보와 3대와 4대의원으로 5대와 6대 총선에 출전하여 낙선한 백전노장 신민당 김상도 후보의 양강대결로 압축됐다.
 낙선 후 지난 4년간 골고루 지역 구석구석까지 파고들었고 지구당의 공천 반발을 자유당 시절부터 기반을 다져온 조직과 관록으로 넘어서며 6대 총선에서 낙선의 설욕을 다짐한 김상도 후보는 "정권교체가 되지 않은 것도 억울한데 국회의원마저 공화당 사람을 보내서 되겠느냐"고 호소하면서, 곳곳에서 기공식이 개최된 데 대해 "당연히 해야 할 일을 우리 세금을 들여 했을 뿐인데 이런 걸 갖고 생색을 낸다는 건 유치한 짓"이라고 공격했다.
 외곽으로부터 영천읍내로 산타기 작전을 전개하고 있는 경

희대 교수 출신으로 공보부장관을 지낸 이원우 후보는 "정국안정을 위해서도 국회도 공화당이 많이 차지해야 할 것"이라고 호소했다.

3천 6백 호에 달하는 월성 이씨를 근간으로 6천여 명의 세포조직을 구비한 이원우 후보는 같은 영천 이씨로 낙천한 이활 의원 지지세력의 반발로 자중지란을 겪었다.

안병달 후보가 신민당을 탈당하고 민주당으로 변신하여 출전한 것도 아쉽지만, 권중돈 4선의원의 신민당 탈당은 김상도 후보에게는 백만 대군을 잃은 상처였으며 자유당의 황금시대 쌓아올린 공적을 내세우며 김해 김씨 문중표를 엮어보았지만, 자유당 시대의 완력부대에 대한 나쁜 인상이 표의 확장성에 한계를 드러냈다.

도시인의 체취가 묻어나는 이원우 후보와 텁텁한 농민의 냄새를 풍긴 김상도 후보의 넥타이와 핫바지의 싸움은 안병달 후보의 득표와 엇비슷한 1,155표차로 승패가 엇갈렸다.

□ 득표상황

후보자	정당	연령	주요 경력	득표(%)
이원우	민주공화당	40	공보부장관	34,801(48.4)
김상도	신민당	52	2선의원(3, 4대)	33,646(46.8)
조영건	자유당	31	고려대학원생	2,347(3.3)
안병달	민주당	32	혁명부상동지회장	1,162(1.6)

〈경산-청도〉 부흥부차관을 지낸 김준태 현역의원을 공천경쟁에서 따돌린 여세를 몰아 대승을 거둔 공화당 박주현

지난 6대 총선에서는 민주당 공천으로 5대의원에 당선된 김준태 후보가 전향하여 민주공화당 공천을 받고서 청도군 내무과장 출신으로 4대 총선 때 민주당 김준태 후보를

4,116표차로 꺾었던 국민의당 반재현, 관구부사령관을 지낸 자민당 서국신 후보들을 가볍게 제압했다.
 민정당 김용한, 신민회 박영조, 민주당 곽경성 후보들도 출전했다.
 이번 7대 총선에서 민주공화당은 김준태 3선의원을 낙마시키고 경찰학교 교수 출신으로 버스회사 사장인 박주현 후보를 공천했고, 지난 6대 총선에서 14,561표차로 차점 낙선한 반재현 후보가 신민당 공천을 받아 재도전했다.
 민주당 중앙위원을 지낸 민주당 김용한 후보는 등록무효됐지만, 대구일보 경산지사장인 정의당 최성한, 상아산업 전무인 대중당 서상록, 전매서장을 지낸 민주당 박지산 후보들은 완주했다.
 민주공화당은 김준태 현역의원, 박주현 삼천리버스 사장, 이상조, 정태준, 최기성 후보들이 공천경합을 벌였고, 신민당은 지난 6대 총선에 출전했던 반재현, 서국신 후보들을 비롯하여 서돈수, 김용한, 우일현, 송병근 후보들이 각축했다.
 김준태 현역의원을 공천경쟁에서 꺾은 박주현 후보가 풍성한 자금을 동원하여 지난 6대총선에서 25,915표를 얻고 차점 낙선한 반재현 후보를 또 다시 울리고 국회에 등원했다.
 유권자 7만여 명인 경산에서는 "이왕이면 경산 사람을 뽑자"는 캐치프레를 걸고 나온 민주공화당 박주현 후보와 유권자 5만 4천여 명인 청도 구석구석을 "청도 사람 뭉치자"로 선거운동을 전개한 신민당 반재현 후보들이 군(郡) 대항전을 펼쳤다.
 공천에서 탈락한 김준태 의원의 지지세와 경찰 출신인 박주현 후보에 대한 반경찰세를 흡수하여 설욕전을 펼친 반재현 후보는 선거 돈 맛을 알고 있는 농촌 유권자들의 이반으로 또 한 번 패배의 쓴맛을 보았다.

상당한 재력을 구비하고 경산지역에서 선전을 기대한 서상록 후보의 부진은 박주현 후보의 압승으로 연결됐다.

□ 득표상황

후보자	정당	연령	주요 경력	득표(%)
박주현	민주공화당	44	경찰학교 교수	65,692(62.6)
반재현	신민당	56	4대의원(청도)	29,750(28.4)
서상록	대중당	49	상아산업 전무	6,926(6.6)
박지산	민주당	49	전매서장	1,408(1.3)
최성한	정의당	26	대구일보지사장	1,102(1.1)
김용한	민중당	49	민주당중앙위원	등록무효

〈성주-칠곡〉 지난 6대 총선보다 송한철 후보는 7천여 표, 도진희 후보는 5천여 표를 더 득표했지만 2만 3천여 표 득표를 맴돈 자유당 장택상

지난 6대 총선에서는 대학강사 출신으로 30대인 송한철 후보가 공화당 공천장을 받고서 수도경찰청장 출신으로 국무총리를 지낸 4선의원 자유당 장택상 후보를 무너뜨렸다.
성주에서 3대의원에 당선된 도진희 후보가 자민당으로, 대학교수인 최종률 후보가 민정당으로 출전하여 추격전을 전개했다.
추풍회 배의석, 보수당 김용희 후보들도 출전했다.
이번 7대 총선에서는 지난 총선에서 금, 은, 동메달을 획득한 후보들이 재격돌했다. 송한철, 장택상 후보들은 민주공화당, 자유당으로, 도진희 후보는 자민당에서 신민당으로 바꾸어 출전했다.
농촌계몽운동을 펼친 민중당 김태수, 경북대 동창회장인 대중당 곽병진, 신한당에서 활동했던 민주당 이종식 후보들

도 얼굴을 내밀었다.

지난 6대 총선에서 민주공화당 송한철 후보는 31,446표를 득표하여 당선됐고, 자유당 장택상 후보는 23,647표를, 자민당 도진희 후보는 14,372표를 득표했다.

지난 6대 총선의 패배에 대해 "내가 졌나 한국의 민주주의가 졌지"라고 자위하던 장택상 후보는 도진희 후보가 "이 정당 저 정당 X갈보 O갈보 정치인"이라고 장 후보를 매도하고 "옛날엔 50이면 고려장인데 70이 됐는데도 아직 그대로 있다"며 공격을 해 대자, "네 이놈 너에게는 애비도 없느냐, 민주주의에는 나이 대접도 없다더냐"고 일갈했다.

여건의 변화가 없이 4년이 흘러간 이번 선거전에서는 송한철 후보는 7천여 표, 도진희 후보는 5천여 표를 더 득표했지만, 백전노장이며 한국의 정계거물로 인동 장씨들의 견고한 지지세를 가진 장택상 후보는 2만 3천 표를 맴돌았다.

송한철, 도진희 후보가 성주 출신으로 겹쳐 칠곡 출신인 장택상 후보는 전국구에 성주 출신인 신동욱 후보가 당선안 정권에 배치되어 성주에 국회의원 두 자리를 줄 수 없다는 칠곡군민들의 전폭적인 지지를 기대했으나, 칠곡 왜관읍의 막걸리가 동이 나 대구에서 긴급 수송까지 한 막걸리공세로 송한철 후보에게 몰표를 던져 3연패의 수모를 겪게 됐다.

□ 득표상황

후보자	정당	연령	주요 경력	득표(%)
송한철	민주공화당	38	6대의원(지역구)	39,186(46.0)
장택상	자유당	73	4선의원, 총리	23,389(27.4)
도진희	신민당	49	3대의원(성주)	20,035(23.5)
이종식	민주당	31	정당인	1,593(1.9)
김태수	민중당	31	농촌운동가	1,050(1.2)
곽병진	대중당	42	경북대 동창회장	사퇴

〈상주〉 현역의원을 제치고 민주공화당 공천을 받은 여세를 몰아 지난 6대 총선에서의 패배를 설욕코자 동분서주한 홍정표 후보를 임재영, 조남극 후보들의 출전에 힘입어 가볍게 제압한 김천수

지난 6대 총선에서는 무소속으로 4대의원에 당선된 김정근 후보가 민주공화당 공천을 받고서 변절시비를 벌인 상주갑구 5대의원인 민주당 홍정표, 상주을구 5대의원인 자민당 김기령 후보들을 가볍게 제압하고 재선의원이 됐다.
중고교 교감 출신인 민정당 임재영, 약사회 부회장인 국민의당 조성호 후보들도 출전했다.
이번 7대 총선에서 민주공화당은 김정근 의원을 의사 출신으로 재건국민운동 상주군 촉진회장인 김천수 후보로 교체했고, 지난 6대 총선에서 차점 낙선한 홍정표 후보가 신민당으로 재출격했다.
지난 6대 총선에 출전했던 대중당 임재영, 운수회사 사장인 자유당 김한석, 경북광산협회 부회장인 민주당 김무근 후보들은 완주했으나, 4월혁명앙양회 이사인 민중당 조남극 후보는 등록무효로 중도하차했다.
재건국민운동 상주군 촉진회장인 김천수 후보는 4대와 6대의원인 김정근, 4대의원인 조광희 후보를 비롯하여 조성호, 박용섭 후보들을 물리치고 꿈에 그린 민주공화당 공천장을 거머쥐었다.
검사 출신 변호사로서 5대의원에 당선되고 지난 6대 총선에서 19,454표를 득표하여 차점 낙선한 홍정표 후보는 윤영오, 조남극, 임재영, 문형석 후보들을 물리치고 신민당 공천을 받아내자, 조남극 후보는 민중당으로, 임재영 후보는 대중당으로 옮겨 출전하여 야권성향표 잠식에 돌입했다.
경상도의 뿌리로 경주와 함께 경상도의 어원이며 고려 시

대에는 후백제 견훤왕의 고향으로 번성했지만, 지금은 한적(閑寂)한 농촌으로 변모하여 민주공화당 후보에게 55%가 넘는 득표율로 당선케 했다.

6대의원으로 민주공화당 공천에서 탈락한 김정근 의원의 실제인 민주당 김무근 후보는 "고향 일은 고향 사람에 맡기자"는 구호로 지연(地緣) 붐을 노리고 김정근 의원을 선거참모장으로 옹립하고 함창읍을 거점으로 추격전을 맹렬하게 전개하며 어부지리를 기대했지만, 고향은 봉화 출신이지만 15년 동안 상주에서 살아오며 김인 전 경북도지사의 후광을 업으며 라이벌인 홍정표 후보를 전라도 출신이라고 공격한 김천수 후보의 적수가 되지 못했다.

□ 득표상황

후보자	정당	연령	주요 경력	득표(%)
김천수	민주공화당	46	국민운동군지부장	48,358(56.7)
홍정표	신민당	51	5대의원(상주갑)	21,864(25.6)
김무근	민주당	33	회사 상무	9,070(10.6)
임재영	대중당	45	상주문화원장	3,827(4.5)
김한석	자유당	38	회사장	2,153(2.5)
조남극	민중당	45	혁명정신앙양회원	등록무효

〈문경〉 4대 총선과 6대 총선에서 패배하고도 이동녕 후보에게 도전하여 네 번째 연패한 신민당 채문식

지난 6대 총선에선 자유당 공천으로 4대의원에 당선된 이동녕 후보가 민주공화당 공천을 받고서 5대의원인 이병하 후보가 대구 중구로 옮겨가 싱거운 선거전에서 4대 총선 때 24,709표차로 대파한 국민의당 채문식 후보를 가볍게 제압했다.

국회사무처 직원이었던 민정당 노시중, 청년운동가인 정민

회 황의교 후보들은 완주했으나, 재건국민운동가인 자민당 이용수 후보는 중도사퇴했다.

이번 7대 총선에선 지난 6대 총선에서 맞대결을 펼쳤던 민주공화당 이동녕, 신민당 채문식, 민주당 노시중 후보들이 재격돌을 펼쳤다.

청년운동을 펼친 민중당 황의교 후보도 재출전했고, 영남학우회장인 통사당 장유길 후보는 새롭게 출전했다.

문경군수를 지낸 신민당 채문식 후보는 4대 총선에서는 자유당 이동녕 후보에게, 5대 총선에서는 민주당 이병하 후보에게, 6대 총선에서는 민주공화당 이동녕 후보에게 패배했었다.

지난 6대 총선에 민정당 공천으로 출전하여 5,065표를 득표했던 노시중 후보가 신민당 공천에서 밀려나자 민주당으로 출전하여 가뜩이나 3연패하여 숨을 헐떡거리는 채문식 후보의 뒷덜미를 잡아챘다.

보통학교 출신이지만 광산업으로 부를 축적한 민주공화당 이동녕 후보는 신민당 채문식 후보와의 세 번째 대결에서 완승을 거두고 3선의원으로 달려갔다.

"지난 6대 총선에선 부정 투·개표로 이동녕 후보에게 패배했다", "이번 선거에선 이동녕 후보의 야당참관인 매수 작전을 방어할 수 있으니 당선은 틀림없다"는 채문식 후보는 봉명흑연 광업을 배경으로 덕망을 쌓고 "국회에 가서 문경을 위해 일 할 수 있는 사람을 보내야 한다"며 역량(力量)을 과시한 이동녕 후보의 적수가 되지 못했다.

□ 득표상황

후보자	정당	연령	주요 경력	득표(%)
이동녕	민주공화당	62	6대의원(2선)	43,843(70.9)
채문식	신민당	42	명지대교수, 군수	16,120(26.1)

황의교	민중당	29	민중당 노동부장	886(1.4)
노시중	민주당	41	대학 강사	713(1.1)
장유길	통일사회당	27	영남학우회장	314(0.5)

〈예천〉 민주공화당 재공천을 받아 영주, 칠곡군수와 민주공화당 지구당위원장을 지낸 민주당 조재봉 후보를 어렵게 격파한 정진동

지난 6대 총선에서는 재무부 관재국장, 영주군수, 영양군수, 교통부차관을 지냈으나 5대 총선에 출전하여 민주당 현석호 후보에게 패배한 정진동 후보가 민주공화당 공천을 받고서, 2대의원과 경북도지사를 지낸 민주당 이호근 후보를 가볍게 제압했다.

경북도의원을 지낸 민정당 임병동, 목사인 자유당 전상수, 28세 청년인 국민의당 반형식, 고교교사인 보수당 최상희 후보들도 출전했다.

이번 7대 총선에는 민주공화당 정진동 후보가 재공천을 받고 출전했고, 자유당 시절 공보실장을 지낸 신민당 전성천, 칠곡과 영주군수를 지낸 민주당 조재봉 후보가 출전하여 3각구도를 형성했다.

지난 6대 총선에서 자유당 공천으로 4,928표를 득표한 전상수 후보와 국민의당 공천으로 2,739표를 득표한 반형식 후보가 맞대결을 펼친 신민당 공천경쟁에서 전상수 후보가 승리했으나 전상수 후보는 자유당 시절 공보실장으로 유명세를 탔던 친형(親兄)인 전성천 후보에게 신민당 중앙당의 묵인하에 양보하여 공천자가 교체됐다.

예천에서 3대의원과 5대의원으로 당선되고 민주당 시절 국방부장관을 지낸 현석호의 직계로 알려진 조재봉 후보가 칠곡, 영주군수를 거쳐 민주공화당 지구당위원장으로 활동

했으나 공천에서 밀려나자 민주당으로 출전하여 당선권을 넘나들었다.

황재홍, 권동하 후보들을 제치고 민주공화당 공천장을 받아 든 정진동 후보는 민주공화당을 뛰쳐나간 조재봉 후보를 5천여 표차 어렵게 물리치고 재선의원이 됐다.

조재봉 후보와 인척 관계인 통합야당의 전성천 후보는 화려한 경력을 내세우며 기독교인 표를 파고들었으나 고향을 떠나 10년 만에 갑자기 나타나 조직을 결집하다보니 사상누각이 되어 성과를 거두지 못했다.

□ 득표상황

후보자	정당	연령	주요 경력	득표(%)
정진동	민주공화당	57	6대의원(지역구)	25,835(50.5)
조재봉	민주당	36	칠곡, 영주군수	19,938(39.0)
전성천	신민당	53	공보실장	5,352(10.5)

〈영주-봉화〉 지난 6대 총선에서 낙선한 최영두, 이성모 후보들을 제치고 신민당 공천을 받고서 20년 한을 풀고자 했으나, 김창근 후보의 벽을 넘어서지 못한 박용만

지난 6대 총선에서는 민주공화당 중앙당 기획차장을 지낸 김창근 후보가 혜성처럼 나타나 영주에서 5대의원에 당선된 국민의당 황호영, 봉화에서 5대의원에 당선된 민정당 최영두 후보들을 가볍게 제치고 국회에 등원했다.

이번 7대 총선에선 육군소령 출신으로 민주공화당 재공천을 받은 김창근 후보에게 자유당 조직부장을 지낸 이승만 대통령 비서관 출신으로 5대 총선 때 사회대중당으로 출전하여 1천여 표차로 석패한 박용만 후보가 신민당 공천을 받

고 재도전했다.

 청년운동을 펼쳐 온 민중당 박연철, 지난 6대 총선에도 출전했던 민주당 이성모 후보들도 출전했고, 자유당 선전요원으로 활동했던 대중당 장성대 후보는 등록무효됐다.

 민주공화당 김창근 후보는 "수해를 없애기 위해 남원천 수로를 변경했고 영주건설을 위해 구체적인 계획까지 세웠다"면서, 영주읍의 영주시승격과 지방사업 공약을 나열하고 막걸리 공세도 펼쳤다.

 지난 6대 총선에 출전하여 낙선한 5대의원인 최영두, 장면 부통령 비서관을 지낸 이성모 후보들을 꺾고 신민당 공천을 받은 박용만 후보는 "10년이면 강산도 변한다는데 국회를 향한 20년의 이정표는 변함이 없다"고 눈물을 흘리며, 그의 고향 풍기읍 합동연설회에서 "이 박용만이가 이번에도 저 죽령(竹嶺) 고개를 피눈물을 뿌리며 울고 넘게 하렵니까. 아니면 20년 만에 처음으로 웃고 넘게 하렵니까"라며 연거푸 낙선에 대한 슬픈 이력으로 동정여론을 유발했다.

 서울문리대 동문인 김창근, 박용만 후보의 대결은 기반과 조직 대(對) 입과 눈물의 대결장이었다.

 방대한 민주공화당 조직과 행정조직의 무한지원을 받은 김창근 후보에게 밀리자, "내게 돈이 있수, 권력이 있수, 가진 거라는 입 밖에 없는데"라며 박용만 후보는 푸념했다.

 자유당 시절인 1959년 1월 재선거에서 "실질적으로 당선됐으나 금배지는 자유당이 달았다"는 박용만 후보는 당원은 4천 명이지만 신라오릉 박씨가 박정희 대통령 때문에 김창근 후보를 지원하여 당선권에서 멀어졌다.

 3만 명이 넘는 안동 권씨와 인척관계인 김창근 후보가 여유 있는 재선의 열매를 맛보았다.

 "9번이나 정당을 옮겨 다닌 사람이니 그의 정치 지조는 뻔한 것이 아니냐"는 김창근 후보의 공격에 능변가로서 국민의당 대변인을 지낸 박용만 후보가 힘없이 주저앉고 말았다.

□ 득표상황

후보자	정당	연령	주요 경력	득표(%)
김창근	민주공화당	36	6대의원(지역구)	59,602(59.4)
박용만	신민당	43	이대통령 비서관	37,889(37.8)
박연철	민중당	32	건국청년 부대표	1,796(1.8)
이성모	민주당	40	장면 부통령 비서	1,064(1.0)
장성대	대중당	37	대구시청 직원	등록무효

제3장 부정과 불법으로 공화당이 압승한 비영남권

1. 민주공화당이 지역구 의석의 91.9%를 싹쓸이
2. 비영남권 62개지역구 불꽃튀는 격전의 현장으로

1. 민주공화당이 지역구의 91.9%를 싹쓸이

(1) 박 대통령의 장기집권을 위한 3선개헌을 염두에 두고

　비영남권은 강원도, 충남북, 전남북, 제주도 등 광활한 지역으로 강원도가 9개구, 충청권이 22개구, 호남권이 30개구, 제주도가 2개 지역구를 가지고 있어 62개 지역구로 전국 131개 지역구의 47.3%를 점유하고 있다.
　민주공화당은 강원도에서 원주-원성(박영록)을 내어주었을 뿐 8개 지역구를 휩쓸었고, 충청권에서도 대전(박병배)을 제외하고 21개 지역구를 석권했다.
　호남권에서도 전북 11개 지역은 석권했으나 광주갑(정성태), 목포(김대중), 고흥(서민호)를 제외한 16개 지역구와 제주도의 2개 지역구를 차지하여 62개 지역구의 91.9%인 57개 지역구를 휩쓸었다.
　6대 총선에서는 강원도에서 민주당 박영록(원주-원성), 자민당 김삼(강릉-명주) 후보와 충청권에서 자민당 이희승(충주-중원), 민정당 이충환(진천-음성), 민정당 진형하(대전), 민정당 박찬(공주), 국민의당 이상철(청양-홍성), 국민의당 한건수(예산), 민정당 이상돈(천안-천원) 후보들이 당선됐다.
　호남권에서도 민정당 유청(전주), 민정당 고형곤(군산-옥구), 민정당 나용균(정읍), 민정당 김상흠(고창), 민정당 정성태(광주갑), 민주당 김대중(목포), 민정당 양회수(곡성-화순), 민정당 이정래(보성), 자민당 김준연(영암-강진), 자민당 민영남(해남), 자민당 정명섭(나주) 후보들이 당선되어 62개 지역구의 32.3%인 20개 지역구에서 야권 후보들이 당선됐다.

야권 후보들이 민정당, 민주당, 자민당, 국민의당으로 분열되어 이전투구를 벌였던 선거전에서 20개 지역구를 차지했는데, 야권이 통합되어 1대1의 승부에서 5개 지역구밖에 차지하지 못했다는 것은 집권여당인 민주공화당이 경찰들이 선거판을 뒤흔든 4대 총선 때보다 극심한 행정선거는 물론 이·통장을 동원한 조직선거, 선거자금이 난무하는 금권선거가 선거전을 좌우한 것으로 짐작될 뿐이다.

 혁명주체인 전국구 의원들을 대거 지역구에 출전시켜 공포분위기를 자아내면서 선거전을 주도했고, 중앙정보부의 면밀한 분석에 의한 공천과 전략이 맞아 떨어진 결과일지라도 박정희 대통령과 정일권 국무총리, 김형욱 중앙정보부장, 이후락 비서실장 등은 박정희 대통령의 장기 집권을 염두(念頭)에 두고 3선 개헌선을 돌파하기 위해 박정희 대통령이 전국을 순회하며 선거전을 독려하고 민주공화당 공천자들이 좌고우면(左顧右眄)하지 않고 돌진한 결과물이었다.

(2) 현역의원 62명 중 45%인 28명만 재당선

 민주공화당 지역구 현역의원 42명 가운데 이승춘(홍천-인제), 김재순(철원-화천-양구), 김종호(속초-고성-양양), 김진만(삼척), 정태성(청주), 육인수(옥천-보은), 안동준(괴산), 김용태(대덕-연기), 양순직(논산), 김종필(부여), 이상희(서산), 길재호(금산), 김성철(이리-익산), 전휴상(진안-장수-무주), 한상준(임실-순창), 유광현(남원), 이병옥(부안), 장경순(김제), 정래정(광주을), 이우헌(여수-여천), 신형식(고흥), 길전식(장흥), 배길도(무안), 박종태(광산), 이남준(진도), 현오봉(남제주) 의원 등 26명이 재공천을 받고 출전하여 대중당 서민호 후보에게 덜미가 잡힌 신형식 의원을 제외한 25명의 의원들이 재당선의 기쁨을 맛보았다.

그러나 신옥철(춘천-춘성), 엄정주(영월-정선), 황호현(횡성-평창), 신관우(청원), 이동진(영동), 김종무(제천-단양), 김종갑(서천-보령), 인태식(당진), 이영진(아산), 최영두(완주), 조경한(순천-승주), 박승규(장성-담양), 김선주(광양-구례), 최서일(완도), 정헌조(영광-함평), 임병수(제주-북제주) 의원 등 16명은 공천에서 탈락했고, 이동진(한독당), 박승규(통한당) 후보들이 공천탈락에 불복하여 출전을 감행했으나 낙선하거나 중도에 사퇴했다.

야권 후보로 당선된 20명의 의원 중 대통령 출마를 위해 서민호 후보는 대중당을, 김준연 의원은 민중당을 창당하여 도전했으나 낙선하자 국회의원에 출마하여 서민호 의원은 고흥에서 당선됐으나 김준연 의원은 영암-강진에서 낙선했다.

통합 야당인 신민당의 공천을 받은 박영록(원주-원성), 김삼(강릉-명주), 이충환(진천-음성), 박찬(공주), 한건수(예산), 이상돈(천안-천원), 유청(전주), 김상흠(고창), 정성태(광주갑), 김대중(목포), 양회수(화순-곡성), 정명섭(나주) 후보들은 통합 야당의 기치(旗幟)를 내걸고 선전했으나 박영록, 정성태, 김대중 의원들은 제외한 9명의 의원들은 불귀의 객이 됐다.

이상철(청양-홍성), 이희승(충주-중원), 진형하(대전), 고형곤(군산-옥구), 나용균(정읍), 이정래(보성), 민영남(해남) 후보들은 신민당 공천에서 배제되자 나용균 의원은 민주공화당에 입당하고 이상철, 이정래, 고형곤 의원들은 정계를 은퇴했지만 이희승(한독당), 진형하(한독당) 의원들은 군소정당으로 출전했으나 모두 낙선했다.

(3) 당선자의 대부분은 50% 이상 득표율로 당선

민주공화당 의장인 김종필(부여) 후보가 91.1%의 경이적인 득표율로 당선됐으며 이호범(나주), 전휴상(진안-무주-장수), 길재호(금산), 민기식(청원), 김유택(제천-단양) 후보들도 70%가 넘는 득표율로 당선됐다.

50% 미만의 득표율로 당선된 후보는 9명에 불과하며, 정간용(완도) 후보가 33.8% 득표율로 최저를, 김병순(해남) 후 보도 30%대 득표율로 당선됐을 뿐이다.

지난 6대 총선에서의 낙선을 딛고 김옥선(서천-보령), 오원선(진천-음성), 박병선(예산). 이민우(아산), 김종철(천안-아산), 윤재명(영암-강진)후보들이 재기에 성공했고,지난 6대 총선에서는 당선됐으나 이번 총선에서 김삼(강릉-명주), 이희승(충주-중원), 이충환(진천-음성), 이동진(영동), 진형하(대전), 박찬(공주), 한건수(예산), 이상돈(천안-천원), 유청(전주), 김상흠(고창) 의원들은 낙선했다.

2. 비영남권 62개 지역구 불꽃튀는 격전의 현장으로

강원도

〈춘천-춘성〉 신민당 공천에서 낙천한 2대, 3대 의원과 강원도지사를 지낸 자유당 홍창섭 후보가 선전했으나 민주공화당의 벽을 넘지 못하고

지난 6대 총선에서는 강원일보 사장으로 민주공화당 공천을 받은 신옥철 후보가 강원도지사를 지낸 민주당 이창근, 지구당위원장인 민정당 유연국 후보들을 가볍게 제압했다.
4대의원인 자유당 박덕영, 춘천시 도서관장인 자민당 권의준, 대한중석 취체역을 지낸 국민의당 박창신, 사업가인 보수당 홍종남, 춘천시장을 지낸 최명도 후보들도 출전했다.
정민회 양건주 후보는 중도사퇴했다.
이번 7대 총선에서 민주공화당은 신옥철 의원을 낙마시키고 국민학교장, 강원교육위원회 의장을 지낸 김우영 후보를 공천했고, 신민당은 춘천에서 4대와 5대의원을 지내고 6대 민주당 전국구 의원직을 승계한 계광순 후보를 내세웠다.
지난 6대 총선에 출전했던 유연국 후보는 한독당으로, 홍종남 후보는 민주당으로 출전했다.
춘천에서 2대와 3대의원에 당선되고 강원도지사를 지낸 홍창섭 후보가 자유당으로, 재향군인회 강원지부 총무과장을 지낸 이권우 후보가 통사당으로 출전했다.
강원일보 사장인 현역의원을 공천 막바지에서 따돌린 김우영 후보는 초등학교 교장, 춘천대 강사, 변호사 출신으로 민주공화당 강원도사무국장으로 지난 대선에서의 공적이 참작되어 공천을 받은 것으로 알려졌다.
통합야당인 신민당은 유연국, 계광순, 양건주, 홍창섭, 홍

종남, 이창근 후보들이 조직책을 신청하자 홍창섭 후보로 결정했다가 삼척 출신이며 자유당 출신이라는 반대에 부딪혀 춘천의 4대, 5대의원이며 6대 전국구 의원인 계광순 후보로 교체했다.

이에 홍창섭 후보가 낙천에 반발하여 자유당으로 말을 갈아탔고, 유연국 후보는 한독당, 홍종남 후보는 민주당으로 출전하여 자중지란을 일으켰다.

김우영 후보는 경공업단지 조성과 영동지방의 관광지화를 내걸었고, 계광순 후보는 춘천역전의 미군부지에 대한 보상과 의암댐 주변의 관광지화를, 홍창섭 후보는 청구권자금의 사용감시를 공약으로 내걸었다.

합동연설회에서 민주공화당 김우영 후보는 "춘천댐과 의암댐을 세워 발전량을 늘리고 많은 공장을 건설해서 생산품이 마구 쏟아져 나오는데 야당 사람들 눈엔 안 보이는지 험담(險談)만 하고 있다"고 주장하자, 민주당 계광순 후보는 "독재정치와 정보정치를 일삼는 공화당은 정권연장을 위해 어마어마한 외국빚을 걸머졌고 5·16 전보다 4배의 세금을 거둬들이는 판국인데 뭐가 잘했단 말인가"라고 반격했고, 자유당 홍창섭 후보는 "여러분들이 자유당 때가 제일 살기가 좋았었다고 하기에 옛집으로 돌아왔으니 지난날의 잘잘못을 심판해 달라"고 호소했다.

다른 합동연설회에서 홍창섭 후보는 "공화당 김우영 후보가 3인조와 5인조식 부정선거를 꾸미고 있다"고 주장했고, 김우영 후보는 "그 따위 짓은 과거 자유당에서 하던 짓이니 방법이나 가르쳐 달라"고 반격하자, 홍종남 후보는 "공화당의 부정부패를 보다 못한 하늘이 이렇게 눈물을 흘리고 있지 않느냐"고 비가 쏟아지자 즉석 코멘트도 했다.

홍창섭 후보가 3·15 부정선거 사범으로 몰려 투옥됐을 때 김우영 후보가 그의 변론을 맡는 등 각별한 사이였던 두 후보는 불꽃 튀는 격전을 전개했다.

토박이와 노인층을 거점으로 확보한 홍창섭 후보는 민주당 정권 때 강원도지사를 지낸 이창근까지 포섭하여 "이당 저당 다 보았다. 자유당이 제일이다"는 구호를 내걸고 자유당 치하에서 심어 놓은 구연(舊緣)을 찾아 나섰다.

민주공화당의 맘모스 조직과 풍부한 자금, 행정기관의 측면 지원 등에 힘입어 선두권을 달리는 김우영 후보는 "우리 일꾼 내 고장의 대변인"이라는 기치를 내걸고 동분서주했다.

10여 년간 가꾸어 온 지반을 바탕으로 종교계를 파고든 계광순 후보는 이북 출신임을 내세워 월남인들을 파고들었다.

엎치락 뒤치락한 혼전을 전개한 선거전은 대선에서 박정희 후보가 윤보선 후보를 3천여 표 앞선 기세를 타고 공화당 김우영 후보가 대승을 거두었고, 6년간 지역구 관리가 소홀했던 신민당 계광순 후보의 성적은 만족스럽지 못했다.

□ 득표상황

후보자	정당	연령	주요 경력	득표(%)
김우영	민주공화당	46	변호사	29,870(45.3)
홍창섭	자유당	62	2선의원(2,3대)	23,976(36.4)
계광순	신민당	58	6대의원(3선)	8,613(13.1)
유연국	한국독립당	53	정치연구소장	2,023(3.1)
홍종남	민주당	36	남창산업 사장	992(1.5)
이권우	통일사회당	31	재향군인회과장	484(0.7)

〈원주-원성〉 4대와 5대 총선에선 낙선했지만 강원도지사에 당선된 저력으로 강원도에서 유일한 신민당 의원인 박영록

지난 6대 총선에는 원주시의원 출신으로 5대 총선에서는

사회대중당 윤길중 후보에게 패배했으나 민선 강원도지사에 당선된 민주당 박영록 후보가 병원장으로 인술을 베푼 공화당 문창모, 3대의원을 지낸 국민의당 함재훈 후보들을 제압하고 국회 등원에 성공했다.

강원도의원을 지낸 민정당 안명한과 보수당 김인식, 원주시의원을 지낸 자민당 김규원 후보들도 함께 뛰었다.

이번 7대 총선에서 공화당은 문창모 후보를 같은 의사 출신으로 대한청년단 원주시단장, 자유당 원주시당위원장을 지낸 홍순철 후보로 교체하여 신민당으로 출전한 박영록 의원 재선고지 점령을 저지코자 했다.

종합신문 취재부장인 자유당 박경수, 원주신문 기자인 민중당 정현우, 원주시의원을 지낸 한독당 김호혁 후보들도 출전했다.

민주공화당은 지난 총선에서 낙선한 문창모 후보와 자유당 출신인 홍순철 후보를 놓고 저울질하다 홍순철 후보를 낙점했고, 신민당은 박영록, 정현우, 김호혁 후보들이 접전을 벌였으나 박영록 현역의원을 낙점했다.

합동연설회에서 박영록 후보는 "새 사람보다 국회 일도 해본 사람이 날 터이니 다시 뽑아 달라"고 경험을 내세워 호소했고, 홍순철 후보는 "예비 사단을 만들어 논산까지 장병들이 가지 않도록 하겠다", "관광호텔을 짓고 어린이 놀이터를 만들겠다"고 공약하자, 박경수 후보는 "그와 같은 공약은 시(市)의원이 할 일이니 홍 후보는 원주시의원이 적격"이라고 공격해 험악한 분위기를 만들었다.

짧은 기간 동안이지만 강원도지사를 지냈고 현역의원의 이점을 살려 정현우, 김호혁 후보들의 야권성향표 잠식에도 불구하고 정치신인으로 자유당 출신이라는 한계를 노출한 홍순철 후보를 4천여 표차로 따돌리고 강원도에서 유일하게 당선된 신민당 후보가 됐다.

□ 득표상황

후보자	정당	연령	주요 경력	득표(%)
박영록	신민당	45	6대의원, 도지사	33,470(50.9)
홍순철	민주공화당	56	대한청년단 지단장	28,719(43.7)
정현우	민중당	28	원주신문 기자	1,427(2.2)
김호혁	한국독립당	43	원주시의원	1,178(1.8)
박경수	자유당	28	종합신문 취재부장	940(1.4)

〈강릉-명주〉 풍부한 자금을 활용하고 방대한 공화당 조직을 가동하여 현역의원을 꺾고 국회 등원에 성공한 최익규

지난 6대 총선에서는 강원도의원 출신인 자민당 김삼 후보가 강릉 최씨 문중표의 분산에 힘입어 3대와 4대의원을 지낸 공화당 최용근, 5대의원을 지낸 민주당 최준길, 국회사무처 직원인 30대의 보수당 최선규 후보들을 꺾고 국회에 등원했다.
 국민의당 박진균, 민정당 김진영, 신흥당 김봉진 후보들도 출전했다.
 이번 7대 총선에서 공화당은 강릉상공회의소장, 한국임산협회장을 역임한 최익규 후보로 교체했고, 김삼 의원은 통합야당인 신민당으로 출전하여 한판 승부를 벌였다.
 봉화, 예천군수 출신으로 3대와 4대의원을 지낸 자유당 박용익, 해병대 출신인 한독당 지일웅, 강릉농고 서무과장을 지낸 통사당 한달우 후보들도 출전했다.
 민주공화당은 조남철 전국구 의원, 최익규 강릉상공회의소장, 정순응 민주당 출신 참의원들이 공천 경합을 벌여 최익규 후보가 선정됐고, 신민당은 김삼 현역의원과 공화당 공

천으로 지난 총선에서 낙선한 3대와 4대의원인 최용근 후보가 최후의 일각까지 공천경쟁을 벌였으나 김삼 현역의원이 승리했다.

그리하여 강릉 최씨 1만 2천 호와 강릉 김씨 8천 호의 씨족 대결에 3대와 4대의원을 지낸 박용익 후보가 자유당으로 출전하여 3파전을 전개했다.

조남철 의원과 공천 혈투에서 흙탕물 싸움을 전개했던 최익규 후보는 풍부한 자금과 푸짐한 지역사업을 공약하며 영향력 많은 유권자들을 설악산으로 초치(招致)하여 돌놀이를 벌였고, 자신의 극장에 유권자들을 무더기로 공짜 입장 시키는 등 선심작전도 전개했다.

오랜 지연과 자유당 때 심어 놓았던 여러 공적을 들춰 자랑하는 박용익 후보는 신민당 공천에서 탈락한 최용근 후보를 포섭하여 선거사무장으로 옹립하자, 김삼 후보는 "공화당하는 사람들이 모두 자유당 출신이고 박용익 후보는 흘러간 세대의 자유당으로 적수가 되지 않는다"고 폄하했다.

"8백 만원 쓰면 당선되고 5백 만원 쓰면 낙선한다"는 '8당 5락(八當五落)'이 화자되는 상황에서 김삼 후보는 "공화당에서 수천 만원을 뿌린다면 신민당에서도 1천 만원은 써야 하지 않겠느냐"고 푸념했다.

김삼 후보가 재선을 위해 안간힘을 쏟았으나 풍부한 자금을 활용하여 공화당의 조직을 가동하며 행정지원까지 받은 최익규 후보를 따라잡을 수가 없었다.

□ 득표상황

후보자	정당	연령	주요 경력	득표(%)
최익규	민주공화당	54	상공회의소장	34,585(43.6)
김 삼	신민당	48	6대의원(지역구)	27,068(34.1)
박용익	자유당	63	2선의원(3, 4대)	15,301(19.3)

지일웅	한국독립당	25	해병대원	1,764(2.2)
한달우	통일사회당	48	강릉농고 과장	674(0.8)

〈홍천-인제〉 이재학 5선 의원의 후원으로 출세가도를 달렸으나 지난 총선에서는 이재학 후보의 아들을, 이번 총선에서는 이재학 후보를 꺾어버린 공화당 이승춘

지난 6대 총선에서는 홍천군수 출신으로 재건국민운동 촉진회장을 지낸 공화당 이승춘 후보가 이재학 의원의 공민권 제한으로 실시된 보궐선거에서 이재학 국회부의장의 아들로 당선된 국민의당 이교선, 대한청년단 홍천군단장으로 지난 5대 총선에서 차점 낙선한 민주당 성낙신, 유치원 원장인 보수당 김현호, 강원도의회 의장을 지낸 민정당 허만훈 후보들을 꺾고 당선됐다.

이번 7대 총선에서도 이승춘 의원이 공화당 공천을 받아 재선을 향해 달리자 강원도지사서리, 춘천농대 학장을 거쳐 5선의원과 국회부의장을 지낸 이재학 후보가 자유당으로 출전하여 한판 승부를 벌였다.

자유당과 민주당 인제군당위원장을 지낸 민중당 민영찬, 의사 출신으로 5대 총선에서도 출전했던 신민당 남궁규, 신한당위원장을 지낸 한독당 백창룡, 지구당위원장인 민주당 박창학 후보들도 출전했다.

신민당 조직책 모집에 신형식, 장원준, 남궁규, 김대수, 박창학, 송성섭, 민영찬, 전형산 후보들이 구름처럼 몰려오자 신민당이 의사 출신인 남궁규 후보를 낙점하자 민영찬 후보는 민중당으로, 박창학 후보는 민주당으로 출전했다.

민영찬 후보는 "지난 4년 동안 홍천 출신인 이승춘 의원에게 서자(庶子) 취급을 받아 왔으니 이제는 인제 출신 박창

학 후보를 뽑아 달라"고 호소하며 사퇴했다.

홍천은 지난 5대 총선 때 무소속 이재학 후보를 옥중 당선시켜 5선의원 반석에 올려놓아 이재학의 철옹성으로 불리어졌으며, 이재학 후보의 공민권 제한으로 낙마하자 그의 아들인 이교선 후보를 묻지마 투표로 당선시켰다.

지난 6대 총선에서 이교선 후보를 꺾고 당선된 이승춘 후보는 홍천군 두촌면장 출신으로 4대 총선 때 이재학 후보의 선거사무장으로 활동한 인연으로 이재학 후보의 천거로 인제, 홍천, 화천군수를 역임했다.

5·16 혁명 후 이승춘 의원은 재건국민운동 홍천군 촉진회장으로 활동하다 공화당 공천을 받고서 이재학 후보의 아들인 이교선 후보를 꺾고 국회의원에 당선되는 행운아였다.

이번 총선에서 이승춘 의원은 이승만 박사의 애국정신을 높이 산다며 옛날의 아성에서 재기를 선언한 자유당 대표인 이재학 후보를 홍천이 아닌 인제군민들의 절대적인 지지로 2천여 표차로 꺾고 재선의원이 됐다.

□ 득표상황

후보자	정당	연령	주요 경력	득표(%)
이승춘	민주공화당	53	6대의원(지역구)	32,434(48.5)
이재학	자유당	63	5선의원(홍천)	30,093(45.0)
남궁규	신민당	57	의사	2,268(3.4)
박창학	민주당	27	정당인	1,167(1.7)
백창룡	한국독립당	52	정치인	850(1.3)
민영찬	민중당	42	청년단인제군단장	등록무효

〈영월-정선〉 2선의원, 부흥부·상공부장관을 지낸 신민당 태완선 후보를 2급 공무원 경력으로 대파한 공화당 장승태

지난 6대 총선에서는 영월경찰서장 출신으로 지난 5대 총선 때 민주당에서 낙천되고 제명되어 민주당 공천자인 태완선 후보에게 10,583표차로 낙선한 엄정주 후보가 공화당 공천을 받고서 2대와 5대의원을 지내고 부흥부장관, 상공부장관을 지낸 태완선 후보를 4,914표차로 꺾고 설욕했다.

정선에서 4대의원에 당선된 국민의당 유기수, 5대의원에 당선된 민정당 신인우, 민족정기단 간사장인 자유당 최승천, 교사 출신인 보수당 최면한, 언론인인 자민당 지휘정 후보들도 함께 뛰었다.

이번 7대 총선에서 공화당은 엄정주 의원을 공천에서 배제하고 체신공무원교육원장을 지낸 장승태 후보를 내세웠다.

지난 총선에서 석패한 태완선 후보는 신민당으로, 자유당으로 출전했던 최승천 후보는 한독당으로 재출격했다.

정선군 북면장을 지낸 통한당 신종순, 강원·전북·경북 도경국장을 지낸 자유당 손계천, 정당인인 통사당 유영봉 후보들도 출전했다.

민주공화당은 엄정주, 장승태, 고백규, 정규상, 장준영, 엄영달 등 공천신청자들을 놓고 저울질하다가 영월경찰서장 출신으로 현역의원인 엄정주 후보를 낙천시키고 주천중 교사에서 행정이사관인 체신공무원 교육원장에 오른 장승태 후보를 낙점했다.

신민당 조직책을 신청한 최승천 후보가 탈당하여 한독당으로 출전한 가운데, 지난 총선에서 18,399표를 득표하여 차점 낙선한 태완선 후보가 설욕하기 위해 신민당 공천으로 재도전했다.

재선의원으로 부흥부장관과 상공부장관을 지낸 신민당 태완선 후보는 2급 공무원 출신인 공화당 장승태 후보에게 15,874표차로 패배하여 집권여당이면 무조건 찍고 보는 강원도 산골에서는 지명도나 경력은 하등의 고려사항이 아님을 보여줬다.

□ 득표상황

후보자	정당	연령	주요 경력	득표(%)
장승태	민주공화당	53	공무원교육원장	39,657(52.7)
태완선	신민당	52	2선의원, 장관	23,783(31.6)
손계천	자유당	48	강원도 경찰국장	7,791(10.4)
최승천	한국독립당	48	민족정기단 간사장	2,182(2.9)
신종순	통한당	61	경감, 면장	1,086(1.4)
유영봉	통일사회당	34	정치인	777(1.0)

〈철원-화천-양구〉 지난 5대 총선 때는 철원과 양구에서 민주당 공천으로 나란히 당선됐으나 여·야로 엇갈려 연승과 연패로 승패가 엇갈린 공화당 김재순과 신민당 황학성

지난 6대 총선에서는 민주당 공천으로 5대 총선 때 양구에서 당선된 김재순 후보가 공화당으로 전향(轉向)하여, 철원에서 5대의원에 당선된 국민의당 황학성, 금화에서 5대의원에 당선된 민주당 신기복 후보들을 제압하고 재선의원이 됐다.

예비역 육군대령인 민정당 오찬근, 정당인인 자민당 박영석, 계명광업소 소장인 신민회 김연우, 출판업자인 보수당 최기형 후보들도 함께 뛰었다.

이번 7대 총선에서는 지난 총선에서 출전하여 20,880표를 득표하여 당선된 김재순 후보는 공화당으로, 12,484표를 득표하여 낙선한 황학성 후보는 신민당으로, 2,591표를 득표하여 낙선한 박영석 후보는 한독당으로 출전했다.

황학성, 이동희, 임규호, 김대식, 박영석 후보들이 신민당

조직책을 신청하자 신민당은 김대식 후보를 선정했으나 공천단계에서 지난 총선에서 차점 낙선한 황학성 후보로 교체했다.

황학성 후보는 경성제국대 출신으로 고등문관시험에 합격한 변호사로서 강원도, 충남도 경찰국장과 경찰전문학교 교장을 거쳐 유권자가 가장 많은 철원에서 민주당 공천으로 5대의원에 당선됐으나, 야권을 맴돌아 국민의당 공천으로 출전하여 서울상대 출신으로 유권자가 적은 양구에서 민주당 공천으로 5대의원에 당선되어 공화당 발기위원으로 참여하여 공화당 공천을 받고 출전한 김재순 후보에게 지난 총선에서 8천여 표차로 패배했다.

이번 총선에서 황학성 후보는 어렵게 신민당 공천을 받고 김재순 후보에게 재도전했으나 강원도의 산간오지에서 공화당 현역의원을 넘어서기에는 너무나 큰 산이었다.

이번 총선에서는 2만 2천여 표차로 간극(間隙)을 더욱 벌였을 뿐이다.

□ 득표상황

후보자	정당	연령	주요 경력	득표(%)
김재순	민주공화당	43	6대의원(2선)	39,747(66.7)
황학성	신민당	49	5대의원(철원)	17,692(29.7)
박영석	한국독립당	30	단국대 학생회장	2,124(3.6)

〈속초-고성-양양〉 박정희 대통령의 사위인 한병기 후보를 공천경쟁에서 따돌린 여세를 몰아 5대의원인 양양 출신 함종윤 후보를 연파한 공화당 김종호

지난 6대 총선에서는 수도사대 사무처장 출신으로 혜성처

럼 나타나 공화당 공천장을 받아낸 김종호 후보가 지난 5대 총선 때 고성에서 낙선한 대한항공정비 사장인 민주당 최정식 후보와 양양에서 당선된 국민의당 함종윤 후보를 가볍게 제압했다.

예비역 육군대령인 민정당 김두열, 농민회 최고위원인 자민당 최순원, 회사원인 보수당 신효순 후보들도 참전했다.

이번 7대 총선에서도 지난 총선에서 겨뤘던 공화당 김종호 후보와 육사 교수로서 낙선한 신민당 함종윤 후보들이 자웅을 겨뤘다.

전북도 경찰국장과 보병 사단장 출신으로 고성에서 5대의원에 당선된 자유당 김웅조, 기업체 사장인 민중당 양환석, 성균관대 출신인 대중당 오태성 후보들도 뛰어들었다.

공화당은 박정희 대통령의 큰 사위인 한병기와 현역의원인 김종호를 놓고 막판까지 오락가락 하다가 박정희 대통령이 김종호 의원을 낙점하자 유권자들이 상경하여 항의 시위를 벌이기도 했다.

육군사관학교 교수 출신으로 양양에서 5대의원에 당선됐지만 지난 총선에선 국민의당으로 출전하여 3,738표를 득표하여 최정식, 신효순, 김두열 후보에게도 뒤진 5위에 머물러 이번 공천에는 고광호, 이병우, 최상동, 이준택, 김종률 후보들이 구름처럼 몰려들었다.

그러나 어렵게 신민당 공천을 받은 함종윤 후보는 유권자가 가장 적은 양양 출신의 한계로 인하여 공천파동을 겪은 공화당 김종호 후보에게 1,025표차로 아쉽게 패배했다.

6·25 동란 때 사단장으로 속초지역을 지킨 인연으로 5대 총선에 당선됐던 자유당 김웅조 후보가 공화당이나 신민당의 어느 쪽의 표를 잠식했는지는 규명되지 않았다.

☐ 득표상황

후보자	정당	연령	주요 경력	득표(%)
김종호	민주공화당	48	6대의원(지역구)	31,407(47.1)
함종윤	신민당	44	5대의원(양양)	30,382(45.6)
김웅조	자유당	57	5대의원(고성)	2,766(4.2)
오태성	대중당	25	친선방문학생대표	1,788(2.6)
양환석	민중당	50	회사장	336(0.5)

〈횡성-평창〉 공보부장관 자문위원으로 활약하다 현역의원을 물리치고 공화당 공천을 받은 기세로 69%의 득표율을 올리고 당선된 이우현

지난 6대 총선에선 평창에서 제헌과 4대의원에 당선된 황호현 후보가 공화당 공천을 받고서 횡성에서 5대의원에 당선된 국민의당 양덕인, 평창에서 5대의원에 당선된 민정당 장춘근 후보들을 꺾고 3선의원이 됐다.

농협 평창군회장, 교육감을 섭렵한 자민당 한순기, 평창군 대화면장 출신인 민주당 최윤구, 민정당 중앙위원을 지낸 보수당 엄재선, 중앙통신사장인 자유당 송태희, 교육자인 정민회 유창원 후보들도 참전했다.

이번 7대 총선에도 10명의 후보들이 난립한 가운데 공화당은 황호현 의원을 춘천농대, 경희대 교수인 이우현 후보로 교체했다.

정치신인인 이우현 후보에게 지난 총선에도 출전했던 민중당 엄재선, 한독당 양덕인 후보들이 재도전했다.

경기체육관장인 통한당 강재영, 평창에서 3대의원에 당선된 자유당 이형진, 무명의 대중당 김기평, 육군대학출신인 신민당 김재기, 상주잠업고 교사인 자민당 황봉현, 대한통신기자인 통사당 배선기, 강원도의원 출신인 민주당 이해준

후보들도 출전했다.

공화당은 지난 총선에서 막강한 후보들을 물리치고 당선된 황호현 후보의 4선의원 등정을 당초에는 묵인했으나, 공천의 막바지 박정희 대통령 재가 과정에서 경희대 교수 출신으로 한국행정학회장을 역임하고 공보부장관 자문위원으로 활약한 이우현 후보로 교체했다.

민주공화당에 입당한지 1년만에 현역의원을 물리치고 공천을 받은 이우현 후보는 6천여 표에 달하는 횡성 이씨의 고정표를 디딤돌 삼아 전 지역구를 돌고 돌아 당선권에 진입했다.

황호현 현역의원의 동생인 황봉현 후보는 지난 총선에 자민당으로 출전하여 12,307표를 득표하여 차점 낙선했던 한순기를 선거사무장으로 옹립하여 공화당 이우현 후보의 당선 저지에 나섰다.

신민당도 당초 5대의원으로 지난 총선에는 국민의당으로 출전하여 10,537표를 득표한 양덕인 후보를 공천했다가, 육군대학 출신으로 평창군수를 지낸 김재기 후보로 교체하여 공천 내홍을 겪었다.

신민당 낙천의 한풀이를 위해 한독당으로 옮겨 출전한 양덕인 후보는 "신민당 나눠먹기식 공천의 행운을 잡은 김재기는 그것이 불운의 씨가 될 것"이라고 저주(咀呪)했다.

민주공화당 이우현 후보는 "공화당이 대통령 선거에서 박정희 후보가 윤보선 후보에게 6천 표나 뒤진 것은 공화당 선거 참모였던 황봉현 후보가 돈을 뿌린데 대한 유권자의 반발 때문"이라고 공격하자, 황봉현 후보는 "나는 공화당에서 내려온 것을 돌린 것일 뿐"이라고 반박하였고, 김재기 후보는 "공화당이 스스로 부정선거를 폭로했으니 박정희 대통령을 고발하겠다"고 으름장을 놓았다.

10명의 후보들이 난립한 가운데서도 정치초년생인 이우현 후보가 70%에 육박한 득표율을 올린 사실은 강원도의 투표 성향을 적나라하게 보여주고 있을 따름일 뿐이다.

□ 득표상황

후보자	정당	연령	주요 경력	득표(%)
이우현	민주공화당	43	서울대 강사	56,006(69.3)
김재기	신민당	37	정당인	6,537(8.1)
양덕인	한국독립당	57	2선의원(2, 5대)	6,373(7.9)
김기평	대중당	25	농업인	3,325(4.1)
이형진	자유당	55	3대의원(평창)	2,594(3.2)
엄재선	민중당	33	정치인	2,199(2.7)
이해준	통한당	53	강원도의원, 면장	1,419(1.8)
배선기	민주당	26	대한통신기자	1,147(1.4)
황봉현	자민당	44	상주잠업고 교사	897(1.1)
강재영	통일사회당	25	체육관장	330(0.4)

〈삼척〉 김진만 후보의 사퇴로 5대 총선에선 당선됐으나 지난 총선과 이번 총선에서 1만여 표차로 김진만 후보에게 연패한 신민당 최경식

지난 6대 총선에서 자유당 소속으로 3대와 4대의원을 지냈지만 국민의당 공천으로 출전이 예상된 김진만 후보가 김진구, 김세형, 이희준, 김달하 후보들을 제치고 공화당 공천을 받고서, 5대의원을 지낸 민정당 최경식, 청년신문 주필인 민주당 김양국, 대한석탄공사 총재인 국민의당 김성호 후보들을 제압하고 3선의원이 됐다.

사업가들인 정민회 홍부진, 보수당 박영상, 자민당 정윤필 후보들도 참전했다.

이번 7대 총선에는 강원일보 회장출신으로 국회 상공위원

장으로 활약한 공화당 김진만 후보에게 지난 6대 총선에도 출전했던 정의당 홍부진, 신민당 최경식, 민주당 김양국 후보들이 재도전했다.
　원주농고 교사였던 통한당 박형철, 민중당 지구당위원장인 권영준, 재경삼척학생회장을 지낸 대중당 김윤경, 고교 교사였던 한독당 최상희, 광산노조지부장인 자민당 박영완 후보들도 출전했다.
　임용순 2대의원을 예선전에서 가볍게 제압한 공화당 김진만 후보는 견고한 공화당 조직과 풍부한 자금을 동원하여 4선의원 고지를 선점했다.
　지난 총선에서 16,962표를 득표하여 차점 낙선한 최경식 후보가 통합야당의 기치를 내걸고 추격전을 전개했으나, 지난 총선에서의 10,142표차를 이번 총선에서 11,078표차로 벌여 김진만 후보의 옹벽은 높기만 하다는 것을 실감했다.

□ 득표상황

후보자	정당	연령	주요 경력	득표(%)
김진만	민주공화당	48	6대의원(3선)	48,841(48.8)
최경식	신민당	50	5대의원(삼척)	37,763(37.7)
김양국	민주당	46	청년신문 주필	5,167(5.2)
김윤경	대중당	30	재경학생회장	3,177(3.2)
최상희	한국독립당	34	중학교사	2,052(2.0)
박형철	통한당	39	원주농고 교사	1,174(1.2)
홍부진	정의당	46	정치인	1,030(1.0)
박영완	자민당	32	광산노조 지부장	925(0.9)
권영준	민중당	39	정당인	등록무효

충청북도

〈청주〉 지난 6대 총선에서 5,345표로 낙선하고 이번 총선에는 야권 단일화를 이룩하고 재도전했으나 이번에도 낙선한 신민당 최병길

지난 6대 총선에서는 청주공교 교사 출신으로 충북대 부교수인 정태성 후보가 공화당 공천을 받고서 지난 5대 총선에 출전하여 혈전을 전개했던 2선의원인 민정당 이민우, 변호사 출신으로 차점 낙선한 국민의당 최병길, 청주시장을 지낸 자민당 홍원길 후보들을 큰 표차로 제압했다.

충북도의원을 지낸 민주당 서병주, 청원에서 5대의원에 당선된 보수당 김창수, 반공청년단 충북도단장을 지낸 신민회 유부형 후보들도 출전했다.

이번 7대 총선에서도 공화당 공천을 받고 출전한 정태성 후보에게 최병길 후보가 신민당 공천을 받고 재도전했다.

언론인인 한독당 안성웅, 청주대 강사인 민주당 김진영 후보들도 출전했다.

지난 6대 총선에선 청주공교 교사 출신인 민주공화당 정태성 후보는 14,425표를 득표하여 당선됐고, 변호사 출신인 국민의당 최병길 후보는 9,080표를 득표하여 차점 낙선했다. 4대와 5대의원으로 지역구 주인이었던 이민우 후보는 8,448표로 주저앉았다.

이번 총선에서는 최병길 후보와 이민우 후보의 단일화가 이룩되어 최병길 후보가 대표주자가 되어 정태성 후보와 재대결을 펼쳤다.

지난 총선에서 두 후보의 표차는 5,345표였는데 야권후보의 단일화가 이룩된 이번 총선에는 8,738표차로 간극(間隙)이 더 벌어진 것은 민주공화당이 그 동안 조직의 강화에 박

차를 가하고 치밀한 전략을 수립하여 주민들을 유인한 결과였다.

□ 득표상황

후보자	정당	연령	주요 경력	득표(%)
정태성	민주공화당	40	6대의원, 부교수	26,212(58.6)
최병길	신민당	47	대학강사, 변호사	17,474(39.1)
안성웅	한국독립당	44	언론인	572(1.3)
김진영	민주당	39	청주대강사	435(1.0)

〈청원〉 "충청도가 낳은 인물"임을 내세워 3선의원인 곽의영과 박기운, 재선의원인 신정호 후보들을 너무나 쉽게 무너뜨린 공화당 민기식

지난 6대 총선에서는 육사 교수라는 강점을 내세워 신범식 교수를 제치고 공화당 공천을 받은 신관우 후보가 4대의원으로 참의원에 당선됐으나 공민권 제한으로 참의원을 사퇴한 자유당 오범수 후보를 485표차로 제치고 당선됐다.

제헌과 3대의원으로 참의원에 당선됐던 민정당 박기운, 국민대 부교수인 민주당 박승완, 3대와 5대의원을 지낸 국민의당 신정호, 재무부 직원이었던 자민당 홍종수 후보들도 참전했다.

이번 7대 총선에서 공화당은 신관우 의원을 배제하고 육군참모총장과 충주비료공장 사장을 지낸 민기식 후보를 공천하자, 지난 총선에 출전했던 한독당 박기운, 민주당 신정호 후보들이 재도전했다.

2대, 3대, 4대의원을 지내고 체신부장관으로 봉직한 곽의영 후보가 신민당 공천을 받고 고토회복에 나섰다.

민주공화당은 육군참모총장 출신인 민기식 후보를 낙점했으나, 신민당은 2, 3, 4대의원을 지낸 곽의영, 제헌, 3대의원과 참의원을 지낸 박기운, 참의원을 지낸 오범수, 3대와 5대의원을 지낸 신정호 후보들이 별들의 전쟁을 벌였다.

신민당이 3선의원으로 체신부장관을 지낸 곽의영 후보를 낙점하자, 오범수 후보 지지자들은 자유당 출신을 공천한 것은 어불성설(語不成說)이라고 항의했고, 박기운 후보는 한독당으로, 신정호 후보는 민주당으로 출전하여 야권 후보들간에 이전투구에 돌입했다.

민기식 후보는 "곽 후보 운동원들이 선거구민들에게 민 후보를 찾아가면 들놀이를 위해 버스는 물론 점심에다 용돈까지 준다"는 헛소문을 퍼뜨려 우리를 난처하게 하고 있다고 푸념했고, 곽의영 후보는 "우리들은 민 후보의 협박과 매수에 골탕을 먹고 있다"면서, 정치의 노병과 초년병의 전술과 전략은 "손자와의 싸움"이라고 폄하했다.

민주공화당은 민기식 후보를 "충청도가 낳은 인물"이라고 추켜세우며 홍보하여 대승을 거둘 수 있었다.

□ 득표상황

후보자	정당	연령	주요 경력	득표(%)
민기식	민주공화당	46	육군참모총장	62,729(71.6)
곽의영	신민당	55	3선의원(2, 3, 4대)	22,313(25.4)
박기운	한국독립당	54	2선의원, 참의원	1,648(1.9)
신정호	민주당	52	2선의원(3, 5대)	969(1.1)

〈충주-중원〉 정권실세임을 자처하며 야당후보들의 이권투구(泥田鬪狗) 틈새를 비집고 들어가 대승을 거둔 이종근

지난 6대 총선에서 민주공화당은 출마설이 나돌던 이종근 후보를 전국구에 안착시키고, 자유당 출신으로 4대와 5대 의원을 지낸 정상희 후보를 영입하여 공천했다.

 5대 총선 때 무소속으로 낙선한 유솜통역관 자민당 이희승 후보가 공천과정에서 홍역(紅疫)을 치른 공화당 정상희 후보와 충주에서 제헌, 3대, 5대의원을 지낸 민주당 김기철 후보를 예상을 뒤엎어 꺾고서 국회에 등원했다.

 민정당 최원봉, 정민회 도상철, 보수당 우용완 후보들도 후발주자 3파전을 전개했다.

 이번 7대 총선에서 공화당은 육군준장 출신으로 6대 국회에서 전국구 의원으로 활약한 이종근 후보를 내세웠고, 지난 총선에서 당선된 이희승 후보는 신민당 공천에서 배제되어 한독당으로 출전했다.

 단국대 강사인 이택희 후보가 신민당으로, 충주군청에 근무했던 도상철 후보가 민중당으로, 정당인인 심우섭 후보가 통사당으로 출전했다.

 공화당은 지난 총선에서 석패한 정상희 후보를 제치고 예비역 육군준장으로 전국구 의원인 이종근 후보를 낙점했고, 신민당도 지난 총선에서 자민당으로 출전하여 25,994표를 득표하여 당선된 이희승 의원과 민정당으로 출전하여 3,856표를 득표한 최원봉 후보를 제치고 단국대 강사 출신인 33세의 이택희 후보를 낙점했다.

 이에 이희승 의원이 분기탱천(奮起撑天)하여 한독당으로 출전하여 야권성향표를 놓고 이전투구를 벌였다.

 이택희 후보는 "낮에는 야당, 밤에는 여당 행세를 함으로써 유권자를 기만하는 지조없는 정객"이라고 이희승 후보를 공격하여 자중지란을 일으켰다.

 야권 후보들의 아귀다툼은 여권의 실세로 자리매김된 공화당 이종근 후보의 압승으로 연결됐다.

□ 득표상황

후보자	정당	연령	주요 경력	득표(%)
이종근	민주공화당	43	6대의원(전국구)	56,242(67.7)
이택희	신민당	33	단국대 강사	17,590(21.2)
이희승	한국독립당	53	6대의원(지역구)	7,187(8.7)
도상철	민주당	45	충주군청 직원	1,272(1.5)
심우섭	통일사회당	25	정당인	758(0.9)

〈옥천-보은〉 지난 총선에선 민주당으로 출전하여 19,226표 차로 패배했지만, 이번 총선에선 7,478표차로 격차를 줄인 신민당 이용희

지난 6대 총선에서는 육영수 여사의 오빠로서 고교교사 출신인 육인수 후보가 공화당 공천을 받고서 보은에서 3대와 4대의원을 지낸 자유당 김선우, 보은에서 5대의원에 당선된 박기종, 충북도의원을 지낸 민주당 이용희, 옥천에서 2대, 3대, 5대의원을 지낸 민정당 신각휴 후보들을 제치고 국회에 등원했다.

동경신문 기자였던 자민당 이건태, 청주 적십자병원장이었던 보수당 이원형 후보들도 출전했다.

이번 총선에서 공화당 재공천을 받고 출전한 육인수 의원에게 지난 총선에도 출전했던 민중당 이건태, 신민당 이용희 후보들이 재도전했다.

교장과 군수를 섭렵한 자유당 곽정길, 국도산업 사장인 한독당 안영순, 진명고 교사인 통사당 김복수 후보들도 출전했다.

이번 총선에서 정계의 주요인물로 자리잡은 공화당 육인수

의원에 대한 대항마 물색에 나선 신민당은 지난 총선에서 8,729표를 득표한 박기종, 4,514표를 득표한 김선우, 1,436표를 득표한 이건태 후보들을 제치고 충북도의회 부의장 출신으로 재건국민운동 옥천군촉진회장으로 7,291표를 득표하여 4위로 낙선한 이용희 후보를 낙점했다.

이에 이건태 후보가 반발하여 민중당으로 등록했으나 중도 사퇴했다.

지난 총선에서 이용희 후보는 육인수 후보에게 19,226표차로 패배했지만, 야권 단일후보로 출전한 이번 총선에선 7,478표차로 간극을 줄이는 것으로 만족해야만 했다.

□ 득표상황

후보자	정당	연령	주요 경력	득표(%)
육인수	민주공화당	47	6대의원(지역구)	51,014(61.9)
이용희	신민당	35	충북도의원	29,143(35.3)
안영순	한국독립당	40	국도산업 사장	1,222(1.5)
김복수	통일사회당	30	진명고 교사	1,072(1.3)
곽정길	자유당	68	교장, 군수	등록무효
이건태	민중당	43	일본신문 기자	등록무효

〈괴산〉 공화당 안동준 후보와 신민당 김사만 후보의 표차는 지난 총선에선 631표차였지만, 이번 총선에선 13,687표차로 벌어져

지난 6대 총선에서 3대의원으로 자유당 공천으로 4대 총선에 출전하여 김원태 후보에게 패배했으나 5대 총선에선 김원태 후보를 꺾고 당선됐으나 공민권 제한으로 의원직을 박탈당한 안동준 후보가 김원태 후보를 꺾고 공화당 공천을

받은 여세를 몰아 안동준 후보가 의원직의 박탈로 실시된 보궐선거에서 당선된 자민당 김사만 후보를 꺾고 3선의원이 됐다.

한독당 간부였던 민정당 심상열, 금융노조 분회장인 국민의당 연양희, 협동신문 사장인 보수당 김덕성 후보들도 참전했다.

이번 7대 총선에선 육군대학 교관 출신으로 공화당 재공천을 받은 안동준 의원에게 지난 총선에서 667표차로 패배한 신민당 김사만 후보가 재도전했다.

김사만 후보는 6대 대통령 선거 때 부산과 대구에는 빨갱이가 많다는 발언으로 구설에 오른 장본인이고, 한독당 지구당위원장인 김상문 후보가 출전하여 파수꾼 역할을 했다.

지난 6대 총선에서 공화당 안동준 후보는 20,348표를 득표했고 자민당 김사만 후보는 19,717표를 득표하여 표차는 631표차에 불과했다.

민정당 심상열, 국민의당 연양희 후보들도 각각 3천표 이상을 득표했었다.

야권이 통합되어 김사만 후보가 단일후보로 출전하여 재대결을 펼친 이번 선거전은 박빙(薄氷)이 예상됐지만, 김사만 후보의 5촌 조카인 해외개발공사 김재욱 전무가 안동준 후보 선거운동을 펼치고있는 상황으로 선거전은 이미 마감됐다.

지난 총선에서의 두 후보의 631표차는 이번 총선에서 13,687표차로 벌어져 공화당의 치밀한 선거전략과 민심동향은 물론 매표운동을 엿볼 수 있었다.

□ 득표상황

후보자	정당	연령	주요 경력	득표(%)
안동준	민주공화당	48	6대의원(3선)	35,226(60.2)

| 김사만 | 신민당 | 48 | 5대의원(괴산) | 21,539(36.8) |
| 김상문 | 한국독립당 | 47 | 정당인 | 1,718(2.9) |

〈영동〉 지난 4대와 5대 총선에서는 연승했지만 6대 총선과 이번 총선에서 연패한 문교부차관 출신인 신민당 민장식

 지난 6대 총선에는 예비역 육군소령 출신으로 송석하, 박태영, 이광호, 김기형 후보들을 제치고 공화당 공천을 받은 이동진 후보가 육군대령 출신인 국민의당 김기형, 충북도의원을 지낸 민정당 정희택, 4대와 5대의원을 지내며 지역의 터줏대감으로 군림한 민주당 민장식 후보들을 제압했다.
 서울시 장학관으로 활약한 자민당 권영중 후보도 출전했다.
 이번 7대 총선에서 공화당은 이동진 의원을 낙천시키고 영동여고 교장을 지낸 정직래 후보를 공천하자, 이동진 의원이 한독당으로 등록했으나 형세가 여의치 아니하자 중도 사퇴했다.
 지난 6대 총선에서 5,123표 득표에 머물렀던 민장식 후보가 신민당 공천을 받아 심기일전 재도전했고, 구세군 양강교회 목사인 서정옥 후보가 대중당으로 입후보했으나 등록무효 되어 정직래, 민장식 후보들의 진검승부가 펼쳐졌다.
 민주공화당이 이동진 현역의원, 지난 총선에서도 공천경쟁을 벌인 송석하, 영동여중고 교장인 정직래 후보들을 놓고 저울질하다가 이동진 의원을 낙천시키고 정직래 후보를 낙점했다.
 자유당시절인 4대 총선 때 자유당 현역의원을 꺾고 당선되어 5대 총선 때 연승하고 문교부차관을 지낸 민장식 후보가 최극, 권영중, 박태용, 김기형, 손륜규 후보들을 꺾고

통합야당 단일주자로 선정됐다.
 민장식 후보는 지난 총선에도 민주당으로 출전하여 재선의원에 걸맞지 않게 육군소령 출신인 이동진, 육군대령 출신인 김기형, 충북도의원 출신인 정희택 후보에 뒤진 4위에 머물렀다.
 그러나 통합야당 기수라는 기치를 내걸고 심기일전하여 재도전했으나 고교 교장 출신으로 집권여당 후보임을 내세운 정직래 후보에게 어이없는 참패를 당하는 수모를 겪었다.

□ 득표상황

후보자	정당	연령	주요 경력	득표(%)
정직래	민주공화당	53	영동여고 교장	29,535(67.0)
민장식	신민당	57	2선의원(4, 5대)	14,534(33.0)
서정옥	대중당	34	양강교회 목사	등록무효
이동진	한국독립당	35	6대의원(지역구)	등록무효

〈음성-진천〉 보사부장관 때 밀가루를 대량으로 살포하고 이충환 후보 참모진을 대량으로 포섭하여 설욕전을 승리로 장식한 공화당 오원선

지난 6대 총선에서는 진천에서 2대, 3대, 5대의원에 당선된 민정당 이충환 후보가 군의관 출신으로 예비역 육군준장인 공화당 오원선, 4대 총선 때 자유당 공천으로 이충환 후보를 꺾었던 국민의당 정운갑 후보들을 가볍게 제압하고 당선됐다.
 음성군 선거위원이었던 민주당 김진백, 서울시의원을 지낸 자민당 구철회, 보육원장인 보수당 이규홍 후보들도 출전했다.

이번 7대 총선에서는 지난 총선에서 혈투를 전개했던 신민당 이충환 의원과 보사부장관으로 재무장한 공화당 오원선 후보가 재격돌을 펼쳤다.
지난 6대 총선에서 이충환 의원은 24,502표(37.5%)를 득표하여 당선됐고, 오원선 후보는 18,312표(28.0%)를 득표하여 낙선했다.
충북기업 사장인 통한당 김운섭, 에렌자 보육원장인 자유당 이규홍, 청주대학원장을 지낸 민중당 정인소, 원주대 강사인 민주당 이상록 후보들도 출전했다.
정인소 후보는 지난 5대 총선 때 이정석 의원의 공민권 제한으로 실시된 보궐선거에 당선되어 잠시 동안이지만 의원생활의 경험도 가졌다.
5대 의원에 당선됐으나 공민권 제한으로 퇴직한 이정석 후보를 가볍게 제압하고 재도전의 기회를 잡은 오원선 후보는 해군 군의관을 거쳐 보사부장관을 지냈다.
음성 출신으로 4대의원을 지낸 김주묵 후보를 제치고 5선 고지를 향해 달리는 이충환 후보는 4대 총선 때 자유당 정운갑 후보에게 패배한 아픈 경험도 지니고 있다.
합동연설회에서 이충환 후보는 "공화당이 대통령 3선개헌과 장기집권을 위해 개헌음모를 하고 있는지 모르니 개헌선을 막기 위해 야당의원을 많이 뽑자"고 호소하자, 오원선 후보가 "도둑놈 거짓말 말라"고 소리치며 마이크를 끄고 연설을 방해하는 소란을 피우고 공화당원들의 행패로 연설이 중단되는 소동을 겪었다.
"네가 국회의원이 돼야 이 고장이 발전된다"고 야단법석을 벌인 오원선 후보가 보사부장관 시절 가가호호에 밀가루를 살포한 공덕과 이충환 후보의 비서와 참모진을 대량으로 포섭하는데 성공하여 대승을 거두고 설욕했다.

□ 득표상황

후보자	정당	연령	주요 경력	득표(%)
오원선	민주공화당	45	보사부장관	48,707(65.2)
이충환	신민당	49	6대의원(4선)	23,213(31.1)
정인소	민중당	58	청주대학원장	1,628(2.2)
이상록	민주당	35	원주대 강사	600(0.8)
이규홍	자유당	32	보육원장	511(0.7)
김운섭	통한당	29	백강석회 상무	사퇴

〈제천-단양〉 한국은행총재, 주일본대사라는 인물론을 내세워 현역의원을 밀쳐내고 공천을 받은 여세를 타고 대승을 거둔 공화당 김유택

지난 6대 총선에서는 제천군 내무과장과 제천읍장을 지낸 김종무 후보가 공화당 공천을 받고서 단양에서 4대의원과 5대의원을 지낸 민정당 조종호 후보와 지역대결을 펼쳐 승리했다.

치안국에 근무했던 민주당 노영균, 예비역 해군중령인 자민당 이태수, 기독일보 사장인 보수당 김경, 한일기업 사장인 국민의당 한백수, 제천군 교육위원을 지낸 자유당 이시용, 토건업자인 추풍회 김화경 후보들도 출전했다.

이번 7대 총선에서 공화당은 김종무 의원을 한국은행 총재와 주일대사를 지낸 김유택 후보로 교체했고, 지난 총선에서 7,143표차로 석패한 조종호 후보가 신민당 공천으로, 4,056표를 득표했던 김경 후보가 민중당으로 출전했다.

제천농협 조합장을 지낸 자유당 강의구, 을지문화사 대표인 한독당 이재호 후보들도 출전했다.

박정희 대통령의 총애를 받아 일찍부터 공천내정자로 알려

지자 현역의원인 김종무 의원은 공천신청조차 포기하며 꼬리를 내렸다.
 민주공화당 김유택 후보는 한국은행 총재, 주일대사라는 인물론으로 제천의 인물임을 내세워 단양과 지역대결을 펼쳐, 단양에서 재선의원으로 성장한 신민당 조종호 후보를 압도적으로 짓눌렀다.

□ 득표상황

후보자	정당	연령	주요 경력	득표(%)
김유택	민주공화당	56	한국은행총재	62,871(70.4)
조종호	신민당	45	2선의원(4, 5대)	22,348(25.0)
이재호	한국독립당	59	을지문화사 대표	1,629(1.8)
김 경	민중당	48	충북도의원	1,441(1.6)
강의구	자유당	46	제천농협장	993(1.2)

충청남도

〈대전〉 재야케이스로서 3선 현역의원을 밀쳐내고 공천을 받은 여세로, 박정희 대통령의 특명을 받고 출전했다는 원용석 후보를 1만여 표차로 따돌린 신민당 박병배

 지난 6대 총선에서는 4대와 5대의원을 지낸 민정당 진형하 후보가 대전시장을 지낸 공화당 정인권 후보와 자민당 신기훈 후보를 가볍게 제치고 3선의원이 됐고 국무총리, 국방부장관, 주중대사를 역임한 이범석 후보가 국민의당 공천으로 등록했다가 사퇴했다.
 민주당 정창기, 신흥당 정관의, 정민회 이석희, 보수당 배상직 후보들도 출전했다.

이번 7대 총선에서 공화당은 자유당 공천으로 당진에서 당선되고 경제기획원장관, 농림부장관, 무임소장관을 지낸 원용석 후보로 교체했고, 신민당도 진형하 3선의원을 밀쳐내고 충남 도경국장 출신으로 대덕에서 4대와 5대의원을 지내고 민주당 시절 국방부차관을 지낸 박병배 후보를 공천했다. 이에 진형하 의원은 한독당으로 출전했다.
 한일협정비준 반대투쟁을 하다 투옥된 송천영 후보는 민중당으로, 세문중 교장인 박명서 후보는 통사당으로, 회사원인 이용로 후보는 민주당으로 출전했다.
 민주공화당은 지난 총선에서 낙선한 정인권, 대전일보 사장인 남정섭, 민권운동가인 임호 등이 공천을 신청했으나 당진에 공천을 신청한 원용석 후보를 공천한 돌려막기 공천으로 조직에 다소 혼선을 가져왔다.
 신민당도 대덕에서 재선의원에 당선되었던 박병배 후보를 재야 출신이란 명분을 내세워 현역의원을 밀쳐내고 공천을 단행하여 신민당 붐을 조성토록 했다.
 신민당 박병배 후보는 "야당의원이 정부를 감시하지 않으면 그 사람들은 좋은 감은 자기네들끼리만 나눠먹고 우리 국민들에겐 썩은 감만 던져 줄 염려가 많다"고 호소하고, 한독당 진형하 후보는 "원용석 후보가 대전과의 인연은 이곳을 지나갈 때 도시락 하나 사 먹은 인연밖에 없다"고 대전사람의 텃세를 선동했다.
 이에 공화당 원용석 후보는 "제가 대전에서 출마하게 된 동기는 처량한 대전을 안타까이 여기신 박정희 대통령께서 대전을 부흥시키라고 입후보하도록 명령하셨고, 저는 그 지상명령을 따랐을 따름입니다", "대전을 발전시키려는 박 대통령의 정책지구"라고 역설했다.
 이에 박병배 후보는 "초대형 탱크인 박병배가 국회에 가면 귀찮으니까 나를 꼭 낙선시키려는 정책지구"라고 반격하며,

"부정을 발견하여 신고해주면 부정으로 약속받은 돈의 20배를 상금으로 주겠다"고 공약했다.

지난 대선에서 박정희 후보가 윤보선 후보에게 3천 표 이상 앞선 기세를 잡고 전력을 쏟은 원용석 후보를, "내가 당선되면 1천여 명 쯤의 대전시민회의를 구성하여 지방의회를 대신토록 하겠다"는 박병배 후보가 1만 표가 넘는 표차로 따돌렸다.

☐ 득표상황

후보자	정당	연령	주요 경력	득표(%)
박병배	신민당	49	2선의원(4, 5대)	50,609(50.3)
원용석	민주공화당	61	4대의원(당진)	40,268(40.0)
진형하	한국독립당	50	6대의원(3선)	4,271(4.2)
송천영	민중당	27	한일협정반대투쟁	3,038(3.0)
이용로	민주당	34	회사원	1,497(1.5)
박명서	통일사회당	53	세문중학교장	895(0.8)

〈대덕-연기〉 원내총무 역임 등 실세로 부상된 공화당 김용태 후보는 신민당 성태경 후보를 연파하고 재선고지를 선점

지난 6대 총선에서 민간인으로 5·16 혁명에 가담하여 김종필 중앙정보부장 고문으로 활동했던 공화당 김용태 후보가 연기에서 5대의원에 당선된 민주당 성태경 후보와 대덕에서 3대의원에 당선된 자민당 송우범 후보들을 가볍게 제압하고 국회에 등원하여 원내총무에 발탁됐다.

민정당 송석린, 국민의당 임창수, 보수당 임봉학, 정민회 홍순영, 신민회 김삼동, 추풍회 오춘근 후보들도 부나비처럼 출전했다.

이번 7대 총선에서 공화당 재공천을 받은 김용태 의원에게 영주군수, 장면 부통령비서실장으로 5대의원을 지낸 신민당 성태경 후보가 재도전했다. 지난 6대 총선에서의 표차는 14,749표였다.

충남도의원을 지낸 통한당 박창배, 웅변협회 이사인 자유당 이규홍, 내무부에 근무했던 통사당 최희수 후보들도 출전했다.

공화당 원내총무를 역임하여 중앙무대에서 실세임을 과시한 김용태 후보는 회덕에 철도공작창을 유치하고, 조치원에 엽연초건조공장을 건설하겠다고 공약하며 승세를 굳혀갔다.

송석린, 유지원, 김지복 후보들을 따돌리고 공천을 받은 신민당 성태경 후보는 대덕의 박병배 후보 조직을 인수하여 설욕전에 나섰다.

성태경 후보는 "공화당의 매수작전으로 신민당 조직은 이미 쓸모없게 되어버렸다", "김용태 후보가 돈을 뿌려 부녀자들이 대낮에 주정(酒酊)을 하게 만들어 충청도 아녀자들의 부덕(婦德)을 망쳤다"고 공격해 보았지만, 지난 총선에서의 14,749표차보다 두 배에 가까운 27,534표차로 무너졌다.

□ 득표상황

후보자	정당	연령	주요 경력	득표(%)
김용태	민주공화당	40	6대의원(지역구)	53,659(65.9)
성태경	신민당	49	5대의원, 변호사	26,125(32.1)
최희수	통일사회당	28	내무부공무원	682(0.8)
이규홍	자유당	30	웅변협회이사	620(0.8)
박창배	통한당	51	충남도의원	371(0.4)

〈공주〉 지난 6대 총선에서 공화당 후보를 손쉽게 꺾은 기세를 타고 수성에 안간힘을 쏟았으나 친공화당 정서에 무너져버린 신민당 박찬

지난 6대 총선 때에는 5대 총선 때 민주당 공천에서 제외되고 제명까지 당하여 낙선한 박찬 후보가 민정당 공천을 받고 동정표와 윤보선 후보 지지표를 결집시켜, 자유당 소속으로 3대, 4대, 5대의원에 당선된 공화당 박충식, 4대와 5대의원을 지낸 민주당 김학준 후보들을 제치고 당선됐다.
 신익희 대선후보 비서 출신인 자민당 안신, 단국대 교무과장을 지낸 보수당 김화식 후보들도 출전했다.
 이번 7대 총선에서 공화당은 자유당 소속으로 충남도의원을 거쳐 3대의원에 당선된 김달수 후보를 내세워 충남도의원 출신으로 6대의원에 당선된 신민당 박찬 후보와 한판 승부를 펼치도록 했다.
 문경 신풍탄광 전무를 지낸 자유당 문석규, 자유당 소속으로 3대의원에 당선된 민중당 염우량, 대한독립촉성국민회 과장이었던 통사당 노수일 후보들도 출전했다.
 민주공화당은 김종필 공화당의장과 공주고 동문으로 절친인 이병주 후보를 공천자로 발표했다가 와병(臥病)으로 선거운동을 할 수 없다는 상황에서 전국구 당선 안정권에 배치하고, 3대의원 출신이지만 4대 총선 때에는 자유당 공천을 받고도 민주당 김학준 후보에게 패배하고 5대 총선에도 자유당으로 출전하여 5,865표를 득표하여 낙선하고서 정계에서 떠나갔던 김달수 후보를 대타로 내세웠다.
 4대의원과 5대의원을 지낸 김학준 후보를 가볍게 제압하고 신민당 공천을 받은 박찬 후보는 "자유당 문석규 후보가 공화당과 결탁하여 뒷거래를 하고 나의 인신공격을 하기 위해 출마했다"고 폭로했다.

박찬 후보는 이기형 공주군수에게 공무원 선거운동을 따지다 멱살잡이를 하여 난투극을 벌이기도 했다.

지난 총선에서는 박찬 후보가 3선의원으로 당선됐지만 자유당 출신이며 선거소송에서 당선무효판결을 받은 전력 등으로 민심을 잃은 공화당 박충식 후보를 윤보선 지지표를 결집시켜 승리했지만, 이번 총선에서는 김종필 공화당의장의 제2의 고향이란 민심이 유포되어 공화당 김달수 후보에게 의원뱃지를 넘겨줬다.

□ 득표상황

후보자	정당	연령	주요 경력	득표(%)
김달수	민주공화당	49	3대의원(공주을)	37,033(57.0)
박 찬	신민당	42	6대의원(지역구)	25,097(38.6)
염우량	민중당	55	3대의원(공주갑)	1,383(2.1)
노수일	통일사회당	66	독립전선단장	915(1.4)
문석규	자유당	46	정당인	576(0.9)

〈논산〉 중견정치인으로 성장한 양순직 후보에게 대덕, 보령, 논산군수를 섭렵한 자유당 전시영 후보는 역부족을

지난 6대 총선에서는 서울신문 사장인 양순직 후보가 논산군수 출신인 전시영 후보를 꺾고 공화당 공천을 받고서 김종필 전 중앙정보부장과 동창생임을 내세워 3대, 4대, 5대의원을 지내며 논산의 터줏대감으로 자리잡은 민정당 윤담, 자유당 소속으로 4대의원에 당선된 신민회 김공평 후보들을 가볍게 제압했다.

충남도의원을 지낸 민주당 윤기병, 충남도 학무과장을 지낸 자유당 염준호, 가야곡면장을 지낸 국민의당 송기순, 30

대의 보수당 이보철 후보들도 출전했다.

양순직 의원이 국회 재경위원장으로 무장하여 재출격한 이번 7대 총선에는 지난 6대 총선에서 석패한 강경읍장 출신으로 4대의원을 지낸 김공평 후보가 재출전했다.

대덕, 보령, 논산군수를 역임한 자유당 전시영, 건국청년단 부대표를 지낸 민중당 김용성, 김인영 내과의원 원장인 신민당 김인영, 5대의원을 지낸 한독당 김천수, 고려대학원 재학중인 20대의 민주당 김형중 후보들도 출전했다.

3선의원인 윤담 후보가 출전을 포기한 신민당은 3대의원 육완국, 5대의원 김천수, 고려대학원 재학중인 김형중, 병원장인 김인영 후보들이 각축전을 전개하다 김인영 후보를 낙점하자, 김천수 후보는 한독당으로, 김형중 후보는 민주당으로 출전했다.

지난 6대 총선 때에는 양순직 후보과 공천경쟁을 벌였던 대덕, 보령, 논산군수를 지낸 전시영 후보가 자유당으로 출전하여 논산읍내의 토박이표와 교회표 공략에 나서며 "양(楊)껏 먹고 밭(田)으로 가자"고 외쳐댔다.

강경읍의 오랜 혈연 기반을 중심으로 조직을 구축한 김인영 후보는 강경읍장 출신인 김공평 후보의 등장으로 표의 결집에 한계를 보였다.

충청도 대망론을 부르짖은 김종필 공화당의장의 유세로 부여의 인근인 논산의 유권자는 양순직 후보로의 쏠림현상을 보였다.

□ 득표상황

후보자	정당	연령	주요 경력	득표(%)
양순직	민주공화당	42	6대의원(지역구)	48,303(54.9)
전시영	자유당	49	대덕, 논산군수	26,923(30.6)
김인영	신민당	38	서울의대 강사	9,092(10.3)

김형중	민주당	27	정당인	1,327(1.5)
김천수	한국독립당	57	5대의원(논산갑)	1,221(1.4)
김공평	통한당	62	4대의원(논산갑)	1,040(1.2)
김용성	민중당	26	법률평론사 이사	등록무효

〈부여〉 낙천하면 자살하겠다고 으름장을 놓던 신민당 한광석 후보의 사퇴로 연설 한 번 하지 않고 91.1%의 득표율을 올린 공화당 김종필

 이 지역구의 터줏대감으로 3선의원인 이석기 의원이 서울로 옮겨간 지난 6대 총선에선 중앙정보부장으로 군사정부의 제2인자로 명성을 얻은 공화당 김종필 후보가 3대의원을 지낸 국민의당 조남수, 부여읍장을 지낸 민주당 천병만, 충남도의원을 지낸 자유당 김재련 후보들을 가볍게 제치고 68.2% 득표율로 당선됐다.
 민정당 조용설, 자민당 박병학, 추풍회 김대수 후보들도 출전했다.
 이번 7대 총선에도 당의장으로 굳건하게 자리를 잡은 공화당 김종필 의원에게 4대의원과 참의원을 지낸 신민당 한광석 후보가 도전했으나 등록무효로 중도에 하차했다.
 충남도의원을 지낸 자유당 김재련, 건국대를 졸업한 대중당 김창삼, 부면장을 지낸 한독당 한창희, 청민회 회장인 자민당 이석전 후보들이 출전했다.
 "나를 후보로 안 시켜주면 자살하겠다"고 강청(强請)하고서 신민당 공천을 받은 한광석 후보가 사퇴하자, 아연실색한 신민당은 공화당의 매수설, 사꾸라설, 협박설 등이 난무했다.
 합동연설회나 개인연설회에서 선거연설 한번 하지 않고도

신민당 한광석 후보의 사퇴로 김종필 후보는 91.1%라는 경이적인 득표율을 올리고 재선의원 반열에 올랐다.

□ 득표상황

후보자	정당	연령	주요 경력	득표(%)
김종필	민주공화당	41	6대의원(지역구)	69,961(91.1)
김창삼	대중당	26	건국대졸	4,143(5.4)
한창희	한국독립당	56	부면장	1,259(1.6)
김재련	자유당	57	충남도의원	971(1.3)
이석전	자민당	25	청민회장	491(0.6)
한광석	신민당	48	4대의원, 참의원	등록무효

〈서천-보령〉 개표결과 536표차로 공화당 이원장 후보가 신민당 김옥선 후보에게 승리했으나 재검표 결과 13표차로 당락이 번복되어

 지난 6대 총선 때 국방부차관을 지냈지만 5대 총선에서 무소속으로 출전했다가 낙선한 김종갑 후보가 공화당 공천을 받고서 남장여인(男裝女人)으로 정의여중고 교장인 민정당 김옥선, 충남도의원인 민주당 이영우, 3대의원을 지낸 국민의당 나희집 후보들을 가볍게 제압했다.
 자민당 백기홍, 자유당 윤세억, 신민회 신영석, 추풍회 박창규 후보들도 출전했다.
 이번 7대 총선에서 공화당은 김종갑 의원을 낙마시키고 육군본부 인사국장을 지낸 예비역 육군소장으로 자유당 공천으로 4대의원에 당선된 이원장 후보를 내세웠다.
 5대 총선에서도 낙선하고 지난 총선에서도 18,043표차로 차점 낙선한 김옥선 후보가 신민당 공천을 받고 재출격했

고, 박창규 후보도 통사당 공천으로 출전했다.
충남도 농민회부회장을 지낸 안병철 후보가 자유당으로, 장면 부통령 공보비서관을 지낸 노승삼 후보도 한독당으로 출전했다.
9사단장, 제2훈련소장, 국방부차관을 지낸 현역의원 김종갑과 육군본부 인사국장, 6사단장, 4대의원을 지낸 이원장 후보의 별들의 전쟁은 엎치락 뒤치락을 반복하다가 이원장 후보가 승리했으나 전쟁의 상처는 너무나 깊었다.
방일홍, 김양현, 노승삼 후보들을 꺾고 신민당 공천을 받은 김옥선 후보는 26세의 젊은 나이에 5대 총선에 출전하여 4,653표를 득표했다. 김종갑 후보는 14,655표를, 노승삼 후보는 4,762표를 득표하여 함께 낙선했다.
정의여자중고를 설립하여 교장이 된 지난 6대 총선에서 김옥선 후보는 민정당으로 출전하여 25,750표를 득표하며 차점 낙선했고, 추풍회 박창규 후보는 1,490표를 득표했다. "과거 두 차례의 패배를 기어코 설욕하겠다"는 김옥선 후보는 "농어민과 여성들의 지위향상을 위한 투쟁에 헌신한 것이 바로 제가 결혼한 것"이라고 투쟁의지를 불태웠다.
투표 결과 공화당 이원장 후보가 536표차로 승리했으나, 대법원의 판결에 의해 1년 후에 재검표 결과 김옥선 후보가 51,440표로 51,427표를 득표한 이원장 후보를 13표차로 꺾고 당선이 번복됐다. 그리하여 이원장 의원은 의원직을 박탈당하고 김옥선 후보가 의원직을 승계했다.

□ 득표상황

후보자	정당	연령	주요 경력	득표(%)
이원장	민주공화당	42	4대의원(보령)	51,725(48.2)
김옥선(여)	신민당	33	정의여고교장	51,189(47.7)
노승삼	한국독립당	39	장면부통령 비서	2,328(2.2)

안병철	자유당	32	충남도의원	1,371(1.3)
박창규	통일사회당	34	정치평론사 대표	605(0.6)

〈홍성-청양〉 혁명주체로서 검찰총장, 법무부장관을 지낸 실세임을 내세워 70%가 넘는 득표율로 대승을 거둔 장영순

지난 6대 총선에서는 2대와 5대의원으로 민주당 정부시절 내무부장관을 지낸 국민의당 이상철 후보가 4대 총선 때 패배를 안겨줬던 공화당 김창동, 홍성에서 2대와 4대의원을 지낸 민정당 유승준, 홍성에서 3대의원에 당선된 정민회 김지준, 기자협회지회장인 자민당 명제익 후보들을 70대의 노익장을 과시하며 꺾었다.

이번 7대 총선에서 공화당은 육사 출신으로 검찰총장, 법무부장관을 지낸 장영순 후보를 내세웠고, 신민당은 5대의원에 당선되어 법무부차관을 지낸 김영환 후보를 내세워 변호사 간 혈투를 전개하도록 했다.

청양군 재향군인회장인 통한당 복진관, 당무위원인 자유당 이운한, 웅변협회장인 민중당 채원식, 4월혁명 부상학생동지회 회장인 대중당 박부진, 정치신인인 한독당 이상준 후보들도 출전했다.

고인찬, 김지준, 서병훈 예비후보들을 꺾고 공화당 공천을 받은 장영순 후보는 육사 출신으로 검찰총장, 법무부장관, 감사원사무총장 등 다채로운 경력을 자랑한 인물이다.

이상철 의원이 정계를 은퇴하고 신민당은 지난 총선에서 공화당으로 출전했던 김창동, 2대와 4대의원인 유승준, 육영사업가인 채원식 후보들을 제치고 5대의원으로 법무부차관을 지낸 김영환 후보를 낙점했다.

이에 채원식 후보는 민중당으로 출전했다.

혁명주체로 요직을 거친 정권 실세로 알려진 장영순 후보가 공주와 인접하고 있다는 지리적 이점을 안고 70%가 넘는 득표율로 대승을 거두었다.

홍성과 청양의 군(郡)대항전에서 장영순 후보가 유리한 위치를 선점한 이점도 활용됐다.

□ 득표상황

후보자	정당	연령	주요 경력	득표(%)
장영순	민주공화당	44	법무부장관	65,851(70.5)
김영환	신민당	55	5대의원(청양)	20,730(22.2)
박부진	대중당	25	정경민보사 기자	2,261(2.4)
이상준	한국독립당	30	정당인	2,046(2.2)
이운한	자유당	35	자유당 당무위원	1,102(1.2)
채원식	민중당	32	웅변협회장	1,034(1.1)
복진관	통한당	33	재향군인회장	419(0.4)

〈예산〉 지난 총선에는 공화당 공천에 반발하여 추풍회로 출전하여 6,206표 득표로 낙선했지만, 이번 총선에서 차점 낙선자를 예선에서, 당선자를 본선에서 꺾은 박병선

지난 6대 총선에서는 국회 전문위원 출신인 국민의당 한건수 후보가 제헌의원 출신으로 자유당 공천으로 4대의원에 당선되고 5대 총선에는 무소속으로 출전했다가 사퇴하고서 공화당으로 전향한 윤병구 후보에게, 지난 5대 총선에서 낙선한 동정여론과 공화당의 공천 후유증이라는 호재를 활용하여 의외의 승리를 거두었다.

육군중령 출신으로 군의관을 지낸 박병선 후보가 공화당의 낙천에 반발하여 추풍회로 출전하고, 5대의원인 성원경 후보가 고령으로 출전을 포기하여 신복균 후보가 민주당으로,

지방전매청장을 지낸 박종화 후보는 민정당으로 출전했다.

이번 7대 총선에서 공화당은 지난 총선에서 공천에 반발했으나 재건국민운동 예산촉진회장을 맡아 활약한 박병선 후보를 공천하여 홍익대 사무처장을 지낸 신민당 한건수 의원과 재격돌토록 했다.

국제사회주의 청년연맹 대표로 활약한 김성식 후보가 통사당으로, 충남도의원을 지낸 박창식 후보가 민주당으로 출전했다.

공화당은 지난 총선에 공화당으로 출전하여 10,417표를 득표한 윤병구 후보를 제치고, 공천에 반발하여 추풍회로 출전하여 6,206표를 득표한 박병선 후보를 낙점했다.

박병선 후보는 육군중령 군의관 출신으로 예산읍에 박내과의원을 개업중에 있는 개업의(開業醫)로 공화당의 조직, 풍부한 자금, 음성적으로 지원하는 행정력에 의해 지난 총선에 20,355표 득표하여 당선된 한건수 후보를 꺾고 국회에 등원했다.

그러나 대법원으로부터 박병선 의원은 당선무효 판결을 받았으나 잔여임기가 얼마 남지 않아 보궐선거는 실시되지 않았다.

□ 득표상황

후보자	정당	연령	주요 경력	득표(%)
박병선	민주공화당	41	육군 군의관	31,389(51.8)
한건수	신민당	45	6대의원(지역구)	27,442(45.3)
박창식	민주당	48	충남도의원	1,010(1.7)
김성식	통일사회당	28	정당인	789(1.3)

〈서산〉 야권이 분열된 지난 총선에선 한영수 후보와 5,433

표차였지만 이번 총선에선 33,506표차로 꺾고 재선고지에 오른 공화당 이상희

　지난 6대 총선 때에는 충남도의원을 지낸 이상희 후보가 공화당 공천을 받고서 5대의원을 지낸 민주당 장경순, 충남도의원을 지낸 조제현 후보들을 가볍게 꺾고 국회에 등원했다.
　대학강사인 국민의당 김영수, 대전일보 사장인 한독당 이경진, 경남 병사구사령관을 지낸 자민당 이풍우 후보들도 선전했지만, 고려대 출신으로 28세인 민정당 한영수 후보의 선전이 돋보였다.
　이번 7대 총선에서는 지난 총선에서 18,924표(24.7%)를 득표하여 당선된 공화당 이상희 후보와 13,491표(17.6%)를 득표한 신민당 한영수 후보가 재격돌했다.
　3대의원을 지낸 자유당 나창헌, 15년 동안 정당활동을 펼쳐 온 대중당 정헌제, 통사당 노동협동국장인 정동훈, 지난 총선에도 출전했던 민주당 이경진 후보들도 출전했다.
　박완교, 김동열, 지창화, 이희균 예비후보들의 도전으로 공천과 낙천을 오락가락한 공화당 이상희 후보는 어렵게 재공천을 받았다.
　지난 총선에 민주당으로 출전하여 12,365표를 득표했던 5대의원인 장경순 후보들을 비롯하여 3대의원인 나창헌, 3대와 4대의원인 유순식, 이영진 후보들을 따돌리고 지난 총선에서 13,491표를 득표한 한영수 후보가 공천을 받자, 나창헌 후보는 자유당으로 출전했다.
　지난 총선에서 야권분열의 틈새를 비집고 민정당 한영수 후보를 5,433표차로 따돌린 공화당 이상희 후보는 이번 총선에서는 통합야당의 기치를 내건 신민당 한영수 후보를 무려 33,506표차로 꺾고 재선가도를 달렸다.

□ 득표상황

후보자	정당	연령	주요 경력	득표(%)
이상희	민주공화당	44	6대의원(지역구)	57,559(50.7)
한영수	신민당	33	총선입후보(2회)	24,053(25.4)
나창헌	자유당	66	3대의원(서산갑)	6,835(7.2)
정헌제	대중당	41	정치인	2,879(3.0)
정동훈	통일사회당	36	정당인	1,930(2.0)
이경진	민주당	57	대전일보 사장	1,603(1.7)

〈당진〉 혜성처럼 등장하여 지난 총선에서 차점낙선한 유제연, 5대의원인 이규영과 박준선을 무너뜨린 공화당 김두현

지난 6대 총선에는 자유당 소속으로 관세청장, 재무부장관, 3대와 4대 의원을 지낸 인태식 후보가 공화당 공천을 받고 신평공민학교 교장인 자민당 유제연, 동아일보 지국장인 민정당 김시환, 천안, 아산, 당진 경찰서장을 지낸 보수당 박영래, 예비역 육군소령인 민주당 강태원 후보들을 가볍게 꺾고 3선의원이 됐다.
이번 7대 총선에서 공화당은 인태식 의원을 공천에서 탈락시키고 대구고법 부장판사를 지낸 김두현 후보를 내세웠다. 지난 총선에서 11,368표(22.4%)를 득표하여 차점 낙선한 유제연 후보가 신민당 공천으로 출전했고, 지난 5대 총선 때 민주당 공천으로 을구에서 당선된 박준선 후보는 자유당으로, 갑구에서 당선된 이규영 후보는 민주당으로, 중앙대 출신인 최부성 후보는 민중당으로 출전했다.
제1야당에 대한 선호경향으로 30대의 유제연 후보는 차점 낙선했지만, 4대 총선 때 민주당으로 출전하여 자유당의 인태식, 원용석 후보들에게 패배했지만 4월혁명 열기를 타고

5대 총선 때 당선된 박준선, 이규영 후보들이 재기를 기대하며 도전했지만 소기의 성과를 거두지 못했으나 자유당으로 출전한 박준선 후보의 선전이 돋보였다.

□ 득표상황

후보자	정당	연령	주요 경력	득표 (%)
김두현	민주공화당	41	서울고법 판사	37,996(56.9)
유제연	신민당	32	정당인	12,355(18.5)
박준선	자유당	44	5대의원(당진을)	11,841(17.7)
이규영	민주당	42	5대의원(당진갑)	3,684(5.5)
최부성	민중당	29	정당인	912(1.4)

〈아산〉 자유당 출신 4대의원으로 신민당 강필선 후보를 격파하고 이 지역구의 전통인 초선의원 배출의 전통을 부숴버린 공화당 이민우

지난 6대 총선에서는 충남도지사를 지낸 이영진 후보가 예상을 뒤엎고 공화당 공천을 받고 출전하여 동방흥업 사장으로 황명수 충남도의원을 제치고 민정당 공천을 받은 강필선 후보에게 316표 차로 꺾고 국회에 등원했다.
5대의원인 민주당 성기선, 4대의원인 국민의당 이민우, 제헌의원인 자민당 서용길, 충남도의원을 지낸 보수당 방주현 후보들도 출전했다.
이번 7대 총선에서 공화당은 이영진 의원을 낙천시키고 지난 총선에서 국민의당으로 출전하여 4,867표(9.0%)를 득표한 자유당으로 4대의원을 지낸 이민우 후보를 내세웠다.
지난 총선에서 316표 차로 낙선한 강필선 후보는 신민당으로 출전하여 이민우 후보와 혈투를 벌였다.

국토건설단 동지회장인 통한당 이민국, 지구당위원장인 민중당 이상혁, 국학대 강사인 한독당 권태근, 한성타올 대표인 통사당 성백수, 제헌의원을 지낸 민주당 서용길 후보들도 출전했다.

회사장으로 재력이 구비된 신민당 강필선 후보는 6대 총선에선 충남도지사 출신인 이영진 후보에게 316표 차로 낙선했지만, 이번 총선에서는 자유당 출신인 이민우 후보에게 14,393표차로 패배한 것은 공화당의 뿌리가 깊게 내려졌음을 실감케 했다.

초대에는 서용길, 2대에는 이규갑, 3대에는 홍순철, 4대에는 이민우, 5대에는 성기선, 6대에는 이영진 후보를 당선시킨 이 지역구에서 이민우 후보는 유일한 재선의원이 됐다.

□ 득표상황

후보자	정당	연령	주요 경력	득표 (%)
이민우	민주공화당	61	4대의원(아산)	35,750(58.5)
강필선	신민당	49	회사장	21,357(35.0)
서용길	민주당	54	제헌의원(아산)	1,665(2.7)
이상혁	민중당	28	정당인	1,048(1.7)
권태근	한국독립당	34	국학대 강사	705(1.2)
성백수	통일사회당	33	한성타올 대표	535(0.9)
이민국	통한당	33	건설단 동지회장	등록무효

〈천안 - 천원〉제헌의원 선거에서부터 빠짐없이 출전한 신민당 이상돈 후보에게 승리하여 2승2패1무를 기록하고 재선의원이 된 공화당 김종철

지난 6대 총선에서는 제헌의원과 5대 의원을 지낸 민정당

이상돈 후보가 자유당 공천으로 4대 의원에 당선됐으나 지난 5대 총선 때 무소속으로 출전하여 1,993표 차로 낙선한 국민의당 김종철, 민주당 공천으로 5대 총선 때 당선됐으나 공화당으로 전향한 홍춘식 후보들을 꺾고 3선의원 반열에 올랐다.

이번 7대 총선에서 공화당은 5대 총선에서는 1,993표 차로, 6대 총선에서는 3,013표 차로 신민당 이상돈 의원에게 패배한 김종철 후보를 내세워 2전 3기의 설욕전을 펼치도록 했다.

충남도의원, 천안 농협장을 지낸 자유당 안장훈, 제헌의원과 2대의원을 지낸 민중당 김용화, 오랫동안 정당 활동을 펼쳐 온 대중당 오부영, 6.3 동지회 상임위원인 민주당 박동인 후보들도 출전했다.

이번 총선에서 당선된 김종철 후보와 낙선한 이상돈 후보와의 끈질긴 악연과 혈투는 제헌의원 선거때부터 시작됐다.

김종철, 이민우 후보는 제헌의원 선거에서 동시에 낙선했으나 당선무효로 인한 재선거에서 이상돈 후보는 당선됐고 2대와 3대 총선에서 이상돈 후보는 김용화, 한희석 후보에게 패배했다.

4대 총선에서 천안 을구에서 김종철 후보가 혜성처럼 자유당 갑옷을 입고 출현하여 이상돈 후보를 꺾었으나, 5대 총선에선 리턴매치에서 당락이 뒤바뀌었다.

6대 총선에선 이상돈 후보가 연승을 이어갔으나 이번 총선에서 당락이 엇갈려 김종철 후보는 이상돈 후보에게 2승 2패 1무를 기록했으며, 이상돈 후보는 총선에 빠짐없이 7번 출전하는 진기록 보유자가 됐다.

□ 득표상황

후보자	정당	연령	주요 경력	득표 (%)
김종철	민주공화당	46	4대의원(천안을)	31,799(60.6)

이상돈	신민당	55	6대의원(3선)	13,720(26.1)
안장훈	자유당	56	충남도의원	3,526(6.7)
박동인	민주당	28	6.3 동지회회원	1,581(3.0)
오부영	대중당	57	정당인	1,260(2.4)
김용화	민중당	65	2선의원(1, 2대)	638(1.2)

〈금산〉 지난 총선에선 장면 국무총리, 윤보선 대통령비서 출신인 김덕원 후보를 10,940표차로, 이번 총선에선 23,707표차로 꺾고 연승가도를 달린 공화당 길재호

지난 6대 총선에서는 전북 금산군을 충남 금산군으로 행정구역을 개편하는데 기여한 국가재건최고회의 최고위원인 길재호 후보가 고려말 유학자 길재의 후손이란 명분을 내걸고 터전을 잡아가자, 이 지역의 터줏대감인 3선의원인 유진산 후보가 혼비백산(魂飛魄散)하여 줄행랑을 쳤고, 윤보선 대통령의 비서 출신인 31세의 민정당 김덕원 후보가 대항마로 나섰으나 역부족이었다.

토건노조 위원장인 자민당 신광주, 중학교장 출신인 민주당 박명서 후보들도 출전했다.

이번 7대 총선에서는 공화당 사무총장으로 중무장한 길재호 후보에게 지난 총선에서 10,940표차로 낙선한 김덕원 후보가 신민당 공천으로, 전북도의회 의장을 지낸 김귀복 후보가 통한당으로 도전했다.

공화당 출신인 김귀복 후보는 3천여 호의 김해 김씨 문중을 파고들면서 "공화당의 자금공세와 행정지원 때문에 전쟁이 안 된다"고 푸념했다.

장면 부통령 비서와 윤보선 대통령의 비서라며 야당 투사

임을 내세운 김덕원 후보는 지난 총선에는 민정당으로 출전하여 공화당 길재호 후보에게 10,940표차로 패배했지만, 이번 총선에서는 선거 도중 과로로 졸도하여 선거운동을 펼치지 못해 두 배가 넘는 23,707표차로 연거푸 패배했다.

공화당을 탈당한 김귀복 후보는 지역정서를 자극하면서 "길재호 후보가 지방사업을 하긴 했지만 대여당 사무총장이 이 정도냐"고 역공세를 펼치기도 했으나 성적은 신통치 않았다.

□ 득표상황

후보자	정당	연령	주요 경력	득표(%)
길재호	민주공화당	44	6대의원(지역구)	31,799(71.6)
김덕원	신민당	35	대통령 비서관	7,092(16.0)
김귀복	통한당	51	전북도의원	5,494(12.4)

전라북도

〈전주〉 "3선의원 될 때까지 이렇다 할 사업 하나 해 놓은 것이 어디 있느냐"는 공격에 쉽게 무너져내린 신민당 유청

이철승 3선의원이 정치활동정화법에 묶여 출전할 수 없는 지난 6대 총선에서는 4대와 5대의원을 지낸 민정당 유청 후보가 국가재건최고회의 기획위원으로 활동한 공화당 이동욱, 전주시장을 지낸 자민당 이주상, 전통시장조합장을 지낸 민주당 정규헌, 전주시의원을 지낸 국민의당 김영곤 후보들을 가볍게 제압하고 3선의원 반열에 올랐다.

정민회 강민석, 신흥당 이우상, 자유당 김영석, 보수당 신동길 후보들도 출전했다.

이번 7대 총선에서 공화당은 서울시 내무국장을 지낸 김용진 변호사로 교체하여 신민당 유청 후보의 4선의원 고지 점령의 저지에 나섰다.

지난 6대 총선에도 출전했던 민주당 이동욱, 한독당 이주상, 대중당 이우상 후보들이 출전했고, 전주시의원을 지낸 자유당 이한규, 전북도 과장을 지낸 민중당 김심원 후보들도 처녀 출전했다.

지난 총선에 출전하여 16,942표를 득표하고 낙선한 이동욱 후보를 제치고 공화당 공천을 받은 김용진 후보는 "전주시는 20년 동안 야당도시였기 때문에 발전하지 못했으니 이번에는 여당의원을 내보자"고 역설했다.

김용진 후보는 "전주의 선거는 나무그릇 다루는 듯해서는 망치고 유리그릇 다루듯 조심조심 해야한다"면서 관(官)의 서툰 선거관여나 여당이 독주하는 듯 거슬리게 보이면 역효과라면서 22개 공장을 유치하여 전주공업단지를 이룩하겠다는 공약만을 강조했다.

전주북중 교장 출신으로 3선고지에 오른 신민당 유청 후보는 "공화당이 여론조사라는 명목으로 불법 선거를 자행하고 있다"고 비난했다.

전북도 과장을 거쳐 서울시 내무국장을 지낸 김용진 후보는 1만 5천 명의 당원들을 독려하며 "3선의원 될 때까지 전주에 이렇다 할 사업 하나 해 놓은 것이 어디 있느냐"고 유청 후보를 비난하고, "전북이 내무, 체신, 공보부차관을 냈고 박노선도 공화당 비례대표를 얻은 호기에 전주도 여당의원을 배출하여 발전하자"고 호소하여 대승을 거두었다.

공화당은 지난 4년 동안 네 차례나 지구당위원장이 바뀌고 공천경합을 했던 이동욱 후보마저 민주당으로 출전하여 호기를 맞은 유청 후보는 원불교 등 1만여 명의 불교도의 결집을 기도하며 4선고지를 향해 질주했으나, 59개 교회 8

천여 명의 기독교 표밭이 행정, 사법 양과에 합격한 전주출신 인물임을 내세운 김용진 후보의 야당도시를 벗어나자는 민심의 역풍으로 너무나 쉽게 무너졌다.

□ 득표상황

후보자	정당	연령	주요 경력	득표(%)
김용진	민주공화당	44	서울시 내무국장	38,977(53.7)
유 청	신민당	48	6대의원(3선)	24,585(33.9)
이주상	한국독립당	59	전주시장	5,462(7.5)
이우상	대중당	36	대중당 유세위원장	1,268(1.7)
이동욱	민주당	49	참의원 전문위원	978(1.4)
이한규	자유당	52	전주시의원	680(0.9)
김심원	민중당	58	전북도 운수과장	654(0.9)

〈군산-옥구〉 고형곤 현역의원을 자의반 타의반 밀어내고 신민당 공천을 받은 김판술 후보는 군산의 인물임을 내세우고 분전했으나 석패

이 지역의 3선의원인 양일동 의원이 정치활동정화법에 묶인 지난 6대 총선에서는 전북대 총장을 지낸 민정당 고형곤 후보가 명치대 출신으로 사회부차관을 지내고 지난 5대 총선에는 무소속으로 출전하여 낙선한 공화당 김용택 후보를 303표차로 꺾고 당선됐다.

3대와 5대의원으로 보사부장관을 지낸 민주당 김판술 후보와 정치신인이지만 재력을 구비한 국민의당 김봉욱 후보의 선전은 돋보였지만, 전북도의회 의장을 지낸 보수당 박동근, 청년운동가인 자민당 이원석 후보들의 득표력은 미약했다.

이번 7대 총선에서는 고형곤 의원이 은퇴하고 김판술 후보

가 신민당 공천으로 출전하여 변호사로 명성을 쌓은 공화당 차형근 후보와 자웅(雌雄)을 겨뤘다.

농업인인 대중당 김재문 후보가 출전하여 파수꾼 역할을 했다.

민주공화당은 지난 총선에서 303표차로 낙선한 김용택 후보를 비롯하여 채영석, 채수용, 김동성, 김선태, 이갑성 후보들을 제치고 검사를 거쳐 변호사를 개업한 차형근 후보를 공천했다.

공천을 받은 차형근 후보는 폐항 위기에 처한 군산항을 구할 길은 여당의원의 선출밖에 없다고 주장했다.

고형곤 현역의원을 자의반 타의반 은퇴시키고 신민당 공천을 받은 김판술 후보는 3대와 5대의원을 지냈으며 보건사회부 장관을 지냈다.

군산이 배출한 인물임을 내세운 김판술 후보는 김해 김씨, 김해 허씨 종중을 파고들어 당선권을 넘나들었으나, 1,892표차로 3선의 꿈이 사라졌다.

불법선거와 부정개표에 대한 논란이 지속되자 공화당은 차형근 의원을 공화당에서 제명조치했다.

지루한 선거소송은 대법원에서 기각되어 차형근 의원의 의원생활은 지속됐다.

□ 득표상황

후보자	정당	연령	주요 경력	득표(%)
차형근	민주공화당	42	검사, 변호사	42,640(50.1)
김판술	신민당	58	2선의원(3, 5대)	40,748(47.9)
김재문	대중당	50	농업	1,650(2.0)

〈이리-익산〉 3선의원, 문교부장관과 익산군 춘포면장의 대

결은 이번 총선에서도 표차의 간극만 좁혀졌을 뿐 춘포면장의 연승가도는 여전

지난 6대 총선에서는 익산군 춘포면장과 전북 수리조합장을 지낸 김성철 후보가 공화당 공천을 받고서 2대, 4대, 5대의원으로 문교부장관을 지낸 윤택중, 전북도의원과 이리시장을 역임한 자민당 성범용, 5대의원을 지낸 민정당 조규완 후보들을 가볍게 제압했다.
이번 7대 총선에서는 지난 총선에서 한판 승부를 펼쳤던 공화당 김성철 후보와 신민당 윤택중 후보가 진검승부로 재대결을 펼쳤다.
면장 출신과 장관 출신이 맞대결한 지난 6대 총선에서 공화당 김성철 후보와 민주당 윤택중 후보와의 표차는 13,381표였다.
지난 6대 총선에서는 야권이 민주당 윤택중 후보가 17,919표, 민정당 조규완 후보가 14,509표, 자민당 함범용 후보가 11,131표를 득표하여 43,559표를 득표하고도 분열된 상황에서 13,381표차로 패배했지만, 이번 총선에서는 야권이 통합되어 승산이 있을 것으로 전망됐지만, 결과는 이번에도 9,949표차로 좁혀졌을 뿐 승패는 여전하여 장관과 면장의 대결은 연승과 연패로 막을 내렸다.

□ 득표상황

후보자	정당	연령	주요 경력	득표(%)
김성철	민주공화당	53	6대의원(지역구)	51,645(55.3)
윤택중	신민당	53	3선의원(익산을)	41,696(44.7)

〈완주〉 현역의원을 공천에서 따돌린 여세를 몰아 재선의원

으로 재도전한 배성기 후보를 2만 4천여 표차로 꺾어버린
공화당 유범수

지난 6대 총선에서 육군준장 출신으로 국방대학원 교수인 공화당 최영두 후보가 4대와 5대의원을 지낸 민주당 배성기, 변호사로 동양대 부교수인 자민당 소중영, 남원군수와 김제군수를 지낸 민정당 황호면, 교육감을 지낸 국민의당 이석조 후보들을 가볍게 제압했다.
 이번 7대 총선에서 공화당은 최영두 의원을 배제하고 예비역 육군중령으로 정읍, 완주, 고창군수를 지낸 유범수 후보를 내세웠다.
 지난 6대 총선에서 12,224표차로 패배한 배성기 후보는 신민당으로 출전하여 설욕을 다짐했다.
 원광대 출신인 자유당 이성로, 건국대 출신인 정의당 임희영, 최두선 국무총리 보좌역인 한독당 김택주 후보들도 출전했다.
 국방대 교수 출신인 현역의원을 공천에서 따돌린 기세를 타고 전 지역구를 누빈 공화당 유범수 후보는 전주의 외곽으로 농촌지역이라는 지역 특성을 살려 통합야당의 기수임을 내세우며 재도전한 신민당 배성기 후보를 큰 표차로 따돌렸다.
 지난 6대 총선에 국민의당으로 출전했던 이석조, 자유당 공천으로 3대의원에 당선된 손권배, 제헌의원에 당선된 이석주 후보들을 예선전에서 꺾은 배성기 후보는 재선 때 맺은 인연을 찾아 본선에서 고군분투했으나 역부족이었다.

 □ 득표상황

후보자	정당	연령	주요 경력	득표(%)
유범수	민주공화당	40	고창, 완주군수	35,329(53.7)

배성기	신민당	50	2선의원(4, 5대)	19,445(29.5)
이성로	자유당	50	토지개량조합 참사	6,944(10.6)
임희영	정의당	26	신생활일보사 이사	2,579(3.9)
김택주	한국독립당	39	국무총리 보좌역	1,512(2.3)

〈진안-무주-장수〉 지난 총선에 이어 이번 총선에도 4분 5열된 야권의 틈새를 비집고 30대 초반에 3선 고지를 선점한 공화당 전휴상

지난 6대 총선에서는 5대 총선 때 진안에서 무소속으로 출전하여 당선되고서 청조회 활동을 벌였던 전휴상 후보가 공화당으로 변신(變身)하여 자유당 공천으로 4대 총선 때 무주에서 당선된 자민당 김진원 후보와 무소속으로 4대 총선 때 진안에서 당선된 정민회 이옥동, 장수에서 제헌의원에 당선된 보수당 김봉두 후보 등 선배 의원들을 제치고 재선의원이 됐다.

30대의 민정당 오치황 후보와 민주당 최성석 후보들도 함께 뛰었다.

이번 7대 총선에서는 32,132표(41.4%)를 득표하여 당선된 공화당 전휴상 후보를 향해 11,610표(15.0%)를 득표한 자유당 김진원 후보와 10,076표(13.0%)를 득표한 신민당 최성석 후보들이 재도전했다.

진안에서 2대와 3대의원에 당선된 대중당 박정근, 정치대 출신인 한독당 박수산, 사업가인 민주당 최팔용 후보들도 출전했다.

최팔용, 오치황, 김진원, 송재열, 박정근 후보들을 제치고 신민당이 10,076표를 득표한 30대의 최성석 후보를 공천하자, 11,610표를 득표하여 차점 낙선한 김진원 후보는 자유

당으로 출전했고, 최팔용 후보는 민주당으로, 박정근 후보는 대중당으로 출전했다.

 최성석 후보는 장수군표를 디딤돌 삼아 진안, 무주를 겨냥하고 낙천에 불만을 품은 2대, 3대의원과 전북도지사를 지낸 박정근 후보는 무주군표를 발판으로 진안, 장수를 향해 진격했다.

 천안 전씨 1천 3백호 4천여 표를 발판으로 농사개량구락부, 농촌개발지도자 등 사조직을 활용하고 있는 공화당 전휴상 후보는 용담댐 건설로 생겨날 수몰민들을 부채질하고 "충분한 보상금을 타 주겠다"고 회유하여 70%가 넘는 득표율로 30대 초반에 3선 고지를 선점했다.

 □ 득표상황

후보자	정당	연령	주요 경력	득표(%)
전휴상	민주공화당	33	6대의원(2선)	74,385(73.5)
최성석	신민당	34	정당인	13,092(12.9)
박정근	대중당	69	2선의원(2, 3대)	6,630(6.6)
김진원	자유당	50	4대의원(무주)	4,002(4.0)
박수산	한국독립당	35	정당인	1,889(1.8)
최팔룡	민주당	30	정당인	1,171(1.2)

〈임실-순창〉 야권성향표가 자유당 임차주, 신민당 엄병학 후보로 분산된 틈새를 비집고 40대에 3선의원 등극에 성공한 공화당 한상준

 지난 6대 총선에서는 5대 총선 때 임실에서 전북도의원 출신으로 무소속으로 입후보하여 민주당 공천후보를 꺾고 당선된 한상준 후보가 공화당으로 전향하여, 임실에서 2대

의원에 당선되고 참의원을 지낸 민정당 엄병학, 순창에서 5대 총선 때 김병로 초대 대법원장을 꺾은 민주당 홍영기 후보들을 꺾고 재선의원이 됐다. 자민당 김기동, 정민회 김판산, 추풍회 오환묵, 국민의당 박두술 후보들도 출전했다.

이번 7대 총선에서는 지난 6대 총선에서 25,732표(37.8%)로 당선된 공화당 한상준 의원에게 17,402표(25.6%)를 득표하여 낙선한 엄병학 후보가 신민당 공천으로 출전하여 재결투를 벌였다.

순창에서 3대, 4대의원에 당선되고 6대 국회에서 민정당 전국구 의원 승계로 3선의원이 된 임차주 후보가 자유당으로 출전하여 3각 구도를 형성했다.

지구당위원장인 통한당 오환묵, 대한웅변협회 이사인 대중당 정홍집 후보들도 출전했다.

신민당은 2대의원과 참의원을 지내고 지난 총선에는 민정당으로 출전하여 차점 낙선한 엄병학 후보와 3대와 4대 총선에서 자유당 공천으로 순창에서 당선되고 신민당 전국구 의원을 승계한 임차주 후보를 저울질하다가 엄병학 후보를 낙점하자, 임차주 후보가 반발하여 자유당으로 출전했다.

임차주 후보는 유일한 순창 출신으로 임실표가 네 후보에게 균분(均分)되고 순창표를 결집시키면 당선이 가능하다고 계산했지만, 풍부한 자금과 행정력을 동원한 공화당 한상준 후보의 적수가 되지 못했다.

☐ 득표상황

후보자	정당	연령	주요 경력	득표(%)
한상준	민주공화당	45	6대의원(2선)	41,871(53.2)
엄병학	신민당	49	2대의원, 참의원	18,345(23.3)
임차주	자유당	48	6대의원(3선)	15,630(19.8)
정홍집	대중당	39	대전일보 주필	1,882(2.4)

오환묵	통한당	33	정당인	1,016(1.3)

〈남원〉 통합야당의 기치를 내세우며 설욕전을 펼쳤으나 지난 총선에는 6,767표차로, 이번 총선에는 20,145표차로 연패한 신민당 양해준

지난 6대 총선에서 이 지역구는 양영주, 박윤용, 박환덕 후보들을 제치고 공화당 공천을 받은 교육감 출신인 유광현 후보가 전북도의원 출신으로 5대 총선에 출전하여 55표차로 낙선한 민주당 양해준 후보를 6,767표차로 꺾고 국회에 등원했다.

자유당 소속으로 4대의원을 지낸 국민의당 안균섭, 전북도 경찰국장을 지낸 민정당 정준수, 참의원에 당선된 자민당 양춘근 후보 등으로 야권성향표가 흩어진 결과였다.

이번 총선에서도 공화당 재공천을 받은 유광현 의원과 지난 총선에서 차점 낙선한 신민당 양해준 후보가 재대결을 펼쳤다.

전북도의원을 지낸 자유당 박재윤, 회사원인 민중당 김태선, 지역사회개발 지도원인 대중당 고완산 후보들도 출전했고, 5대의원을 지낸 윤정구 후보가 등록했으나 등록무효로 도중하차했다.

이번 7대 총선에서 양영주, 소병남 예비후보들을 꺾은 유광현 후보는 재선고지를 향한 주자로 선정됐고, 지난 6대 총선에서 차점 낙선한 양해준 후보는 안균섭, 김태선, 윤정구 후보들을 제치고 재도전의 기회를 포착했다.

낙천에 반발한 윤정구 후보가 민주당으로 출전했다 중도에 사퇴했다.

양해준 후보는 "이번 대통령 선거에서 경상도에서 몰표가 나왔으니 공화당 정권은 신라정권"이라며 설욕을 호소했다.

유광현 후보는 "대통령 선거 때 얻은 송아지가 황소가 되는 과정이니 다시 일을 시키기 위해 코를 뚫는 것 아니냐"면서 방대한 조직과 행정력의 지원을 받아 너무나 쉽게 재선고지를 점령했다.

□ 득표상황

후보자	정당	연령	주요 경력	득표(%)
유광현	민주공화당	39	6대의원(지역구)	43,068(62.7)
양해준	신민당	40	전북도의원	22,923(33.4)
고완산	대중당	34	지역개발 지도위원	1,697(2.5)
김태선	민중당	46	회사원	762(1.1)
박재윤	자유당	49	전북도의원	221(0.3)
윤정구	민주당	39	5대의원(남원갑)	등록무효

〈정읍〉 지난 총선에서의 패배를 설욕코자 신민당 공천을 받고 출전했으나 최고회의 교체위원장 출신인 박두선 후보의 적수가 되지 못한 전북도의원 출신인 신민당 송삼섭

지난 6대 총선에서는 제헌, 4대, 5대의원에 당선된 민정당 나용균 후보가 송능운 5대의원의 공민권 제한으로 실시된 보궐선거에서 당선됐다가 공화당에 영입된 김성환 후보를 1,135표차로 어렵게 제압하고 4선의원 반열에 올랐다.
 전북도의원을 지낸 자민당 송삼섭, 전북도지사에 당선된 민주당 김상술, 농협조합장 출신인 국민의당 전공우 후보들도 함께 뛰었다.
 이번 7대 총선에서는 국회부의장을 지낸 나용균 의원이 공천에서 배제되자 공화당으로 변신하고, 지난 총선에서 3위로 낙선한 송삼섭 후보가 신민당 공천을 받고 출전했고, 공

화당은 국가재건 최고회의 최고위원 출신으로 한국제련공사 사장을 지낸 박두선 후보를 공천했다.

농업인인 대중당 이기창, 조계종 총무원 기획위원인 한독당 송경상, 정당원인 통사당 유갑종 후보들도 출전했다.

대중당 이기창 후보는 "내가 국회의원에 당선되면 10개월 안에 남북통일을 이룩하겠다"고 기염을 토했다.

박두선 후보 지원 유세에 나선 윤치영 전 공화당의장은 "내 조카 윤보선은 민주당 때 대통령이 되더니 무능부패로 10개월 만에 대통령직에서 물러나고서 위대하고 청렴하고 실천적인 박정희 대통령이 총칼로 정권을 뺏었다고 하는 건 언어도단이다"라고 공격하고, "여당이 잘못한 것은 대문짝만하게 싣고 야당의 잘못은 쓰지도 않으니 이런 것은 신문이 아니고 선전삐라"라고 좌충우돌했다.

지난 6대 총선에 자민당으로 출전하여 15,205표를 득표했던 송삼섭 후보는 당선자인 나용균 의원을 제치고 신민당 공천을 받고 설욕전에 나섰으나, 지난 총선에서 낙선한 김성환 후보를 밀쳐내고 공화당 공천장을 받아 낸 국가재건최고회의 교통체신위원장 출신인 박두선 후보의 적수가 되지 못했다.

□ 득표상황

후보자	정당	연령	주요 경력	득표(%)
박두선	민주공화당	47	한국제련공사 사장	52,278(57.7)
송삼섭	신민당	41	전북도의원	31,910(35.2)
이기창	대중당	50	정치인	2,360(2.6)
유갑종	통일사회당	34	통사당 중앙위원	2,108(2.3)
송경상	한국독립당	44	조계종총무원 위원	1,959(2.2)

〈고창〉 박정희 대통령의 친서(親書)에 고무되어 5호장제를 가동하여 당선됐으나, 부정선거에 대한 책임을 지고 사퇴했다가 보궐선거에서 대중당으로 재당선된 신용남

지난 6대 총선에서는 김성수 선생의 아들로서 5대의원에 당선된 민정당 김상흠 후보가 3대와 4대의원을 지낸 정세환, 전북도의회 의장을 지낸 배상기, 신용욱 의원의 실제인 신용남 후보들을 꺾고 공화당 공천을 받아 공천 후유증에 시달린 삼양교육 전무인 성정기 후보를 149표차로 따돌리고 재선의원이 됐다.

20대의 패기를 앞세운 국민의당 이형연, 참의원을 지낸 민주당 강택수, 2대의원을 지낸 자민당 김수학 후보들이 추격전을 전개했다.

보수당 진두은, 신흥당 손명섭, 추풍회 안판동 후보들도 출전했다.

이번 7대 총선에서 공화당은 대한국민항공 사장을 지낸 신용남 후보를 공천하여 신민당 공천을 받고 3선고지를 향해 달려간 김상흠 의원 저지에 나섰다.

지난 총선에서 공화당 공천에서 탈락한 3대와 4대의원을 지낸 자유당 정세환, 흥덕중학 교장을 지낸 민중당 진두은, 지난 총선에도 출전했던 통사당 손명섭 후보들도 등록했다.

지난 6대 총선에 출전하여 낙선한 성정기 후보를 비롯하여 조병후, 이호종, 김재택, 김대용 예비후보들을 꺾고 공화당 공천을 받은 신용남 후보는 2대와 3대의원을 지낸 신용욱의 8촌 동생으로서 풍성한 지방사업을 공약하며 사천 신씨 씨족표와 공화당 조직 1만 5천여 명을 가동하여 "바늘 가는 데 실이 따라야 한다"면서 공업화에 의한 고창군민 2만 명 고용을 공약했다.

지난 6대 총선에 국민의당으로 출전하여 선전한 이형연,

민정당 전국구 의원인 유진, 장면 국무총리 비서였던 박종률 후보들을 제압하고 신민당 공천을 받은 김상흠 후보는 유진 의원의 출마 포기에 고무되어 "독주 견제를 위한 야당의 국회 진출과 야당 의원도 지방사업을 충분히 할 수 있다"고 역설했다.

박정희 대통령은 "공화당원임을 자부하고 또 명예로 삼아 국회의원 선거를 승리로 매듭지음으로써 또 한 번 공화당의 전통과 힘을 과시하자"는 친서를 전국의 후보들에게 송부했고, 박순천 의원은 "이번 선거는 사람하고 돈하고 입후보했다", "민족적 민주주의 한다는 사람들이 부녀자들에게 술을 먹여 길거리에서 젖가슴을 풀어헤치고 비틀거리고 있으니 민족정신은 어디로 갔는가"라고 비난했다.

김성수 선생의 유덕과 재선의원의 지역 기반으로 당선권에 진입한 김상흠 후보는 "관권의 개입이 노골적", "3·15부정선거 때의 3인조, 5인조를 방불한 5호장제가 선거판을 좌우한다"고 호소했으나 낙선했고, 당선된 신용남 후보는 사퇴하고 재선거가 실시됐으나 재선거에서도 대중당으로 위장 출전한 신용남 후보는 신민당 김상흠 후보 등을 꺾고 당선되어 의원직을 이어갔다.

□ 득표상황

후보자	정당	연령	주요 경력	득표(%)
신용남	민주공화당	50	국민항공사장	39,955(56.7)
김상흠	신민당	47	6대의원(2선)	27,804(39.4)
정세환	자유당	51	2선의원(3, 4대)	1,269(1.8)
진두은	민중당	50	홍덕중학원장	891(1.3)
손명섭	통일사회당	38	통사당 중앙위원	570(0.8)

〈부안〉 4대 총선에는 10,678표차, 5대 총선에서는 137표차, 6대 총선에서는 31표차, 재선거에서는 27표차, 7대 총선에서는 17,279표차로 7연패한 김용대

지난 6대 총선에서는 육군중령 출신으로 5대 총선에 출전하여 4,039표를 득표한 이병옥 후보가 공화당에 입당하여 공천을 받고서, 5대 총선에서 137표차로 석패한 민정당 김용대 후보를 31표차로 세 번째 울리고 국회에 등원했다.

전북도의원 출신인 보수당 박용기, 중학교 교사 출신인 민주당 김완규 후보들도 선전했고, 정민회 임균석, 추풍회 조기승 후보들도 함께 뛰었다.

이번 7대 총선에서도 지난 총선에 혈투를 전개했던 공화당 이병옥 의원과 신민당 김용대 후보가 재대결을 펼쳤다.

재향군인회 전북지부장인 자유당 이희천, 대한감리교 성동교회 목사인 대중당 안의남, 청년운동가인 민주당 이재환 후보들도 출전했다.

지난 6대 총선에서 공화당 이병옥 후보가 15,306표를 득표하여 민정당 김용대 후보를 31표차 꺾고, 대법원의 일부 지역 무효판결로 위도면 왕등도에서 일부 재선거가 실시됐다.

왕등도 재선거에서 공화당 이병옥 후보는 119표를 얻은 반면, 민중당 김용대 후보는 3표를 얻어 이병옥 후보는 15,333표를 득표하여 15,306표에 그친 김용대 후보를 27표차로 승리하여 의원직을 이어가게 됐다.

김용대 후보는 5대 총선 때 137표차로 패배를 안겨줬던 송을상 후보를 꺾고 재도전에 나섰으나 이번 총선에서는 17,279표차로 무너져 다음 총선에서의 도전의지마저 꺾였다.

김용대 후보는 일부 지역 재선거를 제외해도 4대, 5대, 6대, 7대 총선에 출전하여 모두 차점 낙선하는 진기록(珍記錄)을 세웠다.

□ 득표상황

후보자	정당	연령	주요 경력	득표(%)
이병옥	민주공화당	40	6대의원(지역구)	34,709(59.7)
김용대	신민당	51	총선 출마 4회	17,430(30.0)
이희천	자유당	39	재향군인회지부장	3,952(6.8)
안의남	대중당	26	웅변협회 국장	1,660(2.9)
이재환	민주당	28	학생연맹위원장	392(0.6)

〈김제〉 국회부의장으로 선출되고 정권실세로 부상하여 호남푸대접 바람과 중농실패에도 4만 4천여 표차로 승리한 공화당 장경순

지난 6대 총선에서는 최고회의 최고위원, 농림부장관을 지낸 공화당 장경순 후보가 제헌과 4대, 5대의원으로 체신부장관을 지낸 민정당 조한백 후보를 큰 표차로 따돌렸다.

조한백 후보는 이 지역에서 군림했던 윤제술, 송방용 후보들이 서울로 옮겨가 야당 단일후보로 추대되어 결전을 벌였으나 성적은 초라했다.

정민회 장이규, 보수당 곽탁 후보들도 출전하여 파수꾼 역할을 했다.

이번 7대 총선에서는 국회부의장으로 중무장한 공화당 장경순 의원이 재출격하자, 신민당은 지난 총선에서 격돌했던 조한백 후보를 서울로 차출하고 2대와 3대의원, 참의원을 지내고 지난 총선에는 서울 서대문갑구에 출전하여 낙선한

송방용 후보를 공천했다.

육영사업가로 지난 총선에도 출전했던 정의당 장이규, 4·19혁명동지회 부회장인 통사당 조병인, 한국웅변학술회 회장인 민주당 박명서 후보들도 출전했다.

지난 4년 동안 국회부의장을 맡아 집권여당 실세로 급부상한 공화당 장경순 후보는 어느 곳보다 풍성한 지방사업으로 선거구를 기름지게 해왔고, 지난 총선에 출전했던 조한백 후보를 상경시키고 서울에서 낙향한 신민당 송방용 후보는 윤제술, 조한백 후보의 기반까지 업는 오작교 작전을 전개했다.

호남 푸대접론이 무색할 정도의 잘 되어있는 지방도들이 자랑하는 일급무기인 장경순 후보는 민중계의 변호사 김기옥을 선거사무장으로 옹립하여 지지기반을 확장하고, 지난 6대 선거 때 서울에 출마한 송방용 후보를 '왔다갔다 송방용'의 동요를 퍼뜨려 공격했다.

신민당 송방용 후보는 2대와 3대의원을 거쳐 참의원에 당선됐으나 지난 6대 총선에는 서울에서 출전했던 핸디캡을 극복하지 못하고 장경순 후보의 높은 벽을 실감했다.

"여러분은 내 고향 김제를 살찌게 하기 위해서 나 장경순을 국회로 보내기를 원할 것입니다"라는 장경순 후보의 주장에 "박정희가 바로 이것이 공명선거라면 여러분은 그를 민주주의 반역자라고 규정해야 한다"고 송방용 후보는 절규했다.

공화당은 거미줄 같은 조직망에 행정기관의 지원까지 받은 데 반해, 신민당은 게릴라식 전법을 구사했다.

장경순 후보는 중농정책 실패와 호남푸대접 바람 속에서도 4만 4천여 표를 리드한 저력을 보여줬다.

송방용 후보는 백구면의 농지세 면세에 대해 "김제 전체의 1년 농지세액은 1억 5천만원이다. 김제군이 55년 간 낼 세금만큼의 돈을 정부는 한달에 찍어내고 있다"고 통화팽창정책을 비난했으나 역부족이었다.

□ 득표상황

후보자	정당	연령	주요 경력	득표(%)
장경순	민주공화당	45	6대의원(지역구)	65,952(69.7)
송방용	신민당	54	2선의원, 참의원	25,087(26.5)
장이규	정의당	41	고등공민학교장	2,172(2.3)
박명서	민주당	28	웅변학술회장	865(0.9)
조병인	통일사회당	28	혁명동지회부회장	579(0.6)

전라남도

〈광주 갑〉 용기 있는 정치인이란 세평 속에 최정기 후보가 추격전을 전개했지만, 정성태 후보의 난공불락의 철옹성을 돌파하기엔 역부족

지난 6대 총선에서는 3대, 4대, 5대의원을 지낸 민정당 정성태 후보가 육군대학 출신으로 순천시장을 지낸 공화당 김석중 후보를 꺾고 4연승을 달려갔다.

전남도의원을 지낸 자민당 양권승과 자유당 정병현, 의사 출신인 민주당 김동호 후보들도 참전했다.

정성태 의원이 한일협정비준반대 명분을 내걸고 의원직을 내던져 실시된 보궐선거에서 영암군수를 지낸 정민회 유수현 후보가 대한적십자사 전남사무국장을 지낸 한독당 장현식 후보를 꺾고 국회에 등원했다.

서울건설 대표인 추풍회 김승희, 참의원을 지낸 민중당 양회영, 회사원인 자유당 송태호, 전남도의원을 지낸 신민회

김상천 후보들도 함께 뛰었다.
　정성태 의원이 신한당 사무총장을 거쳐 신민당 공천을 받고 출전한 이번 7대 총선에 공화당은 조선대총장 출신으로 6대 국회에서 전국구 의원으로 활동한 최정기 후보를 내세워 한판 승부를 벌이도록 했다.
　대한청년단 장성군단장 출신으로 장성에서 5대의원에 당선된 대중당 김병수 후보가 두 후보의 결전을 지켜봤다.
　4선의원의 관록에다 전통적인 야당기질 위에 의원직을 헌신짝처럼 내던진 쾌거로 신망을 받고있는 정성태 후보에게 최정기 후보가 풍부한 자금과 행정력의 지원으로 추격전을 전개했다.
　최정기 후보는 "만년야당도시를 벗어나 발전해 보자"는 구호를 내걸고 있지만, 대선 때 영남에서 박정희 후보에게 몰표가 나온데 대한 반발심리로 "야당투사를 당선 못 시키면 광주에 살지 말아야 한다"는 말이 나돌 정도로 선거 분위기는 신민당에 호의적이다.
　조선대총장의 기반과 탐진 최씨의 씨족표, 전남도당위원장으로서 위상으로 추격하고 있지만, 부녀당원과 조산원을 동원한 니나노 향응과 금품 제공을 둘러싼 말썽을 빚었다.
　난공불락의 아성을 구축한 정성태 후보는 "과거엔 객인하고만 싸웠기에 수월했지만 이번엔 토박이와 토박이의 싸움이라 예전하고 다르다"고 엄살모드도 있고, 탐진 최씨와 하동 정씨의 문중대결도 있지만 "광주학생사건 때부터 뿌리 깊이 젖어온 권력에 대한 항쟁의식이 높은 광주의 풍토"가 뚫어야 할 큰 벽으로 최정기 후보에게 다가왔다.
　"공화당 찍어 놓고도 신민당 찍었다고 해야 떳떳하게 생각되는 환경"에서 '용기 있는 정치인'이라는 세평도 있었지만 "우리도 백제국을 세워야 한다"는 이야기에 파묻혀 버렸다.
　"낙후된 광주를 지방사업을 통해 일깨우겠다"는 최정기 후보의 애향론에, "부정·부패를 막아 나라살림을 바로 세우겠다"는 애국론으로 정성태 후보는 맞섰다.

□ 득표상황

후보자	정당	연령	주요 경력	득표(%)
정성태	신민당	51	6대의원(4선)	28,466(52.9)
최정기	민주공화당	54	6대의원(전국구)	24,907(46.2)
김병수	대중당	55	5대의원(장성)	484(0.9)

〈광주 을〉 광주시의원 출신으로 4대의원을 지냈지만 5대 총선과 6대 총선에 이어 이번 총선에서도 패배한 신민당 이필호

지난 6대 총선에선 육군대학 출신으로 광주시장을 지낸 공화당 정래정 후보가 광주시의원, 4대의원을 지낸 자민당 이필호 후보를 1,656표차로 꺾고 당선됐다.

5대의원에 당선된 국민의당 이필선, 국방부 사무관 출신인 민정당 김녹영 후보들이 야권표를 분산시킨 결과였다.

행정관료 출신인 민주당 김석주, 전남도의원을 지낸 보수당 이정근 후보들도 출전했다.

이번 7대 총선에서 국회 교체위원장으로 활약한 공화당 정래정 의원에게 지난 총선에서 차점 낙선한 신민당 이필호 후보가 재도전했다.

조선대 출신인 민주당 김종관 후보가 출전하여 두 후보의 진검 승부를 막아섰다.

신민당은 조직책으로 지난 총선에서 민정당으로 출전하여 8,222표를 득표한 김녹영 후보를 임명했다가, 공천자를 지난 총선에서 자민당으로 출전하여 14,071표를 득표한 이필

호 후보로 교체했다.

광주시의원을 거쳐 4대의원인 이필호 후보는 5대 총선 때 김용환 후보에게 어이없이 패배했고, 지난 6대 총선에서도 연패했지만 통합야당 후보의 이점을 살려 추격전을 전개했다.

육군대령 출신으로 오랫동안 광주시장을 지낸 정래정 후보는 "공화당은 매일 동별로 부녀당원을 모아 꽃놀이를 시키고 극장에는 무료입장권을 가진 사람들이 무더기로 드나든다"는 신민당의 공격에도 불구하고, 광주시장 시절의 인연과 현역의원의 이점을 살려 수성에 성공했다.

공화당원 1만 3천여 명과 곡성향우회, 정(丁)씨 화수계 1천 세대의 지원이 공천 라이벌인 김녹영 후보를 선거사무장으로 옹립하여 추격전을 전개한 이필호 후보를 또 다시 꺾을 수 있는 밑거름이 됐다.

□ 득표상황

후보자	정당	연령	주요 경력	득표(%)
정래정	민주공화당	44	6대의원, 광주시장	33,467(53.1)
이필호	신민당	53	4대의원(광주을)	29,115(46.2)
김종관	민주당	42	정당인	484(0.7)

〈목포〉 박정희 대통령이 목포에서 국무회의를 주재하고 지원연설까지 했으나 신민당 김대중 후보가 공화당 후보를 6,541표차로 꺾고 승리

지난 6대 총선에서 강원도 인제 보궐선거에서 당선된 민주당 김대중 후보가 3재, 4대의원인 정중섭, 1대, 2대의원인 장홍염, 전남도의원인 홍익선, 변호사 김하중과 강대홍

후보들을 제치고 야당 후보로 우뚝 솟아 공화당 공천을 받은 차문석 후보를 1만여 표차로 꺾고 재선의원이 됐다.

자민당 오세찬, 국민의당 홍익선, 신민회 김대한, 한독당 이기현, 추풍회 신우교, 민정당 이중호 후보들도 출전했다.

이번 7대 총선에서는 민중당과 신민당 대변인으로 활약한 신민당 김대중 의원에게 공화당은 내각사무처장, 원호처장, 체신부장관을 지낸 김병삼 후보를 내세워 자웅을 겨루도록 했다.

진도 출신으로 목포에 차출된 김병삼 후보가 "입방아로 곡식 찧나. 일꾼 만나야 기둥 선다", "20년 병든 목포, 김병삼 밀어 고쳐보자"는 구호를 내걸자, 김대중 후보는 "제헌국회 때부터 5대 국회에 이르기까지 목포 출신 전체 의원보다 더 많은 예산을 얻어 왔다"고 자랑하며 승세를 굳혀 가고 있으며, 김병삼 후보의 강도 피습사건은 자작극으로 소문이 돌아 흥미도 반감됐다.

야당의 입으로 일관해온 김대중 후보는 "비는 안 오는데 요사이 우리나라는 막걸리 홍수에 국수발로 다리를 놓고 있다"고 공화당의 금품 공세를 비난했다.

"목포는 만년 야당도시를 벗어나 보자"는 구호를 내걸고 자금, 조직, 경력 모두 만만찮은 막상막하 혈전을 벌이며 선거가 아니라 전쟁이라고 일컬어 질 만큼 살벌한 격전장이 됐다.

"무슨 일이 있더라도 김대중이는 낙선시켜야 한다"며 유일무이하게 목포에서 박정희 대통령이 국무회의를 주재하고 지원연설을 했다.

이에 유진오, 윤보선, 박순천도 유세대결을 벌였으며, "김병삼은 김구선생 암살공범자", "김대중은 부정한 방법으로 치부했다", "목포시장은 시장이 아니고 김병삼 후보 선거사무장이며 동장들은 선거 연락 사무소장이다"등의 말들이 정제되지 않고 떠돌았다.
 유세를 하기 위해 목포에 내려온 박정희 대통령은 목포에서 국무회의를 개최하고서 "목포는 20년 동안 야당도시를 해 봤지만 이번만은 여당도시로 해 보는 것이 어때요", "여당의원들은 자주 청와대를 찾아와 지역사회발전을 위해 고충을 털어놓기 때문에 관심을 갖게 된다"고 역설했다.
 박정희 대통령을 수행한 어떤 장관은 "지방사업도 야당의원이 당선되면 추진 않겠다. 목포가 발전되지 않아도 좋을지 목포시민들이 알아서 할 일이며 목포의 눈물이 될지 목포의 웃음이 될지 두고보자"고 은근한 협박까지 자행했다. "행정권력을 가지고 부정을 하는데는 죽을 지경", "박정권 대 김대중의 싸움"이라는 치열한 선거의 결과는 김대중 후보의 낙승으로 난공불락의 요새임이 드러났다.

□ 득표상황

후보자	정당	연령	주요 경력	득표(%)
김대중	신민당	41	6대의원(2선)	29,279(56.3)
김병삼	민주공화당	43	체신부장관	22,738(43.7)

〈여수-여천〉 자유당 출신 4대의원이지만 지난 총선에서 1만 1천여 표 격차를 7천여 표로 줄이는 데 성공한 신민당 이은태

 지난 6대 총선에서 전남도의원 출신으로 정미업과 제유업으로 재력을 쌓은 공화당 이우헌 후보가 자유당 소속으로 4대의원에 당선된 자민당 이은태 후보를 1만여 표차로 가볍게 제압했다.
제헌과 2대의원을 지낸 보수당 황병규, 제헌의원에 당선된

국민의당 김문평, 여순신보 사장인 민주당 신양남, 수산업자인 민정당 박두만 후보들도 출전했다.

이번 7대 총선에서는 재선고지를 향해 달리는 공화당 이우헌 의원에게 지난 총선에서 차점 낙선한 신민당 이은태 후보가 재도전했다. 사업가인 대중당 정의철 후보가 두 후보의 결전을 지켜봤다.

명치대 출신으로 조선대 법정대학장과 4대의원을 지낸 이은태 후보는 지난 총선에서 자민당으로 출전하여 22,933표를 득표하여 차점 낙선한데 힘입어, 제헌과 2대의원을 지낸 황병규 후보를 따돌리고 신민당 공천을 받아 설욕전에 출전할 수 있었다.

지난 6대 총선에서의 11,708표차를 줄이기 위해 자유당 시절 닦아 논 기반을 발판 삼아 통합야당의 기수를 내세워 추격전을 전개해 보았으나, 40대의 패기를 앞세우고 전남도의원 시절의 기반과 공화당의 조직을 활용한 이우헌 후보의 옹벽을 넘어서지 못하고 이번 총선에서도 7,882표차로 무릎을 꿇었다.

여수에 임해공업단지를 조성하고 어업전진기기를 마련하겠다는 이우헌 후보를 향해, 이은태 후보는 "독재정치와 정보정치를 일삼는 공화당 정부는 정권연장을 위해 여러 유권자들을 담보 삼아 어마어마한 외국 빚을 걸머지게 만들었을 뿐 아니라 선거공약으로 내세운 지방사업들은 거의 모두 거짓"이라고 맞섰다.

□ 득표상황

후보자	정당	연령	주요 경력	득표(%)
이우헌	민주공화당	64	6대의원(지역구)	44,112(53.8)
이은태	신민당	48	4대의원(여천)	36,230(44.2)
정의철	대중당	27	회사장	1,610(2.0)

〈순천-승주〉 4대에는 자유당 이형모, 6대에는 공화당 조경한, 7대에는 공화당 김우경 후보에게 연패한 신민당 조연하
 지난 6대 총선에서는 지난 5대 총선 때는 전북 김제에 출전하여 낙선한 조경한 후보가 혜성처럼 나타나 공화당 공천을 받고서 상해임시정부 국무위원이었다는 명분을 내세워 옥천 조씨 문중의 조카로 5대의원인 민주당 조연하 후보를 꺾고 국회에 등원했다.
 4대와 5대 총선에도 출전했던 민정당 남정수, 3대와 4대 의원을 지낸 자민당 이형모, 순천체육회장을 지낸 회사장인 국민의당 반승룡 후보들도 함께 뛰었다.
 이번 7대 총선에서 공화당은 조경한 의원을 퇴출시키고 공화당 조직부장 출신으로 6대 국회에서 전국구 의원으로 활약한 김우경 후보를 내세웠고, 지난 총선에서 차점 낙선한 조연하 후보가 신민당 공천을 받고 재출격했다.
 건국대 출신인 자유당 하기복, 대한정경학회 회장인 대중당 조규환, 관료로 활약했던 민주당 이기우 후보들도 출전했다.
 민주공화당 조직부장 출신과 민주당 조직부장 출신들의 대결은 김우경 후보가 순천사범 동창회장으로 4천여 표의 김해 김씨로 조직의 근간을 이룬 반면, 조연하 후보는 순천중고 동창회장으로 6천여 표의 옥천 조씨 규합에 나섰다.
 조연하 후보는 "관청의 급사들까지 선거운동에 총동원 하고 있다", "낮에는 여당 밤에는 야당 노릇을 해야 할 지경"이라고 심경을 토로하자, 김우경 후보 지원유세에 나선 윤치영 전 공화당의장은 "야당이라 하는 것이 낮에는 야당이고 밤에는 공화당 행세를 하는 박쥐당"이라고 폄하했다.
 순천 선거공보물을 우편으로 보내지 않고 통반장을 통해

전달하고 일부 지역은 조연하 후보 공보물을 제외한 채 배달되어 논란을 일으키기도 했다.

신민당은 이기우, 남정수 후보들을 배제하고 지난 총선에서 차점 낙선한 조연하 후보에게 공천장을 건네자, 공천에 반발하여 이기우 후보가 민주당으로 출전했다.

서울농대 출신으로 옥천 조씨를 기반으로 한 신민당 조연하 후보는 4대 총선 때에는 민주당으로 출전하여 자유당 이형모 후보에게 패배하고, 5대 총선에서는 민주당 구파 공천을 받은 남정수 후보를 꺾고 당선됐으나, 6대에는 집안 내 숙질(叔姪)간인 공화당 조경한 후보에게 패배했었다.

□ 득표상황

후보자	정당	연령	주요 경력	득표(%)
김우경	민주공화당	36	6대의원(전국구)	55,401(65.2)
조연하	신민당	43	5대의원(승주)	28,291(33.3)
이기우	민주당	31	정당인	787(0.9)
하기복	자유당	27	정당인	438(0.5)
조규환	대중당	46	대한정경학회장	사퇴

〈장성-담양〉 지난 5대 총선 때 무소속 출전하여 차점 낙선한 경력으로 현역의원을 밀쳐내고 공화당 공천을 받고 대승을 거둔 고재필

지난 6대 총선에서는 육군통신학교장과 조폐공사사장을 지낸 공화당 박승규 후보가 2대, 3대, 4대의원을 지낸 자민당 변진갑 후보를 2만 여 표차로 가볍게 제압했다.

5대의원에 당선된 민정당 김병수, 전남도의원을 지낸 보수당 김상천, 자민당 김후생, 농촌지도원 출신인 민주당 김진

기 후보들이 야권성향표를 분열시킨 결과였다.

이번 7대 총선에서 공화당은 박승규 의원을 낙천시키고, 민의원 법제국 조사국장 출신으로 공화당 창당발기인으로 참여한 고재필 후보를 내세웠다. 이에 불복한 박승규 의원은 통한당으로 출전하여 자웅을 겨뤘다.

한일협정 반대투쟁을 주도했던 대중당 김상국, 전남도의원을 지낸 신민당 김종곤, 4H클럽 장성연합회장인 한독당 공창덕, 황용고등공민학교장인 통사당 윤명규, 부산진갑구에서 4대와 5대의원에 당선된 민주당 이종남 후보들도 출전했다.

전남도의원 출신인 민중당 홍익선 후보는 등록무효로 도중하차했다.

민주공화당 창당발기인인 박승규 현역의원과 고재필 국회사무처 법제국장 출신의 공천경쟁은 예비역 장성 대 민간인 간의 투쟁으로 비춰졌지만 5대 총선에 무소속으로 입후보하여 11,442표 득표하여 차점 낙선한 저력을 높게 평가받은 고재필 후보의 승리로 귀결됐다.

이에 반발하여 장성을 기반으로 박승규 의원이 통한당의 깃발을 들고 울분을 토해 보았지만 역부족이었다.

부산 부산진구에서 4대와 5대의원을 지낸 이종남 후보가 고향을 등진 30년 만에 명함을 내밀어 보았지만 알고 있는 사람은 많지 않았다.

전남도의원 출신으로 도정업자인 김종곤 후보가 통합야당 공천 후보임을 내세우고 도전해 보았지만 두 고래의 싸움에 끼여든 새우 신세를 면치 못했다.

"여야 간의 정당 싸움이 못 되고 인물 본위의 싸움을 벌이고 있다"는 관전평 속에서 공화당 공천자임을 내세운 고재필 후보가 압승을 거두고 등원했다.

□ 득표상황

후보자	정당	연령	주요 경력	득표(%)
고재필	민주공화당	55	국회 법제국장	41,695(46.4)
박승규	통한당	46	6대의원(지역구)	23,604(26.2)
김종곤	신민당	49	전남도의원	11,679(13.0)
이종남	민주당	48	2선의원(부산진)	8,593(9.6)
공창덕	한국독립당	25	4H장성군회장	2,092(2.3)
김상국	대중당	34	굴욕외교투위총무	1,505(1.7)
윤명규	통일사회당	26	고등공민학교장	773(0.8)
홍익선	민중당	44	전남도의원	등록무효

〈화순-곡성〉 3대와 4대의원이었지만 5대와 6대 총선에서 낙선하고 생활고에 시달려 자살한 구흥남 전 의원의 화순군당 부위원장으로 활동했으나 공화당 공천을 받고 대승을 거둔 기세풍

지난 6대 총선에서 민정당 총무부차장 출신인 양회수 후보가 자유당 소속으로 3대와 4대의원을 지내고 5대 총선 때는 헌정동지회 소속으로 출전하여 낙선하고서 공화당으로 전향하여 출전한 구흥남 후보를 꺾는 이변을 연출했다.

구흥남 후보를 꺾고 5대의원에 당선된 민주당 박민기, 전남도의원을 지낸 자민당 최영섭 후보들은 추격전을 전개했다.

웅변협회 이사인 보수당 박양래, 담양면장을 지낸 국민의당 정인택, 전남도의원을 지낸 자유당 한학수 후보들도 출전했다.

이번 7대 총선에서 공화당은 구흥남 전 의원을 보좌한 자유당 화순군당 부위원장을 지낸 기세풍 후보를 내세워, 구흥남 전 의원의 설욕을 펼치도록 신민당 양회수 의원의 대

항마로 내세웠다.

곡성에서 2대, 3대, 4대의원을 지낸 자유당 조순, 전남도의원 출신으로 지난 총선에도 출전했던 대중당 최영섭, 교통공론사 편집국장인 한독당 최영수, 전남도의원을 지낸 통사당 박재준, 민주당원으로 14년간 활동한 민주당 고광국 후보들도 출전했다.

지난 6대 총선에서 낙선하여 생활고에 시달려 자살한 구흥남 후보의 의원시절 부위원장으로 활약한 기세풍 후보가 자유당 시절 3선의원이며 조직위원장으로 활약한 조순, 민주당 시절 참의원을 지낸 양회영 후보를 비롯하여 박영세, 박석기, 유기춘, 심상익, 양삼석 예비후보들을 꺾고 공화당 공천을 받고서 방대한 조직, 풍부한 자금을 활용하여 50%가 넘는 득표율로 당선을 일궈냈다.

공천에 반발하여 자유당 시절의 영광을 되씹으며 곡성을 발판으로 자유당 조순 후보가 추격전을 전개했고, 곡성에서 5대의원에 당선된 윤추섭 후보를 밀쳐내고 현역의원의 잇점을 살린 양회수 후보가 신민당 공천을 받고 재선고지를 향해 달렸다.

신민당은 "호별조사라는 이름 아래 부정임산물을 취급한 것이 무려 1천 건에 달한다"고 주장했고, 공화당은 "덮어놓고 생떼를 쓰지 말라"고 강변했다.

그러나 곡성에서는 자유당 조순, 대중당 최영섭, 통사당 박재준 후보들이 포진하여 화순과 곡성의 대결에서 빛을 발휘하지 못했고, 야권성향표 결집에 실패한 양회수 후보는 풍부한 자금과 방대한 조직에다 행정지원을 받은 공화당 기세풍 후보의 적수가 되지 못했다.

공화당은 이 지역구를 부정선거구로 낙인 찍어 기세풍 후보를 제명하자, 기세풍 후보는 공화당을 탈당하고 의원직을 사퇴했다.

의원직 사퇴로 실시된 보궐선거에서는 신민당 양회수 후보가 대중당으로 옷을 갈아입고 출전한 기세풍 후보를 꺾고 뒤늦게 국회에 등원했다.

□ 득표상황

후보자	정당	연령	주요 경력	득표(%)
기세풍	민주공화당	50	자군당부위원장	59,518(50.6)
양회수	신민당	45	6대의원(지역구)	23,300(23.7)
조 순	자유당	54	3선의원(곡성)	8,132(8.3)
최영섭	대중당	52	전남도의원	2,530(2.6)
최영수	한국독립당	30	교통공론 국장	2,379(2.4)
고광국	민주당	40	언론인	1,409(1.4)
박재준	통일사회당	44	전남도의원	1,017(1.0)

〈광양-구례〉 3대와 4대의원으로 분과위원장을 지냈지만 5대와 6대, 그리고 이번 총선에서까지 차점 낙선한 이갑식

지난 6대 총선에서는 서울체신청장 출신으로 지난 5대 총선 때 광양에 무소속으로 출전하여 낙선한 김선주 후보가 조직책으로 선정된 국민의당을 탈당하고 공화당에 영입되어 공천 후유증을 극복하고 구례에서 자유당 소속으로 3대와 4대의원에 당선된 국민의당 이갑식, 전남도의원을 지낸 민정당 김태현, 구례에서 5대의원에 당선된 보수당 고기봉 후보들을 꺾고 국회에 등원했다.
　민주당 이상기, 정민회 윤석한, 자민당 안홍순 후보들도 함께 뛰었다.
　이번 7대 총선에서 공화당은 김선주 의원을 낙천시키고 전남일보 논설위원을 지낸 이현재 후보를 공천했고, 지난 6대 총선에서 낙선한 신민당 이갑식, 민주당 고기봉 후보들이

재도전했다.

광양, 승주, 광산군수를 지낸 통한당 박준호, 해인대 교수였던 민중당 김태기, 출판업자인 대중당 황성 후보들은 새롭게 출전했다.

공화당은 공천을 신청한 김선주 현역의원, 이현재 중앙당 홍보국장, 박준호 광양, 승주, 광산군수를 거쳐 내무부 산업국장을 놓고 저울질하다 이현재 후보를 선택하자, 박준호 후보가 반발하여 통한당으로 출전했다가 중도에 사퇴했다.

신민당에서는 지난 6대 총선에 국민의당으로 출전하여 16,242표를 득표하여 차점 낙선한 이갑식, 보수당으로 출전하여 2,107표를 득표한 고기봉, 자민당으로 출전하여 1,877표를 득표한 안홍순, 민정당으로 출전하여 10,857표를 득표한 김태현, 출판업자인 황성, 해인대 교수인 김태기 등이 운집되자 신민당은 자유당 출신으로 3대와 4대의원을 지내고 지난 6대 총선에서 차점 낙선한 이갑식 후보를 공천했다.

이에 5대의원인 고기봉 후보는 보수당으로, 해인대 교수인 김태기 후보는 민중당으로, 출판업자인 황성 후보는 대중당으로 출전하여 공화당 이현재 후보의 도우미 역할을 했다.

신민당 공천을 받은 이갑식 후보는 구례를 발판으로 광양과 지역대결을 펼치며 3대 국회에서는 상공분과위원장, 4대 국회에서는 재경분과위원장을 지냈지만 5대 총선에서는 8,320표로, 6대 총선에서는 16,242표로, 이번 총선에서는 19,807표로 연거푸 차점 낙선했다.

□ 득표상황

후보자	정당	연령	주요 경력	득표(%)
이현재	민주공화당	36	신문사 논설위원	40,488(63.8)
이갑식	신민당	63	2선의원(3, 4대)	19,807(31.2)

황 성	대중당	31	교육연구사 사장	1,322(2.1)
김태기	민중당	41	해인대학 교수	1,025(1.6)
고기봉	민주당	62	5대의원(구례)	853(1.3)
박준호	통한당	54	광양, 승주군수	등록무효

〈고흥〉 신민당 정기영 후보의 사퇴로 야권단일화 요인도 있었겠지만, 신형식 후보와의 끈끈한 인연으로 당선을 일궈낸 대중당 서민호

지난 6대 총선에선 고흥농고, 계성여고 교사 출신으로 5대 총선 때 무소속으로 출전하여 민주당 박형근 후보에게 패배한 신형식 후보가 지영춘, 송효석, 지철근, 정병호 후보들을 어렵게 따돌리고 공화당 공천장을 받은 여세를 몰아 16,444표차로 패배를 안겨준 5대의원인 자민당 박형근, 자유당 공천으로 3대의원에 당선된 국민의당 송경섭, 민주당 중앙상무위원인 정기영 후보들을 꺾고 국회에 등원했다.

수도여고 교사였던 민정당 박병주, 예비역 육군소령인 보수당 송효석 후보들도 출전했다.

이번 7대 총선에서는 공화당 재공천을 받은 신형식 의원에게 국회부의장을 지내고 지난 6대 총선에서는 자민당 공천으로 서울 용산에서 당선된 3선의원인 서민호 후보가 대중당으로 출전하여 대항마로 떠올랐다.

신민당 지구당위원장인 정기영 후보가 중도에 사퇴하여 두 후보의 진검승부가 펼쳐졌다.

서민호 후보의 대선 후보의 사퇴에 따른 보답으로 사퇴를 종용하자 박병주, 송경섭 후보들을 꺾고 신민당 공천을 받은 정기영 후보가 도망 다니며 버티다가 결국 사퇴했다.

지난 6대 총선에서 민주당 정기영 후보가 10,233표, 국민

의당 송경섭 후보는 17,006표, 민정당 박병주 후보는 3,129표를 득표했었다.

공화당 신형식 후보의 부친 신지우 씨는 서민호 후보의 선거사무장으로 활약하다가 서민호 후보의 추천으로 고흥군수, 해남군수를 역임했다.

신지우 씨는 "월파(서민호)가 같은 당으로만 나온다면 형식이를 못 나오게 할 텐데. 어제의 동지가 오늘의 정적이 될 줄이야 어찌 알았겠느냐"고 탄식했다.

대중당을 창당하여 대통령에 출마하고 반공법 위반혐의로 구속된 서민호 후보는 신화적 존재로 알려졌으며 선거운동원은 의용군처럼 "월파는 감옥에서 고흥만 쳐다보고 있소. 당선시켜 주지 않으면 감옥에서 죽게 되니 여러분이 구출해 주시오"라고 호소했다.

고흥에서 여산 송씨, 풍산 유씨와 함께 3대 종중인 고령 신씨의 강력한 씨족 기반을 가진 신형식 후보는 포두면 해창만의 간척사업 등 그 동안의 지방사업들을 나열하며 지지를 호소했다.

신형식 후보의 패배는 서민호 후보와 부친과의 끈끈한 인연으로 신민당 정기영 사퇴로 야권의 단일화도 요인이 있었겠지만, 부정이나 불법선거를 감행하지 아니한 결과로 보여진다.

일면에서는 지난 대통령 선거에서 곡성, 진안과 함께 박정희 후보에게 승리를 안겨 준 반작용(反作用)으로 "고흥놈이란 말 안 듣고 고흥사람이란 말 들으려거든 서민호를 밀자"는 선거운동원의 외침도 승리에 큰 몫을 했다.

□ 득표상황

후보자	정당	연령	주요 경력	득표(%)
서민호	대중당	64	6대의원(3선)	44,364(50.4)

신형식	민주공화당	40	6대의원(지역구)	43,606(49.6)
정기영	신민당	37	정당인	등록무효

〈보성〉 공화당 양달승 후보가 당선됐지만 대통령지시각서 위조혐의로 구속되고 일부지역 재선거로 당선자가 교체

지난 6대 총선에서는 2대와 5대의원인 민정당 이정래 후보가 김포 경찰서장을 지낸 공화당 이백래 후보를 광주 이씨 문중 내 경쟁에서 승리하여 3선의원 반열에 올랐다.
 전남 농민회장인 보수당 박종면, 3대의원을 지낸 국민의당 김성복 후보들도 출전했다.
 이번 7대 총선에서 공화당은 이백래 후보를 대통령 정무비서관을 지낸 양달승 후보로 교체했고, 신민당도 이정래 후보를 대학중석 부산소장 출신으로 민정당 전국구 의원으로 발탁된 이중재 후보로 교체하여 한판승부를 벌이도록 했다.
 지난 총선에도 출전했던 박종면 후보가 자유당으로 출전했고, 전남매일 보성지사장인 민중당 김재규 후보는 등록했다 선거 도중 사퇴했다.
 양달승 후보는 집권당의 우세한 자금을 배경으로, 조직의 명수라는 이중재 후보는 이정래 의원의 지원과 민중당 대변인이라는 지명도로 격전을 벌였다.
 자유당 시절인 4대 총선 때 닭죽 수면제 환표(換票)사건으로 재선거가 실시된 부정선거 표본처럼 악명 높은 이 지역구에서 이중재 후보는 "공화당이 정상적인 방법으로 승산이 없다는 결론을 내리고 매표와 공포 분위기 조성으로 이상한 선거를 감행하려 하고 있다"고 경고하고, 권농회 등 사조직을 활용하며 최대 문중인 광주 이씨 문중표의 결집을 도모했다.

벌교읍 출신인 양달승 후보는 광주 이씨 보성 20년 집권을 끝내자는 씨족대결을 펼치며, 벌교의 애향회의 집중지원을 받으며 벌교 출신을 반대하는 사람은 배신자라는 구호를 내걸었다.

벌교읍장과 벌교지서장은 공개투표도 무방하다며 공개투표를 지령하여 신민당으로부터 고발을 당했다.

공화당은 지난 6대 총선에서 16,597표로 차점 낙선한 이백래, 대통령정무비서관인 양달승, 재일거류민지단장인 김규남 등이 공천 경쟁을 벌여 양달승 후보가 승리했고, 신민당은 지역구 의원인 이정래, 전국구 의원인 이중재 의원이 문중 대결을 펼쳐 이정래 후보가 자의 반 타의 반 사퇴하여 이중재 후보로 결정됐다.

"특보! 대통령 지시각서 제7호에 의거 제철공장이 보성으로 결정됐다", "정치성만 배제되면 보성이 제철공장의 최고 유력 후보지다"는 삐라가 수만 장이 뿌려지며 벽보가 나붙고, 축하 가두방송과 농악대까지 동원하여 요란을 피웠다.

선거 결과 양달승 후보가 당선됐지만, 공화당으로부터 제명되고 대통령 지시각서 위조혐의로 구속됐다.

또한 벌교읍 지역의 공개투표에 의한 일부지역 선거무효라는 대법원의 판결로 재선거가 실시되고 재선거로 당선자가 양달승에서 이중재 후보로 교체됐다.

□ 득표상황

후보자	정당	연령	주요 경력	득표(%)
양달승	민주공화당	39	대통령 정무비서관	31,868(51.7)
이중재	신민당	42	6대의원(전국구)	28,651(46.4)
박종면	자유당	59	농민회 최고위원	1,163(1.9)
김재규	민중당	36	전남매일 지사장	사퇴

〈장흥〉 야권이 분열된 지난 총선에서의 표차는 3,369표에 불과하여 야권이 통합된 이번 총선에 재도전했으나, 15,813 표차로 크게 벌어져 길전식 후보에게 연패한 신민당 김영태

지난 6대 총선에서는 육사 8기생으로 중앙정보부 제3국장으로 활약한 공화당 길전식 후보가 육군대령 출신인 국민의당 박석교, 고려대 출신인 민정당 김영태, 독립촉성국민회 장흥지부장 출신인 민주당 김형배 후보들을 꺾고 국회에 입성했다.

이번 7대 총선에는 공화당 재공천을 받은 길전식 의원에게 지난 총선에서 3,369표차로 패배한 신민당 김영태 후보가 재도전하여 혈투를 전개했다.

3대와 4대의원을 지낸 자유당 손석두, 노동시보 논설위원인 한독당 이야래 후보들도 출전했다.

지난 6대 총선에서 김영태 후보가 민정당으로 출전하여 3,369표차로 길전식 후보에게 패배한 것은 국민의당 박석교 후보와 민주당 김형배 후보가 1만 2천여 표의 야권성향 표를 잠식했기 때문이었다.

이들이 출전을 포기하여 야권 단일후보의 기치를 내세우며 김영태 후보는 승리감에 도취했으나, 이번 총선에서 공화당 길전식 후보에게 오히려 15,813표차로 벌어져 추격 의지를 불살라 버렸다.

3대와 4대의원으로 국회 재경분과위원장을 지낸 손석두 후보가 자유당 동지들의 권유로 공화당을 탈당하고 출전했으나 소기의 성과를 거두지는 못했다.

□ 득표상황

후보자	정당	연령	주요 경력	득표(%)

길전식	민주공화당	42	6대의원(지역구)	25,932(52.0)
김영태	신민당	43	정당인	15,813(31.7)
손석두	자유당	56	2선의원(3, 4대)	5,035(10.1)
이양래	한국독립당	51	근로시보 논설위원	3,119(6.2)

〈영암-강진〉 대통령에 출마하였건만 지역구에서 오히려 외면을 당하여 차점이 아닌 3위로 낙선한 민중당 김준연

지난 6대 총선에서 4선의원, 법무부장관을 지낸 자민당 김준연 후보가 강진군수 출신으로 5대 총선에 출전하여 낙선한 민정당 유수현, 출마설이 나돌던 강기천 최고위원의 불출마로 부랴부랴 출마한 30대의 공화당 윤재명 후보들을 꺾고 4선의원 반열에 올라섰다.

이번 7대 총선에서는 지난 6대 총선에서 3각대결을 펼쳤던 민중당 김준연, 신민당 유수현, 공화당 윤재명 후보들이 재대결을 펼쳤다.

황천양조 주식회사 사장으로 전남도의원을 지낸 천수봉 후보도 얼굴을 내밀었다.

김준연 후보는 민중당을 창당하여 총재에 선임됐고, 유수현 후보는 정성태 의원이 사직한 광주 갑구 보궐선거에 정민회 공천으로 출전하여 당선됐다.

재경전남학우회장, 현대평론사 사장인 윤재명 후보는 원외위원장으로 지역 구석구석의 현안(懸案)사항을 챙기며 조직을 확대해 왔다.

지난 총선에서 자민당 최고위원인 김준연 후보는 28,027표로 당선됐고, 재경 전남학우회장을 지낸 30대의 공화당 윤재명 후보는 23,751표를 득표하여 표차는 4,276표였다. 민정당 유수현 후보도 20%가 넘는 18,699표를 득표했다.

당명을 바꿔 재격돌한 이번 총선에서는 김종문, 이백우, 김두규, 차운영, 박종오 후보들을 꺾고 공화당 재공천을 받은 윤재명 후보가 47,149표를 득표하여 대승을 거두었다.

민중당을 창당하여 대선후보로 출전하여 서민호 후보와 달리 완주했던 김준연 후보는 유수현 민정당 후보가 사퇴하지 않고 경쟁을 벌여 8,617표(9.7%) 득표에 머물러 정계 은퇴를 강요당했다.

영암(김준연, 천수봉)과 강진(윤재명, 유수현)의 군 대항전에서 방대한 공화당 조직, 8천 7백 명의 해남 윤씨를 배경으로 한 윤재명 후보가 5, 6, 7대에 걸쳐 선거를 치르는 동안 야당으로서 조직을 다듬어 온 유수현 후보에게 완승으로 끝났다.

2만여 명의 김해 김씨 문중 지원을 받은 김준연 후보는 지난 대통령 선거에서도 박정희, 윤보선 후보는 4만여 표를 득표했는데도 6,688표에 머물렀던 득표상황은 이번 총선에서 완패가 예상되기도 했다.

□ 득표상황

후보자	정당	연령	주요 경력	득표(%)
윤재명	민주공화당	35	현대평론 사장	47,149(53.1)
유수현	신민당	51	6대의원(광주갑)	26,894(30.3)
김준연	민중당	72	6대의원(5선)	8,617(9.7)
천수봉	자유당	53	전남도의원	6,142(6.9)

〈완도〉 전남도당 조직부장으로 대통령 선거에서의 공훈(功勳)으로 현역의원을 밀쳐내고 공화당 공천을 받은 여세로 국회에 등원한 정간용

지난 6대 총선에서는 상공부 수산국장 출신으로 5대 총선에서도 출전했던 최서일 후보가 공화당 공천을 받고서, 전남도의원을 지낸 민주당 황권태, 완도어업조합장을 지낸 자유당 김용호, 전남도의원을 지낸 자민당 이제현 후보들을 꺾고 국회에 등원했다.

정민회 이준호, 민정당 이선동, 국민의당 오동권 후보들도 출전하여 선전했다.

이번 7대 총선에서 공화당은 최서일 의원을 공화당 전남도지부 선전부장, 조직부장으로 활약한 정간용 후보로 교체했고, 지난 총선에 출전하여 낙선한 신민당 황권태, 한독당 김용호, 민주당 오동권 후보들도 재출격했다.

판사 출신 변호사인 자유당 지악표, 완도지구당위원장인 민중당 송희석, 세계일보 기자인 대중당 송기철 후보들도 출전했다.

민주공화당은 최서일 현역의원을 비롯하여 김이호, 이원기, 정간용, 지익표, 이준호, 박용항, 김덕수 후보들이 공천을 신청했다. 이준호 후보는 지난 6대 총선에 정민회로 출전하여 7,114표를 득표했다.

민주공화당은 완도지구당 사무국장 출신으로 전남도지부 조직부장으로 대통령 선거에서 공적을 쌓은 정간용 후보를 공천하자, 판사 출신 변호사인 지익표 후보는 자유당으로 출전했다.

신민당도 지난 총선에 출전했던 오동권, 황권태, 이선동 후보들과 송기철 후보가 경합하여 전남도의원 출신으로 민주당으로 출전하여 8,189표를 득표하여 차점 낙선한 황권태 후보를 공천하자, 국민의당으로 출전하여 3,582표를 득표한 오동권 후보가 민주당으로, 동화통신 기자인 송기철 후보는 대중당으로 출전했다.

이리하여 공화당 출신인 정간용, 지익표 후보와 신민당 출신인 황권태, 오동권, 송기철 후보들의 대결이 펼쳐졌다.
 자유당 지익표, 신민당 황권태, 공화당 정간용 후보의 쟁패전은 최서일 현역의원의 불출마로 승기를 잡은 정간용 후보가 완도수고 교사 출신으로 완도수고 동문들의 절대적 지지를 받은 황권태 후보를 5천여 표차로 꺾고 국회에 등원했다.
 정간용 후보는 완도를 어항과 무역항을 겸한 국제항으로 발전시키는 한편 관광항으로 개발하겠다는 공약으로, 고향인 약산면을 주축으로 한 조직표를 동원하여 승리했다.

□ 득표상황

후보자	정당	연령	주요 경력	득표(%)
정간용	민주공화당	45	전남도 선전부장	17,735(33.2)
황권태	신민당	45	전남도의원	12,707(23.8)
지익표	자유당	41	변호사, 장로	12,141(22.7)
송희석	민중당	64	정당인	4,229(7.9)
오동권	민주당	36	고려대 총학생회장	3,310(6.2)
김용호	한국독립당	46	완도어업조합장	2,500(4.7)
송기철	대중당	36	세계일보 기자	810(1.5)

〈해남〉 지난 총선에서 중앙당 지시를 무시하고 공화당으로 출전했던 민중당 홍광표 후보를 꺾고 4선의원 반열에 오른 김병순

 지난 6대 총선에서는 3대의원과 전남도지사를 지낸 자민당 민영남 후보가 전남도의원 출신으로 5대의원에 당선된 공화당 홍광표, 변호사로서 5대의원에 당선된 민정당 김채용 후보들을 꺾고 당선됐다.
 홍광표 후보는 공화당이 자유당 소속으로 3대와 4대의원

을 지낸 김병순 후보를 공천했으나 막무가내로 공화당 후보로 등록하는 뚝심을 보였으나 낙선했고, 민주당 김봉호, 보수당 윤주훈 후보들도 얼굴을 내밀었다.

이번 7대 총선에서 공화당은 6대 국회에서 전국구 의원으로 활약한 김병순 후보를 공천하자, 지난 총선에 공화당 후보로 출전했던 홍광표 후보는 민중당으로 출전했다.

자유당 소속으로 4대의원에 당선된 김석진 후보가 자유당으로, 서울법대 출신 변호사인 윤철하 후보가 신민당으로, 개성산업 이사인 임원태 후보는 민주당으로 출전했다.

지난 5대 총선 때는 무소속으로 출전한 홍광표 후보가 대한수의사회 회장으로 자유당으로 출전한 김병순 후보를 꺾었다.

공화당은 지난 6대 총선에서 공화당으로 출전하여 18,637표로 차점 낙선한 홍광표, 민주당으로 출전하여 3,022표 득표한 김봉호 후보들을 비롯하여 윤주윤, 김안일, 이성일 후보들을 제치고 자유당 소속으로 3대와 4대의원을 지내고 대한수의사회 회장으로 활동하다가 공화당 6대 전국구 의원으로 활약한 김병순 후보를 내세웠다.

민영남 의원의 정계은퇴에 따라 변호사인 윤철하 후보가 신민당 공천을 받고 통합야당의 기수임을 내세워 한판 승부를 벌였다.

자유당 시절부터 닦아 온 지역기반과 축산업협동조합장 출신으로 풍부한 재력을 활용한 김병순 후보가 지난 총선에서 중앙당의 공천내정을 무시하고 강권으로 등록하여 낙선한 민중당 홍광표 후보와 뒤늦게 통합야당의 기수임을 자처한 신민당 윤철하 후보를 가볍게 제압하고 4선의원 반열에 올랐다.

자유당 소속으로 민주당 민영남 현역의원을 꺾고 4대의원에 당선된 김석진 후보가 자유당 기치를 내걸고 선전했다.

2만여 명의 김해 김씨를 주축으로 구축한 공화당 조직을 활용한 김병순 후보가 해남 윤씨 8천표를 기반으로 조직을 다진 윤철하, 도시락을 싸들고 들판을 돌아다닌 홍광표, 과거 해남 을구 지역을 석권한 김석진 후보들을 가볍게 제압할 수 있었다.

□ 득표상황

후보자	정당	연령	주요 경력	득표(%)
김병순	민주공화당	57	6대의원(3선)	27,817(37.8)
홍광표	민중당	49	5대의원(해남갑)	19,437(26.4)
윤철하	신민당	41	변호사	15,281(20.8)
김석진	자유당	55	4대의원(해남을)	10,537(14.3)
임원태	민주당	27	개성산업 이사	514(0.7)

〈무안〉 공화당 배길도 후보와 신민당 유옥우 후보의 네 번째 대결에서 배길도 후보가 11,799표차로 승리하여 2승 2패의 균형을 유지

지난 6대 총선에서는 조선대 교무과장 출신으로 공화당 공천을 받은 배길도 후보가 3대, 4대, 5대의원을 지낸 민정당 유옥우, 변호사로서 5대의원에 당선된 자민당 주도윤, 전남도의원을 지낸 국민의당 유상현, 3대의원을 지낸 자유당 신행용 후보들을 꺾고 국회에 등원했다.

이번 7대 총선에서 공화당은 배길도 의원을 재공천했고, 지난 6대 총선에서 522표차로 낙선한 유옥우 후보가 신민당 공천을 받고 출전하여 재결투를 벌였다.

회사원인 자유당 임상원, 정당인인 대중당 박광복 후보들도 출전했다.

이번 총선에서는 4대의원인 나판수, 1대와 2대의원인 장홍염 후보들을 꺾고 배길도 후보가 공화당의, 주도운 5대의원을 꺾고 유옥우 후보가 신민당의 주자가 되어 네 번째 맞대결을 펼치게 됐다.

 3대와 4대에서는 유옥우 후보가 승리했고 지난 6대에서는 배길도 후보가 승리했다.

 유인도만 2백여 개로 면적은 충북도의 전체 면적과 맞먹는 광대한 지역인 이 지역구에서 주도운 후보의 출마포기로 유리한 위치에서 리턴 매치에서 설욕을 위한 총력전에 돌진하고 있는 유옥우 후보는 "나는 무능한 여당의원 세 사람쯤 해 낼 자신이 있다"고 호언장담했다.

 19개면 가운데 11개면이 섬으로 형성된 이 지역구는 도초도 배길도와 비금도 유옥우의 싸움인 선거전은 무안군수, 면장, 이장과 경찰서장 심지어 교육장까지 동원된 행정력이 너무 노골적이라고 비난을 받은 배길도 후보는 "7천여 표의 배씨 문중표 등 사조직을 동원하면 역전승은 문제없다"고 맞대응했다.

 지난 대선에서는 윤보선 후보가 52,822표를 득표하여 박정희 후보를 1만 표 정도 앞섰지만, 이번 총선에서는 행정지원을 듬뿍 받은 배길도 후보가 지난 총선에서 522표차를 훌쩍 넘어 1만여 표차의 대승을 거두어 두 후보는 2승 2패의 균형을 이뤘다.

□ 득표상황

후보자	정당	연령	주요 경력	득표(%)
배길도	민주공화당	45	6대의원(지역구)	52,175(52.4)
유옥우	신민당	52	3선의원(3, 4, 5대)	40,376(40.6)
임상원	자유당	25	회사원	3,950(4.0)
박광복	대중당	31	정당인	3,017(3.0)

〈나주〉 국민대교수, 재무부차관 출신으로 통합야당의 3선 현역의원을 45,444표차로 꺾고 승리했으나 공화당에서 제명당한 이호범

지난 6대 총선에서는 자유당 소속으로 3대와 4대 총선에서 당선되고 5대 총선에서도 자유당으로 출전하여 차점 낙선한 정명섭 후보가 자민당 공천을 받고 출전하여 예상을 뒤엎고, 지난 5대 총선 때 민주당 공천을 받고 출전하여 당선된 민정당 정문채, 전남도의원으로 공화당 공천을 받은 이교은 후보들을 제치고 3선의원에 등극했다.

3대의원인 보수당 최영철, 나주읍장을 지낸 민주당 박규헌, 정당인인 국민의당 이민명, 사회사업가인 추풍회 김희근 후보들도 출전했다.

이번 7대 총선에서 공화당은 상공부 기획관리실장과 재무부차관을 지낸 이호범 후보를 교체하여 공천하여 4선의원을 향해 신민당 공천으로 출전한 정명섭 의원과 대결토록 했다.

삼균청년회 회장인 한독당 장봉기 후보는 완주했으나, 3대 의원을 지낸 민주당 최영철 후보는 등록무효로 중도 하차했다.

야권성향표가 자민당, 국민의당, 민주당, 민정당으로 분열된 상황에서 자민당으로 승리한 정명섭 후보는 5대의원 출신인 이경과 정문채 후보들을 잠재우고 신민당의 공천을 받고 통합야당의 단일후보 기치를 내걸었다.

지난 총선에서 공화당 공천을 받고도 3위로 밀려 낙선한 이교은 후보를 밀쳐내고 공천을 받은 이호범 후보는 풍부한 자금을 활용하여 나주군수는 물론, 읍·면장과 리·통장을 동

원하고 경찰서장을 비롯한 경찰관을 총동원 체제를 완비하여 통합야당의 현역의원인 정명섭 후보를 45,444표차로 꺾고 국회에 등원했으나, 공화당으로부터 제명처분을 받고 무소속의원으로 활동했다.

이호범 후보는 "부초(浮草)처럼 선거 때만 나서는 후보는 아예 무시해야 한다"고 주장하면서, 방대한 공화당 조직망, 함평 이씨 1천 8백 호의 전폭적인 지지를 기대했다.

3선의원으로서 단단한 기반을 가진 정명섭 후보는 "관권과 금권으로 신민당의 조직을 파괴하려 든다"면서, "끝내 못된 짓을 할 경우 뭉뚱그려 고발하겠다"고 벼르고 있었다.

20대의 장봉기 후보는 "돈이 없어도 국회의원이 될 수 있다는 사조(思潮)를 불어넣겠다"고 기염을 토했으나 성적은 신통치 않았다.

대법원의 선거무효 판결로 재선거가 실시되었으나 재선거에서도 공화당에 재입당하여 공천을 받은 이호범 후보가 신민당 정명섭 후보를 꺾고 당선되어 의원직을 이어갔다.

□ 득표상황

후보자	정당	연령	주요 경력	득표(%)
이호범	민주공화당	37	재무부차관	66,315(73.8)
정명섭	신민당	57	6대의원(3선)	20,871(23.2)
장봉기	한국독립당	27	한독당 청년부장	2,694(3.0)
최영철	민주당	59	3대의원(나주갑)	등록무효

〈광산〉 광산군수 시절부터 닦아 온 지역기반을 살려 추격전을 전개했으나, 신민당 이정휴 후보와 지지기반이 겹쳐 공화당의 옹벽을 넘어서지 못한 자유당 박흥규

지난 6대 총선에서는 동경제국대 출신이지만 정치신인인 박종태 후보가 최인환, 김상기, 김찬곤 후보들을 꺾고 공화당 공천을 받은 여세를 몰아 자유당 소속으로 3대와 4대의원을 지낸 자민당 이정휴 후보와 민주당 공천으로 5대의원에 당선된 민정당 고몽우 후보들을 따돌리고 국회에 등원했다.
 광산군수 출신인 자민당 박종효 후보를 비롯하여 민주당 김찬곤, 보수당 김면중, 국민의당 김판우 후보들도 출전했다.
 이번 7대 총선에서는 지난 6대 총선에서 혈전을 전개한 공화당 박종태, 신민당 이정휴, 한독당 고몽우 후보들이 재격돌했다.
 박종태 후보는 11,935(32.0%)표를 득표하여 당선됐고, 고몽우 후보는 9,372표(25.2%)를 득표하고, 이정휴 후보는 4,175표(11.2%)를 득표하여 낙선했다.
 광산에서 3대, 광주에서 4대의원에 당선된 박흥규 후보가 자유당으로, 대중당 정책위원인 최종채, 전남도 선거관리위원이었던 민주당 김찬곤 후보들도 출전했다.
 총선이 중반전에 접어들면서 지난 6대 총선에서 3두(參頭)마차를 이끌었던 한독당 고몽우 후보가 중도 사퇴하고, 자유당 출신이지만 통합야당인 신민당 후보로 출전한 이정휴 후보는 정체성의 혼란을 겪어 선두권에서 밀려났다.
 광산군수 시절부터 마련한 터전을 활용한 박흥규 후보가 자유당 시절에 살기에는 정말 좋았다는 구호를 내걸고 추격전을 전개했으나, 신민당 이정휴 후보와 지지기반이 겹쳐 공화당 현역의원의 벽을 넘어서지 못했다.
 당선된 박종태 후보는 "우리 선거구는 신민당과의 싸움이 아니라 자유당과의 대결입니다. 그것도 일가끼리"라고 박흥규 후보는 자유당 출신으로 한 때 공화당에 입당했으며 같은 충주 박씨이기 때문이다.

□ 득표상황

후보자	정당	연령	주요 경력	득표(%)
박종태	민주공화당	46	6대의원(지역구)	23,582(50.1)
박홍규	자유당	54	2선의원(3, 4대)	15,972(33.9)
이정휴	신민당	49	2선의원(3, 4대)	5,355(11.4)
최종채	대중당	27	대중당 정책위원	1,593(3.4)
김찬곤	민주당	47	광주지법 인사위원	560(1.2)
고몽우	한국독립당	53	5대의원(광산)	등록무효

〈영광-함평〉 영광과 함평의 군대항전에서 영광군민들의 정국안정을 위한 충정에서 함평 출신 공화당 후보를 집중 지원하여 당선된 윤인식

지난 6대 총선에선 영광에서 2대의원에 당선된 정헌조 후보가 3대, 4대, 5대 총선에 출전하여 연패(連敗)한 아픔을 딛고 공화당 공천장을 받고서, 함평에서 3대, 4대, 5대의원에 당선된 민정당 김의택 후보를 큰 표차로 따돌리고 재선의원이 됐다.

3대, 4대, 5대 총선에서 정헌조 후보를 꺾었던 조영규 후보는 서울 성북 을구로 옮겨 출전했고, 조영규 후보의 아들인 조기상 후보가 26세의 나이에 자민당으로 출전했다.

민주당 김석, 보수당 서진걸 후보들도 함께 뛰었다.

이번 7대 총선에서 공화당은 정헌조 의원을 낙천시키고 사회사업가로 전남도의원을 지낸 윤인식 후보에게 공천장을 건네주었고, 지난 6대 총선에 출전했던 김의택 후보와 교체하여 조영규 후보가 환향(還鄕)하여 신민당 공천을 받고 출

전했다.

전남도의원을 지낸 자유당 김덕부, 사업가인 민중당 남궁전, 한국정경보 사장인 민주당 권오주 후보들도 출전했고, 사업가인 통사당 차영주 후보는 등록무효로 선거 도중 하차했다.

공화당은 지난 6대 총선에 공화당으로 출전하여 41,145표를 득표하여 당선된 정헌조 후보와 민주당으로 출전하여 11,367표를 득표한 김석 후보들을 물리치고 함평 출신으로 대통령 선거에서 선대위원장을 맡아 활약한 윤인식 후보로 교체했다.

신민당도 함평 출신인 한국정경보 사장인 권오주 후보를 내정했으나 공화당이 함평 출신인 윤인식 후보를 공천하자, 영광에서 3선의원에 당선된 조영규 후보로 교체하자 권오주 후보가 민주당으로 반발 출전했다.

함평과 영광의 군 대항전이 펼쳐져 함평의 공화당 윤인식, 민주당 권오주, 영광의 자유당 김덕부, 민중당 남궁전, 신민당의 조영규의 대전이 펼쳐졌다.

영광군민들이 애향심보다는 정국의 안정을 위해 집권여당 후보가 당선되어야 한다는 충정(衷情)으로 함평 출신 윤인식 후보를 집중적으로 지원하여 공화당 윤인식 후보가 대승을 거두게 했다.

□ 득표상황

후보자	정당	연령	주요 경력	득표(%)
윤인식	민주공화당	44	전남도의원	66,680(68.0)
조영규	신민당	53	3선의원(3, 4, 5대)	28,854(29.4)
권오주	민주당	28	한국정경보 사장	1,120(1.1)
남궁전	민중당	39	정당인	945(1.0)
김덕부	자유당	48	전남도의원	522(0.5)

| 차영주 | 통일사회당 | 29 | 정당인 | 등록무효 |

〈진도〉 같은 문중인 조병섭 후보를 주저앉히고 자유당 시절의 조직과 창녕 조씨 문중표를 휩쓸었지만 역부족(力不足)으로 무너진 조병문

　지난 6대 총선에서는 국무원사무처장인 김병삼, 2대와 3대 의원을 지낸 조병문 후보의 출전설이 나돌았으나 공화당은 지난 5대 총선 때 무소속으로 출전하여 10,005표를 득표하고 낙선한 이남준 후보를 공천했다.
　명치대 출신인 공화당 이남준 후보는 윤보선 후보 지지표 결집에 나선 민정당 임상수, 전남병사구 병무과장을 지낸 국민의당 조병을 후보들을 가볍게 꺾었다.
　이번 총선에서 이남준 의원이 공화당 재공천을 받고 출전하자 2대와 3대의원을 지낸 조병문 후보가 신민당 공천을 받고 야멸차게 도전했다.
　덕매학원 설립자인 민중당 곽원영 후보는 등록무효됐지만, 대학원 재학중인 민주당 김인권 후보는 두 후보의 혈투를 지켜봤다.
　지난 5대 총선 때 지역기반을 닦은 공화당 이남준 후보가 박현수 후보를 가볍게 제압하자, 신민당은 조병섭 후보를 조직책으로 선정했다가 2대와 3대의원이었으나 4대 총선 때 손재형 후보에게 패배했던 조병문 후보로 교체했다.
　그러나 조병문 후보는 창녕 조씨들의 문중표를 규합하는 데는 성공했지만 집권여당의 현역의원의 높은 벽은 넘어서지 못했다.
　이남준 후보는 소포 간척공사, 전원개발, 진도면의 진도읍 승격, 충무교 가설 등 다양한 공약을 내걸고 승리했다.

□ 득표상황

후보자	정당	연령	주요 경력	득표(%)
이남준	민주공화당	48	6대의원(지역구)	19,267(55.8)
조병문	신민당	55	2선의원(2, 3대)	14,605(42.3)
김인권	민주당	26	행정대학원생	634(1.8)
곽원영	민중당	27	덕매학원장	등록무효

제주도

〈제주-북제주〉 현역의원을 밀쳐내고 공화당 공천을 받고서 제주도 관광개발사업을 선거전에 활용하여 대승을 거둔 양정규

지난 6대 총선 때 대학교수로서 지난 5대 총선 때 북제주에 무소속으로 출전하여 낙선한 임병수 후보가 공화당 공천을 받고서, 제주시에서 4대와 5대의원에 당선된 보수당 고담룡, 5대 총선 때 임병수 후보에게 패배를 안겨준 민주당 홍문중, 참의원에 당선된 자민당 강재량 후보들을 가볍게 꺾고 국회에 등원했다.
 정민회 진문종, 민정당 문영팔, 국민의당 신두완 후보들도 출전했다.
 이번 7대 총선에서 공화당은 임병수 후보를 낙천시키고 국무총리 비서관을 지낸 양정규 후보를 공천했다.
 3대와 4대의원을 지낸 김두진 후보가 신민당 공천을 받아 출전하고, 4대와 5대의원을 지낸 고담룡 후보는 민주당으로 출전했다.
 중학교 교장을 지낸 민중당 강군황, 경찰전문학교 출신인

대중당 오달인, 한독당 대변인인 김기오, 항일투쟁을 전개했던 통사당 송석화 후보들도 출전했다.

공화당은 당초 임병수 현역의원을 공천자로 내정했다가 정일권 국무총리 비서관으로 활약한 양정규 후보로 교체했다.

신민당은 지난 6대 총선에 국민의당으로 출전했던 신두완, 민주당으로 출전했던 홍문중, 보수당으로 출전하여 15,681표로 차점 낙선했던 고담룡, 정민회로 출전했던 진문종 후보들을 모두 제치고 자유당으로 3대와 4대의원을 지낸 김두진 후보를 공천했다.

그리하여 선거전은 정치신인인 공화당 양정규와 3대와 4대의원을 지낸 신민당 김두진, 낙천에 반발한 4대와 5대의원을 지낸 민주당 고담룡 후보들의 3파전으로 흘러갔다.

현역의원을 밀쳐내고 공화당 공천을 받은 양정규 후보가 제주도 관광개발사업을 추진하기 위해서는 집권여당 후보의 당선이 필요하다고 호소하여 재선의원 후보들을 가볍게 꺾고 새로운 주인으로 안착했다.

□ 득표상황

후보자	정당	연령	주요 경력	득표(%)
양정규	민주공화당	34	국무총리 비서관	46,400(61.0)
김두진	신민당	54	2선의원(3, 4대)	15,651(20.6)
고담룡	민주당	51	2선의원(4, 5대)	8,546(11.2)
김기오	한국독립당	41	한독당 대변인	1,606(2.1)
오달인	대중당	42	정당인	1,590(2.1)
강군황	민중당	33	중학교장	1,331(1.8)
송석화	통일사회당	51	반일제투쟁	920(1.2)

〈남제주〉 신민당 공천을 받고 진주 강씨 문중표, 오현고 동문표를 결집시켰으나 야권성향표의 4분 5열로 좌절을 맛본

신민당 강보성

지난 6대 총선에서는 4대의원으로 당선됐으나 5대 총선에서 낙선한 현오봉 후보가 공화당 공천을 받고서 30대 패기를 앞세운 민주당 김일용, 회사장인 보수당 강석범, 제주대 교수인 국민의당 양상익, 제주대 강사인 민정당 강보성 후보들을 꺾고 재선의원이 됐다.

이번 7대총선에서는 원내총무로 위상을 드높인 공화당 현오봉 후보에게 지난 6대 총선에 출전했던 민중당 양상익, 신민당 강보성 후보들이 재도전했다.

농업인인 통한당 강재훈, 지구당위원장인 한독당 박창홍, 이시영 부통령 비서 출신인 민주당 김일용 후보들도 출전했다.

신민당은 지난 6대 총선에 국민의당으로 출전하여 3,788표를 득표했던 양상익, 민주당으로 출전하여 8,384표를 득표했던 김일용 후보들을 제치고 민정당으로 출전하여 956표 득표에 머문 강보성 후보를 민선 제주도지사를 지낸 강성익의 사위라는 지역기반을 감안하여 공천했다.

이에 반발하여 양상익 후보는 민중당으로, 김일용 후보는 민주당으로 출전했다.

해녀 등 여성표와 고씨, 부씨, 양씨 등 제주토착 3대성의 혈연표가 당락을 결정하는 선거전에서 공화당 재공천을 받은 현오봉 후보는 "제주도를 한국의 하와이로 만들겠다"면서 유채공장, 맥아공장, 포도당공장 건설을 공약했다.

강보성 후보는 진주 강씨 문중표와 오현고 동창회장으로 동문표 결집에 나섰으나 야권성향표의 4분 5열로 공화당 현오봉 후보의 3선 고지 점령을 바라볼 수밖에 없었다.

□ 득표상황

후보자	정당	연령	주요 경력	득표(%)
현오봉	민주공화당	44	6대의원(2선)	24,507(55.3)
강보성	신민당	36	고교교장	12,089(27.3)
김일용	민주당	35	부통령 비서	5,345(12.1)
박창홍	한국독립당	30	정당인	1,292(2.9)
양상익	민중당	51	재향군인회 회장	653(1.5)
강재훈	통한당	35	농업	431(0.9)

제4장 개헌(改憲)의 앞잡이 역할을 수행한 전국구

1. 전국구를 공화당 27석, 신민당이 17석으로 양분
2. 정당별 전국구 당선자와 후보자 현황

1. 전국구를 공화당 27석, 신민당 17석으로 양분

(1) 10개 정당이 추천했지만 당선자는 2개 정당이 독점

이번 전국구 후보는 신민당이 31명으로 최다이고, 공화당이 29명, 자유당이 14명, 민주당 11명, 대중당 9명, 한독당과 통일당이 각각 8명, 자민당 5명, 민중당 4명, 정의당 1명으로 120명이 등록하여 3.7대 1의 경쟁률을 보였다.

자유당 후보 중에는 인태식, 유봉순, 최용근, 정규상, 이교선 등 전직의원이나 장관들이 대거 출전했고, 민주당에도 오위영, 김기철 등이, 한국독립당에도 유진, 김산 등 전직 의원들이 눈에 띠었다.

지역구 후보들이 3명 이상 당선되거나 전국 득표율이 5%를 넘긴 정당이 전국구 배정을 받는다는 규정에 따라 60.8% 득표율을 올린 공화당과 39.2% 득표율을 올린 신민당이 44개 의석을 27석과 17석으로 나눠가졌다.

이번 총선에서 10,788,025명이 투표한 결과 자유당은 392.637표(3.6%), 민주당은 322,612표(3.0%), 대중당은 238,849표(2.2%)를 득표하여 대중당은 규정에 따라 당선자 배정에서 제외됐다.

공화당의 현정주, 김용채 예비후보는 상위순번 후보자가 사퇴할 경우 의원직을 승계할 수 있으며, 신민당은 14번까지 당선자를 예측하고 14번까지 헌금을 헌납토록 하고 14번 이후에는 헌금 없이 배려했는데 15번 이민우, 16번 김수한, 17번 김상현 후보 등은 무임승차했고 18번 조흥만 후보는 10번 재일교포 김재화 후보의 사퇴에 따라 의원직을 승계한 행운아가 됐다.

(2) 공화당과 신민당의 전국구 인선(人選)의 배경

　공화당은 정구영, 윤치영 등 당 원로와 백두진, 이원엽 등 신입당원 및 5·16혁명주체 등이 포함된 인선에는 정일권 국무총리, 김종필 공화당의장, 길재호 사무총장, 김형욱 중앙정보부장이 협의하여 박정희 대통령의 재가를 받아 발표했다.
　공화당과 정부에 대한 공로를 우선적으로 고려한 논공행상적 인선이었다.
　윤천주, 양찬우, 이동원 등 전직장관의 인선은 그들이 재직 시 어려운 난제(難題)를 풀어냈던 지난날의 노고에 대해 보답한 것이다.
　당초의 예상을 뒤엎고 사무국장 등 당내인사들이 대폭 공천된 것은 이번 대통령 선거에서의 기여에 대한 공로의 포상(褒賞)이었다.
　김용호 강원도 사무국장, 김영복 경남도 사무국장 발탁은 두 도에서 얻은 박정희 후보에 대한 몰표에 대한 논공행상이었다.
　이리하여 비례대표제 본래 취지인 직능대표 원칙은 살리지 못했지만 경제의 백두진, 여성계의 이매리, 상이용사회의 신동욱 후보등이 반영되었을 뿐이다.
　상당수의 혁명주체나 예비역 장성들이 공천될 것이라는 예상이 뒤집혀 최영희 전 육군참모총장과 이원엽 전 최고위원이 기용됐을 뿐이다.
　군정때 최고회의 최고위원이었던 김동하를 비롯하여 박원빈, 옥창호, 박병권 등이 후보 물망에 올랐으나 재가(裁可) 과정에서 탈락했다.
　이들의 탈락은 혁명주체 대열에서 이탈했다가 공화당에 입당했지만 원활한 융화가 이루어 질 수 있겠느냐는 회의론이 대두된 것으로 보여진다.

29명의 공천 후보 중 19명이 공화당내 인사이고 당내 파벌들의 작용이 공천 인선에 별로 작용하지 못했다는 것은 공화당 주류의 입김이 가장 세게 작용했다는 게 중론이다.

신민당은 청년당원들의 우대 요구에 상관없이 14번까지는 당내인사는 2천만 원, 당외인사는 3천만 원을 헌금토록 하는 원칙을 합의했다.

다만 전국구를 주기로 하고 헌금을 받은 나상근, 노영환에게는 돈을 돌려주기로 하고 2천만 원을 헌금한 박재우, 이기택은 당내서열과 당성이 문제되어 보류됐다.

헌금을 통고한 이상철, 장기영, 김수한 예비후보 등은 돈 마련이 거의 불가능한 상태로 알려졌다.

등록 마감날 결정한 전국구 후보는 비례대표 본래의 의의나 당에 대한 공헌 및 서열 등은 전혀 외면을 당했다.

따라서 논공행상이나 지역안배 따위는 고려의 대상이 될 수 없었다.

헌금을 받지 않고 김수한, 이민우를 15번과 16번에 배치하여 공로를 배려한 유일한 케이스가 됐고 편용호, 이기택, 연주흠, 박재우 등 무명의 실업인들이 대거 진출한 반면 이상철, 장기영, 김의택, 정헌주, 조헌식 등 당 원로 내지 중진급은 대거 탈락했다.

이러한 인선 결과는 당내 반발을 유발할 가능성도 상존(常存)하여 당내 결속에도 영향을 미칠 것으로 보인다.

2. 정당별 전국구 당선자와 후보자 현황

(1) 공화당: 후보자 29명, 당선자 27명

순위	성명	연령	본적	주요경력
1	정구영	73	충북	대한변호사협회장, 6대의원
2	윤치영	69	서울	국회부의장, 4선의원
3	백두진	50	서울	국무총리, 5대의원
4	최희송	73	서울	참의원, 2선의원
5	김정열	49	서울	주미대사, 국방부장관
6	윤천주	45	경북	공화당사무총장, 문교부장관
7	양찬우	41	부산	사단장, 내무부장관
8	이동원	40	서울	대통령비서실장, 외무부장관
9	김동환	40	서울	공화당사무총장, 6대의원
10	최영희	46	서울	육군참모총장, 터키대사
11	이영근	43	서울	중앙정보부차장, 당사무차장
12	김성희	47	부산	부산대교수, 당정책연구실장
13	이원엽	42	서울	사단장, 안보회의상임위원
14	김유탁	42	서울	육사교수, 당기획조사부장
15	박노선	44	전북	전북대교수, 전북도당사무국장
16	김용호	46	강원	강원도내무국장, 강원도당사무국장
17	김영복	34	부산	신창사사장, 경남도당사무국장
18	이정석	49	충북	치안국통신과장, 5대의원
19	신동욱	37	서울	상이군경회장, 성주-칠곡위원장
20	김규남	37	전남	국방대강사, 교포문제연구소이사
21	이병주	55	충남	결핵협회감사, 공주지구당위원장
22	아펙여	64	서울	당 부녀분과위원장
23	이성수	41	경북	대한교련공제조합이사장
24	신동준	35	경기	동아일보 정치부장, 당선전부장
25	김익준	51	서울	서울대 조교수, 경찰전문학교장
26	이원영	57	경기	매일신문 정치부장, 원양어업사장
27	이영호	53	서울	풍림건설 사장, 경기도당사무국장
28	현정주	68	서울	적십자사 사무총장
29	김용채	34	경기	태권도협회장, 당청년분과위원장

(2) 신민당: 후보자 31명, 당선자 17명

순위	성명	연령	본적	주요경력
1	박순천	68	서울	민중당 대표, 4선의원
2	김도연	72	서울	자민당 대표, 5선의원
3	정해영	51	경남	대동연탄사장, 3선의원
4	고흥문	45	서울	당 사무총장, 6대의원
5	이재형	52	경기	국회부의장, 4선의원
6	김세영	47	경북	탄광협회이사, 5대의원
7	정운갑	54	서울	농림부장관, 4대의원
8	한통숙	61	서울	체신부장관, 참의원
9	김성용	49	전남	외무부 국장, 6대의원
10	김재화	63	부산	재일거류민단회장
11	연주흠	33	서울	강남신문 발행인
12	편용호	39	서울	한국일보 정치부장
13	박재우	48	경남	동래고기성회부회장
14	이기택	30	경북	당 중앙상무위원
15	이민우	51	충북	4대, 5대의원
16	김수한	38	경북	신한당 선전위원장
17	김상현	31	경기	민중당 임시대변인, 6대의원
18	조흥만	41	경기	육군헌병감, 치안국장
19	김현기	43	서울	고교교사, 인물계 사장
20	박철웅	42	전남	민국당 청년국장
21	김제만	33	충남	인성산업사장, 민중당 청년부장
22	이명하	54	서울	동아일보, 조선일보 지국장
23	정규헌	38	전북	민중당 당무위원
24	전영모	37	경남	대한일보기자, 신한당 조직국장
25	김인기	49	서울	서울시의원
26	김녹영	42	전남	전남일보 업무국장
27	오홍석	39	경기	민주당 지구당위원장
28	최 일	34	경북	경북도의원
29	이광호	33	전북	신민당 조사부장
30	조희철	38	전남	신한당 총무부장
31	이원범	28	충남	6·3 동지회장, 부여지구당위원장

(3) 자유당: 후보자 14명

순위	성명	연령	본적	주요경력
1	정상영	30	서울	금강스레트 대표
2	인태식	64	충남	재무장관, 3선 의원
3	박승철	47	서울	삼리산업 대표
4	김태봉	42	전남	남진상사 대표
5	유봉순	48	경남	3대, 4대의원
6	최용근	47	강원	고교교장, 3대, 4대의원
7	정규상	47	강원	3대, 4대의원
8	장충준	36	서울	성광전업 대표
9	이교선	62	경기	상공부장관, 2대의원, 참의원
10	최주열	39	전북	직업소년학교장
11	김병수	45	서울	서울시장비서관
12	김용휘	41	충남	신문기자
13	강원민	32	경남	신문사 기획실장
14	홍병하	46	전북	전북도의원

(4) 민중당: 후보자 4명

순위	성명	연령	본적	주요경력
1	성보경	41	경남	회사장
2	곽종길	42	경북	청년운동
3	곽만이	46	경북	회사장
4	권오봉	39	서울	서울연합병원장

(5) 정의당: 후보자 1명

순위	성명	연령	본적	주요경력
1	임균석	29	전북	정민회 대표

(6) 대중당: 후보자 9명

순위	성명	연령	본적	주요경력
1	김재호	63	서울	광복운동
2	구익균	59	서울	광복운동
3	이형연	32	전북	국무총리 비서관
4	김하경	50	서울	인하대학 이사
5	이청천	52	서울	동학당 지도위원
6	조규택	45	서울	대중당 당무위원
7	김영진	36	서울	대중당 조직국장
8	한원빈	62	서울	당대중 조직위원장
9	김병룡	35	경남	저술가

(7) 한국독립당: 후보자 8명

순위	성명	연령	본적	주요경력
1	홍영철	42	서울	범진사 사장
2	전우성	31	경북	국학대 강사
3	유 진	61	서울	5대, 6대의원
4	김 산	68	서울	5대의원
5	전찬국	32	경남	대도실업 상무
6	유화룡	55	충남	노민회 대표
7	이연조	46	충남	교원
8	김기수	53	서울	한독당 조직부장

(8) 자민당: 후보자 5명

순위	성명	연령	본적	주요경력
1	이종윤	67	서울	조선운수 감사
2	김석술	30	경남	사회사업
3	유종범	57	서울	동창화학사장
4	홍유성여	46	서울	상업
5	고원용	31	제주	상업

(9) 통일사회당: 후보자 8명

순위	성명	연령	본적	주요경력
1	이봉학	55	경남	통사당당원
2	장 철	50	서울	독립운동
3	안필수	50	경남	노동운동
4	홍성환	61	서울	독립운동
5	전세열	47	서울	사관학교 교관
6	정명환	53	전북	통사당당원
7	김 철	41	서울	통사당당원
8	차영주	29	전남	상록협회 대표

(10) 민주당: 후보자 11명

순위	성명	연령	본적	주요경력
1	오위영	65	부산	신탁은행장, 2대, 4대의원, 참의원
2	김기철	50	충북	농림부차관, 3선의원
3	최덕남	51	서울	서울시의원
4	제재형	32	경남	한국일보 정치부차장
5	이만희(여)	50	충남	민주당 부녀부장
6	김구연	56	서울	민주당 총무국장
7	전상열	36	경기	민주당 운영위원
8	노지언	48	서울	대학교수
9	정규완	30	서울	6·3 동지회 운영위원
10	김기수	43	경남	어학연구소 교수
11	정찬세	30	충북	체신신문 부사장

── 〈인용·참고자료〉 ──

○ 역대 국회의원 선거총람(중앙선거관리위원회, 2016년 11월)
○ 해방 후 정치사 100장면(가람기획, 1994년 7월)
○ 한국 정당통합 운동사 (을유문화사, 2000년 9월)
○ 동아일보 (1963. 6. 1~1967. 6. 30)
○ 조선일보 (1967. 5. 1~6.15)
○ 경향신문 (1967. 5. 1~6.15)
○ 한국일보 (1967. 5. 1~6.15)
○ 강원일보 (1967. 5. 1~6.15)
○ 대전일보 (1967. 5. 1~6.15)
○ 전남일보 (1967. 5. 1~6.15)
○ 매일신문 (1967. 5. 1~6.15)
○ 부산일보 (1967. 5. 1~6.15)